DU CANGE

GLOSSAIRE

FRANÇOIS

Faisant suite au

GLOSSARIUM MEDIÆ ET INFIMÆ LATINITATIS

AVEC ADDITIONS

DE MOTS ANCIENS EXTRAITS DES GLOSSAIRES
DE LA CURNE DE SAINTE-PALAYE, ROQUEFORT, RAYNOUARD,
BURGUY, DIEZ, ETC.

ET UNE NOTICE SUR DU CANGE

PAR L. FAVRE

Membre correspondant de la Société des Antiquaires de France.

TOME SECOND

G — Z

NIORT

TYPOGRAPHIE DE L. FAVRE

1879

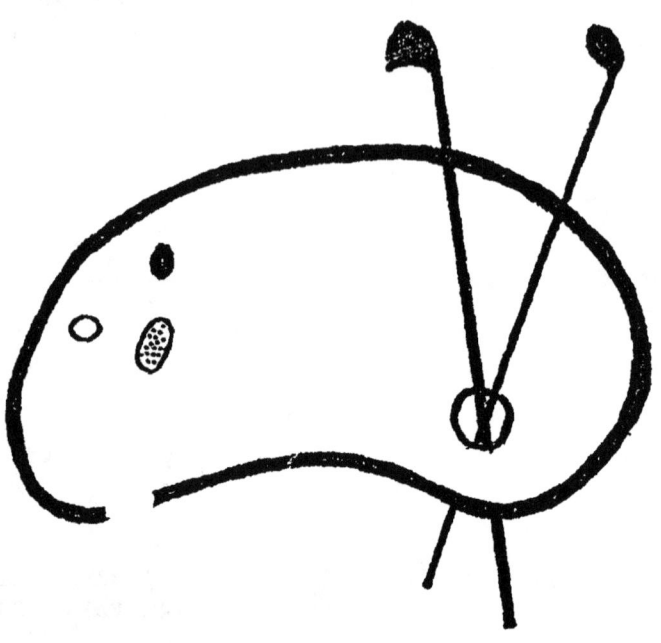

**FIN D'UNE SERIE DE DOCUMENTS
EN COULEUR**

GLOSSAIRE FRANÇOIS DE DU CANGE

DU CANGE

GLOSSAIRE

FRANÇOIS

Faisant suite au

GLOSSARIUM MEDIÆ ET INFIMÆ LATINITATIS

AVEC ADDITIONS

DE MOTS ANCIENS EXTRAITS DES GLOSSAIRES
DE LA CURNE DE SAINTE-PALAYE, ROQUEFORT, RAYNOUARD,
BURGUY, DIEZ, ETC.

ET UNE NOTICE SUR DU CANGE

PAR L. FAVRE

Membre correspondant de la Société des Antiquaires de France.

TOME SECOND

G - Z

NIORT

TYPOGRAPHIE DE L. FAVRE

1879

EXPLICATION DES ABRÉVIATIONS
EMPLOYÉES DANS LE
GLOSSAIRE FRANÇOIS DE DU CANGE

A. pour Aubry.
C. C. pour Chastel de Coucy.
Ch. R. pour Chanson de Roland.
C. N. pour Chronique de Normandie.
G. G. pour Guillaume Guiart.
G. L. pour Garin le Loherain.
G. V. pour Gérard de Vienne.
L. pour Glossaire de La Curne de Sainte-Palaye.
L. J. P. pour Livre de Jostice et de Plet.
P. pour Partonopex de Blois.
R. pour Raynouard.
Ra. pour Rabelais.
R. G. pour Roi Guillaume.
Rose, pour Roman de la Rose.
R. R. pour Roman du Renart.
S. pour sous.

GLOSSAIRE FRANÇOIS DE DU CANGE

G

GAA

GAABLIER, Receveur des impôts. Gl. *Gabellerius*, sous *Gablum*.

GAAGNABLE, Terre labourable, propre à être cultivée. Gl. *Gagnagium*, 1.

*GAAGNAGE, Gain, profit. L.

GAAGNE, Le gain d'un procès. Gl. *Gaengnia*.

GAAGNERIE, Terre labourée et ensemencée. Gl. *Plenitudo*.

GAAIGNE, Gain, profit. Gl. *Gagnagium*, 2. — Comme *Gaagnerie*. Gl. *Gaaignagium*.

GAAIGNER, Cultiver, labourer, faire valoir. Gl. *Gaagneria*.

GAAIGNERRES, GAAIGNEUR, Laboureur. Gl. *Gaagneria*.

GAAING, Butin, ce qu'on a gagné ou pris sur l'ennemi. Gloss. *Gagierius*.

GAAINGNAGE, Gain, profit, utilité. — Terre labourée et ensemencée. Gl. *Gagnagium*, 1.

GAAINGNE, Gage, profit. Gloss. *Gagnagium*, 2. — Emolument, revenu. Gl. *Gaeria*. — Le gain d'un procès; d'où *Gaaingnier*, Gagner son procès. *Gaengnia*.

GAB

*GAB, Raillerie, moquerie, tromperie. L.

GABARRE, Nacelle, petit bateau plat; d'où *Gabarrier*, Celui qui conduit un semblable bateau. Gl. *Gabarotus*.

GABELER, Payer l'impôt appelé *Gabelle*. Gl. *Gabellare*, 2, sous *Gablum*.

*GABELÉS, Plaisanteries. L.

GABELLATOR, Celui qui est sujet au droit appelé *Gabelle*. Gl. *Gabularii* sous *Gablum*.

GABELLE, Toute espèce d'impôt. Gl. sous *Gablum*. — Ferme, bail. Gl. *Gabellati bajuli*, sous *Gablum*.

GABELLIER, Officier subalterne préposé pour empêcher qu'on ne fraude l'impôt sur le sel. Gl. *Gabellare*, 2, sous *Gablum*.

*GABEOR, Moqueur. L.

GABER, Rire de quelqu'un, s'en moquer; d'où *Gaberie*, dérision, moquerie. Gl. *Gabator*.

*GABET, Raillerie. L.

*GABIE, Cage. L.

GAG

GABOIS, Raillerie, plaisanterie, dérision, tromperie. *Gabator.*

GABUSER, Gabuzer, Railler, tourner en ridicule, tromper; d'où *Gabuserie*, Imposture. Gl. *Gabator.*

GACHERTE, Terre Gacherte, Terre labourée et non semée. Gl. *Gacherarc.*

GACHIER, Espèce de gros drap. Gl. *Gachum.*

GACHIL, Guérite, espèce de fortification. Gl. *Guachile.*

GAENG, Butin, ce qu'on a gagné ou pris sur l'ennemi. Gloss. *Gagierius.*

GAFFE, Bâton ou perche armée par le bout d'un croc de fer. Gl. *Gafare.*

GAFFTELLEMENT, Sorte d'enduit. Gl. *Gafare.*

GAFNE, p. e. Endroit étroit et tortueux. Gl. *Gafare.*

GAGE, Butin, ce qu'on a pris sur l'ennemi. Gl. *Gagierius.*

GAGEAILLE, Enjeu, gage. Gloss. *Gaigeura.*

GAGEMENT, Promesse, engagement. Gl. *Gagiamentum.*

GAGER, Promettre, engager sa foi. Gl. *Gagiamentum.* — Prendre des gages par sentence du juge. Glos. *Vadiare*, sous *Vadium.* — Gager l'Amende, La payer. Glos. *Gagiare*, sous *Vadium.* — Gager de Service, Déclarer à son seigneur qu'on lui refuse les devoirs de fief, jusqu'à ce qu'il ait rendu la justice qu'on lui demande. Gl.

GAI

Vadiare de servitio, sous *Vadium.*

GAGIE, Aliénation, engagement. Gl. *Gagiata.*

GAGIER, Exécuteur testamentaire. Gl. *Gagiarius, 2.* — Le dépositaire des gages. Gl. *Gagiamentum.*

GAGNAGE, Terre labourée et ensemencée. — Les fruits dont la terre est couverte. Gl. *Gagnagium, 1.*

GAGNEAU, Prez Gagneaux, Ceux qu'on laboure et ensemence tous les ans. Gl. *Gagnagium, 1.*

GAHIN, L'automne, la saison où l'on cueille les fruits appelés *Gains*. Gl. *Gagnagium, 1.*

GAICHE, Gache, aviron. Gloss. *Gachum.*

GAIF, Chose égarée et qui n'est réclamée de personne. *Gaivus.*

GAIGAILLE, Gageure. *Gaigeura.*

GAIGE-LEIGE, Gage, caution, que par la loi ou la coutume, on est en droit d'exiger. Gloss. *Gaigium.*

GAIGEMENT, Gage, nantissement Gl. *Gagiamentum.*

GAIGE-PLEGE, Gage, caution, sûreté. Gl. *Gaigium.*

GAIGIER, Exécuteur testamentaire. — Marguillier, celui qui administre les biens de la fabrique d'une église. Gl. *Gugiarius.*

GAIGNAGE, Droit qu'on lève sur les fruits d'une terre. Gl. *Gaaingnagium.* — Ferme, métairie. Gl. *Gaagneria.* — Pays de Gaignage, Pays ennemi, que le

GAI

droit de la guerre autorise à piller. Gl. *Gagierius*. — GAIGNAIGE, Terre labourée et ensemencée. Gl. *Gagnagium*, 1.

GAIGNART, Qui pille, voleur, fripon. Gl. *Gagierius*.

GAIGNE, Gain, profit. Gl. *Gagnagium*, 1 et 2. — Butin, ce qu'on a gagné ou pris sur l'ennemi. Gl. *Gagierius*.

GAIGNENT, Laboureur. Gloss. *Gaagneria*.

GAIGNEPAIN, Sorte d'épée. Gl. *Gagnagium*, 2.

GAIGNER, Cultiver, labourer, faire valoir. Gl. sous *Gagnagium*, 1. — GAIGNER L'AMENDE, La payer. Gl. *Gagiare*, 2.

GAIGNERIE, Terre labourée et ensemencée. Gl. *Gagnagium*, 1. — Ferme, métairie. Gloss. *Gaagneria*.

GAIGNERRES, GAIGNEUR, Laboureur. Gl. *Gaagneria*.

*GAIGNON, Dogue. C. N.

GAILLARDE, Sorte de monnaie. Gl. *Goliardus*, 2.

GAILLOFRE, Méchant cheval ou de peu de prix. Gl. *Gallofero*.

GAIN, L'automne, la saison où l'on cueille les fruits appelés *Gains*. Gl. *Gagnagium*, 1. — Butin, ce qu'on a gagné ou pris sur l'ennemi. Gl. *Gagierius*.

GAINE, Gehenne, tourment. Gl. *Grisilio*.

GAINGNER, Cultiver, labourer, faire valoir. Gl. *Gaagneria*.

GAIOLE, Gage. Gl. *Gaiola*.

GAL

*GAIOLER, Caresser. L.

*GAIOLIER, Geôlier. L.

GAIS, Guet. Gl. *Gaitum*.

GAITE, Quartier d'une ville. Gl. *Gaita*. — Celui qui fait le guet, sentinelle. Gl. *Gayta* et *Gueta*, sous *Wactœ*.

GAL, Bois, forêt. Gl. *Gualdus*. — Certain poids de laine. Gl. *Galdum*. — Caillou. Gl. *Galcea*.

GALANCE, pour Garance. Gloss. *Garantia*, 1.

GALANDI, Ce qui garantit et met à couvert. Gl. *Galandra*.

GALANS DE FUEILLÉE, Certains brigands, ainsi nommés, ou d'une branche d'arbre qu'ils portaient à leurs chapeaux pour se reconnaître, ou parce qu'ils se retiraient dans les bois. Gl. *Foilliata*.

GALATINE, Gelée de viande ou de poisson. Gl. *Galatina*.

GALCHEUR, Moulin à fouler les draps. Gl. *Gauchatorium*.

GALE, Réjouissance, divertissement, jour de fête. Gl. *Galare*.

GALECTE, Galette, petit gâteau plat. Gl. *Galectum*.

GALÉE, Sorte de vaisseau. Gl. *Galea*.

*GALEFRETIER, Calfateur de vaisseaux. L.

GALEMART, Un grand couteau; proprement une écritoire. Gl. *Calamarium*.

GALENDER, Border, entourer. Gl. *Gallandus*.

GAL

GALENTINE, Gelée de viande ou de poisson. Gl. *Galatina*.

GALER, Se réjouir, se divertir, célébrer une fête Gl. *Galare*.

GALERIE, Réjouissance, divertissement, joie bruyante. Gloss. *Galare*.

*__GALESCHE__, Gaulois. L.

GALIAGE, Sorte de vaisseau long et dont les bords sont plats. Gl. *Galeasia*, sous *Galea*.

GALIE, Sorte de vaisseau. Gloss. *Galea*.

*__GALIER__, Galant, coquin. L.

GALIMART, Ecritoire. Glos. *Calamarium*.

GALINAT, Poulet. Gl. *Gallinatus*.

GALIOPHILÉE, Giroflée. Gl. *Gariofilum*.

GALIOT, Sorte de vaisseau long et dont les bords sont plats. Gl. *Galio*, sous *Galea*. — Pirate, corsaire. Gloss. *Galioti*, sous *Galea*.

GALIOTTE, Sorte de vaisseau long et dont les bords sont plats. Gl. *Galeasia*, sous *Galea*.

GALIPPE, comme GALIOTTE. Gl. *Galeunculus*, sous *Galea*.

GALLANDE, Guirlande, couronne. Gl. *Gallanda*.

GALLEIE, Sorte de vaisseau long et dont les bords sont plats. Gl. *Galea*.

*__GALLER__, Gratter, maltraiter, sens obscène. L.

GALLIOT, comme GALIOT, 1. Gl. *Galio*, sous *Galea*.

GAL

GALLIOTAGE, Piraterie, métier de corsaire. Gl. *Galioti*, sous *Galea*.

GALLIOTS, C'est ainsi qu'on nomme, dans la collégiale de Saint-Pierre à Lille, les jeunes ecclésiastiques qui, en attendant une place de vicaire ou de chantre gagé, servent sans rétribution. Gl. *Galioti*, sous *Galea*.

GALLOIRE, Table pour jouer aux galets. Gl. sous *Galletus*.

GALLON, Mesure contenant deux pots. Gl. *Galo*, 1.

*__GALLOT__, Gaulois, Français. L.

GALLOY, comme GALOY ci-dessous. Gl. *Galoer*.

*__GALOCHER__, Être grossier. L.

GALOIÉ, comme GALLON. *Galo*, 1.

GALOIS, Fort, robuste, courageux. Gl. *Galletus*.

*__GALOFFE__, Coque, cosse. L.

GALON, Mesure contenant deux pots. Gl. *Galo*, 1.

GALONNER, Tresser les cheveux, les accommoder. Gl. *Galonnum*.

GALOPIN, Goujat, bas valet, marmiton. Gl. *Galopinus*.

GALOU, Coquin, fripon. Gloss. *Galiator*.

GALOUNER, Tresser les cheveux les accommoder. Gl. *Gallonnum*.

GALOY, Droit seigneurial sur les biens de ceux qui ne peuvent tester, ou qui meurent sans héritier légititime. Gl. *Galoer*.

GALOYS, Nom attribué à certains gendarmes. Gl. *Galletus*.

GAM

GALRIGACHE, Sorte de vin de liqueur, qui était blanc. Gloss. *Garnachia*, 2.

GALVACHE, pour Garnache, La même espèce de vin. Gl. *Garnachia*, 2.

*GALVERDINE, Cape. L.

GALZ, Poulet. Gl. *Gallinatus*.

GAMACHE, Sorte de chaussure et de vêtement. Gl. *Gamacha*.

GAMAFFRER, Frapper, blesser. Gl. *Gamacta*.

GAMBAGE, Le droit dû au seigneur sur les boissons. Gl. *Cambagium*, sous *Camba*, 3.

GAMBAISEURE, Housse de cheval, piquée de laine ou coton. Gl. *Gambeso*.

GAMBARON, Sobriquet de Robert duc de Normandie, parce qu'il avait de grosses jambes toutes rondes. Gl. *Gambaron*.

*GAMBE, Jambe. L.

GAMBESIÉ, Garni de laine ou coton piqué entre deux étoffes. Gl. *Gambeso*.

*GAMBIER, Se promener. L.

GAMBIERE, Armure des jambes. Gl. *Gamberia*.

GAMBISON, Espèce de vêtement contrepointé, long et pendant sur les cuisses, sur lequel on endossait la cotte de mailles. Gl. *Gambeso*.

GAMBOISÉ, Gamboisié, Garni de laine ou coton piqué entre deux étoffes. Gl. *Gambeso*.

GAMBOISON, comme Gambison. Gl. *Gambeso*.

GAN

GAMBORSIÉ, pour Gamboisié. Gl. *Gambeso*.

GAMBROISIN, pour Cambroisin ou Cambresien, Monnaie de Cambrai. Gl. *Gambrosini*.

GAMEL, Ustensile de cuisine, p.e. Cuiller. Gl. *Gamelum*.

GAMELE, Sorte de vaisseau. Gl. sous *Galea*.

GAMION, Camion, haquet. Gloss. *Campolus*, 2.

GAMVISUM, Espèce de vêtement contre-pointé, long et pendant sur les cuisses, sur lequel on endossait la cotte de mailles. Gl. *Gambeso*.

GANCHIR, Se détourner, esquiver, éviter avec adresse. Gloss. *Guillator*.

*GANDIE, Perfidie. L.

*GANDIR, Tourner autour. L.

GANE, Jaune. Gl. *Galnus*.

GANELON, Parjure, traître, insigne. Gl. *Ganelo*, 1.

GANGNER, Cultiver, labourer, faire valoir. Gl. *Gaagneria*.

GANGNERIE, Ferme, métairie. Gl. *Gaagneria*.

GANGUIL, Sorte de filet, bregin. Gl. *Ganguilo*.

GANIVE, Ganivet, Canif, couteau. Gl. *Ganiveta*.

GANIVIER, Coutelier, marchand de canifs ou couteaux. Gloss. *Ganiveta*.

GANNEAU, Qui peut être labouré. Gl. *Gainare*.

GAR

GANT, Le droit qui est dû au seigneur à chaque mutation. Gl. *Chirothecœ*.

GANTE, Jante. Gloss. *Cantes*. [Oie. L.].

GANTELET, Armure de la main, gant de fer. Gl. *Chirothecœ*.

GANTEX, Gantier ou marchand de gants. Gl. *Ganterius*.

GANTIER, Chantier. Gloss. *Gantarium*, 4.

GAOLE, Prison. Gl. *Gaola*, sous *Geola*.

GAP, Fraude, tromperie. Gloss. *Gabator*.

GARANCIE, Couleur de cerf. Gl. *Garaneus*.

GARAND, Se mettre en Garand, En sûreté. Gl. *Garantire*.

*****GARANDE**, Refuge. L.

*****GARANDIR**, Préserver. L.

GARANNE, Vivier, lieu où la pêche est défendue. *Garenna*, 2.

GARBAGE, Droit de gerbes. Gl. *Garbagium*, sous *Garba*, 1.

GARBE, Gerbe. Gl. *Garba*, 1.

GARBEJAR, Engerber, metttre en gerbes. Gl. *Garbeiare*.

GARBER, Voler, emporter des gerbes. Gl. *Garbeiare*.

GARBOUTEAU, Espèce de petit poisson ; p. e. pour *Barbouteau*, diminutif de Barbeau. Gl. *Garbola*.

GARCAGE, Sorte de droit seigneurial. Gl. *Garcagium*.

GAR

GARCE, Jeune fille. Gl. *Garsiœ*, sous *Garcio*.

GARCHAS, Gué. Gl. *Gadium*, 1.

GARCHONNIER, Fripon, vaurien, garnement. Gl. *Garcio*.

GARÇON, Valet, goujat, fripon, vaurien, débauché, homme de néant. Gl. *Garcio*.

GARÇONISER, Appeler quelqu'un *Garçon*, dans le sens qu'on vient de l'expliquer. Gl. *Garcio*.

GARÇONNAILLE, Une troupe de vauriens, de fripons. Gl. *Garcio*.

GARÇONNER, Appeler quelqu'un *Garçon*, c'est-à-dire fripon, débauché, garnement. Gl. *Garcio*.

GARD, Jardin, verger. Gl. *Gardignagium*.

GARDE, Dommage, tort. — L'obligation qu'a un vassal de faire le guet ou de garder le château de son seigneur. — Ferme, métairie. — Tuteur. — pour Carde, peigne à carder. Gloss. *Garda*. — Garde des Eglises, Droit royal ou seigneurial, pendant la vacance des églises, sur leur temporel. Gl. *Wardœ ecclesiarum*, sous *Warda*. — Prevosts gardes ou en garde. Gl. *Prœpositi*, Garde de la monnaie. Gl. *Custos*, Garde du seel. Gl. *Sigillum*.

GARDE-BIEN, Guet, garde. Gl. *Garda*, 4.

GARDE-BRAS, Armure, qui couvre les bras. Gl. *Antebrachia*.

GARDE-CORPS, Sorte d'habillement qui couvrait la poitrine. Gl. *Gardecorsium*.

GAR

GARDE-HUCHES, Officier, chez le roi, qui a soin du coffre où l'on serre le pain et les autres choses qui servent sur la table, dans une Ordonnance de 1386, au Mémor. E. de la Chambre des Comptes, fol. 100, v°.

GARDELENDE, Sorte d'habillement. Gl. *Gardelenda*.

GARDEMANGER, GARDEMANGIER, Officier de table chez le roi. Gl. *Guardamanzerius*.

GARDENAPE. GARDENAPPE, Un rond d'étain ou de bois, sur lequel on mettait les pots et les verres pour ne point salir la nappe. Gl. *Gardenappa*.

GARDEOR, Gardien, le supérieur d'une maison religieuse. Gloss. *Gardianus*.

GARDER LE CUER, Tenir le chœur, y présider. Gl. *Choreatius*.

GARDEROBE, Le trésor des chartres. Gl. *Garderoba*, 2.

GARDE-VIN, Officier chez le roi, dans une Ordonn. au Reg. *Noster* de la Chambre des Comptes, fol. 119.

GARDEUR, Tuteur. Gl. *Garda*, sous *Warda*.

GARDIER, Celui qui est sujet au droit de *garde* ou de protection. Gl. *Garderii*, sous *Warda*. — Celui qui est chargé de veiller à la conservation des droits de quelqu'un. Gl. *Gardiator*, sous *Gardia*, 1.

GARDIN, Jardin, verger. Gl. *Gardignagium*.

GARDOIEN, Celui qui est sujet au droit de *garde* ou de protection. Gloss. *Garderii*, sous *Warda*.

GARDONER, Médire, mal parler de quelqu'un. Gl. *Gardo*.

GARENNE, Vivier, lieu où la pêche est défendue. Gloss. *Garenna*, 2.

GARENTAGE, Garantie, caution. Gl. *Garentigia*.

GARET, Terre moissonnée, champ dépouillé de ses fruits. Gloss. *Garrigua*.

GARETIER, Labourer un guéret ou une terre en jachère. Glos. *Veractare*. [Jarretière. L.]

GAREZ, Le temps de la moisson. Gl. *Garrigua*.

GARGAITE, Gosier. Gl. *Gargata*.

GARGAMELLE, La gorge, le gosier. Gl. *Gargalio*.

GARGATE, Gosier. Gl. *Gargata*.

GARGETON, Gosier. Gl. *Gurgulio*.

GARGOULE, Gargouille, gouttière de pierre. Gl. *Gargoula*.

GARGOULLE, Figure d'un dragon. Gl. *Gargoula*.

*****GARIGUE**, Plaine. L.

GARIMENT, Garantissement, garantie. Gl. *Garire*.

GARINGAL, Sorte d'épice. Gloss. sous *Salsa*, 1.

GARIOL, Barrière. Gl. *Legariol*.

GARIR, Garantir, assurer et conserver à quelqu'un la possession de quelque chose. Gl. *Garire*.

GARISON, Provision, tout ce qui

GAR

est nécessaire. Gl. *Garnisio*, 1, sous *Garnire*. — Champ garni de ses fruits, les grains qui sont encore sur pied. Gl. *Garactum*.

GARITER, Garitier, Garnir de guérites, espèce de fortification. Gl. *Garitæ*.

GARLANDE, Guirlande, couronne. Gl. *Gallanda*.

GARLANDEIZ, Couronne, la partie supérieure d'un bâtiment. Gl. *Garlanda*, 2.

GARMENTER, Se plaindre, marquer du mécontentement. — Se donner des soins. Gl. *Querimoniare*.

GARNACHE, Habit long, espèce de manteau. — Garnasche, Sorte de vin de liqueur, qui était blanc. Gl. *Garnachia*.

GARNEMENT, Ornement, garniture d'habit, fourrure. Gl. *Garniamentum*, sous *Garnire*, 1. et *Garnimentum*. — Habit long, espèce de manteau, toute sorte d'habit. Gl. *Garnamentum*, 1.

GARNESTURE, Tout ce qui peut servir à la défense d'une place. Gl. *Garnestura*.

GARNIMENT, Toute espèce d'habit. Gl. *Garnamentum*, 1.

*GARNIR, Fortifier. L.

GARNISON, Provision, tout ce qui est nécessaire, le lieu où l'on serre les provisions. — Nom général qu'on donne à tout ce qui est utile. — Doublure, fourrure. Gl. *Garnisio*.

GARNISSEMENT de Seaus, L'action d'apposer les sceaux. Glos. *Garnimentum*.

GAS

GAROEZ, Le temps de la moisson. Gl. *Garrigua*.

*GAROUAGE, Libertinage. L.

GARRAT, Fagot, bourrée. Gloss. *Gararius*.

GARROT, Trait d'arbalète, matras. — Gros bâton, levier. Gl. *Garrotus*.

GARSER, Scarifier, piquer ou inciser la peau avec une lancette en plusieurs endroits. Gl. *Garsa*.

GARSOIL, Gosier. *Boire jusqu'au Garsoil*, s'Enivrer. *Garsallum*.

GARSON, Valet, goujat, débauché, vaurien, homme de néant. Gl. *Garcio*.

GARSONNER, Appeler quelqu'un *Garson*, dans le sens qu'on vient de l'expliquer. Gl. *Garcio*.

GARVACHE, pour Garnache, Habit long, espèce de manteau. Gl. *Garnacha*.

*GARWAL, Loup-garou. L.

GAS, Moquerie, dérision. Gloss. *Gabator*.

GASCHE, Aviron. Gl. *Gachum*.

GASCHIERE, Terre nouvellement labourée. Gl. *Gascaria*.

*GASCUEIL, Mare. L.

GASILLIER, s'Entretenir, discourir. Gl. *Gazera*, 2.

*GASNE, Chemin tortueux. L.

GASQUERER, Jacherer, donner le premier labour à une terre. Gl. *Gacherare*.

GAST, Faire Gast, Mettre a

GAS

GAST, Faire dégât, ravager; d'où *Gastadour*, Pillard, qui ravage. Gl. sous *Vastum*, 1.

GASTE, Ce qui est inculte. Glos. *Gastum*, sous *Vastum*, 1.

GASTEBOISE, Terme de la fabrique des monnaies. Glos. sous *Gastare*.

GASTEL, Gâteau, sorte de pâtisserie. Gloss. *Gastellus*, sous *Wastellus*.

GASTELERIE, Gastellerie, Le droit que payent au seigneur ceux qui font et vendent des gâteaux. Gl. *Gastellarius*.

GASTELLIER, Qui fait et vend les gâteaux. Gl. *Gastellarius*.

GASTEMAISON, Masure, maison ruinée. Gl. *Gastadomus*.

GASTEMENT, Dépense perte. Gl. *Gastare*.

GASTER, Piller, dévaster, ravager. — Dépenser, consommer. Gl. *Gastare*.

GASTE-SAMIS, Etoffe de soie. Gl. *Stamesiricus*.

GASTIEL, Gâteau, sorte de pâtisserie. Gloss. *Gastellus*, sous *Wastellus*.

GASTIER, Sergent Gastier, Messier. Gl. *Gasterius* et *Gastum*, sous *Vastum*, 1.

GASTINE, Désert, solitude, terre inculte. Gloss. *Gastina*, et sous *Vastum*, 1.

GASTON, pour Baston. Gloss. *G. nonnumquam mutatur in B.* et *Vertevella*.

GAU

GATE, Jatte, vaisseau rond. *Gatus*

GAU, Moulin à fouler les draps. Gl. *Gauchatorium*.

GAUCHER, Fouler les draps. Gl. *Gauchatorium*.

GAUCHOIR, Moulin à fouler les draps. Gl. *Gauchatorium*.

GAUD, Bois, forêt. Gl. *Gualdus*.

GAUDENCE, Jouissance. Gloss. *Gaudita*.

GAUDIN, Fable, conte, chanson gaillarde. Gl. *Motetum*.

GAUDINE, Bois, forêt. Gl. *Gualtina*, sous *Gualdus*.

GAUDIR, Gauchir, se détourner. Gl. *Gaudiosus*.

GAUDISOUR, Gaudisseur, Séducteur de femmes. Gl. *Gaudiosus*.

GAUDOIER, Se réjouir, se divertir. Gl. *Gaudiose*.

GAUFFRE, Gauffrier. Gl. *Gauffra*.

GAUGE, Bêche et la profondeur du fer d'une bêche. Gl. *Gauja*.

GAULE, Impôt, taille, ce qu'on paye à son seigneur à titre de protecteur. Gloss. *Gaulum*, sous *Gablum*.

*GAULGER, Mesurer. L.

GAUPPE, Femme débauchée. Gl. *Gausape*.

GAURLOT, pour Gavrelot, Javelot. Gl. *Gaverlotus*.

GAUSLE, Machine pour tirer l'eau d'un puits. Gl. *Gaulina*.

GAUT, Bois, forêt. Gl. *Gualdus*, et *Gaula*, 2.

GAY

GAVARDINE, Sorte d'habit de dessus. Gl. *Garnacha.*

*GAVE, Gosier. R. N.

GAVELOT, Gaverlot, Gaulot, Javelot. Gl. *Gaverlotus.*

GAVENE, Le droit de protection dû aux comtes de Flandre en qualité de gardiens ou Gaveniers du Cambresis. Gloss. *Gavena.*

GAVIETE, Gavion, Gosier. Glos. *Gargata.*

GAVIOT, p. e. Cheville. Gloss. *Gavilium.*

GAVREAL, Rapé. Gl. *Gaurea.*

GAVRELOT, Javelot. *Gaverlotus.*

GAY, Geai, oiseau. Gl. *Gaia.* — Abandonné, délaissé. Gl. *Gaivus.*

GAYABLE, Saisissable. Gl. *Gagiare,* 1.

GAYAR, Bâton ou perche, dont le bout est armé d'un croc de fer ; d'où p. e. *Gayer draps,* Les suspendre à un *Gayar.* Gl. *Gajardus.*

GAYARD, Croc, crochet. Gloss. *Gajardus.*

GAYF, Chose Gayve, qui est égarée, et qui n'est réclamée de personne. Gl. *Wayf.*

GAYN, Blé de cens ou de rente. Gl. *Gaagnium.* — L'automne, la saison où l'on cueille les fruits, appelés *Gains.* Glos. *Gagnagium,* 1.

GAYNIER, Laboureur. *Gainare.*

GAYNNERIE, Le métier de gainier. Gl. *Gaynerius.*

GEM

GAYOLE, Prison, cage. *Geola.*

GAYVETE, Canif, couteau. Gloss. *Ganiveta.*

GAYWON, Chose égarée et qui n'est réclamée de personne. Gl. *Wayf.*

GAZILLER, s'Entretenir, causer, discourir. Gl. *Gazera,* 2.

GEALLOIE, Certaine mesure. Gl. *Jalleia,* sous *Galo,* 1.

*GEBOYDE, Bateau. L.

GEEZ, Jeton. Gl. *Gita.*

GEHINER, Tourmenter, donner la question. Gl. *Gehennæ.*

GEHIR, Confesser, avouer. Gloss. *Gehennæ.*

GEIS, Répartition de deniers. *Gita*

GEISTE, Gîte, le droit qu'a le seigneur de loger chez son vassal. Gl. *Gistum.*

GELDE, Société, compagnie ; d'où *Geldon,* Compagnon. *Gilda.*

*GELDON, Compagnon. L.

GELINAGE, Le droit qui est payé en *Geline* ou poule. Glos. *Gelignagium.*

GELINE, Poule. Gl. *Gallinagium.*

GELINIER, Poulailler. Gl. *Gallinarium.*

GELLE, Mesure de vin. Gl. *Gella.*

GELOINGNIE, Geloinie, Gelonngnie, Certaine mesure pour les grains ou pour le sel. *Galo,* 1.

GEME, Poix ou goudron ; d'où *Gemer,* Frotter avec de la poix. Gl. *Gema.*

GEN

GEMME, Gouvernante d'une jeune fille. Gl. *Gemmades*.

GEN, Marc de raisins. Gl. *Gen*.

GENDRE, Genre, race. Gl. *Genera*. — Principal garçon d'un meunier ou d'un boulanger. Gl. *Junior*.

GENECIER, Etui, gaîne. Gl. *Genecerium*.

GENELLE, Sorte de fruit sauvage, prunelle. Gl. *Genella*.

GENERAL, Repas, dans lequel chaque moine avait son plat. Gl. *Generale*.

GENERAUTÉ, En Generauté, En général. Gl. *Generalitas*, sous *Generales*, 3.

GENERET, Repas, dans lequel chaque moine avait son plat. Gl. *Generale*.

GENESCHIER, Sorcier, enchanteur. Gl. *Genitialii*.

GENESTAIRE, Sorte de lance ou javeline. Gl. *Geneteria*.

GENESTAYS, Genêt, arbrisseau. Gl. *Genesteium*.

GENESTE, Genette, espèce de fouine. Gl. *Geneta*.

GENESTRE, Genêt, arbrisseau. Gl. *Genesteium*.

GENETAIRE, Sorte de lance ou javeline. Gl. *Geneteria*.

GENETAIRES, Testicules du castor. Gl. *Genitalia*.

GENEVOIS, Génois. Gl. *Souderarius*, sous *Solidata*.

GENGLER, Jouer, badiner, folâtrer, s'amuser. Gl. *Joculari*.

GEN

GENGLERES, Effronté, impudent. Gl. *Joculator*, 1, sous *Joculari*.

GENGLEUR, Farceur, bateleur. Gl. *Epilogus*, 3, et *Joculator*, 1, sous *Joculari*.

GENGLOIS, Tromperie. Gl. *Joculator*, 1, sous *Joculari*.

GENICIER, Sorcier, enchanteur. Gl. *Genitialii*.

GENIESTE, Genêt, arbrisseau. Gl. *Genesteium*.

GENITAIRES, Cavalerie légère. Gl. *Geneteria*.

GENITEUR, Père, celui qui a engendré. Gl. *Genitor*.

GENITILLES, Testicules, bourses. Gl. *Genitalia*.

GENNE, Marc de raisins. Gl. *Gen*.

GENOLLON, Genou. Gl. *Genuculum*, 1.

GENOUIL, Degré de parenté. Gl. *Genuculum*, 2.

GENOUILLER, Plier les genoux. Gl. *Genuculum*, 1.

GENOUILLIER, Armure des genoux, genouillères. *Genualia*.

GENOULLON, A Genoullons, A genoux. Gl. *Aggeniculare*.

GENS DE COTE, Roturiers, qui possèdent en roture. *Collaterii*.

GENT, Beau, poli, gracieux. Gl. *Gentilis*, 1.

GENTE, Jante. Gl. *Gentia*. — Oie, oison. Gl. *Gantæ*, 2.

GENTIL, Noble. — Poli, gracieux, qui a les manières nobles. Gl. *Gentilis*.

GER

GENTILCE, Noblesse, foi de gentilhomme. Gl. *Gentilia*.

GENTILFAME, Femme noble. Gl. *Gentilis*, 1.

GENTILISE, Noblesse, priviléges des nobles. Gl. *Gentilia*.

GENTILLESSE, Titre des nobles. Gl. *Gentilia*.

GENULER, Se mettre à genoux. Gl. *Fidelitas*.

GENURE, Jeune, cadet, puîné. Gl. sous *Junior*.

GEOLLAGE, Le droit du seigneur sur ceux qui sont mis à la *geôle* ou prison. Gl. *Geolaria*.

GEPTE, Taille, impôt. Gl. *Gita*.

*GÉRARCHIE, Hiérarchie. L.

GERBADGE, Droit de gerbes. Gl. *Garbagium*, sous *Garba*, 1.

GERBE D'OIGNONS, Botte. Gloss. sous *Garba*, 1.

GERBERIE, Droit de gerbes. Gl. *Gerberia*, 1.

GERBIE, Sorte de lance courte, demi-pique, javelot. *Gaverlotus*.

GERBIER, Amas de gerbes. Glos. *Gerberius*.

GERET, Jarret. Gl. *Garettum*.

GERGERIE, Sorte de mauvaise herbe, ivraie. Gl. *Zizanea*.

GERME, Jeune brebis, qui n'a point encore porté. Gl. *Germgia*.

*GERMINER, Engendrer. L.

*GERNON, Moustache. L.

GERON, Giron, sein. Gl. *Birus*.

GET

GERONNÉE, Autant qu'un *Giron* ou tablier peut contenir. Gloss. *Gyro*, 1.

GEROUWAIDE, Dévidoir. Gloss. *Gigilia*.

GERROMET, pour GROUMET, Serviteur, garçon de marchand ou d'artisan. Gl. *Gromes*.

GERY, Certain arbre en Normandie. Gl. *Geria*.

*GESINE, Couches. L.

GESIR, Etre couché. — Etre enterré. — Etre en couche. Glos. *Gesina*, 1.

GESKERECH, Le mois d'août. Gl. *Garrigua*.

GESSE, Espèce de légume. Glos. *Gessia*. — Gouttière. *Gessum*.

GESSINE, La cérémonie et le festin des relevailles. *Gesina*, 1.

GESTRE, Sorte de bois, p. e. Ebène. Gl. *Gestre*.

GET, Lien, attache, courroie avec laquelle on jette l'oiseau après le gibier. Gl. *Jactus*, 2.

GETOIER, Jeton. Gl. *Gita*.

GETOIRE, Pelle de bois. *Gitare*.

GETOUOIR, Jeton. Gl. *Gita*.

GETTAISON, L'action de jeter. Gl. *Jactus*, 6.

GETTE, Redevance, impôt, taille. Gl. *Gita*.

GETTER, Faire la répartition d'un impôt. Gl. *Gita*. — GETTER CANON, Le tirer. Gl. *Gitare*.

GETTOIRE, Pelle de bois. Gloss. *Gitare*.

GIB

GEVELINE, Javeline, demi-pique Gl. *Gevelina.*

GEWIR, Être enterré. *Gesina*, 1.

GEYNDRE, Le principal garçon d'un meunier ou d'un boulanger. Gl. *Junior.*

GHASKERER, Labourer. Gloss. *Gascaria.*

*GHELAYS, Sauf-conduit. L.

GHENCHIR, Se détourner, esquiver. Gl. *Guillator.*

GHERPIR, Abandonner, délaisser. Gl. *Guerpire.*

GHEUDE, Société, corps de métier, confrérie. Gl. *Ghilda.*

GHIESQUIERE, Gachère. Gloss. *Gasqueria.*

GHILLE, Supercherie, mensonge, fourberie. Gl. *Guillator.*

GHISARME, Sorte d'arme, lance, demi-pique. Gl. *Gisauma.*

GHISELE, Otage. Gl. *Ghisele.*

*GHYSELHUYS, Prison. L.

GIBACIER, Bourse large et ornée qu'on portait devant soi. Gl. *Gibaçaria.*

GIBAULT, Instrument à remuer la terre ; ou espèce d'arme. Gl. *Giba,* 2.

GIBBE, Instrument à remuer la terre, à arracher les herbes ; ou espèce d'arme. Gl. *Giba,* 2.

GIBE, comme GIBBE. — Sorte de paquet ou ballot. Gl. *Giba,* 2.

GIBECER, Chasser aux oiseaux. Gl. *Gibicere.*

GIE

GIBECIER, Gibeciere, Bourse large et ornée qu'on portait devant soi. Gl. *Gibaçaria.*

GIBEER, Gibeier, Chasser. Glos. *Gibicere.*

GIBER, Se débattre des pieds et des mains, s'agiter, lutter. Gl. *Gibetum.* — Aller en Giber, Chasser aux oiseaux. *Gibicere.*

GIBESSIER, Bourse large et ornée qu'on portait devant soi. Gl. *Gibaçaria.*

GIBET, Espèce de fronde ou d'arme. Gl. *Gibetum.*

GIBIER, Aller en Gibier, Chasser aux oiseaux. Gl. *Gibicere.*

GIBOYER, Chasser aux oiseaux. Gl. *Gibicere.*

*GIDE, Guide. L.

GIEFFROY, Nom propre tourné en dérision. Gl. *Goffredus.*

*GIELS, Gelée, frimas. L.

GIEN, De Gien en Gien, p. e. En biais. Gl. sous *Gigilla.*

GIENNOIS, Monnaie du comte de Gien. Gl. *Giemensis,* sous *Moneta Baronum.*

GIERAUCIE, Hiérarchie, les chœurs ou ordres des anges. Gl. *Gerargha.*

GIEST, Taille, impôt. Gl. *Gita.*

GIET, Lien, attache, courroie, avec laquelle on jette l'oiseau après le gibier. — Ce que jette la mer sur le rivage. Gl. *Jactus.* — Jeton. Gl. *Gita.*

GIETZ, p. e. Saillie, avance. *Gietz.*

GIEZ, Le seuil d'une porte. *Gietz.*

GIR

GIFFARDE, Servante de cuisine. Gl. *Giffardus*.

*GIFFLARD, Joufflu. L.

GIGE, Instrument de musique à cordes. Gl. *Giga*, 2.

GIGIMBRAT, Gingembre. Gloss. *Electuarium*, 1.

GIGUE, Instrument de musique à cordes. *Giga*, 2.

GIGUEOUR, Joueur de l'instrument appelé *Gigue*. Gl. *Giga*, 2.

GILBE, Instrument à remuer la terre et à arracher les herbes; ou espèce d'arme. Gl. *Giba*, 2.

GILDE, Société, communauté, confrérie. Gl. *Gilda*.

GILE, Gille, Supercherie, mensonge, fourberie; d'où *Giler* et *Giller*, Tromper, duper, fourber. Gl. *Guillator*.

*GILLER, Tromper. L.

GILLERE, Trompeur, fourbe, qui est de plus mauvaise foi. Gloss. *Guillator*.

GILLIERE, Bateleur, charlatan, bouffon, faiseur de tours. Glos. *Guillator*.

GIMGEMBRAT, Gingembre. Gl. *Gingiber*.

*GINGUET, Sans force. L.

*GIPE, Justaucorps. L.

GIPPONNIER, Tailleur, faiseur de jupons. Gl. *Gippo*.

GIRARME, pour Gisarme, Sorte d'arme, lance, demi-pique. Gl. *Gisauma*.

*GIRES, Mal d'enfant. L.

GLA

GIRON, La partie de l'habillement qui est à la ceinture. — Partie d'une tente ancienne. — Tour, circuit, enceinte. Gl. *Gyro*.

GIRONNÉE, Autant qu'un *Giron* ou tablier peut contenir. Gloss. *Gyro*, 1.

GIRVIE, Sorte d'arme, p. e. Lance, demi-pique. *Gieverina*.

GISARME, Sorte d'arme, hache, ou demi-pique, lance. *Gisauma*.

GISE, Aiguillon, dont on pique les bœufs. Gl. *Gisauma*.

GISTERNEI, Instrument de musique à cordes, guitare. *Guiterna*.

GITER, Faire la répartition d'un impôt. Gl. *Gita*.

GITTAIGE, Redevance, impôt, taille. Gl. *Gitagium*.

GITTER de ruyne un pré, Le remettre en valeur. *Exartare*.

GITTEUR a Fonde, Celui qui lance avec une fronde. Gloss. *Fundibalista* sous *Fundabulum*

*GITTOUER, Jeton. L.

GIU PARTI, pour Jeu parti, Alternative. Gl. *Jocus partitus*.

GIUSTE, *Juste*, Sorte de mesure. Gl. *Justa*, 2.

GLACHER (SE), Détourner un coup, l'éviter. Gl. *Guillator*.

GLACHIER, Glisser, faire un faux pas. Gl. *Acherure*.

GLACHON, Sorte d'habit de guerre. Gl. *Glizzum*.

*GLACIER, Glisser. L.

GLAÇON, Toile fort fine. *Glizzum*.

GLA

GLAGER de Fleurs, d'herbe, Répandre sur le pavé des fleurs ou des herbes. Glos. *Florare* et *Herbare*.

GLAIAIRE, Glaïeul. *Gladiolum*.

GLAINE, Glane, gerbe. *Glana*.

*GLAIRE, Gravier. L.

GLAIVE, Lance, demi-pique; d'où *Glaive*, Homme d'armes, cavalier armé de lance. Gl. *Glave* et *Glaivus*.

GLAMELOT, pour Glavelot, Demi-pique ou lance. *Glaviolus*.

GLANDAGE, Le droit de faire paître ses porcs dans une forêt. *Glandagium*, sous *Glandis*, 2.

GLANDÉE, comme Glandage. *Glandagium*, sous *Glandis*, 2.

*GLANDRE, Ecrouelle. L.

GLANDURE, Espèce d'ornement. Gl. *Ancona*.

GLANE. Avoir Glane, C'est avoir droit de glaner dans un champ. Gl. *Glana*.

GLANNE. Avoir quelqu'un en sa Glanne, En être le maître, lui faire faire tout ce qu'on veut. Gl. *Glana*.

*GLAON, Osier. L.

GLAS, Cris confus. *Glatilare*.

GLASSER, Glisser, couler. Glos. *Clidare*.

GLASSOIR, Conduit pour écouler l'eau, évier. Gl. *Goterius*.

GLASSOUER, comme Glassoir. Gl. *Goterius*.

GLI

GLATIR, Aboyer comme font les chiens.

GLAUGIOL, Sorte de poisson, calmar. Gl. *Casseron*.

GLAUS, Sorte de plante, herbe au lait. Gl. *Justrio*.

GLAVE, Lance, pique; d'où *Glave*, Homme d'armes, cavalier armé d'une lance. *Glavea*.

GLAVELOT, Demi-lance, demi-pique. Gl. *Glaviolus*.

GLAVIOT, Demi-lance, demi-pique. Gl. *Glaviolus*.

GLAY, Cris confus de joie et de gaieté. Gl. *Glatilare*.

GLEBE, Terre assignée pour le fonds et la dot d'une église. Gl. *Gleba*, 1.

GLENNE, Faire ses Glennes, Glaner. Gl. *Glena*.

GLENNON, Glenon, Botte de quelque chose que ce soit. Gl. *Glena*.

GLETE, Ordure, corruption. Gl. *Glotonus*.

GLIC, Sorte de jeu de cartes. Gl. *Glissis*.

GLICHOUERE, Conduit pour écouler l'eau, évier. *Goterius*.

GLICHY, Plate-forme. Gl. *Glatia*.

GLICQ, Sorte de jeu de cartes. Gl. *Glissis*.

GLINSER, Glisser, couler. Gloss. *Clidare*.

GLISEUR, Marguillier, celui qui est chargé de l'administration de la fabrique d'une église. Gl. *Gliserius*.

GLU

GLISSE, Gravier, sable. *Gliseria*.

GLOC, pour GLOE, Bûche. *Gloa*.

GLOE, Bûche, poutre, pièce de bois. Gl. *Gloa*.

GLOP, Boiteux. Gl. *Cloppus*.

GLORE, Gloire, le ciel. *Glos*, 1.

GLORIETE, Petite chambre fort ornée. Gl. *Glorieta*.

GLOS, Terme d'honneur, qualification donnée aux fils de rois. Gl. *Gloria*, 2.

GLOTON, GLOUTONNIER, Glouteron, bardane. Gl. *Lappa*, 1.

GLOTONIN, Libertin, débauché. Gl. *Glotonus*.

GLOUS, Egout, canal par lequel s'écoulent les immondices d'une maison. Gl. *Glotonus*.

GLOUT, Glouton, gourmand; d'où *Gloutement*, Goulument. — Vicieux, débauché, livré aux femmes. Gl. *Glotonus*.

GLOUTE PAROLE, Injure, reproche offensant. Gl. *Glotonus*.

GLOUTRENIE, Débauche, libertinage. Gl. *Glotonus*.

GLUER, Coller, frotter de glu. Gl. sous *Charta*, 1.

GLUI, Chaume, paille. Gl. *Gluen*.

GLUIER, Ramasser du chaume et le mettre en botte. Gl. *Gluen*.

*GLUTIR, Avaler. L.

GLUY, Gerbe, botte. Gl. *Gluen*.

GLUYER, Coller, joindre ensemble. Gl. *Glutinus*.

GOD

GLUYETER, Ramasser du chaume et le mettre en botte Gl. *Gluen*.

GLUYON, Botte de paille de seigle. Gl. *Gluen*.

GLUYOT, Chaume, paille de seigle. Gl. *Gluen*.

GLUYOTAGE, L'emploi du *Gluy* ou chaume. Gl. *Gluen*.

GOBAN, Gaieté, belle humeur. Gl. *Gobelinus*.

GOBE, Gai, poli, officieux. Gloss. *Gobelinus*.

GOBELIN, Démon familier, lutin. Gl. *Gobelinus*.

GOBET, GOBETEI, Coup de cloche donné avec le battant et par intervalle. Gl. *Missa copetata*.

GOCEON, Sorte d'habit de guerre. Gl. *Godebertus*.

*GODALE, Bière. L.

GODANDART, Demi-pique ou longue javeline. *Godandardus*.

GODAUDAC, pour GODANDAR. Gl. *Godandardus*.

*GODDEAU, Barre. L.

*GODE, Vieille brebis. L.

GODEBERT, Sorte d'habit de guerre. Gl. *Godebertus*.

GODENDAC, Terme de salut, pour dire Bon jour. Gl. *Godendac*.

GODENDART, Demi-pique, longue javeline. Gl. *Godandardus*.

*GODINETTE, Jeune fille coquette. L.

GODINS, Certains brigands, qui se retiraient dans les bois. *Gualdus*.

GOM

GODON, Gourmand, goulu. Gl. *Glotonus.*

GOE, Serpe à tailler bois ou vignes. Gl. *Goia,* 1.

*GOFFE, Grossier. L.

GOFFRE, Golfe. Gl. *Gaufra.*

GOGUE, Amusement, plaisir, plaisanterie, raillerie. Gl. *Gobelinus.*

GOHATEREAU, Goitreux, Gl. *Gutturuosus.*

GOHERIAUS, Tombereau. Gl. *Gostarium.*

GOIART, Espèce de Serpe, Gl. *Goyardus.*

GOIGNON, Goujon, cheville de fer ou de bois. Gl. *Gojo.*

GOIL, Espèce de serpe. Gl. *Goia,* 1.

GOILART, Sorte de monnaie. Gl. *Goilart.*

GOITRON, Gorge, gosier. Gl. *Gurgustium,* 2.

GOIZ, Sorte de Serpe. Gl. *Goia,* 1.

GOLENÉE, Petite mesure de grain. Gl *Golena.*

GOLIARDIE, Fausseté, tromperie, friponnerie. Gl. *Goliardia.*

GOLLE, Bouche. Gl. *Golerium.*

GOLLÉE, Collet d'un habit, Gl. *Golerium.*

GOLLENÉE, Petite mesure de grain. Gl. *Golena.*

GOLOT, Ravin, chemin creux. Gl. *Golla.*

GOMIR, Gomissement, Vomir, Vomissement. Gl. *Vomere.*

GOR

GOMME, Paquet, ballot. — Espèce de coffre ou nasse, où l'on conserve le poisson. — Le trou au-dessous de la roue extérieure du moulin. Gl. *Gumma.*

*GONE, Tunique longue. L.

GONELLE, Sorte d'habillement, casaque d'homme, robe et cotillon de femme. Gl. *Gonela,* 2, et *Gunna,* 1.

GONFANON, Étendard, bannière à trois ou quatre pendants ; d'où *Gonfannoier, Gonfanongnier* et *Gonfanonier,* Celui qui porte cette bannière. *Gonfanon* est aussi une banderolle ou flamme, qui se mettait au-dessous du fer de la lance ou pique. *Guntfano.*

GONNE, Sorte d'habillement, fourrure, habit de moine. Gl. *Gonna,* sous *Gunna,* 1. Voyez *Gone.*

GONNELLE, Sorte d'habillement, casaque d'homme, robe ou cotillon de femme. Gl. *Gunella* sous *Gunna,* 1.

GORD, Pêcherie, Gl. *Gordus.*

GORDIN, Stupide, hébété, niais. Gl. *Gurdus.*

GORGE, Canal, conduit d'eau, rigole. Gl. *Gorga.* 1.

GORGENT. Armet de Gorgent, Armure de la gorge. *Gorgale.*

GORGEOUR, Gourmand, goulu. Gl. *Gorgia,* 1.

GORGER, Donner la pâtée aux oiseaux. — Railler, se moquer, insulter, Gl. *Gorgia.*

GORGERETTE, Armure de la gorge. Gl. *Gorgale.*

GORGERY, Armure de la gorge. Gl. *Gorgale.*

GOU

GORGIAS, Plaisamment et ridiculement paré, vêtu à la manière d'une femme débauchée. Gl. *Gorgia*, 2.

*GORGIASEMENT, Magnifiquement. L.

GORGIERE, Armure de la gorge. — Ornement dont les femmes couvrent ou parent leur gorge. Gl. *Gorgale*. — Coup de poing, gourmade. Gl. *Gorgiata*.

GORGIEUR, Fanfaron, moqueur, railleur. Gl. *Gorgia*, 2.

GORGOIER, Railler, se moquer, insulter. Gl. *Gorgia*, 2.

GORIN, Petit cochon de lait. Gl. *Gorrinare*.

GORLÉ, Fin, rusé Gl. *Gorrinare*.

GORMANDER, Manger immodérément. Gl. *Gorgia*, 1.

GORMÉ, Goitreux. Gl. *Gutteria*, 2.

*GORPIL, Renard. L.

GORREAU, Cochon de lait. Gl. *Gorrinare*.

GORRIAU, Collier de cheval. Gl. *Gorgia*, 2.

GORRON, Cochon de lait. Gl. *Gorrinare*.

GORT, Golfe. Gl. *Gordus*.

*GOSTEMENT, Goût.

GOTZ, Les Normands qui ont ravagé la France. Gl. *Goti*.

*GOUASCHER, Agiter, L.

GOUAYS, Certains séditieux ainsi nommés, parce qu'ils avaient une *Goy* pour arme. Gl. *Goia*, 1.

GOUBISSON, Espèce d'habillement contre-pointé, long et pendant sur les cuisses, sur lequel on endossait la cotte de mailles. Gl. *Gambeso*.

GOUDALE, Sorte de bière ; d'où *Goudalier*, Brasseur. *Godala*.

GOUDENDART, Demi-pique ou longue javeline. *Godundardus*.

GOUE, Grotte, caverne. *Grueta*.

GOUET, Instrument propre à tailler, serpette, couteau, etc. Gl. *Goia*, 1.

GOUFFORT, GOUFFOURT, Sorte de bâton ferré, demi-glaive, javelot. Gl. *Gaverlotus*.

GOUFFRONT, pour GOUFFOURT. Gl. *Gaverlotus*.

GOUFOURT, comme GOUFFORT. Gl. *Gaverlotus*.

GOUFRE, Golfe. Gl. *Gulfus*.

GOUGE, Sorte d'arme en forme de serpe. Gloss. *Goia*, 1. [Fille, servante. L.]

GOUGON, Goujon, cheville de fer ou de bois. Gl. *Gojo*.

*GOUHOURDE, Gourde. L.

GOULAFRE, Qui veut tout engloutir. Gl. *Gula*, 3. [Diable. L.]

GOULARDISE, Plaisanterie, raillerie, Gl. *Goliardus*, 1.

GOULE, Bourse, gibecière. Gl. *Gula*, 2. — Commencement, le premier jour d'un mois. Gl. *Gula Augusti*. — Collet, la partie de l'habillement qui joint le cou. Gl. *Gula mantelli*.

GOULET, Ruisseau. Gl. *Gouletus*.

GOULIARD, Débauché, homme de mauvaise vie. *Goliardus*, 1.

GOU GOU

GOULIARDEUSEMENT, A la façon des *Gouliards* ou gens débauchés. Gl. *Goliardizare*, sous *Goliardus*, 1.

GOULIARDOIS, Bouffon, bateleur. Gl. *Goliardizare*, sous *Goliardus*, 1.

GOULIART, Goinfre, ivrogne. Gl. *Goliardizare*, sous *Goliardus*, 1.

GOULIERE, Poche, gousset, bourse. Gl. *Gula*, 2.

GOULOUSER, Jalouser, avoir envie, désirer ardemment. Gl. *Gelositas*, et *Gliscere*.

GOUME, pour GOMME, Paquet, ballot. Gl. *Gumma*.

GOUPIL, Renard ; d'où *Gouppiller* et *Gouppilleur*, Celui qui fait la chasse aux renards. Gl. *Gopillator*.

*GOUPILLEUR, chasseur de renards. L.

GOURCE, Buisson épais, lieu couvert de buissons, Gl. *Gorga*, 2.

GOURD, Engourdi. L.

GOURDAINE, Engin pour pêcher. — Le nom d'une prison à Paris. Gl. *Gordana*.

GOURDER, Prendre quelqu'un à la gorge, la lui serrer. *Gorgiata*.

GOURDINE, Courtine, voile, rideau. Gl. *Cortinula*, sous *Cortis*, 2. — Grotte, lieu retiré. Gl. *Gructa*.

GOURFOLER, GOURFOULER, Maltraiter, battre fortement, meurtrir. Gl. *Affollare*, 2.

GOURGERIT, Ornement dont les femmes couvrent et parent leur gorge, ou la partie supérieure du sein. Gl. sous *Gorgale*.

GOURGON, Trait, flèche. Gl. sous *Ignis*.

GOURGOULER, GOURGOUSSER, Murmurer, parler entre ses dents, marquer du mécontentement, gronder. Gl. *Groussare*, et *Reprochare*.

*GOURGOUSSER, Gronder. L.

GOURGOUX, METTRE EN GOURGOUX, Remâcher en murmurant. Gl. *Groussare*.

GOURGOZ, Querelle, dispute. Gl. *Groussare*.

GOURGUE, L'endroit où tombe l'eau, après avoir fait tourner la roue du moulin. Gl. *Gurga*.

*GOURLE, Bourse. L.

GOURMET, Commissionnaire, voiturier, ou garde des vins et marchandises pendant qu'ils sont en route. Gl. *Gromes*.

GOURNAL, Espèce de poisson de mer. Gl. *Gornus*.

GOURPILLE, Renard. *Vulpecula*.

GOURT, Gord, pêcherie, *Gurga*. — Stupide, hébété, lourd. Gl. *Gurdus*.

*GOUSSE, Chien mâtin. L.

GOUSTEMENT, Mets, viande. Gl. *Gustum*.

GOUTE, Figure qui représente une larme ; d'où *Goutté*, Ce qui est chargé ou orné de cette figure. Gl. *Gutta*, 6. — Gouttière, évier. Gl. *Gota*.

GOUTE BLANCHE, Suif. Gl. *Gutta alba*, sous *Gutta*, 7.

GOY

GOUTE FELONNESSE, Épilepsie, mal caduc. Gl. *Gutta caduca*, sous *Gutta*, 2.

GOUTEREL, Gouttière. *Gouteria*.

GOUTIÈRE, Sorte d'ornement d'un lit. Gl. *Gouteria*.

GOUTRON, Goudron, vieux oing; d'où *Goutrenner*, Graisser avec du *goutron*. Gl. *Gemu*.

GOUVERNANCE, Manière de vivre, dépense. Gl. *Gubernantia*.

GOUVERNER, Entretenir, fournir les choses nécessaires. Gloss. *Gubernantia*.

GOUVERNERESSE, Femme qui gouverne. Gl. *Miro*, 2.

GOUVERNEUR, Curé, qui gouverne une paroisse. — Favori. — GOUVERNEUR DE NOCES, Celui qui était chargé du soin du repas des noces, et de recueillir l'écot d'un chacun. Gl. *Gubernator*, 2.

GOUYAULX, Ce sont les morceaux de pâte qu'on gratte du pétrin. Gl. *Grignolosus*.

GOUYER, Sorte de serpe. *Goia*, 1.

GOY, Sorte de serpe. Gl. *Goia*, 1, et *Legoy*.

GOYART, Sorte d'arme et de serpe. Gl. *Goyardus*.

GOYE, Sorte de serpe. Gl *Goia*, 1.

GOYMEREZ, Ceux qui doivent des corvées avec la *Goy* ou serpe. Gl. *Goia*, 1.

GOYR, Jouir, être en possession; d'où *Goyvre*, Jouissance. Gl. *Godimentum*.

GOYS, Certains séditieux, ainsi nommés, parce qu'ils avaient une *Goy* pour arme. Gl. *Goia*, 1.

GRA

*GOYVRE, Jouissance. L.

GRACE, Titre d'honneur donné aux plus grands seigneurs. — Renommée, réputation. *Grucia*.

GRACES DES LOMBARS, Le jeu de dés. Gl. *Gratiæ*.

GRACIER, Faire grâce, remettre ce qui est dû. Gl. *Gratificare*, 2. — Rendre grâces, remercier. Gl. *Gratiare*.

GRAEL, Graduel, livre d'église. Gl. *Gradalicantum*.

GRAFFIERE, Burin, stylet. Gl. *Stiliare*.

GRAFFON, Croc, crochet, Gl. *Graffonus*.

GRAIL, Grille. Gl. *Grata*.

GRAILE, Instrument, qui rend un son aigu. Gl. *Gracilis*. — La corneille noire. Gl. *Gracilla*.

*GRAILLE, Trompette. L.

GRAILLER, Le cri de la corneille. Gl. *Creticare*, 3.

GRAIN, Morceau, fragment. Gl. *Granum*, 4.

GRAINDRE, Plus âgé. *Grandus*.

*GRAINGNE, Grange. L.

*GRAINS, Affligé. L.

GRALOIER, Sonner de l'instrument appelé *Graile*. *Monetum*.

GRAMBILLE, Sorte de boisson, espèce de bière. Gl. *Granvalla*.

GRAMENTER, pour GARMENTER, Se plaindre, être mécontent. Gl. *Querclare?*

*GRAMIR, Gémir. L.

GRANCHE. JEU DE LA GRANCHE,

GRA

Sorte de jeu de dés; p. e. pour Jeu de la chance. Gl. *Grangium*.

GRANCRENELLE, Nom d'une antienne de l'office de la Nativité de la Vierge. Gl. *Grancrenelle*.

GRANDEUR, Arrogance, insolence. Gl. *Granditudo*, 2.

GRANEQUIN, pour CRANEQUIN, Sorte d'arbalète. Gl. *Crenkinarii*

GRANGE, Métairie, ferme. Gl. *Grangia*, sous *Granea*.

GRANGEAGE, Droit dû sur les granges. Gl. *Granchiagium*, sous *Granea*. — Métairie, ferme, hameau. Gl. *Grangiagium*.

GRANGERIE, Office monacal, dont le pourvu s'appelait *Grangier*. Gl. *Grangerius* et *Grangiarius*, sous *Granea*.

GRANGIER, Métayer, fermier. Gl. *Grangerius*.

GRANIER, LE FUST GRANIER, La trémie d'un moulin. *Tremodium*

GRANMANT, Longtemps. Gloss. *Granditas*.

GRANTEY, Payement de ce qu'on a pris à crédit. *Graantagium*.

GRANT-PIEÇA, Longtemps auparavant. Gl. *Foraneus*, 4.

GRANT-SIRE, Beau-père. Gloss. *Sirialicus*.

GRANT-TERRE. SEIGNEUR DES CHETIFS ou DE LA GRANT-TERRE, Le chef d'une société de jeunes gens appelés les *Chetifs*. Gloss. *Captivare*, 2.

GRANUE, Croc, crochet. Gloss. *Graffonus*.

GRAPHIER, Greffier. *Graphista*.

GRA

GRAPIER, Ce qui reste du froment après qu'il a été vanné et nettoyé. Gl. *Graperium*.

GRAPIS ou GRAPRIS, pour GRAPOIS, Sorte de poisson de mer. Gl. *Graspiscis* et *Graspeis*.

GRAPPER, Vendanger, cueillir le raisin. Gl. *Grapetura*.

GRARIE, Certain droit qu'on a dans les bois d'un autre. Gloss. *Griaria*, sous *Gruarius*, 1.

GRAS SERMENT, Un gros jurement. Gl. *Grassus*, 3.

GRASAL, Jatte, sorte de plat. Gl. *Grasala*.

GRASET, Graisse, huile. *Grascia*.

GRATEINE, Ratière, souricière. Gl. *Grata*.

GRATISSE, Bourre, espèce de mauvaise laine. Gl. *Gratus*, 4.

GRATUÉ, Râpe, ustensile de cuisine. Gl. *Gratusa*.

GRATUISE, GRATUISSEUR, Bourre, espèce de mauvaise laine. Glos. *Grutus*, 4.

GRATUIT, Ce qui concerne l'esprit ou l'âme. Gl. *Gratuitas*, 1.

GRATUITÉ, Don, présent, Gloss. *Gratuitas*, 1.

GRATURSE, pour GRATUISE ou GRATUSE, Bourre, espèce de mauvaise laine. Gl. *Gratus*, 4.

GRATUSE, Râpe, ustensile de cuisine. Gl. *Gratusa*.

GRAULE, La corneille noire. Gl. *Grucilla*.

GRAVAGE, Gravier, bord de la mer ou d'une rivière. *Gravairo*.

GRE

*GRAVANTER, Démolir. L.

GRAVELE, Graveille, Le sable de la mer, gravier. Gl. *Gravela* et *Gravella*.

GRAVELOT, pour Gavrelot, Javelot. Gl. *Gaverlotus*.

GRAVEREUS, Celui qui lève les impôts. Gl. *Gravaringus*.

GRAVERIE, Exaction de toute espèce de droits. Gl. *Gravaria*.

GRAVEURE, Fente, petite ouverture. Gl. *Crebadura*.

GRAVIR, Monter un escalier. Gl. *Gradium*.

*GRAVOUERE, Aiguille de toilette. L.

*GRAX, Serres. L.

GRAZAL, Jatte, sorte de plat. Gl. *Grazala*. Voyez *Grasal*.

GRÉ. Faire Gré, Payer, satisfaire à ce qu'on doit. Gl. *Gratum*. — Rendre Grez, Remercier, rendre grâces. Gl. *Gratiare*.

GREAGE, Droit sur la coupe des bois et sur les ouvrages faits de bois. Gl. *Greagium*.

*GREANTER, Accorder. L.

*GREDILLER, Friser.

GRÉE, p. e. Vieille. *Glabella*, 2.

GREEL, Greal, Graduel, livre d'église. Gl. *Gradale*, 1.

GRÉER, Agréer, approuver. Gl. *Gratari*.

GREFE, Stylet à écrire. Gloss. *Graphium*, 1.

GREFFE, Crochet. Gl. *Graffonus*. — Stylet, burin. *Graphium*, 1.

GRE

GREFFERIE, Office ou charge de greffier. Gl. *Greffarius*.

GREGIER, Faire tort, causer du dommage ou de la peine. Glos. *Greugia*.

GREGNIEUR, Le plus considérable. Gl. *Grandus*.

GREIGNAILLES, Toute espèce de menus grains. Gl. *Ruere*.

GREIL, Jatte, sorte de plat. Glos. *Grasala*. — Grille, Gl. *Grata*. — Gril, ustensile de cuisine. Gl. *Graticula*.

GREILLE, Instrument qui rend un son aigu. Gl. *Gracilis*.

*GREILLET, Grelot. L.

GREILLON, Grille. Gl. *Grata*.

GREINGNEUR, Plus grand. Glos. *Grandus*.

GREINS, Fâché, affligé. *Gravedo*, 1.

GREIS, p. e. Cresselle. *Dragdale*.

*GRELET, Cor, grelot. L.

GRELLOIER, Sonner de l'instrument appelé *Greille*. *Grelare*.

*GREMIER, Se plaindre. L.

GRENAILLES, Toute espèce de menus grains. Gl. *Ruere*.

GRENET, Grenat, pierre précieuse. Gl. *Grenatus*.

GRENETE, Le marché au blé. Gl. *Granateria*, 2.

GRENETÉ, Ce qui est orné de grains. Gl. *Grenatus*.

GRENETIER, Officier du grenier à sel. Gl. *Granetarius*, 2.

GRI

GRENIER, Banne, pièce de grosse toile. Gl. *Grenarium*, 2.

GRENONS, Moustache. Gl. sous *Grani*.

GRESILLON, Menotte de fer. Gl. *Grisilio*. [Grillon. L.]

GRESLE, Instrument qui rend un son aigu. Gl. *Gracilis*.

GRESSIN, Toute marchandise graisseuse. Gl. *Gresa*.

*__GREVAIN__, Douloureux. L.

*__GREVANCE__, Chagrin. L.

GREVE, Cheveux partagés sur le haut de la tête, la ligne qui les partage. Gl. *Gravia*, 1. — Bottine, armure des jambes. *Greva*.

*__GREVER__, Chagriner. L.

*__GREVERAIN__, Inquiétant.

GREUERIE, Grurie. *Griatoria*.

GREUILLON, Instrument à cerner les noix. Gl. *Cernea*.

GREUNIER, Grogner, le cri du pourceau. Gl. *Frendis*.

GREUSE, Plainte, mécontentement. Gl. *Greusia*, 1.

*__GREVEUX__, Pénible. L.

GREVETTE, Bottine, armure des jambes. Gl. *Greva*.

GREVEUSSEUMENT, Avec dommage. Gl. *Gravantia*.

GREVIER, Canal, conduit d'eau. Gl. *Graverium*.

GREZALE, Jatte, sorte de plat. Gl. *Grasala*.

GRIAGE, Certain droit qu'on a dans les bois d'un autre. Gloss. *Griagium*, sous *Gruarius*, 1.

GRIECHE, Charge, redevance. Gl. *Griechia*.

GRIEMENT, Remords, repentir. Gl. *Gravedo*, 1.

*__GRIESCHE__, Sauvage. L.

GRIESTÉ, Grief, dommage. Glos. *Gravedo*, 1.

GRIETÉ, Fâcherie, chagrin, peine d'esprit. Gl. *Gravedo*, 1. — Difficulté, peine. — En parlant d'une griève et dangereuse maladie. Gl. *Gravatum*.

*__GRIEUX__, Grec. L.

GRIFAIGNE, Fier, résolu, intrépide. Gl. *Grifalco*.

GRIFAU, Griffon, oiseau de proie. Gl. *Grifalco*.

GRIFFER, Egratigner. *Grifare*.

GRIFFAIGNE, Fier, résolu, intrépide. Gl. *Grifalco*.

GRIFFONS, Grifons, Nom des Grecs soumis à l'empire de Constantinople. Gl. *Griffones*.

GRIGIEUR, Terme injurieux, p. e. Lépreux. Gl. *Grigulosus*.

*__GRIGNER__, Se fâcher. L.

GRIGNETTE, Petite croûte de pain, prise du côté qu'il est le plus cuit. Gl. *Grignolosus*.

GRIGOIS, La langue grecque. Gl. *Græciensis*.

GRILETE, Sorte d'animal, p. e. Grenouille. Gl. *Grillonus*.

GRILLE, Jeu a la Grille. Gloss. *Grilla*, 1.

GRO

*GRIMUCHE, Grimace. L.

*GRINGNOS, Grincheux. L.

*GRINGOTER, Fredonner. L.

*GRIPPER, Grimper. L.

*GRIPPERIES, Pilleries. L.

GRISANCHE, Nom d'une grosse pièce de bois dans le Mâconnais. Gl. *Grisanchia*.

GRISLE, Instrument qui rend un son aigu. *Gracilis*.

*GRIVELER, Voler. L.

GROCER, Grochier, Se plaindre, murmurer, parler entre ses dents. Gl. *Greugia*.

GROE, Lieu ou champ fermé de haies. Gl. *Groa*, 2.

GROENET, Espèce de fourchette de cuisine. Gl. *Grugnum*.

GROGNET, Sorte d'arme offensive. Gl. *Grugnum*.

GROHAN, Nom d'un château à la porte d'Angers, qu'on prétend avoir été bâti par César. *Groa*, 2.

GROIGNER, Murmurer, se plaindre, gronder. Gl. *Grunnire*.

GROIGNET, Sorte d'arme offensive. Gl. *Grugnum*.

GROING, Cap, langue de terre qui avance dans la mer. Gloss. *Grouinum*.

GROINGNET, Gourmade, coup de poing sur le *groin* ou visage. Gl. *Grugnum*.

GROISSE, Grossesse. Gl. *Gravatœ mulieres*.

GROLÉE, Certain repas. *Grolia*.

*GROLER, Vaciller. L.

GRO

GROMET, Grometel, Serviteur, garçon de marchand ou d'artisan. Gl. *Gromes*.

GROMME, Serviteur, voiturier ou garde des vins. Gl. *Gromes*.

GRONDILLER, Gronder, murmurer. Gl. *Grunnire*.

GRONDINE, Voile, rideau, cousinière. Gl. *Conopeum*.

GRONEL. Terre Gronelle, Marécageuse. Gl. *Gronna*.

GRONGER, Frapper du poing sur le *groin* ou visage. Gl. *Grugnum*.

GRONGNET, Sobriquet de la maison de Vassé. Gl. *Grugnum*.

GRONS, Giron, tablier. *Gyro*, 1.

GRONSONEIR, pour Grousoneir, Murmurer, se plaindre. Gloss. *Groussare*.

GROS, Largeur. — Le produit des impôts sur une ville. Gloss. *Grossum*.

GROSLÉE, Certain repas. *Grolia*.

GROSSAIRE, Secrétaire, qui met en grosse les actes. *Grossa*, 2.

GROSSE, pour Crosse, bâton crochu, avec lequel on pousse une balle. Gl. *Crossare*.

GROSSEMENT, Amplement. Gl. sous *Grossus*, 1.

GROSSER, Murmurer, Se plaindre, gronder. Gl. *Groussare*.

GROSSEUR, Grossesse. Gl. *Gravatœ mulieres*.

GROUAU, Grougnant, Sorte de poisson, rouget. Gl. *Lechan*.

GROUCHER, Grouchier, Grou-

GRU

cer, Groucier, Murmurer, se plaindre, parler entre ses dents, gronder. Gl. *Groussare*.

GROUGNOIS, Sorte de fourrure. Gl. *Grundega*.

GROULIER, Savetier. *Grolerius*.

GROUMET, Serviteur, garçon de marchand ou d'artisan. *Gromes*.

GROUS, Chien. Gl. *Grundega*.

GROUSER, Grousoneir, Grousser, Groussier, Murmurer, se plaindre, gronder, se fâcher. Gl. *Groussare*.

GROUSSIER, Grossoyer, mettre au net. Gl. *Grossatio*, sous *Grossa*, 2.

GROYE, Lieu fermé de haies. Gl. *Groa*, 2.

GRU, Espèce d'orge propre à faire la bière. Gl. *Grutum*. [Le fruit vert des forêts.]

GRUAGE, Impôt ou droit d'entrée, barrage. — Certain droit qu'on a dans les bois d'un autre. Gl. *Gruagium*.

GRUE, p. e. Fraise de veau. Gl. *Grua*.

GRUEN, Grains tombés dans l'aire. L.

GRUER, Mettre un impôt, ou p. e. pour *Grever*, Surcharger. Gl *Gruagium*.

GRUIS, Son. Gl. *Gruellus*.

GRUMELER, Murmurer, gronder, disputer, quereller. *Groussare*.

*GRUNIER, Grogner comme un porc. L.

*GRUPER, Accrocher. L.

GUA

*GRUPPEMENT, Tracasserie. L.

GRUS, Femme débauchée. Gl. *Grussus*. — Son. Gl. *Gruellus*.

GRUST, Espèce d'orge propre à faire la bière. Gl. *Grutum*.

GRUVE, Sorte de redevance. Gl. *Gruvium*.

GRUYER, Garde ou sergent d'une forêt. Gl. *Gruarius*, 1.

GRYACHE, Certain jeu de dés. Gl. *Gratiæ Lombardorum*.

GUAAINGNE, Émolument, revenu. Gl. *Gaeria*.

GUAGER, Prendre des gages par sentence du juge. Gl. *Vadiare*, sous *Vadium*.

GUAGEURE, Gageure. *Guaditura*

GUAGOIN, p. e. Cochon de lait. Gl. *Gorrinare*.

GUAIGIERE, Gage, nantissement. Gl. *Gagiamentum*.

*GUAIT, Gait, ghait, get, Action de guetter. L.

GUALIE, Galée, sorte de vaisseau. Gl. *Gualea*.

GUANIVET, Canif, petit couteau. Gl. *Genecerium*.

GUARAGNON, Cheval entier, étalon, en Languedoc et en Provence. Gl. *Waranio*.

*GUARISUM, Salut. L.

*GUARNEMENT, Armure. L.

GUARNISON, Provision, tout ce qui est nécessaire. *Garnisio*, 1.

GUARSACHE, Bail à moitié des fruits. Gl. *Gasalha*, sous *Gasalia*

GUE

*GUASTE, Vide. L.

*GUASTER, Dévaster. L.

GUATE, Jatte, vaisseau rond. Gl. *Gatta*, sous *Gattus*, 1.

GUAYER, Chandelle ou flambeau de cire. Gl. *Puginata*.

GUAYN, L'automne, la saison où l'on cueille les fruits appelés *Gains*. Gl. *Gagnagium*, 1.

*GUBULET, Gobelet. L.

GUEDELLE, Guède, pastel. Gl. *Gueda*.

*GUEDOUFLE, Sorte de bouteille.

*GUEISSEILLIER, Faire l'ivrogne

GUELINE, Poule. Gl. *Gaulina*.

GUENART, Denier blanc à l'écu. Gl. sous *Moneta*.

GUENCHE, Finesse, détour. Gl. *Guilator*.

GUENCHIR, GUENCIR, Se détourner, esquiver, éviter avec adresse. Gl. *Guillator* et *Trestornatus*.

GUENELLE, p. e. Banderole. Gl. *Guella*.

GUENELON, Parjure, traître insigne. Gl. *Ganelo*, 1.

GUENIPE, Courtisane. L.

GUENIVETE, Canif, petit couteau. Gl. *Ganiveta*.

GUENOCHE, Sorcière, enchanteresse. Gl. sous *Genitialii*.

*GUÉPIN, Qui appartient aux guêpes. L.

GUERANCE, Garance, plante à l'usage des teinturiers. Gl. *Guarentia*, 2.

GUE

GUERDE, pour GUESDE, Pastel. Gl. *Guaisdium*.

GUERDON, Présent, récompense. Gl. *Guizardonum*.

*GUERDONNER, Récompenser.

GUERGUE, pour Charge, dépense. Gl. *Guergueria*.

GUERIER, Faire la guerre. Gl. *Guerragare*, sous *Guerra*.

*GUÉRIL, Gril. L.

GUERIR, Entretenir, fournir à la dépense. Gl. *Guergueria*.

GUERMENTER, GUERMENTIR (SE), Se plaindre, être mécontent. — Se donner des soins, marquer qu'on désire quelque chose. Gl. *Querimoniare*.

GUERNART, Qui cherche à tromper. Gl. *Culverta*.

GUERNON, Moustache. Gl. sous *Gruni*.

*GUEROUE, Corvée. L.

GUERP, Abandonné, vacant. Gl. *Guerpus*, sous *Guerpire*.

GUERPIE, GUERPISON, Cession, abandon; du verbe *Guerpir*, Abandonner, céder, quitter. Gl. *Guerpire*.

*GUERPIR, Abandonner, trahir. L.

GUERRE, ESTRE DE GUERRE, pour Être en guerre. Gl. sous *Guerra*.

GUERREDON, Récompense, salaire; d'où *Guerredonner*, Récompenser. Gl. *Guiardonum*.

GUERRÉER, GUERRER, Faire la guerre. Gl. *Guerragare*, sous *Guerra*.

GUI

GUERRER, pour Garer, Amarrer. Gl. *Guerragare*, sous *Guerra*.

GUERRIABLE, Sujet aux injures de la guerre. Gl. *Guerrina terra*, sous *Guerra*.

GUERRIE, Sorte de cens ou redevance. Gl. *Guerreria*.

GUERRIEUR, Homme de guerre. Gl. *Guerrerius*, sous *Guerra*.

GUERRIR, Faire la guerre. Gl. *Guerragare*, sous *Guerra*.

GUERRULER, Quereller, dire des injures. Gl. *Guerriggiare*, sous *Guerra*.

GUESTIERE, pour Geneschiere, Sorcière. Gl. *Genitialii*.

GUESVER, Abandonner, délaisser. Gl. *Wayf*.

GUETABLE, Qui est obligé de faire le guet. Gl. *Gueta* sous *Wactæ*.

*GUETTE, Sentinelle. L.

GUEUDE, Société, troupe. Gl. *Gueuda*.

GUEULLE, Gibecière, bourse. Gl. *Gula*, 2.

GUEUSSON, Goût, qualité de la chose qu'on goûte. Gl. *Gustum facere*.

*GUIBLET, Petit foret. L.

GUICHE, L'anse, ou la courroie de l'écu. Gl. *Giga*, 3. — Finesse, détour. Gl. *Guillator*.

GUICHEL, Guichelet, Guichet, petite porte. Gl. *Guichetus*.

GUICOUR, pour Guieour, Guide, conducteur. Gl. *Guidator*.

GUIDEL, Gord, pêcherie. Gl. *Giscellus*.

GUI

*GUIEMENT, Conduite, direction.

GUIENNÉ, Déguenillé, mal vêtu. Gl. *Depanaré*.

GUIENNOIS, Monnaie des ducs de Guienne. Gl. *Guiancnsis*.

GUIEOR, Guieour, Guide, conducteur. Gl. *Guidator*.

GUIER, Mettre des bornes et limites. — Conduire, mener. — Donner assurément, promettre avec serment devant le juge de ne point nuire à quelqu'un. Gl. *Guidare*, sous *Guida*.

GUIERRES, Général d'armée. Gl. *Guicia*.

GUIGE, L'anse, ou la courroie de l'écu. Gl. *Giga*, 3.

GUIGERNE, Sorte d'instrument à cordes, guittare. Gl. *Guitterna*.

GUIGET, Guichet, Gl. *Guichetus*.

GUIGNOCHE, Sorte de bâton. Gl. *Ginochium*.

GUILÉE, Giboulée. L.

GUILLADE, pour Aguillade, Aiguillon dont on pique les bœufs. Gl. *Aguillada*.

GUILLE, Supercherie, mensonge, fourberie. Gl. *Guillator*.

*GUILLEDIN, Guilledou, cheval hongre. L.

GUILLEMINS, Monnaie du Haynaut. Gl. *Guilletmus*.

GUILLENLEU, Présent qu'on faisait aux jeunes gens la veille de certaines fêtes de l'année. Gl. ci-dessus, *Aguilanneuf*.

GUILLEOR, Trompeur, fourbe, qui est de mauvaise foi; du verbe

GUI

G*uiller*, Tromper, duper. Gl. *Guillator*.

*GUILLER, Tromper. L.

*GUILLERY, Chant du moineau. L.

*GUILLON, Guignon. L.

GUILLOT, Monnaie de très-petite valeur. Gl. G*igliati*.

GUIMPLE, Guimpe, morceau de toile ou d'étofle, dont les femmes couvrent leur gorge ; et partie de l'armure d'un chevalier. Gl. G*uimpa*.

GUINBELET, Foret, outil propre à percer. Gl. sous *Vigiliæ*.

GUINCHER, Se détourner, esquiver. Gl. *Guillator*.

GUINDOLE, Espèce de cerise, griotte. Gl. G*uindolum*.

GUIGNAGE, Terre labourable. Gl. *Guanagium*.

*GUINLECHIER, Valet de cabaret. L.

GUINTERNE, Sorte d'instrument à cordes, guitare. Gl. *Guiterna*.

*GUION, Guide. L.

*GUIONAGE, Taxe payée pour un sauf-conduit. L.

GUIPILLON, Goupillon. Gl. *Aspergitorium*.

*GUIS, Guide. L.

GUISARME, Sorte d'arme, hache ou demi-pique, lance ; d'où *Guisarmier*, Celui qui en était armé. *Gisauma* et *Guisiarma*.

GUISCHARD, Fin, rusé, adroit. Gl. *Guiscardus*.

GUISELER, Donner assurément en justice. *Guidare*, s. *Guida*.

GUY

GUITERNE, Sorte d'instrument à cordes, guitare. Gl. *Guiterna*.

*GUIVRE, Serpent, du latin *Vipera*. L.

GULE, Commencement, le premier jour d'un mois. Gl. G*ula Augusti* — Col et, la partie de l'habillement qui joint le cou. Gl. G*ula mantelli*.

GULLE, Gibecière, bourse. Gl. G*ula*, 2.

GULPINE, Cession ; du verbe *Gulpir*, Abandonner, quitter. Gl. sous G*uerpire*.

GUOLE, Sorte d'habillement ou de fourrure. Gl. G*ula mantelli*.

GUOPILLEUR, Celui qui chasse le renard. Gl. *Gopillator*.

GUOY, Sorte de serpe. Gl. *Cala*.

GURPIR, Abandonner, céder, quitter ; d'où *Gurpizon*, Cession, délaissement. Gl. sous G*uerpire*.

GUSYARMIER, pour G*uysarmier*, Celui qui était armé d'une *Guisarme*. Gl. *Guisiarma*.

GUTEREL, Gorge, gosier. Gl. *Gurgustium*.

GUVE, G*uvette*, Chouette. Gl. *Guvus*.

GUYENNOIS, Monnaie des ducs de Guienne. Gl. G*uianensis*.

GUYETE, Celui qui fait le guet, et son salaire. Gl. *Gueytum*.

GUYSARMIER, Celui qui était armé d'une *Guisarme*. Gl. *Guisiarma*

GUYSTERNER, Jouer de la *Guyterne* ou guitare. Gl. *Guiterna*.

H

HAA, Terme employé pour signifier une épée, à cause apparemment de la surprise qu'on suppose qu'elle doit causer quand on la tire du fourreau. Gl. *Haa.*

HABANDONNÉEMENT, Abondamment, amplement. Gl. sous *Abandonnare,* 2.

HABEB, p. e. s'Emparer, se saisir de quelque chose ; ou Détruire, démolir. Gl. *Habere,* 3.

HABEREAU, Sorte d'habit. Glos. *Habilhamentum.*

HABERGAIGE, Habitation, logement, maison. — Etable, lieu où l'on retire les bestiaux. Glos. *Habergamentum.*

HABERGE, Tout lieu occupé par quelque chose. *Habergamentum*

HABERGEMENT, Habitation, logement, maison. Gl. *Habergamentum.*

HABERGIER, Loger, retirer. Gl. *Habergamentum.*

*HABET, Raillerie. L.

*HABEZ, Pris par ruse. L.

HABIER, Hallier, buisson. *Habia.*

HABILITER (SE), Se rendre habile et expert. Gl. *Habilitare,* 2.

HABILLE, Propre, suffisant. Gl. *Habilius.*

HABILLÉ, Qui est dans la disposition de faire une chose. Gloss. *Habilitare,* 2.

HABILLEMENT, Tout ce qui est propre à quelque chose, machines de guerre. *Habilimentum.*

HABILLER, Préparer, apprêter. Gl. *Habilitare,* 2.

HABILLETER (SE), s'Armer en guerre. Gl. *Habilimentum.*

*HABILLEUR, Chirurgien. L.

HABILLONNER, Rendre propre à une chose, disposer. Gloss. *Habilitare,* 2.

HABITAIGE, Maison, logement. Gl. *Habitantia,* 4.

HABITANAGE, Le droit de bourgeoisie. Gl. *Citadanagium.*

HABITÉ, Domicilié, établi. Glos. *Habitantia,* 4.

HABITEMENT, Logement, lieu où l'on habite. *Habitantia,* 4.

HABITEUR, Habitant. *Parinus.*

HABITUÉ, Habillé, vêtu. Gloss. *Habituare.*

HABLE, Propre, suffisant. Gloss. *Habilius.* — Havre, port. Gloss. *Hablum et Haula.*

*HABLER, Se vanter. L.

*HABONDE, Abondant. L.

HABOUT, Fonds de terre abandonné à un créancier, et désigné par ses tenants et aboutissants. Gl. *Abbotum.*

HACETE, Lancette. Gl. *Lanceola.*

HACHE DE CREQUI, DANOISE, LORROISE, Sorte d'arme. Gloss. *Hacheta.*

HAI

HACHÉE, Espèce de peine ou pénitence imposée en réparation d'un crime. Gloss. *Hachia* sous *Harmiscara*.

HACHEPIT, Sorte de bâton, p. e. Echalas. Gl. *Acheletus*.

HACHIE, Hacie, Peine, supplice. Gl. *Hachia*, sous *Harmiscara*.

*HAENGE, Haine. L.

HAGUE, aujourd'hui *Hogue*, dans le Cotantin. Gl. *Hagha*.

HAGUILLENNE, Présent qu'on faisait aux jeunes gens la veille du nouvel an ou de certaines fêtes de l'année. Voyez ci-dessus *Aguilanneuf*.

HAGUIMENLO, Le même. Voyez ci-dessus, *Aguilanneuf*.

HAGUIRENLEUX, Le même. Voyez ci-dessus *Aguilanneuf*.

HAHA, Hahay, Cri pour réclamer justice ou pour demander du secours. Gl. *Haro*.

HAIE, Bois ou partie d'une forêt fermée de haies. — Monnaie de la Haye en Hollande. Gl. *Haia*.

HAIER, Hauer, Chasser dans un bois, ou dans la partie d'une forêt fermée de haies. *Haiare*.

HAIN, Hameçon. Gl. *Hamatores*.

HAINEUX, Odieux, fâcheux. Gl. *Odiosus*.

*HAINGRE, Mince, délié. L.

HAION, Espèce de claie, où l'on étale la marchandise, échoppe portative. Gl. *Haisellus*.

HAIRE, p. e. pour Haie, Retranchement, sorte de fortification, palissade. Gl. sous *Haga*.

HAL

*HAIRIER, Affliger. L.

HAIRON, Héron, sorte d'oiseau. Gl. *Hairo*.

HAISE, Porte faite de branches entrelacées les unes dans les autres, en forme de claie. Gl. *Haisellus*.

HAISON, Espèce de claie, où l'on étale la marchandise, échoppe portative. Gl. *Haisellus*.

HAISTIÉ, Haitié, Qui se porte bien, dispos, gai. *Alacrimonia*.

HAIT, Joie, santé. *Alacrimonia*.

*HAITEMENT, Vaillance. L.

*HAITIER, Etre gai. L.

HAIZ, Espèce de petit bouclier. Gl. *Tavolacius*.

HALAGUES, Sorte de gens de guerre, arbalétriers. *Lacinones*.

HALE, La maison de ville, *Hala*, 1.

*HALECRET, Cuirasse. L.

*HALEINER, Respirer. L.

*HALEIZ, Fatigue. L.

HALGAN, Sorte de petite monnaie. Gl. *Halga*.

HALIGOTE, Pièce, morceau d'étoffe.

*HALIGOTÉ, Qui porte habit rapiécé. L.

HALIGRE, Gai, joyeux. Gl. *Alacrimonia*.

HALLAGE, Le droit qu'on paye pour étaler et vendre sous la halle. *Hallagium*, sous *Hala*, 1.

HALLE. Tenir Halle, Faire une assemblée. Gl. *Hala*, 1.

HAM

HALLEBARDE, Sorte d'arme, longue javeline. Gl. *Alabarda*.

HALLEBIC, Imposition qui se levait sur le poisson de mer. Gl. *Hallebic*.

*HALLEBOTER, Grapiller. L.

HALLEBOUT, Cri pour faire courir sus à quelqu'un. *Hallebout*.

*HALLEFESSIER, Fripon. L.

HALLEPIGUAILLE, Terme injurieux, voleur qui pille les maisons. Gl. *Hala*, 1.

HALLOT, Halot, Bûche, morceau de bois à mettre au feu. — Hallier ou saussaie. *Halotus*.

*HALM, Saisine, transport. L.

*HALOTER, Emonder. L.

*HALSBERGOL, Petit haubert. L.

HAMBAIS, Hambeis, Espèce de vêtement contrepointé, long et pendant sur les cuisses, sur lequel on endossait la cotte de mailles. Gl. *Gambeso*.

HAMBOURG, Espèce de bière. Gl. *Hamburgus*.

HAMÉE, Manche. Gl. *Hamatile*.

*HAMEDE, Barrière. L.

*HAMEDER, Verrouiller. L.

*HAMEL, Hameau. L.

*HAMELET, Petit hameau. L.

HAMEQUIN, Sorte de mesure. Gl. *Hamelicus*.

HAMEUR, Engin pour pêcher, différent de l'hameçon. Gloss. *Hamatores*.

HAN

HANAP, Coupe, vase avec anses et pied. Gl. *Hanapus*.

HANAPPERIE, L'art de faire des *hanaps* ou coupes, orfévrerie. Gl. *Hanapus*.

HANCE, Réception dans un corps de marchands ou d'artisans, ce qu'on paye à cette occasion, bienvenue. Gl. *Hansatus*, sous *Hansa*, 2.

HANCHE. Le tour de haute Hanche, Le croc en jambe; d'où *Hanchier*, Faire ce tour. Gl. *Hancha*.

*HANCHIER, Croc en jambe. L.

HANDHOUDER, Nom d'un officier municipal en Flandre. Gl. *Handhouder*.

*HANDON, Serpent. L.

HANEHOST, Délateur. *Hanehost*.

HANEPEL, Coupe, vase avec anses et pied. Gl. *Hanapus*.

HANEPIER, La partie supérieure de la tête, le crâne, et le casque qui couvre cette partie. Gl. sous *Hanapus*.

HANER, Labourer. *Ahenagium*.

HANESELIN, pour Housselin, Robe longue. Gl. *Housia*.

HANGUEVELLE, Présent du premier jour de l'an, étrennes. Voyez ci-dessus, *Aguilanneuf*.

HANNAP. Voyez *Hanap*.

HANNEPIER, Crâne, la partie supérieure de la tête. *Hanapus*.

HANNIER, Laboureur. Gl. *Ahenagium*.

HANNON, La partie d'une charrue qu'on appelle coquille. *Hanones*.

HAR

HANON, Poisson de mer, merlus. Gl. *Hanones*.

HANOT, HANOYT. METTRE A HANOT ou **HANOTER UNE MAISON**, La détruire, en ôter la couverture et la charpente pour les brûler, en punition du crime du propriétaire. Gl. *Hanot*.

HANOTÉE, pour **HAVOTÉE**. Voyez ce mot ci-après et Gl. *Havotus*.

HANSE, Impôt sur l'entrée des marchandises. Gl. *Hansa*, 1.

HANSER, Recevoir quelqu'un dans un corps de marchands ou d'artisans. Gl. *Hansatus*, sous *Hansa*, 2.

*****HANSTE**, Hampe. L.

*****HANTABLE**, Habitant. L.

HANTE, Fréquentation, commerce, habitude. Gl. *Frequentare*, 3.

*****HANTIN**, Fréquentation. L.

HANTIR (SE), Attaquer, se jeter dessus. Gl. *Hanteria*.

*****HANTISE**, Fréquentation. L.

*****HAOUR**, Haine. L.

HAPE, Hache. Gl. *Hapiola*.

HAPIETTE, diminutif de *Hape*, Petite hache. Gl. *Hapiola*.

HAPLE, Traîneau. Gl. *Trahale*.

*****HAPPART**, Gibet. L.

*****HAPPELOPIN**, Gourmand, L.

HAPPIETTE, Petite hache, diminutif de *Hape*. Gl. *Hapiola*.

HAQUE, CHEVAL HAQUE, A moitié coupé, demi-hongre. Gl. *Haque*.

HARANS, Troupeau de cochons. Gl. *Hara*.

HAR

HARASSE, Sorte de grand bouclier. Gl. sous *Haracium*.

HARBALLEUR, Querelleur, chicaneur. Gl. *Diffidatus*, 2.

HARCELLE, Osier, lien. *Harcia*.

HARCOURT, p. e. Qui a des haras de chevaux ; ou Escarmoucheur, qui provoque l'ennemi au combat. Gl. *Haracium*.

*****HARDAIGE**, Pâturage. L.

HARDAILLE, Troupe de vauriens. Gl. *Hardellus*.

HARDE, Certain bâton d'une charrette. Gl. *Arda*.

*****HARDEAU**, Coquin. L.

HARDÉE, Botte. Gl. *Hardeia*.

HARDEL, HARDELLE, Coquin, fripon, vaurien. — Une partie de l'habit. Gl. *Hardellus*.

*****HARDELÉE**, Trousseau de clefs.

HARDEMENT, Audace, hardiesse, courage. Gl. *Hardimentum*.

HARDI, HARDIT, Petite monnaie de cuivre. Gl. *Ardicus*.

HARDIAU, Coquin, fripon, vaurien. Gl. *Hardellus*.

HARDICORT, Escarmoucheur, qui attaque ou défie. *Hardimentum*.

HARDIE. ROBE HARDIE, Sorte de vêtement commun aux hommes et aux femmes. *Hardiata tunica*.

HARDIEMENT, Confiance, hardiesse. Gl. *Hardimentum*.

HARDIER, Attaquer, provoquer, escarmoucher, harceler. Gloss. *Hardimentum*.

HARDIERE, Crémaillère, grosse

HAR

corde ou plusieurs cordes tortillées ensemble. Gl. *Hardes.*

HARDINE, Sable, gravier. Gloss. *Hardinea.*

HARDOIER, Attaquer, insulter, provoquer, escarmoucher, harceler. Gl. *Hardimentum.*

HARE, Terme employé dans les proclamations qui se faisaient aux grandes foires. Gl. *Hare.*

HARELE, Harelle, Association illicite, émeute, sédition. *Harela.*

HARELEUX, Rebelle, séditieux. Gl. *Harela.*

HARENGERIE, Le marché au poisson. Gl. *Harengeria.*

HARENGIER, Marchand d'harengs et de poissons de mer. *Harengresse,* La marchande de ces mêmes denrées. *Harengeria.*

HARENGUADE, Certain poisson de mer. Gl. *Aphya.*

*HAREOUR, Qui tient un haras. L.

HARER, Animer, inciter. *Harela.*

HAREU, Cri pour réclamer justice ou pour demander du secours. Gl. *Haro.*

HAREUSEMENT, Tumultuairement, séditieusement. *Harela.*

HARGAN, Espèce de petite monnaie. Gl. *Halga.*

*HARGNE, Hernie, chagrin, haine. L.

HARGOTER, Ergoter, disputer avec opiniâtreté; d'où *Hargoteur,* Difficile, qui aime la dispute, eutêté. Gl. *Argutio.*

HARGOULER, Prendre quelqu'un

HAR

à la gorge, ou par la partie de l'habit qui joint le cou, et le secouer; d'où *Hargoulement,* Secousse. Gl. *Gula mantelli,* sous *Gula,* 3.

HARIGOTER, Terme obscène. Gl. *Argutio.*

HARIQUIDAM, Ce que payent les apprentis d'un métier pour leur bienvenue. Gl. *Hariquidam.*

HARLE, Hâle, air chaud. Gl. *Incanceratus.*

HARMERÉ DE Mauvaistié, Plein de méchanceté. Gl. *Harnesiatus.*

HARMIER, Brandir, ou présenter une arme à quelqu'un, le menaçant de l'en frapper. Gl. sous *Harnesiatus.*

HARNAS, L'armure ou l'habillement d'un homme de guerre. Gl. *Harnascha.* — Toute espèce de meubles ou ustensiles. — Filet pour pêcher. Gl. *Harnasium.*

HARNICHEUR, Voiturier. Gl. *Harnascha.*

HARNOIS, Épée, arme offensive. Gl. *Harnesium,* sous *Harnascha.* — Bruit, tumulte, tracas. Gl. *Harnascha.*

*HAROIER, Malmener. L.

HAROU, Cri pour réclamer justice et demander du secours; et quelquefois pour marquer de l'horreur ou de l'affliction. Gl. *Haro.*

HAROUBLETTES, ou Haroullettes, Charivari. Gl. sous *Haro.*

HARPAILLE, Troupe de coquins et voleurs. Gl. *Harpagare.*

HAS

HARPEOR, Harpeur, Joueur de harpe. Gl. *Harpa*, 1.

HARPEUR, Harponneur, celui qui pêche à l'harpon. Gl. *Harpagare*.

HARREBANNE, Fille ou femme débauchée. Gl. *Herebannum*.

HARRIER, Molester, vexer. Gl. *Arrare*, 2.

HARRIVER, Garnir, meubler, fournir. Gl. *Arriare*.

HARSEGAYE, Demi-lance. Gl. *Archegaye*.

HARSEL, Porte faite de branches entrelacées les unes dans les autres, en forme de claie. Gl. *Haisellus*.

HART, Lien fait de plusieurs brins d'osier ou d'autres petites branches tortillées ensemble; le supplice du gibet. Gl. *Hardes*.

HAS, Enjambée. Gl. *Hasta*, 5.

HASCHE Danoise, Sorte d'arme. Gl. *Secures Danicæ*.

HASCHÉE, Haschie, Haschiere, Espèce de punition ou supplice, toute espèce de peine. Gl. sous *Harmiscara*.

HASÉ, p. e. Rustique, grossier. Gl. *Haistaldi*.

HASEAU, Hasel, Porte faite de branches entrelacées les unes dans les autres, en façon de claie. Gl. *Haisellus*.

HASER, Fâcher, irriter quelqu'un; p. e. pour *Huter*. Gl. *Atia*.

HASESINS, Assassins, nom d'un peuple soumis au prince qu'on appelait le *Viel de la montagne*. Gl. *Hassaseri*.

HAS

HASOY, Hallier, buisson, broussailles, Gl. *Halotus*.

*****HASPE,** Verrou. L.

*****HASPELER,** Devider. L.

HASQUIE, Peine, tourment, supplice. Gl. sous *Harmiscara*.

HASSESIS, Assassins, nom d'un peuple soumis à un prince qu'on appelait le *Viel de la montagne*. Gl. *Hassaseri*.

HASTE, Lance, pique, sorte d'arme. — Aiguillon dont on pique les bœufs pour les faire aller. — Broche; d'où *Haste*, Viande cuite à la broche. — Echinée de porc frais. — Certaine mesure de terre. Gl. *Hasta*.

*****HASTELET,** Brochette. L.

HASTELLE, Bûche, pieu, morceau de bois long. Gl. *Hasta*, 8.

HASTELLIER, Ce qu'on paye pour sa bienvenue ou entrée dans une société ou corps de métier. Gl. *Hariquidam*.

HASTER, Hastir, Fâcher, irriter quelqu'un. Gl. *Atia*.

HASTEREL, Broche. Gl. *Hasta*, 2. — Cou, le chignon du cou. Gl. *Hasterellus*.

HASTEUR, Rôtisseur. *Hastator*.

HASTIER, Broche. Gl. *Hastator*. [Chenets à crans où l'on mettait plusieurs broches. L.]

*****HASTIEU,** Prompt. L.

*****HASTILLE,** Boudin. L.

HASTIS, Vif, colère. Gl. *Hastivia*.

*****HASTIVEAU,** Saison hâtive. L.

HAU

HASTIVETÉ, Vivacité, premier mouvement. Gl. *Hastivia.*

HATE, Lance, pique, p. e. pour Haste. Gl. *Hasta,* 1.

HATEMENUE, Échinée de porc frais. Gl. *Hasta,* 4.

HATER, Fâcher, irriter quelqu'un. Gl. *Atia.*

HATEREAU, HATEREL, Cou, le chignon du cou. Gl. *Husterellus.*

HATEUR, Rôtisseur, *Hastarius,* sous *Hastator.*

HATIR, Disputer, quereller, dire des injures. Gl. *Atia.*

HATISSER, Lever un bâton ou une arme pour en frapper quelqu'un. Gl. *Esmerare.*

HATTAYNE, Querelle, dispute. Gl. *Atia.*

*HAUBAN, Droit payé par les ouvriers de corporations. L.

HAUBRY, Haquenée. *Haqueneya.*

HAUBERC, Cotte de mailles. Gl. *Halsberga.*

HAUBERCOT, Le même. Gloss. *Hulsberga.*

HAUBERGERIE, Cotte de mailles. Gl. *Halsberga.*

HAUBERGION, Cotte de mailles. Gl. *Halsberga.*

HAUBERGON, Le même. Gloss. *Halsberga.*

HAUBREGON, Le même. Gloss. *Halsberga.*

HAUCHER, Hausser, élever. Gl. *Haucire.*

HAUDRAGUE, Instrument propre pour couper ou arracher les herbes dans une rivière ou un fossé ; d'où *Haudrager* et *Haudraguier,* Se servir de cet instrument à cet effet. *Haudragua.*

HAU

HAULAGE, Le droit qu'on paye pour étaler et vendre sous la *Haule.* Gl. *Haulla.*

HAULE, Halle, marché, lieu couvert où l'on étale les marchandises à vendre. Gl. *Haulla.*

HAULSAIRE, Hautain, fier, arrogant. Gl. *Altitudo.*

HAULSE, pour HAUSSE, Certaine partie d'un habit. Gl. *Haucire.*

HAULTAIN, Celui qui tombe du haut-mal. Gl. *Alteratus.*

HAULTAINNETÉ, Hauteur, fierté, arrogance. Gl. *Altitudo.*

HAULT-BRET, Cri pour appeler du secours. Gl. *Haro.*

HAULTE, Hampe, le bois d'une javeline. Gl. *Hasclea.*

HAULTEMORT, Espèce de chat sauvage. Gl. *Cattinæ pelles,* sous *Catta,* 2.

HAUMANT, Commandant, capitaine. Gl. *Hoga.*

HAUME, Heaume, arme défensive, qui couvrait la tête. Gl. *Helmus,*1.

HAUMER, Ajuster, mesurer. Gl. sous *Esmerare.*

HAUNIER, p. e. Le nom d'un métier. Gl. *Haunaigium.*

*HAUSAGE, Fierté. L.

*HAUSART, Couteau de chasse. L.

HAUSMER, Ajuster, mesurer. Gl. sous *Esmerare.*

HAV

HAUSSAGE, Haussaige, Hauteur, arrogance, fierté. Gl. *Altitudo*.

HAUSSAIRE, Hautain, fier, arrogant. Gl. *Altitudo*.

HAUSSEPIED, Machine de guerre. Gl. *Spingarda*.

HAUTAINETÉ, Hauteur, arrogance, fierté. Gl. *Altitudo*.

HAUTECE, Titre d'honneur. Gl. *Altitudo*.

HAUTELICHE, Haute-lice. Gloss. *Altilicium*.

HAUTISME, Très-haut. Gloss. *Altissimus*.

HAUTON, Le menu grain qui reste après que le blé a été vanné. Gl. *Hauto*.

HAUVREDUCHE, p. e. Le haut de la tête. Gl. *Hauvreduche*.

HAVAGE, Havagiau, Le droit de prendre dans les marchés autant de grain que la main peut en contenir. Gl. *Havagium*, sous *Havudium*.

HAVAIRE, Banc de sable, et Havre. Gl. *Cruscire* et *Hablum*.

HAVÉE, Le droit de prendre dans les marchés une poignée des denrées qui s'y vendent ; cette poignée même. Gl. *Havata*, 1.

HAVENE, Havre, port. Gl. *Haula*.

HAVER, Arracher avec un croc appelé *Havet*. Gl. *Havetus*.

HAVESELIN, pour Housselin, Robe longue. Gl. *Housia*.

HAVET, Croc, crochet. Gl. *Creaga*, *Fuseina* et *Havetus*.

HAVETTE, pour Huvette, Espèce

HAZ

de chapeau à l'usage des hommes et des gens de guerre. Gl. *Huvata*.

HAVLE, Havre, port. Gl, *Haula*.

HAVOIR, pour Avoir. Gl. *Huare*.

HAVON, Certaine mesure de grain en Flandre. Gl. *Havotus*.

HAVONGNIE, Poignée, autant que la main peut contenir. Gl. *Havata*, 1.

HAVOS, Voleur, pillard. Gloss. *Havotus*.

HAVOT, Certaine mesure de grain en Flandre. Gl. *Havotus*.

HAVOTÉE, Certaine mesure de terre, qu'un *Havot* peut ensemencer. Gl. *Havotus*.

HAX, Enjambée. Gl. *Hasta*, 5.

HAY, Cri pour appeler du secours. Gl. *Haro*.

HAYCERÉ, Garni d'acier. Gloss. *Acherure*.

HAYE, Monnaie de la Haye en Hollande. Gl. *Haia*.

HAYER, Fermer de haies. *Heyare* sous *Haga*.

HAYNE, Panier à mettre de la volaille. — Henri, nom propre. Gl. *Haisellus*.

HAYNEUX, Ennemi, qui a de la haine contre quelqu'un, envieux. Gl. *Odiosus*.

HAYON, p. e. Hangar. Gl. *Hagha*.

HAYRONNIERE, L'endroit où l'on élève les *hairons* ou hérons. Gl. *Hairo*.

HAZ, Enjambée. Gl. *Hasta*, 5.

HEI

HAZARDÉ, Hardi, téméraire, qui hasarde volontiers. *Hazardor.*

HAZARDER, Aimer passionnément les jeux de hasard ; d'où *Hazart*, Celui qui a cette passion. Gloss. *Hazardor.*

HAZETEUR, p. e. Meunier, ou marchand d'huile. Gl. *Azenia.*

HEAAGE, Certaine redevance due à cause de la maison qu'on habite. Gl. *Heugium.*

HEAS, Verge, bâton. Gl. *Heisa.*

HEAUME, Arme défensive, qui couvrait la tête. Gl. *Helmus*, 1. — Sorte de monnaie de nos rois, où était gravé un heaume. Gl. *Helmus*, 3.

HEBERGEMENT, Logement, maison. Gl. *Herbergagium.*

HEBERGER, HEBERGIER, Bâtir, construire ou réparer un édifice. Gl. *Hebergare.*

HEBERGERIE, Hôtellerie. Gloss. *Hosteleragium.*

HEC, Demi-porte, dont usent encore les paysans et les artisans. Gl. *Heket.*

HECQUER, p. e. Faire une pointe, rendre aigu. Gl. *Heket.*

HECQUET, Porte de basse-cour. Gl. *Heket.*

HEF, Sorte de bâton, en forme de fauchon, à l'usage des charretiers. Gl. *Hef.*

HEIREAU, Maison rustique, avec les bâtiments qui y appartiennent. Gl. *Hayrelium.*

HEIRER, Aller, faire un voyage. Gl. *Immallatus.*

HEN

HEKET, Porte de basse-cour. Gl. *Heket.*

HEL, p. e. Champ fermé de haies, verger. Gl. *Hayrelium.*

HELER, Boire ensemble, se réjouir, comme on fait à certaines fêtes de l'année. Voyez ci-dessus, *Aguilanneuf.*

HELLE, Barrière. Gl. *Hayrelium.* — Assemblée séditieuse. Gloss. *Harela.*

HELLEBIC, Droit qu'on levait sur le poisson de mer vendu à Paris. Gl. *Hellebic.*

HELLEBIT, Sorte de jeu. Gloss. *Hellebit.*

HELLEQUIN, Esprit follet, lutin, fée. Gl. *Hellequinus.*

HELLER, Boire ensemble, se réjouir, comme on fait à certaines fêtes de l'année. Voyez ci-dessus, *Aguilanneuf.*

HELZ, Voyez *Heut.*

HEMER, Ajuster, mirer, viser. Gl. *Esmerare.*

HEMYE, Grosse corde, ou plusieurs cordes tortillées ensemble. Gl. *Hardes.*

HENAP, Coupe, vase avec anses et pied. Gl. *Hanapus.*

HENAPIER, Faiseur ou marchand de vases appelés *Hanaps.* Gloss. *Hanapus.*

HENDEURE, HENDURE, Poignée d'épée. Gl. *Hundseax.*

HENEL, Pieu, bûche, morceau de bois. Gl. *Hentich.*

HENEPÉE, Autant que contient un *hanap* ou une coupe. Gloss. *Hanapus.*

HER

HENNAPIER, Faiseur ou marchand de vases appelés *Hanaps*. Gl. *Hanapus*.

HENNEPIER, Etui d'un *hanap* ou d'une coupe. *Hanaperium*, sous *Hanapus*.

*HENNIN, Espèce d'atour. L

HENT D'ESPÉE, La poignée. Glos. *Scapulus*.

HENTICH, p. e. Clôture faite de de pieux. Gl. *Hentich*.

HENU, p. e. Chauve, qui a peu de cheveux. Gl. *Latinarius*.

HENYAUS, Pieu, bûche, morceau de bois. Gl. *Hentich*.

HEOQUE, Sorte de filet à prendre des oiseaux. Gl. *Heck*.

HEQUET, Le nom d'une prison à Rouen. Gl. *Heket*.

HER, Héritier. Gl. *Hœredes*, 1. — Héraut, messsager. *Heraldus*.

HERAGE, Race, lignée, extraction. Gl. *Hœredes*, 1.

HERAUDIE, Casaque, souquenille. — Embarras, inquiétude ; ou Malheur, infortune. *Hiraudus*.

HERAULDER, Animer, inciter. Gl. *Harela*.

HERBAGE, L'herbe d'un pré, lorsqu'elle est coupée. — Le droit de faire paître à ses bêtes l'herbe des bois ou des prés. Gl. *Herbagium* et *Herbegage*.

HERBAGER, Mettre ses bêtes à l'herbage, pour les nourrir ou engraisser. Gl. *Herbajare*.

HERBAIGER, s'Abonner pour le droit d'herbage ou pâturage. Gl. *Herbergamentum*.

HER

HERBAN, Corvée, ou ce qu'on paye pour en être exempt ; mal corrigé *Herbau*. *Herebannum*.

HERAUMENT, Gaillardement, en folâtrant. Gl. *Herbatum*.

HERBEGAGE, Le droit de prendre dans une forêt le bois nécessaire pour construire ou réparer une maison. — Le droit qu'on paye pour mettre du vin marchand en maison ou cellier. Gl. *Herbegage*.

HERBELÉE, Potion médicinale, faite de jus d'herbes. Gl. *Herbarii*, sous *Herba*, 1.

HERBER, Couper de l'herbe. Gl. *Herbajare*. — Joncher d'herbes. Gl. *Herbare*.

HERBERGAGE, Maison, logement, lieu où l'on habite. Glos. *Herbergagium*, s. *Hereberga*.

HERBERGAJE, Le même. Gloss. *Herbergagium*.

HERBERGAUT, Habitable, logeable. Gl. *Herbergiare*.

HERBERGE, Tente. *Hereberga*.

HERBERGEMENT, Maison, logement. *Heribergare*, sous *Hereberga*. — Ce qu'on paye pour le droit d'herbage ou pâturage. Gl. *Herbergamentum*.

HERBERGER, Loger, habiter. *Heribergare*, sous *Hereberga*.

HERBERGERIE, Auberge, hôtellerie. Gl. *Herbergeria*. Voyez *Hebergerie*.

HERBERGIER, Habiter. Gl. *Herbergiare*.

HERBERJAGE, Maison ou tente. *Herbergagium*, sous *Hereberga*.

HER

*HERBOIS, Pâturage. L.

HERBU, Herbeux, garni d'herbes. Gl. *Herbacia*.

*HERCELER, Frapper. L.

HERCHELLE, Brin d'osier. Glos. *Harcia*.

HERDE, Troupeau. Gl. *Herda*.

*HERDIER, Berger. L.

HEREAU, Maison rustique, avec les bâtiments qui lui appartiennent. Gl. *Hayrelium*. — Certain tonneau. Gl. sous *Heralis*.

HEREBOUT, Terme employé pour exciter et animer. *Herebannum*.

HEREDITAL, Assigné sur des héritages ou fonds de terre. Gl. *Hœreditabilis*, 2.

HEREGE, Hérétique. Gl. *Heregia* et *Magister Hœreticorum*.

HEREMPS, Terre inculte. Gloss. *Heremitas* et *Eremus*.

HERESIE, Sortilège, sorcellerie. Gl. *Hœresis*, 3.

HERGAUT, Habillement de dessus, à l'usage même des femmes. Gl. *Hergas*.

*HERGNE, Tumeur. L.

HERGNER, Se plaindre, se lamenter. Gl. sous *Harnascha*.

HERENIER, Eréner, éreinter. Gl. *Renitiosus*.

HERIER, Terme obscène. *Heries*.

HERIQUET, Boutique, échoppe. Gl. *Herrid*.

HERITABLEMENT, Heritaulement, Héréditairement, par

HER

droit d'héritage et succession. Gl. *Hœreditabiliter*.

HERITE, Hérétique, et celui qui a commerce avec les bêtes. Gl. *Hœreticus*.

HERITÉ, Bien propre, possession. Gl. *Hœreditagium*, 2.

HERITER, Mettre en possession, faire jouir. Gl. *Hœreditare*, 3, et *Hœreditatus*. — Prendre domicile, s'établir quelque part. Gl. *Hœredes*, 2.

*HERITUER, Donner à perpétuité. L.

HERLE. Sonner une cloche a Herle, Sonner le toscin. Glos. *Herlinini*.

HERM, Terre non labourable. Gl. *Hermale*.

HERME, Heaume, arme défensive, qui couvrait la tête. *Helmus*, 1.

HERMITAINS, Hermite, solitaire. Gl. *Heremita*.

HERNAULT, Nom d'un péage prétendu par les seigneurs de Parthenay. Gl. *Hernaldum*.

HERNOIS, L'armure ou l'équipage d'un homme de guerre. Gl. *Harnesium*, s. *Harnascha*.

HERNOUX, Nom injurieux qu'on donnait au mari qui souffrait patiemment les infidélités de sa femme. Gl. *Arnaldus*.

*HERNU, Mois d'août. L.

HERPE, Harpe, instrument de musique. Gl. *Harpa*, 1.

*HERPER, S'attacher. L.

HERRAYNE, pour Arayne, p. e. Sablière. Gl. *Arena*.

HEU

*HERSER, Harceler. L.

HERSOIR, Hier. Gl. *Erinus*.

HERTAYE, Hertoye, Terre inculte et non labourable. Gloss. *Hertemus*.

*HERUPPER, Hérisser. L.

HES, p. e. Houe, instrument propre pour remuer la terre. Glos. *Aissada*.

HESBARGEGE, Maison, logement, lieu où l'on habite. Gl. *Herbergegium*.

HESCAUDEL, Espèce de gâteau. Gl. *Escaudetus*. [Echaudé, L.]

HESE, Porte faite de branches entrelacées les unes dans les autres, en façon de claie. Glos. *Haisellus*.

HESMER, Ajuster, viser, mirer. Gl. *Esmerare*.

*HESPLE, Quenouille. L.

HESTAUS, Etau, table, banc où l'on étale la marchandise à vendre. Gl. *Hesta*.

HESTENSION, pour Ostension, montre, enquête, visite. Gl. *Ostensio*, 2, et *Visus*.

HEUCE, Aisse, cheville de fer, qui contient la roue. Gl. *Heuça*.

HEUCQUE, Sorte de robe, à l'usage d'homme et de femme. Gl. *Huca*.

HEUD, Certaine mesure de grain, en usage en Flandre. *Hodius*.

HEUER, Heuher, Houer, fouir la terre avec une houe. *Haware*.

*HEUGHE, Haie. L.

HEUL, Aïeul. Gl. *Aviones*.

HIE

HEULLE, Le dos ou marteau d'une hache. Gl. *Houla*.

HEUQUE, Sorte de robe à l'usage d'homme et de femme. *Huca*.

HEURE Basse, Le soir. — Heure du Ravaler, L'après-dînée. — Heure de Remontée, De relevée, l'après-dînée. — Heure de Riote, Du goûter. — Heure de Rissue, Le même. — Heure Tarde, Sur le soir, crépuscule. Gl. *Hora*, 3.

*HEURER, Rendre heureux. L.

HEURIER, Chantre à gages dans l'église de Chartres. *Horarius*, 2.

*HEURT, Eminence. L.

HEUS, Heuse, Aisse, cheville de fer, qui contient la roue. Gloss. *Heuça* et *Jaugia*.

HEUSE, Sorte de chaussure, bottine. Gl. *Osa*.

HEUSER, Mettre des *heuses* ou bottines. Gl. *Heusia* et *Osa*.

HEUSIAU, Sorte de chaussure, bottine. Gl. sous *Osa*.

HELT, pour *Hent*, La garde d'une épée. Gl *Handseax*.

HEUTE, Heutich, Hutte, cabane. Gl. *Hutten*.

HEUX, Cri de plusieurs personnes, surtout pour arrêter un criminel. Gl. *Huesium*.

HEZE, Porte faite de branches entrelacées les unes dans les autres, en façon de claie. Glos. *Haisellus*.

HIDE, Frayeur, épouvante, effroi. Gl. *Hidu*.

HIE, Instrument dont on se sert

pour enfoncer le pavé ; d'où *Hieur*, Celui qui s'en sert. Gl. H*iator*.

HIERE, p. e. L'endroit où l'on nourrit les hérons; ou Etable à cochons. Gl. H*airo*.

HILLE, Petit pavillon qui couvre le saint ciboire ; il se dit aussi des rideaux qui étaient à côté de l'autel. Gl. H*illa*.

HINDART, Cabestan. *Indardus*.

HIRAUDIE, Casaque, souquenille. Gl. H*iraudus*.

HIRAUX, Ceux qui récitaient publiquement les fables et les romans. Gl. H*iraudus*.

*HIRECHIER, Frissonner. L.

HIRETAIGE, Héritage, biens fonds. Gl. H*anot*.

HIRETAULEMENT, Héréditairement, par droit d'héritage et succession. Gl. H*œreditabiliter*.

HIRIAUX, Ceux qui récitaient publiquement les fables et les romans. Gl. H*iraudus*.

IIIS, Sorte de casaque ou capote. Gl. H*issus*.

HISTAR, Friche, terrain couvert de halliers. Gl. H*irstis*.

HISTORIER, Raconter, composer une histoire. Gl. H*istoriare*, 1.

HIVERNACHE, H*ivernage*, Blé, qu'on sème avant l'hiver, seigle. Gl. H*ybernagium*.

HIVERNAGE, La saison d'hiver. Gl. H*ybernagium*.

HO, Interjection, qui sert à imposer silence, ou à arrêter une action. Gl. *Ho*, 1.

HOBE, p. e. Cage à poulets. H*obus*.

HOBELER, H*obiler*, Cavalier qui monte un cheval appelé *Hobin*. Gl. H*obellarii*.

*HOBER, Sortir, partir. L.

HOBIN, Cheval d'Ecosse, dont l'allure est très douce. D'où *Hobiner*, Celui qui le monte. Gl. H*obellarii*.

HOBLER, Cavalier qui monte un cheval appelé H*obin*. H*obellarii*.

HOC, Croc, crochet. Gl. H*occus*.

HOCER, Hocher, remuer, secouer. Gl. H*ochia*.

HOCHE, Terre cultivée et enfermée de fossés ou haies. — Espèce de jeu de hasard. H*ochia*.

HOCHER, Terme obscène. H*ochia*.

HOCKETTOUR, Trompeur. Glos. H*ockettour*.

HOCQUELER, Faire de mauvaises difficultés pour vexer quelqu'un ; d'où H*ocqueleur*, Chicaneur, fourbe, querelleur. H*oquelator*.

*HOCQUELLEUR, Querelleur. L.

HOCQUEMELLE, p. e. Empêchement, obstacle. Gl. H*oquetus*, 1.

HOCQUET, Bâton de berger, houlette, fléau. Gl. H*oquetus*, 1, et *Picare*, 3.

HOCQUETER, Ebranler, en secouant. Gl. H*oquetus*, 2.

*HODÉ, Lassitude. L.

HOE, Oui. Gl. *Ho*, 1.

*HOEILLES, Brebis. L.

*HOESSE, Botte. L.

HOL

HOET, Certaine mesure de grain, en usage en Flandre. H*odius.*

HOETE, Hoette, Petite *hoc*, instrument pour remuer la terre. Gl. H*oellus.*

*HOGE, Colline. L.

*HOGNER, Gronder. L.

HOGUEMENT, Commandant, capitaine. Gl. H*oga.*

HOGUETTE, Certain petit tonneau. Gl. H*ogettus.*

HOGUINELE, Troupe de mendiants. Gl. *Coquinus.*

*HOGUINEUR, Important. L.

HOICHER, Etouffer. Gl. H*ochia.*

*HOILER, Crier L.

HOIQUEMANT, Commandant, capitaine. Gl. H*oga.*

*HOIR, Héritier. L.

HOIRRERIE, Hoirie, succession. Gl. H*œreditas.*

HOISCHON, Hoischeton, p. e. Paysan, qui cultive ou possède une H*osche*, ou pièce de terre fermée de fossés ou de haies. Gl. H*oscha.*

HOISEZ, p. e. Houx ou Houssine. Gl. H*ucia.*

HOISSIER, Jouer au jeu appelé aux H*oches.* Gl. H*ochia.*

HOISTE, Hostie, la sainte Eucharistie. Gl. H*ostia*, 1.

*HOLERIE, Libertinage. L.

HOLIER, Holiere, Homme ou femme qui vit dans la débauche ; d'où H*olerie*, Libertinage. Gl. H*ullarii.*

HOM

HOLLON, Eminence, rideau. H*oga.*

HOMAGÉ, Ce qui est tenu sous hommage. Gl. H*omagiales*, sous H*ominium.*

HOMECIDE, pour Homicide. Gl. H*omicidium*, 2.

HOMENAGE, Homenatge, Hommage, serment de fidélité, que doit un vassal à son seigneur. H*ominagium,* sous H*ominium.*

HOMMAGE, Redevance annuelle, due par des hommes de corps. Gl. sous H*ominium.* — Rendre l'Hommage qu'on a fait, Y renoncer ; ce que le vassal était obligé de faire, avant de pouvoir défier son seigneur, dans le cas où le défi avait lieu. H*omagium gurpire*, sous H*ominium.*

HOMMAIGE, Ce qui est sujet à l'hommage ou à quelque service. Gl. sous H*ominium.*

HOMME, Vassal. Gl. H*omo.* — Homme de Corps, Qui est de condition serve. Gl. H*omo de corpore.* — Homme d'Estat, Qui est de condition libre, qui est son maître. Gl. H*omo status.* — Homme de Foy, Vassal, qui doit foi et hommage à un seigneur. Gl. H*omo fidei.* — Homme du Froment, Celui qui doit des redevances en froment. Gl. H*omo frumenti.* — Homme de Justice, Qui est soumis à la juridiction d'un seigneur, qui est son justiciable. Gl. H*omo justitiæ.* — Homme Motier, Celui qui est sujet au droit de mouture. Gl. H*omo motarius.* — Homme Naturel, Celui à qui la nature n'a rien refusé pour être homme. Gl. H*omo naturalis.* — Homme de Poursuite, Celui que son seigneur peut suivre et réclamer

HOO

partout où il le retrouve. Gl' *Homo de prosecutione.*

*HOMMEAU, Diminutif de homme.

HOMMÉE, Certaine mesure de terre plantée en vignes. Gloss. *Homata* et *Hominata.*

HONESTRE, Honnête. P.

*HONGNAR, Grondeur. L.

HONGNER, Murmurer, se plaindre tout bas. Gl. *Hugnare.*

HONNESTÉ, Honneur, dignité, rang. Gl. *Honestas,* 1.

HONNEUR, Ce qui est dû au seigneur dans les mutations des fiefs. — La marque ou le témoignage qu'on donne à quelqu'un, de la considération ou du respect qu'on a pour lui. Gl. sous *Honor.*

*HONNIR, Hunir, Deshonorer. L. — Violer. — Ravager. — Souiller. — Tromper. L.

HONOR, Domaine, fief. Gl. sous *Honor.*

*HONORER, Rémunérer. L.

HONRAGE, Seigneurie, grand fief. Gl. *Honor.*

HONS, Homme. Gl. *Homo.*

*HONTAGE, Opprobre. P.

*HONTAGER, Deshonorer. L.

*HONTES, Deshonorant. — Confus. — Modeste. L.

*HONTIER, Avoir honte. L.

HONTOYER (SE), Avoir honte. Gl. *Pudoratus.*

HOOLE, Le dos d'un couteau. Gl. *Houla.*

HOR

HOPPE, Houppe, bouffette, sorte d'ornement, qu'on attachait aux habits. Gl. *Houpeta.*

*HOPPRIE, Huée. L.

HOQUELERIE, Tromperie, fourberie. Gl. *Hoquelator.*

HOQUELEUR, Hoqueleux, Chicaneur, fourbe, querelleur. Gl. *Hoquelator.*

HOQUET, Bâton de berger, houlette. — L'action de faire lever le menton à quelqu'un, en lui portant la main par dessous. Gl. *Hoquetus.*

HOQUETER, Ébranler en secouant. Gl. *Hoquetus,* 2.

*HOR, Héritage. L.

*HORDEAT, Boisson d'orge. L.

HORDER, Fortifier, garnir de palissades, Gl. *Hourdare.*

HORDIS, Hordois, Palissade. Gl. *Hordeicium.*

*HORÉE, Ondée. L.

HORIS, Sorte de monnaie de Bretagne. Gl. *Hora.*

HORRAILLE, Partie d'une charrue. Gl. *Horrendius.*

HORRIBLETÉ, Chose horrible, qui fait horreur. Gl. *Horrendius.*

HORSBORG, Faubourg. Gloss. *Forisbarium.*

HORSEPRISE, Exception, ce qu'on se réserve dans une cession. Gl. *Forprisa.*

HORT, Ce qui est tenu ou possédé par plusieurs, fonds dont il y a plus d'un propriétaire. Gloss. *Parruna.*

*HORTAILLES, Outils de jardinage. L.

HORTALESSIES, Toute espèce d'herbes potagères. Gl. *Hortalia.*

*HORTOLAN, jardinier. L.

HORTRAIRE, Tirer dehors, emmener. Gl. *Forisbarium.*

HOSCELAIN, pour HOSTÉLAIN, Hôtelier, aubergiste. Gloss. *Hostalerius.*

HOSCHE, Pièce de terre cultivée et fermée de fossés ou de haies. Gl. *Hoscha.*

HOSCHER, Marquer par des *hoches* ou entailles. Gl. *Occare*, 2.

HOSE, Sorte de chaussure, bottine. Gl. *Osa.*

HOSEQUE, pour Obsèques, funérailles. Gl. *Obsequiæ.*

HOST, Armée, expédition militaire. Gl. *Hostis*, 2. — Hôtel, maison. Gl. *Hospitisia.*

HOSTAGE, Certain droit dû sur les grains amenés à la grange du seigneur; ou p. e. Terrage, champart. Gl. *Hostagium*, 4, et *Rentagium.*

HOSTAGER, Paysan, habitant dans une métairie. Gl. *Hospes.*

HOSTE, Paysan, habitant de la campagne, sujet d'un seigneur féodal. Gl. *Hospes.*

HOSTEL, Toute espèce de maison ou de logement. — Famille, race. — Les troupes qui sont sous le commandement de quelqu'un. Gl. *Hospitisia.*

HOSTELAGE, Frais, dépense pour le logement des chevaux. Gloss. *Hostalagium.*

*HOSTELAIN, Hôtelier. L.

HOSTELÉE, La compagnie qui habite une maison ou *hostel.* Gl. *Hospitisia.*

HOSTELER, Loger, recevoir quelqu'un dans sa maison. Gloss. *Hostellarius*, 2.

HOSTELLAGE, Le loyer des boutiques occupées par des marchands forains. Gl. *Hostilagium.*

HOSTELLAIN, Hôtelier, aubergiste, cabaretier. Gl. *Hostalerius.*

HOSTELLER, Loger, recevoir quelqu'un dans sa maison. Gl. *Hospiture.*

HOSTIAGE, Querelle, dispute, chagrin. Gl. *Hostis*, 2.

HOSTICE, L'obligation d'aller à la guerre. Gl. *Hostiaticum*, sous *Hostis*, 2.

HOSTIEL, Certaine mesure de grain. Gl. *Hostellus.*

HOSTIL, Outil, instrument. Gl. *Furnimentum.*

HOSTILLEMENT, Meuble, ustensile; d'où *Hostiller*, Garnir, munir, Cl. *Hustilimentum.*

*HOSTILLER, Outiller. L.

HOSTISE, Demeure de celui qu'on appelait *Hoste*; et ce qu'il devait à son seigneur. Gl. sous *Hospes.*

HOSTOIER, Faire la guerre; d'où *Baston à hostoier*, pour Arme offensive. Gl. *Hostilicatus.*

HOSTOUER, Autour, oiseau de proie. Gl. *Hostoarius.*

HOSTOYER, Faire la guerre. Gl. *Hostis*, 2.

HOU

HOSTRICIER, Celui qui est chargé du soin des *Hostouers* ou autours. Gl. *Hostoarius*.

HOT, Troupeau de moutons. Gl. *Hogettus*.

HOTER, Porter avec une hotte. Gl. *Hota*.

HOTEREAU, La partie du tombereau qui contient ce qu'on veut voiturer. Gl. *Hota*.

HOTERIL, Le même. Gl. *Hota*.

HOTIEL, Certaine mesure de grain. Gl. *Hotellus*.

HOTOIER, Autour, oiseau de proie. Gl. *Hostorius*.

HOUBELER, Dévaster. C. C.

HOUBILLER, Traire une vache. Gl. *Huba*.

HOUC, Hameçon; le nom d'une faction en Hollande. Gl. *Cabelgenses*.

HOUCE, HOUCHE, Robe longue. Gl. *Housia*.

*****HOUCEPINGNIER**, Houspiller. L

HOUCHIER, Couvrir, envelopper, comme fait une *Houche*. Gloss. *Housia*.

HOUE, Robe longue, p. e. pour *Houce*. Gl. *Housia*. — Brebis de deux ans. Gl. *Hogettus*. — MARCHAND DE HOUES, Voleur, fripon, coquin. Gl. *Hullarii*.

*****HOUER**, Piocher. L.

HOUETE, HOUETTE, Petite houe, instrument pour remuer la terre. Gl. *Hoellus*.

HOULE, p. e. pour CHOULE, Espèce de jeu. Gl. *Houla*.

HOU

HOULETTER, Se battre ou badiner avec des houlettes. Gloss. *Holeta*.

HOULIER, Débauché, libertin. Gl. sous *Hullæ*.

HOULLERIE, Débauche, libertinage. Gl. *Hullarii*,

HOULLIER, HOUILLIERE, Homme ou femme qui vit dans la débauche. Gl. *Hullarii*.

HOUNERAULE, Honorable; titre des magistrats civils ou de justice. Gl. *Honorabiles*.

*****HOUPIUS**, Renard. L.

HOUPPEGAY, Terme de jargon, pour signifier un vol fait avec adresse, un tour de filou. Gl. sous *Houpeta*.

HOUPPELLANDE, Sorte de cappe ou manteau. — Certaine monnaie ainsi nommée d'une *Houppellande*, dont la figure du roi y était vêtue. Gl. *Hopelanda*.

HOUPPENBIER, Espèce de boisson, sorte de bière. Gl. sous *Celia*.

*****HOUPPIER**, Arbre ébranché. L.

HOUQUET, pour HOQUET, Mauvaise difficulté, chicane. Gloss. *Hoquetus*, 1.

HOUQUETON, Hausse-cou. Glos. *Hauqueto*.

HOUR, Echafaud fait de claies. Gl. *Craticulatum*.

HOURDAGE, Toute espèce d'échafaud. Gl. *Hourdagium*.

HOURDEIS, HOURDEL, Palissade, fortification. Gl. *Hurdicium*.

HOURDEMENT, L'action de palis-

HOU

sader. Gl. *Hordamentum*, sous *Hurdicium*.

HOURDER, Garnir de claies; d'où se *Hourder*, pour se Renforcer, et *Hourdé*, Garni, fourni. Gl. *Hourdare* et *Hurdare*.

*HOURDIS, Retranchement. L.

HOURIER, HOURIERE, Homme ou femme, qui vit dans la débauche et qui y entretient les autres. Gl. *Hullarii*.

HOURIEUR. Débauché, libertin. Gl. sous *Hullæ*.

HOURT, Échafaud, banc, siége. Gl. *Hourdum* et *Hurdicium*.

*HOURVARI, Tumulte. L.

HOUSER, Chausser des *houseaux*, mettre des bottines. *Housellus*.

HOUSET, Houx, arbrisseau. Gl. *Hosseia* et *Discus*.

HOUSIAUS, Sorte de chaussure, bottines. Gl. sous *Osa*.

HOUSOUR, Palissade. *Housere*.

HOUSPAILLIER, Goujat, maraudeur. Gl. *Housia*.

HOUSPIGNER, Houspiller, tirailler quelqu'un par l'habit. Gloss. *Housia*.

HOUSPOUILLIER, Goujat, maraudeur. Gl. *Housia*.

HOUSSE, HOUSSELIN, Robe longue. Gl. *Housia* et *Epitogium*.

*HOUSSELIN, Manteau. L.

HOUSSEPILLER, Maltraiter, vexer Gl. *Housia*.

*HOUSSU, Epais, touffu. L.

HUC

HOUST, Guerre, expédition militaire. Gl. *Hostis*, 2.

HOUSTE, Sujet d'un seigneur féodal. Gl. *Hospes*.

HOUTILLEMENT, Meuble, ustensile. Gl. *Hustilimentum*.

HOUYER, Labourer avec la houe. Gl. *Fossare*, 2.

HOUZE, HOUZIAU, Sorte de chaussure, bottine. Gl. sous *Osa*.

HOVIR, Paysan; ou plutôt *Houir*, pour *Hoir*, héritier. Gl. sous *Huba*.

HOY, Cri de plusieurs personnes, surtout pour arrêter un criminel; L'obligation de le poursuivre. Gl. *Huesium*.

*HOYMILLE, Enceinte. L.

HU, Le même. Gl. *Huesium*.

*HUA, Milan. L.

HUAGE, L'obligation de crier pour forcer l'animal qu'un seigneur veut chasser à sortir de son fort. Gl. sous *Huesium*.

HUAL, p. e. Un rayon de roue. Gl. *Huale*.

*HUANS, Chat-huant. L.

HUBILLIER, Houspiller, tirailler. Gl. *Housia*.

*HUBIR, engraisser. L.

HUCEAU, Petite huche, coffre. Gl. *Hucellus*.

HUCER, Appeler à haute voix. Gl. *Hucciare*.

HUCHE, Sorte de navire. — Valeur numérale. — Dépôt de l'argent public. Gl. *Hucha*, 1.

HUG

HUCHEAU, Huchel, Petite huche, coffre. Gl. *Hucellus.*

HUCHER, Appeler à haute voix. Gl. *Hussiare.*

*HUCHET, Petit cor de chasse. L.

HUCOURS, Cri de plusieurs personnes. Gl. sous *Huesium.*

HUCQUE Sorte de robe, à l'usage d'homme et de femme. Gl. *Huca.*

HUDEL, Espèce de charrette ou tombereau. Gl. *Hudera.*

HUE, Cri de plusieurs personnes, surtout pour arrêter un criminel. Gl. *Huesium.* — Oie. Gl. *Auca.*

HUÉE, Certain espace, dans lequel on peut entendre un cri. Gl. sous *Huesium.*

HUEIL, Œil. P.

HUERIE, Cri de plusieurs personnes. Gl. *Huesium.*

HUÉS, Profit, gain. Gl. *Usurare.* — Hués, pour Niés, Neveu. Gl. sous *Huesium.*

HUESE, Brodequin, sorte de chaussure, bottine. Gl. *Osa* et *Housellus.*

HUET, Sot, benêt, nigaud. Gloss. *Hugo.*

HUETTE, pour Huvette, Sorte de chapeau, à l'usage des hommes et des gens de guerre. Gloss. *Huvata.*

*HUEZÉ, Botté. L.

HUGE, Huche, coffre ; d'où le diminutif *Hugette*, Petit coffre. Gl. *Hucha*, 1.

HUGE-LANGE, Linge à mettre sur la huche ou le buffet. *Hucha*, 1.

HUM

HUGUERIE, p. e. Hongrie. Gloss. *Maisnile.*

HUHE, L'obligation de crier pour forcer l'animal qu'un seigneur veut chasser à sortir de son fort. Gloss. *Huesium.*

*HUI, Aujourd'hui. L.

HUICHIER, Faiseur de huches ou coffres. Gl. *Hucha*, 1.

*HUIDIVE, Paresse. L.

HUIER, Trompes, Trompetter. Gl. *Huesium.*

HUIGNER, Murmurer, se plaindre tout bas, faire un bruit sourd. Gl. *Hugnare.*

HUIRIE, Cri de plusieurs personnes, surtout pour arrêter un criminel. Gl. *Huesium.*

*HUIRON, Mineur. L.

HUIS, Porte, entrée. *Huisserium.*

*HUISDIVE, Inutile. L.

HUISELET, diminutif de Huis, Petite porte. Gl. *Huisserium.*

HUISIER, Sorte de navire, propre pour transporter les chevaux. Gl. *Huisserium.*

HUISSERIE, Porte, entrée. Glos. *Huisserium.*

HUISSIER, Office et dignité dans la cour des comtes de Flandre. Gl. *Huisserius*, 2. — Navire propre pour transporter des chevaux. Gl. *Huisserium.*

HUITIEVE, Huittieve, Octave, espace ou le terme de huit jours. Gl. *Octava*, 2.

HUMAIZ, pour Huimaiz, d'Aujourd'hui, du jour. Gl. *Altitudo.*

HUMANITÉ, Le sexe, partie du corps humain qui fait la différence du mâle et de la femelle. — AVOIR HUMANITÉ, Etre en vie. Gl. *Humanitas*, 3.

HUMECTE, Sorte de jeu de cartes. Gl. *Humecte*.

HUMELES, Humble, modeste. Gl. *Humilis*.

HUMEURE, Potion, breuvage médicinal. Gl. *Humorositas*.

HUMILIER (S'), Incliner la tête et le corps en signe de respect. Gl. *Humiliare*, 1.

HUMILITÉ, Bonté, clémence. Gl. *Humilitas*.

HUNE, Câble. Gl. *Huna*.

HUON, Espèce de vêtement ou d'ornement. Gl. *Huveti*.

HUQUE, Sorte de robe, à l'usage d'homme et de femme. *Huca*.

HUQUER, Appeler à haute voix. Gl. *Uccus*.

HURCOITE, Espèce de houppe ou d'ornement d'habits. *Houpeta*.

HURE, pour signifier la tête d'un homme. — Certain signe de moquerie et de dérision. Gloss. *Hura*, 1.

HUREBEC, Chenille de vigne, liset ou lisette. Gl. sous *Excommunicatio*.

HUREPAIS, Qui a les cheveux hérissés. Gl. *Horripilare*.

HUREPÉ, Hérissé. *Horripilare*.

HURIE, Cri pour appeler du secours. Gl. sous *Huesium*.

HURONS, Nom qu'on donnait aux factieux de la *Jacquerie*; et ensuite un terme d'injure et de mépris. Gl. *Jaquei*.

HURQUE, Sorte de navire. *Hulca*.

HURRIER, Débauché, libertin. Gl. *Hullarii*.

HURT, pour HEURT. Choc, comme *Hurter*, pour *Heurter*. Gloss. *Hurtare*. — Coup de cloche. Gl. *Hurtare*.

HURTAGE, Le droit d'ancrage. Gl. *Hurtagium*.

HURTEIS, Choc, batterie. Gloss. *Hurtare*.

HURTEPILLER, Houspiller, tirailler, maltraiter. Gl. s. *Housia*.

HURTER, Frapper, se battre. Gl. sous *Obstare*. — Battre, renverser l'ennemi, le mettre en déroute. Gl. *Hortatus*.

HURTIS, L'action de heurter à une porte. Gl. *Hurtare*.

HURTOUOIR, Partie d'une charrette. Gl. *Hurtare*.

HUS, Cri de plusieurs personnes, surtout pour arrêter un criminel. Gl. *Huesium*.

HUSTIN, Bruit, dispute, querelle. D'où *Hustiner*, Quereller, et *Hustineur*, Querelleur, fâcheux. Gl. *Hutinus*.

HUTIN, Querelle, dispute; d'où *Hutineux*, Querelleur. *Hutinus*.

HUTRÉE, Cheville de fer qui contient la roue. Gl. *Arquillœ*.

HUVE, Sorte d'ornement de tête ou coiffure de femmes. *Huva*, 2.

HUVELES, pour HUVRELAS, Auvent. Gl. sous *Huveti*.

HUVESTE, Espèce de chapeau, à l'usage des hommes et des gens de guerre. Gl. *Huvata*.

HUVET, Sorte d'ornement de tête ou coiffure de femmes. *Huva*, 2.

HUVETE, Huvette, Espèce de chapeau, à l'usage des hommes et des gens de guerre. *Huvata*.

HUVRELAS, Huvrelau, Auvent. Gl. s. *Huveti* et *Antesolarium*.

HUY, Cri de plusieurs personnes, surtout pour arrêter un criminel. Gl. *Huesium*.

HUYDART, p. e. Décharge d'un moulin. Gl. *Huydardus*.

HUYER, Crier, appeler avec force. Gl. *Huesium*.

HUYHO, Le mari dont la femme est infidèle. Gl. *Huyho*.

HUYTIEME, Octave, espace ou le terme de huit jours. *Octava*, 2.

HYALME, Heaume, arme défensive, qui couvrait la tête. Gloss. *Helmus*, 1.

HYNE, Cavale, jument; d'où *Hynerie*, Haras. Gl. *Hinnitivus*.

I - J

JA. A JA, pour A jamais. Gl. *Ja*. [Déjà. F.]

JAASOU, Jaasour, Instrument dont se sert le laboureur pour ôter la terre qui s'attache à sa charrue. Gl. *Jaasou*.

JACKE, Petite casaque contre-pointée, qu'on mettait sur la cuirasse. Gl. *Jacke*.

JACOBINS, Certains hérétiques de l'Orient. Gl. *Jacobitœ*, 1.

JACQUE, Petite casaque contre-pointée, qu'on mettait sur la cuirasse. Gl. *Jacke*.

JACTURE, Perte, dommage. Gl. *Jactura*.

JAFUPIERE, Jachère. *Juscheria*.

JAGLONNÉE, Botte. Gl. *Jaloneia*.

JAIANT, Géant. Gl. *Gigans*.

JAILAGE, Jaillage, Le droit de jaugeage. Gl. sous *Jalagium*.

JAILLE, Sorte de vaisseau ou mesure. Gl. *Jalla*, et *Jalleia*, sous *Galo*, 1.

JALAIE, Certaine mesure des liqueurs. Gl. *Jalleata*.

JALE, comme *Jalaie*. — Boule. Gl. *Jalea*.

JALLAIE, Certaine mesure des liqueurs. *Jalleia*, sous *Galo*, 1.

JALLE, Sorte de vaisseau, seau. Gl. *Jalla*.

JALOIS, Certaine mesure de grain. — Certaine mesure de terre. Gl. *Galotus*

JALOY, Certaine mesure de grain. Gl. *Jalotus*.

JALOYE, Certaine mesure des liqueurs. Gl. *Jalleata*.

*JALZ, Œil. V. H.

JAMBAYER, Marcher, se promener. Gl. *Gamba*, 1.

JAMBE du Poux, On appelle ainsi en anatomie deux nerfs du bras. Gl. *Gamba*, 1.

JAMBER, Jambeer, Faire le Jambet ou la Jambette, Donner le croc en jambe pour jeter quelqu'un à terre ; et, en style figuré, tromper adroitement. *Gamba*, 1.

JAMBIERE, Botte de cuir ou de fer. Gl. *Gamba*, 1.

JAMBLE, Ecrevisse de mer. Gl. *Gambarus*.

JAME, Gomme, poix-résine. *Gema*.

JANETAIRE, Javeline, demi-pique. Gl. *Geneteria*.

JANGLE, Mauvais discours, bavarderie ; du verbe *Jangler*, Jaser, caqueter, s'entretenir de bagatelles. Gl. *Jangularia*.

JANNAIE, Janniere, Terre couverte de genêts. Gl. *Janestaria*.

JAPERAILLE, Terme de mépris pour ce que dit quelqu'un. Gl. *Jangularia*.

JAQUE, Jaques, Petite casaque contre-pointée qu'on mettait sur la cuirasse. *Jacke* et *Jacobus*, 2.

JAQUERIE, Faction du peuple contre les nobles ; ainsi nommée d'un Jacques Bonhomme, qui en était le chef. Gl. *Jaquei*.

JAQUES, Grossier, sot. Gl. *Jaquei*.

JAQUET, Sorte de petite monnaie. Gl. *Jaquetus*.

JAQUIER, Grossier, sot. *Jaquei*.

JARBE, Botte de quelque chose que ce soit. — p. e. pour Jalle, Baquet, cuivier. Gl. *Jarba*.

JARIE, Sorte de mal. Gl. *Jarreia*.

JARION, Bâton de chêne. *Jarro*.

JARLE, Vaisseau à contenir les liqueurs, seau. Gl. *Jalla*.

JARRIGE, Terre inculte, pâturage. Gl. *Jarrigia*.

JARROCE, Espèce de vesce. Gl. *Jarrossia*.

JARRON, Jante. Gl. *Jarro*.

JAS, Coq. Gl. *Jasia*.

JASCIERE, Jachère. Gl. *Jascheria*.

JASERAN, Cotte de mailles. Gl. *Jazeran*.

JASQUE, Petite casaque contre-pointée, qu'on mettait sur la cuirasse. Gl. *Jacke*.

JASSEAU de Fain, Botte de foin. Gl. *Jassile*.

JAU, Coq ; nom que les Bayonnais donnent à la dorade. Gl. *Jusia*.

JAVART, Maladie d'homme, chancre. Gl. sous *Javarina*.

JAVELLE, Espèce de charbon ou de bois qui n'est pas entièrement réduit en charbon. Gloss. *Javellus*.

JAUGE, Partie d'une charrue, celle qui règle la profondeur du sillon. Gl. *Jaugia*.

JAUGIER un Huis, Rompre, briser une porte, en enlever le seuil. Gl. *Jaugia*.

JAUGLE, Botte. Gl. *Jaloneia*. — Joute, combat simulé. Gl. *Jocus*.

***IAU**, Eau. Roman de Saint Graal, v. 2496 : « Si le fei en cele *iaue* aler Un poisson querre et peeschier. »

IAUME, Heaume, arme défensive, qui couvrait la tête. *Helmus*, 1.

JAVRELOT, Javelot, demi-pique, sorte de lance. Gl. *Gaverlotus*.

JAZEQUENÉ, Fait en cotte de mailles. Gl. *Jazeran*.

JAZOUR, Instrument dont le laboureur se sert pour nettoyer sa charrue. Gl. *Juasou*.

*ICE, Cela, cette chose. Roman de la Manekine, v. 6767 : « Respont li rois: *ice* me plest. »

*ICELS, Iceux, ceux-là. Voy. *Icil*.

*ICIL, Ices, Icestes, Celui, icelui, iceux, ceux-là, celles-là. Roman de la Manekine, v. 6818 : « *Icil* demourer ne volt mie. » — Chr. de B. du Guesclin, v. 8131 : « Seigneur, *icilz* assaus fist moult à ressongnier Vous sont venu servir en *iceste* contrée. »

IDONEITÉ, Aptitude, capacité. Gl. *Idoneitas*, sous *Idoneus*.

*IDUNC, Alors. L.

JECT, La terre qu'on tire d'un fossé. Gl. *Jactus*, 6. — Minute, projet d'un acte. Gl. *Jactus*, 10.

JEHAN. S. Jehan chaude, La fête du martyre de saint Jean l'Evangéliste, saint Jean Porte-Latine. — Jehannot, Sot, nigaud, mari dont la femme est infidèle. Gl. *Joannes calidus*.

IELME, Heaume, arme défensive qui couvrait la tête. *Helmus*, 1.

JELUIE, Geline, poule. Gl. sous *Jasia*.

JENGLERESSE, Femme qui joue des farces. Gl. *Juglatores*.

JENNEVOIS, Génois. Gl. *Convencionatus*.

JENOILHON, Genou. *Emenda*, 5.

JENOILLER, Se mettre à genoux. Gl. *Genuclare*.

IEQUE, Cavale, jument. Gl. *Jasia*.

JERGERIE, Mauvaise herbe, ivraie. *Jergeria*.

*IERT, Sera, était. Rutebeuf, II, 302: « Fu Dieux et est, et *iert* toz tens. »

JESSERAN, Cotte de mailles. Gl. *Jazeran*.

IESTRE, Être, origine. *Glos*, 1.

JETTER, Répartir une imposition, la taille. Gl. *Gita*. — Jetter d'une Dague, d'une Epée, Porter un coup d'estocade, allonger un coup. Gl. *Ictum ejicere*. — Jetter la Pierre, Sorte de jeu. Gl. *Jactare*, 2.

JEU. Aller a Jeu, Être en liberté, aller çà et là. Gl. *Jocare* et *Trespellius*. — Jeu Parti, Alternative. Gl. *Jocus partitus*. — Jeu des Sos, Sorte de joute qui se faisait à Amiens. Gl. *Jocus*.

JEUE, Joue. Gl. *Geusiœ*.

JEUGE, Qui est à jeun. Gl. *Jejunales dies*.

JEUMENT, Également. Gl. *Jeta*.

JEUN, Estre Jeun, Etre à jeun. Gl. *Jejunales dies*.

JEUNESSE, Action de jeune homme. Gl. *Juvenitudo*.

*IEVEL, Egal. L.

IGAUMENT, Egalement. Gl. *Jeta*.

IGLISE, Eglise. Gl. *Incortinare*.

IMP

IGNISE, Epreuve par le fer chaud. Gl. *Juisium.*

IGNOTICION, Connaissance. Gl. *Ignotescere.*

*IL, CIL, Lui, celui. Roman du Renart, Sup., p. 116 : « C'est *il*; je l'ai bien connéu. »

*ILEUQUES, Ici, en ce moment.

ILLIDER, Enfreindre, détruire, anéantir. Gl. *Irrumpere.*

IMAGIER, Sculpteur, celui qui travaille au ciseau. *Imaginaria.*

IMBRINQUÉ, Embarrassé, caché. Gl. *Inbricare.*

IMMERITE, Qui ne mérite pas. *Immerite.*

IMMUNITÉ, Lieu privilégié. Glos. *Immunitas,* 2.

IMMUTER, Changer. *Immutatio.*

IMPARAGER, Faire un mariage convenable. Gl. *Disparagare.*

IMPEDIMIE, Epidémie ; d'où *Impedimié*, Qui est attaqué de ce mal. Gl. *Epidemia.*

IMPENSER, Récompenser. Glos. *Impensio.*

IMPERE, pour Empire, juridiction. Gl. *Imperium.*

IMPERICE, Ignorance, impéritie. Gl. *Imperia.*

IMPERITÉ, pour IMPERICE, Ignorance. Gl. *Imperia.*

IMPERTINACITÉ, Candeur, franchise. Gl. *Impertinentia.*

*IMPÉTRER, Obtenir. F.

IMPIDIMIÉ, Qui est attaqué d'é-

INC

pidémie, d'un mal contagieux. Gl. *Epidemia.*

IMPITIÉ, Dénaturé, qui est sans pitié. Gl. *Incompassivus.*

IMPORTABLE, Insupportable, injurieux. Gl. *Importibilis.*

IMPOSITEUR, Fermier des impôts. Gl. *Imposicionarius.*

IMPOTENCE, Mutilation, débilité, faiblesse. Gl. *Impotentia,* 1.

IMPOURTER, Emporter, emmener. Gl. *Importare,* 1.

IMPOURVEU, Dépourvu, privé de quelque chose. *Improcuratus*

IMPRECIABLE, Qui n'a point de prix, inestimable. *Impretiabilis.*

IMPRESSER, Imprimer, empreindre. Gl. *Impressura.*

IMPRESSURE, Impression, marque. Gl. *Impedatura.*

IMPUTER, Accuser quelqu'un de débauche avec une femme. Gl. *Putagium.*

INADVERTI, Imprudent, qui agit sans réflexion. *Inadvertancia.*

*INCAGUER, Défier. L.

INCANTER, Vendre à l'encan. Gl. *Incantare,* 2.

INCENDER, Mettre le feu, brûler. Gl. *Incendiare.*

*INCIRCUITÉ, Enceinte. L.

INCIVIL, Injuste ; d'où *Incivilement*, Injustement. *Incivilis,* 2.

INCOLLUMITÉ, Santé, bon état. Gl. *Inconvalescentia.*

INCOMMELIN, p. e. Aubain,

IND

étranger au pays qu'il habite. Gl. *Incommelinus.*

INCONTENT, Mécontent. Gl. *Incontentus.*

INCONTRE. A L'INCONTRE, A l'encontre. Gl. *In contram.*

INCONVENABLE, Qui n'est pas convenable. Gl. *Inconvéniens.*

INCONVENIENTER, Incommoder, faire de la peine ou du mal, estropier. Gl. *Inconveniens.*

INCOULPABLE, Innocent, qui n'est pas coupable. *Inculpabilis.*

INCOURS, Confiscation. Gl. *Incursus,* 3.

INCREPER, INCRESPER, Reprendre, réprimander. *Increpare.*

INDART ou HINDART, Cabestan. Gl. *Indardus.*

INDE, De couleur d'azur. *Indus.*

INDEPENON, Pennon, étendard à longue queue. *Accubitus,* 5.

INDICTION, Imposition, taille, octroi. Gl. *Indictio,* 1.

INDIGNER, Dédaigner, mépriser; d'où *Indignation,* Dédain, mépris. Gl. *Indignare.*

INDIRE, Indiquer. Gl. *Indiciare.*
— Faire une imposition. Gloss. *Indictio,* 1.

INDISCUS, Non discuté, qui n'est point assez examiné. *Indiscussus*

*INDITTÉ, Informé. L.

INDORMABLE, Qu'on ne peut endormir. Gl. *Insoporabilis.*

INDUCE, Vacance. Gl. *Inducium.*
— Délai. — Induction, instiga-

ING

tion; d'où *Inducieux,* Ce qui induit à quelque chose. Gloss. *Inductio,* 1.

INFAME, Infamie, Déshonneur. Gl. *Infamare,* 2.

INFAMEMENT, D'une manière infamante, ignominieusement. Gl. *Infamare,* 2.

INFAMIER, Couvrir d'infamie, déshonorer. Gl. *Infamare,* 2.

INFECTUEUX, Infect, corrompu. Gl. *Infectus.*

INFER, pour Enfer. *Infrunitus.*

INFESTER, Insulter, outrager. —
— Presser, importuner. Gloss. *Infestare.*

*INFIER, Enfer. V. H.

INFIEXER, Prendre ou donner à rente perpétuelle, inféoder. Gl. *Infiteos.*

INFIXER, Insérer. Gl. *Infixere.*

INFORSER, Forcer, faire violence. Gl. *Infortiare,* 3.

INFORTUNER, Rendre malheureux. Gl. *Infortunare.*

INFRAINTURE, Toute espèce de délit, tout ce qui enfreint les lois. Gl. *Infractura.*

INGAL, Egal. Gl. *Branchea.*

INGAUMENT, Egalement. *Egalare*

*INCRADES, Ingrat. L.

INGRAT, Mécontent, qui ne trouve pas bon quelque chose. Gloss. *Ingratus.*

*INGRATEMENT, Inutilement. L.

INGRINS, Nom d'une faction en

Flandre, du côté de Furnes et d'Ypres. Gl. *Isengrinus.*

INGUINAIRE, Sorte de peste, qui attaque principalement les aînes. Gl. *Inguinaria.*

INHABILITER, Déclarer quelqu'un inhabile à exercer une charge. Gl. *Inhabilitare.*

INJURIEUX, Qui fait tort et dommage. Gl. *Injuriari,* 1.

INJURIOSER, Injurier, offenser de paroles. Gl. *Injuriare,* 1.

INLEGITISME, Concubine, femme illégitime. Gl. *Illegitimatio.*

INNOCENT, Livre contenant les décrétales des papes, recueillies par l'autorité d'Innocent III. Gl. *Innocens,* 2.

INNUER, Signifier, faire entendre. Gl. *Innotare.*

*INOBÉDIENCE, Désobéissance. F

INQUANT, Encan; d'où *Inquanter,* Vendre à l'encan. Gl. *Incantum,* sous *Incantare,* 2.

INQUESTER, Enquêter, interroger; d'où *Inquestacion,* Enquête. Gl. *Inquestare.*

*INQUISITÉ, Recherché. F.

INREPARÉ, Offensé, à qui on n'a fait aucune réparation. Gloss. *Irreparabiliter.*

INREVERAUMENT, Indécemment. Gl. *Irreverens.*

INROTULER, Enregistrer, comprendre dans un rôle. Gl. *Inrotulare.*

INSANÉ, Qui rend furieux. Glos. *Insaniose.*

INSCIENCE, Ignorance. *Inscicia.*

INSELER, Occuper une stalle dans le chœur d'une église. Gl. *Installare.*

INSENCE, Folie, frénésie. Gloss. *Insaniose.*

INSENSIBLE, Qui est hors de sens, fol, frétérique. Gl. *Insensibilis,* 2.

INSENSIF, Le même. Gl. *Insensibilis,* 2.

INSIGNIER, Illustrer, décorer. Gl. *Insignare,* 2.

INSINS, Ainsi. Gl. *Souderarius,* sous *Solidata.*

INSTANCIER, Former une instance, intenter un procès, plaider. Gl. *Instans,* 2.

INSTIGER, Exciter, pousser. Gl. *Instigator.*

INSTIGUER, Le même. *Instigator*

INSTRUMENT HAUT ou BAS, Dont le son est aigu ou grave. Gloss. *Instrumentum.*

INSUFFLER, Souffler dedans, faire entrer en soufflant. Gloss. *Insufflare.*

INSULT, Bruit, tumulte, émeute. Gl. *Insultus.*

INSULTATION, Attaque, abord. Gl. *Insultus.*

INTELLECTIBILITÉ, Intelligence Gl. *Intellectibilis.*

INTENDIT, Demande portée en justice. Gl. *Intentio,* 2.

INTENDU, Assigné, marqué. Gl. *Intendere,* 2.

INV

INTEREST, Prix, valeur. — Dommage, perte, malheur. Gl. *Interesse*, 1.

INTERJETTÉ, Entremêlé, parsemé. Gl. *Frischus*.

INTERINENCE, Entérinement, enregistrement. *Interinare*, 1.

INTERINNER, Accomplir, exécuter. Gl. *Integrare*, 3.

INTERPRETATION, Jugement. Gl. *Interpretatio*.

INTESTAT, Celui qui mourait sans avoir fait de testament, et encore sans s'être confessé et sans avoir reçu le Saint-Viatique. Gl. *Intestatio*.

INTITULER, Accuser, imputer quelque chose à quelqu'un. Gl. *Intitulare*.

INTRAIGE, Ce qu'on paye en entrant en possession d'un bail à cens. Gl. *Intragium*, 1.

INTRODITEMENT, Induction, instigation. Gl. *Introducere*, 1.

INTRODUIRE, Instruire, enseigner, donner de l'éducation. — Engager, porter à quelque chose, séduire. Gl. *Introducere*, 1.

INTROITE, Entrée. *Introhitus*.

INTROJE, Droit d'entrée ou de prise de possession d'une terre, charge, etc. Gl. *Introgium*.

INVASÉ, Possédé ou obsédé par le démon. Gl. *Invasatus*, 2.

INVASEUR, Agresseur. *Invasibilis*.

INVASIBLE, Offensif, propre pour attaquer. Gl. *Invasibilis*.

INVAISSER, Assaillir, attaquer; d'où *Invaisseur*, Agresseur. Gl. *Invasibilis*.

JOI

INVOCATION, Enchantement, sortilège; d'où *Invocateur*, Sorcier, enchanteur. Gl. *Invocatio*.

INVOLUTION, Embarras, difficulté. Gl. *Involumen*.

JOBELOT, Sot, méprisable. Glos. *Jobagines*.

JOCULATOIRES, Sorte de jeu à lancer dards et javelines. *Jocus*.

JOÉE, Soufflet, coup sur la joue. Gl. *Gauta*.

JOENNE, Le maître garçon d'un boulanger ou d'un meunier. Gl. *Stumones*.

JOHAN. Faire Johan, se dit d'une femme infidèle à son mari. Gl. *Joannes*.

JOIEL, Joyau. Gl. *Joellus*.

JOIETTE, Jouissance, usufruit. Gl. *Joissentia*.

JOIGNE, Jeune homme. *Junior*.

JOINCT, Près, proche. Gl. *Juxta*.

JOINDRAGE, Redevance pour le droit de faire paître les jeunes bestiaux. Gl. *Junior*.

JOINDRE, Conclure un marché en se donnant la main. Gloss. *Junctura*, 1. — Le maître garçon d'un boulanger ou d'un meunier. Gl. sous *Junior*.

JOINT, Affecté, gêné, trop recherché. Gl. *Juncte*. — Joug auquel on attelle les bœufs. Gl. *Jugum*.

JOINTE, Jointée, Poing, la main fermée. Gl. *Junctura*, 2.

JOINTOIANT, Aller Jointoiant, Avoir une démarche affectée, gênée et forcée. Gl. *Juncte*.

JOINTTEUR, Outil, qui sert au

tonnelier pour *joindre* ou unir un fond de tonneau. *Junctor.*

JOINTTIER, Billot. Gl. *Junctor.*

JOISE, Joisse, Jugement. Gloss. *Juisium.*

JOLIER, Enjoliver, orner, parer. Gl. *Insigna.*

JOLIS, Joyeux, content, satisfait. Gl. *Jocare.*

JOLIVER, s'Abandonner à la débauche. Gl. *Jocare.*

JOLIVETÉ, Amour des plaisirs, des divertissements. Gl. *Jocare.*

IOLS, Yeux. Gl. *Fragilitatus.*

JOLUIER, s'Abandonner à la débauche. Gl. *Jocare.*

JONCHÉE, Jonchiée, Botte d'herbes, dont on se sert pour prendre le poisson et les écrevisses. Gl. *Juncheria.*

JONCHIÈRE, Joncière, Lieu marécageux, où il croît des joncs. Gl. *Juncaria.*

JONCQUIER, Joncher, répandre sur la terre des herbes ou des fleurs. Gl. *Jonchare.*

JONGLOIER, Jouer des farces, comme font les *Jongleurs.* Gl. *Juglatores.*

JONQUIÉE, Herbes ou joncs qu'on répand par terre. Gl. *Jonchare.*

JONSSIÉE, Botte d'herbes, dont on se sert pour prendre du poisson et les écrevisses. *Juncheria.*

JOP, Timom, flèche d'un char. Gl. *Joppa.*

JOQUER, Être en repos. Gloss. *Jocare.*

*JOR, Terme, délai, assignation à comparaître. Beaumanoir, Cout. du Beauvoisis, II 448 : « Se li sires est demanderes vers son home, il li pot bien metre plus lonc *jor* que de quinze jors ; car il ne li metra jà si lonc *jor* que li hons ne peust voloir que li *jors* ne fust encore plus lons. »

JORE, George, nom d'homme. Gl. *Amulgare.*

JORNAGE, Sorte de blé, le même qu'on appelle *Yvernage.* Gloss. *Juornagium.*

JORNÉER, Voyager, faire de grandes journées. Gl. *Jornata*, 1.

JORNEL, Mesure de terre ; qu'on peut labourer en un jour. Gl. *Jornale,* 1.

JORNOIER, Travailler à la journée. Gl. *Jornale,* 3.

JORRASIER, p. e. Prunier. Gl. *Jarrosia.*

*JOSTICIER, Juger, punir. Beaumanoir, Cout. du Beauvoisis. II, 339 : « Li cas de crieme (crime) doivent estre *justicié* par celi qui a le haute justice. »

JOUÉE, Soufflet, coup sur la joue. Gl. *Gauta.*

JOUEL, Joyau, bijou. — Nom d'une maladie épidémique dans le Soissonnois. Gl. *Joellus.*

JOUER, s'Abandonner à la débauche. Gl. *Jocare.*

JOUG DE TERRE, Autant que deux bœufs en peuvent labourer en un jour. Gl. *Jugum terræ.*

JOUISE, Jugement, épreuve par l'eau ou le fer chaud. *Juisium.*

JOU

JOUQUER, Jouquier, Jucher. Gl. *Jocare*.

JOUR, Temps, heure. Gl. *Dies*, 7.

JOUR, Autant de terre qu'un homme en peut cultiver en un jour. Gl. *Dies*, 3. — Assise, séance. Gl. *Dies*, 6. — Jour des Barons, L'assemblée des barons pour juger les causes de leurs vassaux. Gl. *Dies Baronum*. — Jour des Bures, Le premier dimanche de Carême. Gl. *Burœ*.

JOURNADE, Surtout, casaque. Gl. *Jornata*, 3.

JOURNAL, Livre à l'usage journalier des ecclésiastiques, diurnal, bréviaire. Gl. *Jornale*, 4.

JOURNÉE, Mesure de terre, qu'on peut labourer en un jour. Gl. *Jornata*, 2. — Salaire du travail d'un jour. Gl. *Jornata*, 3.

JOURNÉER, Voyager, faire de grandes journées. Gl. *Jornata*, 1.

JOURNÉEUR, Ouvrier de journée. Gl. *Jornalere*.

JOURNET, Livre à l'usage journalier des ecclésiastiques, diurnal, bréviaire. Gl. *Jornale*, 4.

JOUROUR, Juge appréciateur. Gl. *Extendere*.

IOUS, Yeux. Gl. *Superlabium*.

JOUSTE, Combat singulier avec des lances; d'où *Jouster*, Combattre de cette façon, et *Jousteur*, Celui qui combat. Gl. *Jousta*; et *Justa*, 1.

JOUSTER, Joindre, approcher. Gl. *Juxtare*.

JOUSTICIER, Exercer les fonctions de juge. Gl. *Justitia*, 1.

IRE

JOUSTISE, Étendue de justice, de juridiction. Gl. *Justitia*, 1.

JOVEIGNOR, Puîné, cadet; d'où *Joveignorage*, Partage du puîné. Gl. *Junior*.

JOVIAUX, Jeunes taureaux et génisses; ou ceux qui les gardent, bouviers. Gl. *Joverius*.

JOUZIOU, Sorte de poisson, limande. Gl. *Libella*, 2.

JOYE, p. e. pour Juste, Certaine mesure des liquides. Gl. *Justa*, 2.

JOYEUSE, Nom de l'épée de quelque fameux guerrier. Closs. *Curtana*, 1.

JOYEUSETÉ, Festin, réjouissance. Gl. *Jocositas*.

JOYSSEMENT, Jouissance, usufruit. Gl. *Joissentia*.

*****IQUI**, Là, en ce cas, *Dés iqui en avant*, de ce moment-ci pour l'avenir; *par iqui*, par ceci. — Assises de Jérusalem, II, 194 : « Mais se celuy, quant il l'ot pris celuy ostour ou faucon le porta là où estet acoustumée chose de vendre les oiseaus, et le tint *iqui* en la viste des gens, treis jors por vendre. » — Robert, Fables inédites, I, 52 : « Moult a *iqui* souffertes poines. »

*****IRÉ**, Courroucé. F.

IRETAULEMENT, Héréditairement, par droit de succession ou d'héritage. Gl. *Hœreditabiliter*.

IRETÉ, Héritage, le bien qu'on a de ses pères. Gl. *Retare*, sous *Rectum*.

IREUR, Colère, emportement. Gl. *Iratus*, 1.

ISS

IREUSEMENT, D'une manière fâchée, en colère. Gl. *Iratus*, 1.

*IREZ, Irrité. — Ogier de Danemarche, v. 1557 : « Il te fera corochiés et *irés*. »

IROIS, Irlandais. Gl. *Erigena* et *Irenses*.

IRREVERENDER, Manquer de respect. Gl. *Irreverens*.

IRRUER, Se ruer avec fureur. Gl. *Irrumpere*.

ISAMBRUN, Sorte d'étoffe. Gloss. *Isembrunus*.

ISENGRIN, Loup. Gl. *Isengrinus*.

ISNELEMENT, Promptement ; d'où *Isneleté*, Légèreté, vitesse. Gl. *Racachare*. [Egalement, Glossaire des Coutumes de Beauvoisis.]

*ISNIAUS, Prompt. V. H.

ISRAEL, Nom d'une pierre précieuse. Gl. *Israël*.

*ISSI, *Issit que*, *isint*, *issint*, *insint*, ainsi, aussi bien que, tellement que, de même. — WACE, Roman de Brut, v. 9346 : « Pièce s'est *issi* contenus *Que* de nul n'i fu mescréus. »

*ISSIR, Sortir, résulter. — BEAUMANOIR, Cout. du Beauvoisis, II, 461 : « Nus ne doit *issir* de l'ommage son segneur por entrer en autrui homage. »

ISSUE, Revenu, produit. Gloss *Exitus*, 1. — DROITS D'ISSUE, Lods et ventes, et ce que paye le vassal qui sort de dessous la juridiction de son seigneur. Gloss. *Exitus*, 5. — ISSUE, Droit de sortie sur les vins et autres marchandises qu'on transporte

IUE

ailleurs. — Terme de guerre, sortie qu'on fait d'une place assiégée. Gl. *Isshac*.

*ITÉS, ITELE, tels, telle. — RUTEBEUF, 1, 402 : « *Itel* mérite trueve qui à tel seignor sert. »

JU. FAIRE JU, Secourir, aider. Gl. *Jubare*.

JUBE, Sorte de vêtement, jupon, pourpoint. Gl. *Jubeus*.

JUBON, Le même. Gl. *Jubeus*.

JUDICATOIRE, Jugement, décision par arrêt ou sentence. Gloss. *Judicatorium*.

JUDICATURE, Juridiction, droit de juger. Gl. *Judicatura*, 1.

JUDICIELLEMENT, Judiciairement, à l'audience. Gl. *Judicialiter*, 2.

*IUE, IUES, IUVES, égal, égaux, égales. —Arch. adm. de la ville de Reims, III, 258 : « Par quoy toute la place soit au délivre et aplainesse jusques au reys et *yve* (yue) du haut des fossez. »

*IUÉEMENT, IUIEMENT, également de même : « S'il sont iuel de deus parois, *iuéement* prendront. »

JUEL, Joyau, vase précieux. Gl. *Juellus*.

*IUEL, Equitable, égal. *Yuel leu*, lieu où les droits sont égaux. L. J. P.

*IUELEMENT, Équitablement, également, de même. (Glossaire du XVe siècle). « Equivoque (est) uns nons qui senefie pluiseurs coses *iwelment*. »

JUERIE, La nation juive. Gloss. *Juderia*, sous *Judæi*.

JUET, Mesure de terre, arpent. Gl. *Jugatum*.

JUGEMENT, District, étendue d'une juridiction. *Judicium*, 1.

***JUGEORS**, Jujors*, juges. — Beaumanoir, Cout. du Beauvoisis, II, 445 : « Il (Dieu) dit as *jugeurs* : Gardés comment voz jugerés, car vos serés jugiés. »

JUGERIE, Juridiction d'un juge, ressort, territoire. Gl. *Jugeria*.

JUGIÉ, **JUGIET**, Jugement, arrêt, sentence. Gl. *Judicatorium*.

JUGLERIE, La troupe des *jongleurs* ou bateleurs et des joueurs d'instruments. — Ce que les *jongleurs* payaient au seigneur du lieu, pour la permission d'y jouer leurs farces. Gl. *Joglaria*.

JUGN, Qui est à jeun, qui n'a pas mangé. Gl. *Jejunales dies*.

JUIERIE, Le quartier d'une ville où habitent les Juifs. Gl. *Juderia*, sous *Judæi*.

JUIFVERIE, Le même. Gl. *Judæa*, sous *Judæi*.

JUIGNET, Juillet, dans une charte de 1282, au Cartulaire de l'arch. de Paris.

JUIGNEUR, Puîné, cadet. Gl. sous *Junior*.

JUILLE, Courroie, avec laquelle on attache le joug aux cornes des bœufs. Gl. *Jugum*.

JUINDRAGE, Le droit exigé par les maîtres garçons des meuniers ou des boulangers, qu'on appelait *Joindres*. Gl. *Junior*.

JUIRIE, Le quartier d'une ville où habitent les Juifs. Gl. *Judæa*, sous *Judæi*.

JUISARME, Sorte d'arme, hache ou demi-pique, lance. Gloss. *Gisauma*.

JUISE, **JUISSE**, Jugement, épreuve par le feu. Gl. *Juisium*.

JUISEL, L'enfant d'un Juif, un jeune Juif. Gl. sous *Judæi*.

JUIT, Mesure de terre, arpent. Gl. *Jugis*, sous *Jugia*.

JUITEL, L'enfant d'un Juif, un jeune Juif. Gl. sous *Judæi*.

JULHE, Courroie avec laquelle on attache le joug aux cornes des bœufs. Gl. *Jugum*.

JUPÉE, Distance dans laquelle on peut entendre un certain cri. Gl. sous *Jupa*, 2.

JUPER, Faire certain cri pour appeler, épouvanter, ou se moquer. Gl. sous *Jupa*, 2.

JUPON, **JUPPON**, Casaque, pourpoint, souquenille. Gl. *Jupa*, 1.

JUPPEL, Le même. Gl. *Jupa*, 1,

JUPPER, Faire certain cri pour appeler, épouvanter, ou se moquer. Gl. sous *Juppa*, 2.

JUPPONNERIE, Le métier de faire des *jupons*. Gl. *Juponerius*, sous *Jupa*, 1.

JURABLETTE, Le droit d'exiger le serment de fidélité. Gl. *Feudum jurabile*, sous *Feudum*.

JURAGE, Commune, bourgeoisie. Gl. *Juraria*, 1.

JUS

JURÉ, Qui est attaché à quelqu'un par serment, vassal. — Confédéré, allié. — Echevin et bourgeois d'une ville. Gl. *Juratus* et *Juredium.*

JURÉE, Commune, bourgeoisie. Gl. *Juraria,* 1. — Redevance, que doit un bourgeois juré à son seigneur. Gl. *Jurata,* 3. — Promise, accordée en mariage. — Gl. *Jurata,* 1. — Enquête juridique. Gloss. *Jurea,* sous *Jurata,* 2. — METTRE EN JURÉE, Décréter, mettre à l'encan. Gl. *Juraria,* 2.

JURET, Redevance que doit un bourgeois juré à son seigneur. Gl. *Jurata,* 3.

JUREUR, Examinateur d'un fait qui est en litige et qui en donne son avis au juge. sous *Jurata* 2.

JURGIEUX, Querelleur, hargneux. Gl. *Bellicosus.*

JURIDIQUE, Audience, séance. Gl. *Juridica.*

JURIE, Le quartier d'une ville où habitent les Juifs. Gl. *Judœa,* sous *Judœi.*

JUS, En bas, dessous. Gl. *Jusum.*

JUSARME, JUSERME, Sorte d'arme, hache ou demi-pique, lance. Gl. *Gisauma* et *Inserma.*

JUSCLE, Espèce de poisson. *Sclave*

JUS-PARTIS, Alternative. Gloss. *Jocus partitus.*

JUSSARME, Sorte d'arme, hache ou demi-pique, lance. *Gessa.*

JUSTANCE, Usage, service. Glos. *Justantia.*

JUSTE, Sorte de mesure, pinte, pot, vase; d'où le diminutif *Justelette.* Gl. *Justa,* 2.

IVI

JUSTER. Voyez *Jouster.*

JUSTICE, Juge, chef de la justice, seigneur. — Toute espèce de droit et de redevance. Gloss. *Justitia,* 1.

JUSTICIER, Gouverner, administrer, rendre la justice. — Arrêter, saisir, mettre sous la main de la justice. Gl. *Justizare.*

JUSTIFICAULEMENT, Légitimement, avec justice. *Justicialiter.*

JUSTISER, Gouverner, conduire. Gl. *Justitiare.* — Egaliser, rendre égaux. Gl. *Baila.*

JUSTISIER, Gouverner, administrer, rendre la justice. — Arrêter, saisir, mettre sous la main de la justice. Gl. *Justitiare.*

JUSTOIER, Etalonner une mesure, examiner si elle est juste. Gl. *Justare.*

JUTEMENT (NON), Injustement.

JUTERIE, Le quartier d'une ville où habitent les Juifs. Gl. *Jutaria,* sous *Judœi.*

JUVÉ, Juif. Gl. *Farsia.*

JUVEIGNEUR, Puîné, cadet; d'où *Juveignerie* et *Juveignurie,* Partage du puîné. Gloss. sous *Junior.*

JUVENTU, Jeunesse. *Juvenitudo.*

JUYBET, Gibet, potence. Gl. sous *Justitia,* 1.

IVEL, Ivraie, mauvaise herbe. Gl. *Juellus.*

IVERNAL, d'Hiver. Gloss. *Ivergium.*

IVIERE, Ivoire. Gl. *Invirolatus.*

K

KACHE, Poursuite en justice, ou amende. Gl. *Cachia*, 3.

KACHIERE, Chasseur; du verbe *Kacier*, Chasser. Gl. *Cacheria*, et sous *Foresta*.

KAFIS, Mesure de grain en Espagne. Gl. *Kaficium*.

KAI, Barreau, grille. Gl. *Kaia*.

KAIER, Chandelle de cire, flambeau. Gl. *Quarellus*, 3.

KAIR, Tomber. Gl. *Kays*.

KALAMAY, La fête de la Chandeleur. Gl. *Candelaria*, 1.

KALENDE, Nom qu'on donnait aux conférences des curés et aux confréries, qui se tenaient ou s'assemblaient le premier de chaque mois. *Kalenda*, 1, sous *Kalendœ*.

KALENDIER, Calendrier. Gloss. *Kalendarium*, 1.

KANOISNE, Chanoine. *Canonicus*

KANT, pour Quand, lorsque. Gl. *Solus*, 2.

KANTREF, Canton composé de cent villages. Gl. *Kantref*.

KAPPE, p. e. Sorte de petit tonneau, appelé *Caque*. Gl. *Kappe-Hette*.

KARESMEAULX, Les jours gras, le carnaval. Gl. *Karena*.

KARET, Terre couverte de ses fruits. Gl. *Garrigua*.

KARION, Le droit que prend sur la dîme celui qui la conduit à la grange du décimateur. *Cario*.

KARISEL, Sorte de tonneau. Gl. *Karida*.

KARLON, Charles. Gl. *Abatis*.

KARREAU, Mesure de terre, contenant vingt et un pieds. Gloss. *Quarellus*, 6.

KARVANE, Caravane. *Caravanna*

KAUCLIER, p. e. mal écrit, Bruit, tumulte. Gl. *Khukhan*.

KAUWELERIE, Redevance pour le rachat du service qu'on doit à son seigneur avec des chevaux. Gl. *Kavallus*.

KAVECHEUL, Oreiller, traversin. Gl. *Kubuticum*.

KAYAGE, Le droit qu'on paye pour charger et décharger sur un Kai ou Quai. Gl. *Kaagium*.

KE, pour Que. Gl. *Ke*.

KEMANT, Procureur, celui qui agit au nom d'un autre. Gloss. *Mandatum*, 3.

KEMIN, Chemin. Gl. *Keminus*.

KENÉE, Soufflet, coup sur la joue. Gl. *Quenneya*.

KERME, Les Frères du Kerme, Carmes. Gl. *Carmelini*.

*****KERNU**, Crinière. C. N.

KERUIER, Celui qui laboure à la charrue pour son compte. Glos. *Karruga*.

KESTE, Grille, barreaux. *Kays*.

LAB

KEUERIE, La charge du Grand-Queu de France. Gloss. sous *Coquus*.

KEUBBRIEF, Loi de la commune, coutume. Gl. *Chora*.

KEURE, Chêne. Gl. *Cerchium*.

KEURIER, Echevin, juge des causes civiles ; de K*eure*, Commune, loi municipale. Gl. *Keuren*.

KEUTE, Coite, matelas, lit de plume. — Espèce de bière. Gl. *Couta*, 1.

KEUTESPOINTE, Grande couverture, espèce de tapisserie. Glos. *Couta*, 1.

KÉVILLIER, Cheviller, clouer. Gl. *Kavilla*.

KIENERIE, Redevance due au seigneur pour la nourriture et le logement de ses chiens de chasse. Gl. *Chenaria*.

KIENNES, Sorte de monnaie de Liège. Gl. *Kiennes*.

KIERKE, Charge. Gl. *Kerka*.

LAC

KIERKIÉ, Chargé. Il se dit d'une terre cultivée et portant fruits. Gl. K*erka*.

KIEUTE, Coite, matelas, lit de plume. — Espèce de bière. Gl. *Couta*, 1.

KIEVRE, Cuivre. Gl. *Ferria*.

KIOLTE, Coite, matelas, lit. Glos. *Friggedo*.

KIRTEL, Sorte d'habillement. Gl. *Kirtel*.

KISIELLE, Façon de parler pour désigner tous les saints. Gloss. *Kyrieles*.

KŒUR, Règlement, coutume, loi municipale. Gl. *Cora*.

KUQUS, Mari dont la femme est infidèle. Cl. *Cugus*.

KYRIELE, Sorte de chant joyeux. Gl. *Kyrie eleison*.

KYRIELLE, Façon de parler pour désigner tous les saints. *Kyrieles*.

L

LABEAU, Frange, sorte d'ornement, qu'on mettait au bas de l'habit militaire. Gl. *Labiellus*.

LABOUR, Ouvrage, travail. Glos. *Laboragium*, 2.

LABOURAGE, Sorte d'impôt, dû sur les vins déchargés d'un bateau à terre. — Ouvrage, toute espèce de travail. *Laboragium* 2.

LABOURER, Travailler, faire. — Se dit de tout ce qui peut cha-griner et faire de la peine. Gl. *Laborare*, 3.

LABOUREUR DE VINS, Vigneron. Gl. *Laborator*.

LABOURIER, Laboureur, qui cultive la terre. Gl. *Laborator*.

LACAYS, Sorte de gens de guerre, arbalétriers. Gl. *Lacinones*.

LACEUR, Faiseur de lacets. Glos. *Laqueatores*.

LAI

LACHES, Sorte de vêtement militaire, cuirasse, corset. *Lacinones*.

LACIER, Se lier, s'attacher par serment. Gl. sous *Ligius*.

LACIVIEUX, Folâtre, badin, débauché. Gl. *Lascivietas*.

*LAECE, Largeur. — Chron. de Normandie, v. 23897 : « La terre od sa grant pesantur, U nos somes abiteor, (Dieu) Funda de lonc e de *laece*. »

LAEDER, Celui qui reçoit l'impôt nommé *Laide*. Gl. *Lesdarii*, sous *Leudis*.

LAGAN, Droit que les seigneurs avaient sur les marchandises et les vaisseaux qui faisaient naufrage, et dont la mer jetait les débris sur la côte. — Abondance, quantité, multitude, largesse, don. Gl. *Lagan*.

LAHUT, Barque, nacelle. Gloss. *Lahutum*.

LAICTAN, Qui tette, qui est à la mamelle. Gl. *Lacticina caro*.

LAICTIERE, Vache Laictiere, Qui donne du lait. Gl. *Lactans*.

LAID, Parole injurieuse, outrage. Gl. *Ladare*, sous *Lada*, 1.

LAIDANGE, Le même ; d'où *Laidanger*, Injurier, outrager. Gl. *Ladare*, sous *Lada*, 1.

*LAIDEMENT, Violemment. *Batu laidement* ; battu violemment, à l'excès. L. J. P. page 82.

LAIDER, Receveur de l'impôt nommé *Laide*. Gl. *Lesdarii*, sous *Leudis*.

LAIDEUR, Le même. *Leuderius*.

LAI

LAIDIR, Dire des injures, outrager. Gl. *Ladare*, sous *Lada*, 1.

LAIDOIER, Le même. Gl. *Lada*, 1.

LAIDURE, Injure, outrage. Gl. *Lada*, 1.

LAIER, Diviser un bois en plusieurs parties, qu'on distingue par des *Lées* ou marques faites à des arbres. Gl. *Laia*.

LAIGNE, Bûche, bois à brûler. Gl. *Laignerium*.

LAIGNER, Bûcher, lieu où l'on serre le bois. — Murmurer, gronder, reprendre. Gl. sous *Laignerium*.

LAIGNIER, Le droit de prendre son chauffage dans une forêt. Gl. *Lignagium*, 1. — Une voiture ou charretée de bois à brûler. — Bûcher, lieu où l'on serre le bois. Gl. *Laignerium*.

LAINERIE, Lieu où l'on vend la laine. Gl. *Lanaria*.

LAINGNE, Bûche, bois à brûler. Gl. *Laignerium*.

LAINGUE, Langue, pays, nation. Gl. *Lingua*.

LAINIER, Ouvrier en laine ; ou Celui qui la vend. Gl. *Lanarii*, 1.

LAIRRENAILLE, Troupe de larrons ou de coquins. *Layroneria*.

LAIS, Testament, par lequel on laisse et donne son bien. Gl. *Divisa*, 1.

LAISCHE, Lame de fer. Gloss. *Lacinones*.

LAISSE, Lâche, faible, abattu. Gl. *Vanitas*, 2.

LAIT, Parole injurieuse, outrage.

LAN

Gl. *Ladare*, sous *Lada*, 1. — FAIRE PAR LAIT, Malgré soi, à contre-cœur. Gl. *Bela-cara*. — MENGIER DU LAIT A LA CUILLIER DE BOIS, Sorte d'amusement du mardi gras. Gl. *Karena*.

LAITISSE, Fourrure ou pelisse grise. Gl. *Lactenus*.

LAITUAIRE, pour ÉLECTUAIRE, Sorte de médicament, terme de pharmacie. Gl. *Electuarium*, 1.

LAMBROIS, Lambris, plancher. *Lambroissare*, sous *Lambricare*

LAMBROISSIER, Lambrisser. Gl. *Lambroissare*, sous *Lambricare*

LAMBRU, Plancher; d'où *Lambrucher*, Planchéier. Gl. *Lambroissare*, sous *Lambricare*.

LAMBRUIZ, Planche. Gl. *Lambroissare*, sous *Lambricare*.

LAME, Roseau, canne. *Lamina*, 2.

LAME DE GERBES, Botte, gerbée. Gl. sous *Lamina*, 2.

LAMPESIER, Espèce de lustre de fonte à diverses branches. Gl. *Lampeserius*, 2.

LAMPIER, Lampe. *Lampadarius*.

LANÇADE, L'action de lancer ou porter un coup à quelqu'un. Gl. *Lanceare*, 3.

LANCE, Certaine mesure de terre. Gl. *Lancea sartatoria*. — Celui qui combat avec la lance. Gloss. *Lancea*. — SERVIR SOUBZ LA LANCE, pour Servir sous la bannière ou drapeau de quelqu'un. Gl. *Lancea*.

LANCE A FEU, Machine-de guerre qui lance du feu. Gl. *Lançare*.

LAN

LANCE GENETAIRE, Sorte d'arme, javeline, demi-pique. *Lancea*.

LANCEGAYE, Le même. Gloss. *Lancea*.

LANCEGÉ, Blessé d'une lance. Gl. *Lanceatus*.

*LANCE LEVÉE (*aler*), Avoir le passage libre. — Anc. trad. du Digeste, fol. 105 bis r°, c. 1: « Cil qui a voie i puet *aler* et mener ce que il veult, et porter une *lance droite*, mès que il ne face mal as fruiz.

LANCEOUR, Créneau d'un mur, par où l'on peut lancer ou tirer des flèches. Gl. *Lanceare*, 2.

LANCERER, Frapper ou jouter avec la lance. Gl. *Lancinare*.

LANCIS, pour l'ANCIS, l'Action de battre ou tuer une femme enceinte. Gl. *Encimum*.

LANDHOUDER, Officier municipal en Flandre, échevin, conseiller de ville. Gl. *Handhouder*.

LANDIE, Les parties naturelles de la femme. Gl. *Landica*.

LANDIT, Foire célèbre de Saint-Denis en France. *Indictum*, 3.

LANDON, Billot qu'on attache au cou des chiens pour les empêcher de chasser le gibier. Gl. *Landon*.

LANDYE, Les parties naturelles de la femme. Gl. *Landica*.

LANER, Apprêter la laine ou la mettre en œuvre. Gl. *Lanalis*. — Qui dégénère, lâche, qui est sans courage. Gl. *Lanarii*, 2.

LANEUR, Ouvrier en laine. Gl. *Lanator*.

LAN

LANGAGE, Peuple, nation. Glos. *Lingua*. — ESTRE DE GRAND OU HAUT LANGAGE, Parler haut, avec arrogance, dire des injures. Gl. *Linguatus*.

LANGAGER, Parler, haranguer. Gl. *Linguatus*.

LANGAGEUR, Grand parleur, babillard. Gl. *Linguatus*.

LANGAGIER, Le même. Gloss. *Linguatus*.

LANGAIS, p. e. Drap de laine, blanchet. Gl. *Langetum*.

LANGART, Grand parleur, babillard. Gl. *Linguatus*.

LANGE, pour LANGUE, Peuple, nation. Gl. *Lingua*. — LANGE, Chemise. Gl. *Lingius*.

*LANGE (*linge et*), étoffe de lin et de laine. Rutebeuf, II, 133 :
« Cele qui n'ot *lange* ne fautre
Ne *linge* n'autre couverture
N'osa pas monstrer sa figure. »

LANGEAU, Pot, sorte de vase, flacon. Gl. *Languella*.

LANGEUL, Drap de laine. Gloss. *Langetum*.

LANGOIEMENT, L'action d'examiner la langue d'un porc ; *Langoieur*, Celui qui d'office fait cet examen. Gl. *Essaium*, 1.

LANGOINE, LANGONE, Monnaie de Langres. Gl. *Langones*, et *Moneta Baronum*.

LANGOYER, Examiner la langue d'un porc pour voir s'il n'est pas ladre. Gl. *Essaium*, 1.

LANGROUT, Langouste, écrevisse de mer. Gl. *Astase*.

LANGUE, Peuple, nation, pays.

LAO

Gl. *Lingua*. — Languette, aiguille de balance. Gl. *Lingua stateræ*. — Banderole en forme de langue. Gl. *Lingua vexilli*. — LANGUE DE BEUF, Demi-pique, javeline. Gl. *Lingua bovis*.

LANGUEBAULT, Terme de dérision, p. e. Qui fait le beau parleur. Gl. *Linguatus*.

LANGUEFRIDE, Sûreté des grands chemins, et l'office de celui qui en est chargé. Gl. *Landfrid*.

LANGUEL. Voyez *Langeul*.

LANGUINE, Langueur, faiblesse. Gl. *Languitudo*.

LANIER, Lent, paresseux, qui dégénère, lâche, qui est sans courage. Gl. *Lanarii*, 2.

LANNER, Apprêter la laine ou la mettre en œuvre. Gl. *Lanalis*.

LANNEUR, Ouvrier en laine. Gl. *Lanator*.

LANSAGE, Aliénation ; d'où *Lansager*, Aliéner. Gl. *Lansagium*.

LANSSOT, Petit dard, javeline. Gl. *Lancietus*.

LANTERNE, Lieu fermé de barreaux de bois. Gl. *Lanterna ambulatoria*, sous *Laterna*. — Les parties naturelles de la femme ; d'où *Lanterner*, Y renvoyer quelqu'un pour l'injurier. Gl. *Laterna*.

LANTRENIER, Lanternier, ouvrier qui fait des lanternes. Gl. *Lanternerius*, sous *Laterna*, 1.

LANU, Couvert de laine. Gloss. *Lanulus*.

LAONNISIENS, Monnaie des évê-

LAR

ques de Laon. Gl. sous *Moneta Baronum*.

LAQUAIZ, Sorte de gens de guerre, arbalétriers. Gl. *Lacinones*.

*LAQUE, LAQUEX, laquelle. L.J.P.

LARDAGE, Impôt sur le lard qu'on vend au marché. Gl. *Lardarium*.

LARDEUX, qui est plein de lard. Gl. *Lardosus*, sous *Lardum*.

LARDIER, Le lieu où l'on conserve le lard, garde-manger. — Impôt sur le lard qu'on vend au marché. Gl. *Lardarium*.

LARDOUER, Le lieu où l'on garde le lard, garde-manger. Gloss. *Lardatorium*.

LARDOUERE, Lardière. Gl. *Lardatorium*.

LARGE, Libéral, qui aime à donner. Gl. *Largus*.

LARGESSE, Largeur. Gl. *Largitio*.

LARGIER, Sorte de redevance. Gl. *Cogrerium*.

LARGIR, Élargir, étendre. Gl. *Excrementum*.

LARGUESCHE, Largeur. Gloss. *Largitio*.

LARRECHINEUSEMENT, LARRECINEUSEMENT, En larron, en voleur. Gl. *Latrocinalis*.

LARRIS, Terre qui n'est pas cultivée. Gl. *Larricium*.

LARRON, AVOIR LE LARRON, Attribut de la haute justice, le droit de juger et punir les voleurs. Gl. *Latro*.

LARRONCINEUSEMENT, En larron, en voleur. Gl. *Latrocinalis*.

LAT

*LARRONESSE, Voleuse. Le Livre des métiers, p. 196 : « Il n'achatera de larron et de *larronnesse* à son escient. »

LARRONNAILLE, Troupe de coquins. Gl. *Layroneria*.

LART, Porc engraissé et salé. Gl. *Lardum*, 2.

LAS, Lacet. Gl. *Laqueatœ vestes*. — Roturier, paysan. Gl. *Lassi*. — Languissant, qui est sans force et sans vigueur. Gloss. *Lascivus*.

LASCEURE, Lassière, travée d'une grange. Gl. *Laquearii*.

LASCHE, FAIRE LASCHE, Faire quelque chose négligemment, être trop bon. Gl. *Laxare*, 2.

LASCHEZ, Sorte de poisson. Gl. *Aphya*.

LASNEUR, Ouvrier en laine. Gl. *Lanator*.

LASSEURE, L'endroit d'une robe où est ce qui sert à la lacer. Gl. *Laqueare*.

LASSIERE, Lacet ou cordon, dont on laçait un habit. Gl. *Laqueare*.

LAST, Certain poids. Gl. *Lasta*, 2.

LASTÉ, Lassitude, fatigue, incommodité. Gl. *Lassatio*. Voyez *Lasse*.

LASURE, Lacis, ouvrage fait en forme de filet ou de rézeuil. Gl. *Glizzum*.

LATAUMENT, Secrètement, en cachette. Gl. *Latere*.

LATE, Outil de tisserand. Gl. *Conucula*.

LATEUR, Ouvrier qui couvre les

LAV

maisons de lattes. Gl. *Latare*, 2.

LATINIER, Interprète, truchement Gl. *Latinarius*.

LATITER, Cacher. *Foraneus*, 4.

LATTIER, Registre de certaines amendes appelées *Lates*. Gl. *Latare*, sous *Lata*, 1.

LATTRER, Aboyer. Gl. *Latria*, 2.

LAVAICHE, L'endroit d'une rivière ou d'une mare où on lave le linge. Gl. *Lavatrina*.

LAVANGE, Lavasse, crue subite d'eau. Gl. *Lavanchia*.

LAUCET, Ce qu'on paye pour faire aiguiser les instruments du labourage. Gl *Laucet*.

LAUDAIRE, Registre des impôts sur les marchandises. Gloss. *Leuderium*.

LAUDE, Impôt qu'on lève sur les marchandises. Gl. *Leuda*, sous *Leudis*.

LAUDISME, Le droit du seigneur dans les mutations des fonds. Gl. *Laudimia*, sous *Laudare*, 4.

LAUDUMINIE, Le même. Gloss *Laudes*, sous *Laudare*, 4.

LAUFFAIZ, Fil préparé pour faire de la toile. Gl. *Laufetus*.

LAUNE, LAUNESTELUER, Petit bras de rivière. Gl. *Launa* et *Launestellus*.

LAVEIDE, Lavasse, crue subite d'eau. Gl. *Eslaveidium*.

LAVOER, Vaisseau, qui sert à laver. Gl. *Lavatorium*, 2.

LAVOIR, POT LAVOIR, Vaisseau dans lequel on lave quelque chose. Gl. *Lavatorium*, 2.

LAY

LAUSENGEOR, Louangeur, flatteur. Gl. *Bausiare*, sous *Bausia*.

LAUSET, Ce qu'on paye pour faire aiguiser les instruments du labourage. Cl. *Laucet*.

LAUSIME, Le droit du seigneur dans les mutations des fonds. Gl. *Laudes*, sous *Laudare*, 4.

LAUSISME, Consentement, permission. *Laus*, sous *Laudare*, 4.

LAUSSET, Ce qu'on paye pour faire aiguiser les instruments du labourage. Gl. *Laucet*.

LAUVISSE, Appartement qui est sous le toit d'une maison, espèce de grenier. Gl. *Laudissa*.

LAUZEME, Le droit du seigneur dans les mutations des fonds. Gl. *Laudes*, sous *Laudare*, 4.

LAUZET, Ce qu'on paye pour faire aiguiser les instruments du labourage. Gl. *Laucet*.

LAY, Loi, coutume, usage. Gl. *Frater in lege*.

LAYDE, Impôt qu'on lève sur les marchandises. Gl. *Leydarius*.

*LAYE, Route dans un bois, forêt. Ra.

LAYEMENT, Comme un laïque. Gl. *Laicaliter*, sous *Laicus*.

LAYEUR, Largeur, étendue en large. Gl. *Largitio*.

LAYNAGE, Le droit de prendre dans une forêt le bois nécessaire à son usage et la redevance qu'on faisait au seigneur pour ce droit. Gl. *Laynagium*.

LAYNEUX, Ouvrier en laine. Gl. *Lanator*.

LEC

*LAZ, Lacet, filet, piége, de *laqueus*. R.R.

LÉ, Large, plat, qui n'est pas pointu. Gl. L*atus*, 5, et L*eda*, 3.

LEAGE, Espèce de droit dû au seigneur d'une rivière sur laquelle on bâtit ca on réédifie un moulin. Gl. L*eagium*.

*LÉALMENT, Légalement. L. J. P.

*LÉANS, Là dedans. Céans (ici dedans) seul est resté en usage jusqu'aux XVIIIe siècle. L. J. P.

LEASSE, Peau de bélier ou de mouton. Gl. L*ear*.

*LÉAUS, LÉAU, LÉAL, légal, légitime. Le Livre des Métiers. p. 115: « Se il n'est si fil de *léal* espouse, ou ses frères ou ses niés de *léal* mariage. »

*LÉAUS ou DESLÉAUS, Légitime ou illégitime. L. J. P. 198.

LEAUMENT, Loyalement, avec vérité. Gl. L*egaliter*, 2.

*LÉAUTÉ, Légitimité. L. J. P. 211.

*LEAX, Loyal. R.R.

LEBRET, pour LEVRET, Nom d'une maison et d'un canton de Gascogne, plus communément Albret. Gl. L*eporeta*.

LECEOUR, Glouton, débauché, libertin. Gl. L*ecator*.

*LECHARESSE, Gourmande, luxurieuse. R.R.

LECHERIE, Gourmandise, débauche, libertinage, bouffonnerie; d'où L*echeor*, L*echeour*, L*echeur* et L*echerresse*, Celui ou celle qui a ce vice. Gl. L*ecator*.

LECIERE, Qui tette. Gl. L*actans*.

LÉG

LECTRIN, Lutrin, pupitre. Gloss. L*ectorinum*.

LECTRUN, Prie-Dieu, pupitre. Gl. L*ectrum* et L*ectrinum*.

LECTUAIRE, pour ELECTUAIRE, Terme de pharmacie. Gloss. E*lectuarium*, 1.

LECTURE, Commentaire, principalement sur les matières de droit. Gl. L*ectura*, 3.

LEDANGIER, Dire des injures, outrager. Gl. L*ada*, 1.

LEDENGE, Parole injurieuse, outrage. Gl. L*adare*, sous L*ada*, 1.

LEDIR, Injurier, outrager. Gloss. L*adare*, sous L*ada*, 1.

*LEDISSEMANZ, LEDISSEMENT, injure, offense, blessure. L. J. P.

*LÉDURE, Laideur, vilenie, action honteuse, injure, blessure. — Rutebeuf, II, 234 : « Ne *lédure* ne vilonie. »

LÉE, LÉED, Largeur. Gl. L*eda*, 3.

*LÉENS, Là-dedans. R.R.

LEESCE, LEESCIIE, Joie, gaieté. Gl. L*œtifice*.

LEESSE, Largeur, étendue en large. Gl. L*argitio*.

LEESSER, Se réjouir, être bien aise. Gl. L*œtifice*.

LEFFRE, Lèvre. Gl. L*effrus*.

LEGAT, Legs, don fait par testament ; d'où L*ega ter*, Léguer. Gl. L*egatum*, 1.

*LÉGAT, Délégué, fondé de pouvoir. — Le Conseil de Pierre de Fontaines, p. 276: « Pooirs est donez as *légaz*, ce est as

LEN

messages, de porloigner le plet de ce qu'il firent avant qu'il fussent *légat.* »

*LEGE, Loi. R.R.

LEGÉE, Serment de fidélité, qui lie le vassal à son seigneur. Gl. *Ligascia.*

LEGENDIER, Livre d'église pour le service divin. Gl. *Legenda*, 1.

*LEGERIE, Légèreté, Frivolité. v. 1726, Ch. R.

LEGIER, De Legier, Légèrement, facilement. Gl. *Leve.*

LEGISTE, Legistre, Docteur en lois. Gl. *Legista.*

LEGNIER, Corvée que le sujet doit à son seigneur pour voiturer sa provision de bois. *Laignerium.*

LEI, En Lei, En large. Gl. *Latus*, 2. — Lei Pleiner, Epreuve par l'eau ou par le feu. Gl. *Lex plenaria.*

LEI, Loi. Ch. R. v. 611.

LEIDESCE, Les parties naturelles de la femme. Gl. *Laterna.*

LEINGNIER, Provision de bois, l'obligation de la voiturer. Gl. *Laignerium.*

*LÉISIR (par), Sans se hâter. R.R.

LEITURE, Opiates Leitures, Confection électuaire, terme de pharmacie. Gl. *Electuarium.*

LEMBROISSIER, Lambrisser, couvrir de planches. Gl. *Lambroissare,* sous *Lambricare.*

LENCHAS, Espèce de pieu. Glos. *Lena,* 4.

LENDIT, Impôt, péage. Gl. *Indictum,* 2.

LES

LENGNIER, Provision de bois, l'obligation de la voiturer. Gl. *Laignerium.*

LENNER, Chardonner, tirer la laine sur une étoffe avec un chardon. Gl. *Lanalis.*

LENOINE, Le métier de débaucheur de femmes et de filles. Gl. *Lenonia.*

*LENTILLENS, Taché de rousseur. R.R.

LENTRONGNEUR, Celui qui passe le bacq, passeur. Gl. *Lintrum.*

LENWAGIER, Engagiste. Gloss. *Invagiare.*

LEONIMER, Versifier avec élégance. Gl. *Leonini versus.*

LEOUGE, Sorte de vaisseau dont la voile est triangulaire. Gloss. *Laudus,* 1.

*LEPE, Grosse lèvre. R.R.

LERERIE, Larcin, vol. Gl. *Latro.*

LERRE, Voleur. Gl. *Latro.*

LERU, Nom d'une société de jeunes gens. Gl. *Captivare,* 2.

LES, Legs, donation par testament Gl. *Laissa.*

LESARDE, Lézard. R.R

*LESCHE, Petite tranche, légère traînée. Ra.

LESCHERIE, Gourmandise, débauche, libertinage ; d'où *Lescheor* et *Lescheur,* Celui qui a ce vice, et *Leschiere,* L'action d'un *Lescheur.* Gl *Hullarii* et *Lecator.*

LESCIER, Laisser, donner par testament. Gl. *Lassare,* 1.

LET

LESDANGIER, Injurier, outrager. Gl. *Ladare*, sous *Lada*, 1.

LESDENGEURE, Injure, outrage. Gl. *Ladare*, sous *Lada*, 1.

*****LÉSIR**, Loisir. R.R.

LESON, Sorte de banc. Gloss. *Luiscum*.

*****LESSE**, Largeur, *lesse de charriere*, largeur de route, de voie. — Anc. trad. du Digeste, fol. 105 bis r°, c. 2 : « *Lese de voie et de charrière doit estre tele comme ele est mostrée.* »

LESSE, Air, chanson. Gl. *Lætifice*.

LESSER DE L'EAUE, Lâcher de l'eau, pisser. Gl. *Laxare*, 1.

LEST, Certaine quantité de quelque chose. Gl. *Lasta*, 2.

LESTAIGE, Comme *Letaige*.

LESTE, Sorte d'habit, surtout, casaque. Gl. *Lesta*. — Laite ou laitance. Gl. *Lactis*.

LESTICHE, Fourrure ou pelisse grise. Gl. *Lactenus*.

*****LET**, Injure, de *lædere*. R.R., Large, de *latum*. Ch. R. v. 1349

LETAIGE, Impôt sur les marchandises qu'on amène en un lieu. Gl. *Lastingha*.

LETAU, Lithuanie. Gl. *Litus*, 2.

LETERES, Lettres. Gl. *Garentigia*

LETERI, LETERIL, Tribune. Glos. *Leterinum*.

LETICE, LETTICE, LETTICHE, Fourrure ou pelisse grise. *Lactenus*.

LETREURE, Littérature, connaissance des belles-lettres. Gloss. *Literatura*.

LEV

LETRI, Lutrin, pupitre. *Letricum*.

LETRIÉ, Le même. Cl. *Lectorinum*

LETRIN, Le même. *Lectorinum*.

LETRUN, Le même. Gl. *Letricum*.

LETTRIN, Espèce de catafalque. Gl. *Letricum*.

LETUE, Laitue. Gl. *Latusca*.

*****LEU**, Loup, lieu, place. R.R.

LEU, ESTRE LEU, Être permis. Gl. *Licere*.

*****LEUNS**, Lions. Ch. R. v. 1888.

LEUCE, Blanc. Gl. *Leucius*.

LEUDAIRE, Registre des impôts sur les marchandises. Gloss. *Leudarium*, 2.

LEUDE, Impôt qu'on lève sur les marchandises. Gl. *Leuda*, sous *Leudis*.

LEUDERIE, Bureau où l'on reçoit l'impôt appelé *Leude*. Gl. *Leudarium*, 2.

LEUN, Sorte de grain ou légume. Gl. *Leun*.

LEURMEL, Certain droit sur les toiles. Gl. *Leurmel*.

LEU-WASTÉ, Terme injurieux, p. e. Loup-garou. Gl. *Lupus ramagius*.

LEVADIER, Celui qui a soin de l'entretien des *levées* ou chaussées. *Levatarius* sous *Levata* 3.

LEVADIZ, Pont-levis. *Levadissus*.

LEVAGE, Droit qu'on lève sur les marchandises, qui sortent d'un lieu, ou qui y arrivent. Gloss. *Levagium*.

LEVAILLES, Relevailles, cérémonie qu'on fait à l'église, quand une femme relève de couche. Gl. *Relevata.*

LEVATION, Élévation, la partie de la messe où le prêtre lève le corps de N. S. Gl. *Levatio*, 3.

LEVÉE, Voiture, charretée. Gloss. *Levata*, 5.

LEVÉEMENT, Élévation, grandeur Gl. *Levatio*, 3.

LEVEMENT, Nouveau plan, qui commence à lever. Gl. *Levatorium*, 1.

LEVER, Tenir sur les fonts de baptême un enfant, le nommer. — Emmener, enlever. Gloss. *Levare*. — LEVER (EN), Oter d'embarras quelqu'un, en payant pour lui, ou autrement. Gl. *Levare*, 10. — LEVER BRUIT, Faire parler de soi. Gl. *Levare laudem* sous *Levare*, 10. — LEVER UN TESMOIN, Le récuser. Gl. *Levare testem*, sous *Levare*, 10.

LEVEUR, Pont-levis. Gl. *Levatorius* et *Levatorium*, 1.

LEVEURE, Emplacement pour élever ou bâtir une maison. Gl. *Levatura*, 1.

***LEXIF**, Lessive. Ra.

***LEZ**, Le long, à côté, auprès. — Rutebeuf, II, 230 : « Là me gaitoit *lez* un boschet, *Lez* un estroit sentier basset. »

LEZ-A-LEZ, A côté l'un de l'autre Gl. *Ab itis.*

LEZE, Nom qu'on donne dans le Limouzin à un champ qui est plus long que large. *Vismeria.*

LI, Le, art.

LIAGE, Droit sur les lies des vins et sur les vins même. Glos. *Liagium.*

LIANCE, Le droit qu'a le seigneur sur son vassal-lige. Gl. *Ligeancia* sous *Ligius*. [Plaisir. R.R.]

LIARRE, Larron, voleur. Gloss. *Latro.*

LIART, Gris pommelé. Gloss. *Liardus*, 1.

LIBERAL, Libre, qui n'est point serf. Gl. *Franquare.* — Libre, exempt de passion. *Liberalitas*, 1.

LIBERALEMENT, LIBERALLEMENT Librement, volontiers, et bon gré. Gl. *Liberalitas*, 1.

LIBERAMENT, Facilement, aisément. Gl. *Mareare.*

LICE, Barrière, clôture faite de pieux, palissade. Gl. *Licia*, 1. — Course, combat simulé, qui se fait dans un champ clos de pieux. Gl. *Licia*, et *Liciæ*, 1. — Chaussée soutenue par des pieux. Gl. *Licia.*

LICEL, Lisière, bordure. Gl. *Forago.*

LICES, Porche, vestibule à l'entrée des églises. Gl. *Liciæ*, 2.

LICHE, Barrière, clôture faite de pieux, palissade. Gl. *Liciæ*, 1. — Lissoir, instrument qui sert à lisser ; d'où *Licheur*, L'ouvrier qui lisse. Gl. *Licha.*

LICTEAU, Linteau. Gl. *Lintellus.*

***LIE**, Gai, joyeux. R. R.

***LIÉEMENT**, Gaiement. R. R.

LIEGECE, Le serment de fidélité,

qui lie un vassal à son seigneur. Gl. *Liegancia*.

LIEGEOIS, Monnaie de Liège. Gl. sous *Moneta Baronum*.

LIÉMENT, Joyeusement, avec plaisir. Gl. *Lætifice*.

*LIEMER, Limier. R. R.

LIENAGE, p. e. pour LOUAGE, Loyer. Gl. *Lienagium*.

LIENSE, Courroie qui lie le joug aux cornes des bœufs quand on les attelle. Gl. *Liencia*.

LIEPROUX, Lépreux. *Dolorosus*.

LIER, Ensorceler, nouer l'aiguillette. Gl. *Ligationes*. — LIER UNE ÉPÉE, La garnir de fils. Gl. *Ligare*, 2.

LIERE, Litre, ceinture funèbre. Gl. *Litra*, 2.

LIERRE, LIERS, Voleur, larron. Gl. *Latro*.

LIESTAGE, Sorte d'impôt sur les marchandises qui arrivent dans les vaisseaux. Gl. *Lastagium*, sous *Lasta*, 2.

LIEVART, Mesure de terre, la quatrième partie d'un arpent. Gl. *Livrale*.

LIEUE, L'espace ou la durée d'une heure. Gl. *Leuca*, 2.

LIEVER, Louer, prendre à louage. Gl. *Levare*, 8.

LIEUMAGE, p. e. Terme générique pour signifier toutes espèces de légumes. Gl. *Locimaria*.

LIEVR, Livre. Gl. *Fidelitas*.

LIEVRADE, Mesure de terre, le quart d'un arpent. Gl. *Livrale*.

LIEVRE, Courroie avec laquelle on attache le joug aux cornes des bœufs. Gl. *Jugum*.

LIEUTENANCIE, Lieutenance. Gl. *Locumtenentia*, sous *Lociservator*.

LIEUTENANT, Le vicaire d'un curé. Gl. *Locumtenentia*, sous *Lociservator*.

LIGE, Vassal attaché à son seigneur par un serment particulier de lui être fidèle. — Ce qui est à quelqu'un sans réserve. — Continu, sans interruption. Gl. sous *Ligius*.

LIGÉE, Le serment de fidélité, qui lie le vassal à son seigneur. Gl. *Ligascia*.

LIGEITÉ, Le même. Gl. *Ligeitas*, sous *Ligius*.

LIGÉMENT, Sans réserve, sans exception. Gl. sous *Ligius*.

LIGENCE, Le serment de fidélité, qui lie le vassal à son seigneur. Gl. *Ligencia*, sous *Ligius*.

*LIGER (DE), Facilement. — Tancrède, *li Ordinaires*, fol. 38 r°, c. 1 : « Li anemi à aucun ne doivent pas estre creu contre lui ; car il mentent *de légier*. »

LIGESSE, Le serment de fidélité qui lie le vassal à son seigneur. Gloss. sous *Ligius*.

LIGET, Le même. *Ligamen*, 3.

LIGETE, Sorte de redevance. Gl. *Ligete*.

LIGNAGE, Famille, parents. Gl. *Lignagium*, 3.

LIGNE. AMI DE LIGNE, Parent. Gl. *Linea*, 3.

LIGNER, Aligner, tirer une ligne droite. Gl. *Lineatim* et *Liniare*.

LIGNERE, Linière, terre semée de lin. Gl. *Linetum*.

LIGNIER, Fagot, bourrée, ou bois propre à brûler. — Provision de bois, l'obligation de la voiturer. Gl. *Lignarium*, 1.

LIGNOLET, Sorte de chaussure ou galoche recherchée. Gloss. *Lignambulus*.

LIGNUIS, Graine de lin. Gloss. *Linigium*.

LIGOTE, Lien, petite courroie. Gl. *Ligula*, 1.

LIME, Pénitence, acte de piété. Gl. *Limen*.

LIMECHON, Lumignon, mèche de chandelle. Gl. sous *Lichinus*.

LIMEIGNON, Le même. Gl. *Lumigenus*.

LIMER, Regarder de travers et comme étant fâché. Gl. *Limare*.

LIN, Lignée. Gl. *Linea*, 3. — Felouque, frégate légère. Gloss. *Lignum*, 2.

LINGE, Délié, mince, délicat. Gl. *Ligius*.

LINGEANÉ, Qui est rendu léger, mince. Gl. *Lingius*.

LINIER, Marchand ou ouvrier en lin. Gl. *Linifex*.

LINIERE, L'art de travailler le lin. Gl. *Lineya*.

LINTIER, Église, le tombeau des apôtres saint Pierre et saint Paul. Gl. *Limen*.

LINUISE, Graine de lin. *Linusa*.

LION, Monnaie des comtes de Flandre et des ducs de Bourgogne. Gl. *Leones*, 1, et *Moneta*.

LIONIME, Cadence d'un vers. Gl. *Leonimi versus*.

LIORAL, Certaine mesure de liqueurs, qui est évaluée à un pot. Gl. *Liorale*.

LIOZEL, Terme qui a rapport au suif fondu. Gl. sous *Liorare*.

LIPPE, Lèvre. *Faire la lippe*, Faire la moue, se moquer de quelqu'un. Gl. *Lipium*.

LIQUE, Sorte de vaisseau. *Liqua*.

LISCE, Femme débauchée. Glos. *Filius matris suæ*.

LISSEUR, Ouvrier qui lisse les étoffes. Gl. *Licha*.

LISTE, Bordé, qui a une lisière. Gl. *Lista*.

LIT MORTEL, Lit de la mort. Gl. *Lectus mortalis*, s. *Lectus*, 1.

LITGE, comme LIGE. Gloss. sous *Ligius*.

LITIS, Lithuaniens. Gl. *Litus*, 2.

LITISCONTESTATION, Procès commencé. Gl. *Contestatio*, 1.

LIVRAIRE, Bibliothèque. Gloss. *Librarium*, 2.

LIVRAISON, Ce qu'on livre ou donne à quelqu'un, en argent, habits ou autres choses. Gl. *Liberatio*, sous *Liberare*, 2.

LIVRE SOUTIVE, La livre de douze onces. Gl. *Libræ subtiles*.

LIVRÉE, Les habits que les rois ou grands seigneurs donnaient en certain temps de l'année à leurs enfants, domestiques ou autres, qui leur étaient attachés. Gl. *Liberatio*, sous *Liberare*, 2. — Leurre, appât, avec lequel on prend du poisson en l'enivrant. Gl. *Lorra*. — LIVRÉE DE TERRE, Terre qui rapporte une livre de rente. Gl. *Libra terræ*, sous *Libra*, 3.

LIVROISON, Certaine redevance annuelle. Gl. *Libratio*.

LIVROT, Mesure de grain dans le Forez. Gl. *Librorium*.

LIVROUER, Certaine mesure de grain. Gl. *Livrale*.

*LOAGE, Récompense, rémunération. L. J. P.

*LOAIZ, LOEZ, Loués, pris à louage. L. J. P.

*LOBER, Tromper. R. R. Gl. t. 3.

LOCENGNOST, Rossignol. Gloss. *Philomena*.

LOCERET, Tarrière. *Tarrabrum*.

*LOCHER, Branler, mouvoir. R. R.

LOCQUE, Sorte d'arme ou bâton de défense. Gl. *Lochea*.

*LOCU, Chauve. R. R. Gl. t. 3.

*LOCUSTA, Sauterelle, langouste. R. R. Gl. t. 3.

LODE, Espèce d'impôt. Gl. *Laudaticum*.

*LOE, LOENT, LOA, LOEZ, Approuve, ratifie, sanctionne, est d'avis; sanctionna, approuva; sanctionné, approuvé. L. J. P., p. 32.

LOÉE, L'espace d'une lieue. Glos. *Leucata*, sous *Leuca*, 1.

LOEMENT, Conseil, insinuation, prière. Gl. *Laudamentum*, sous *Laudare*, 4.

LOENGE, Consentement, permission. Gl. *Laus*, sous *Laudare*, 4.

LOENOIS, Monnaie des évêques de Laon. Gl. sous *Moneta Baronum*.

LOER, Conseiller, persuader. Gl. *Laudare*, 2. — Etre permis. Gl. *Licere*.

LOERRE, Leurre, appât, avec lequel on prend du poisson en l'enivrant. Gl. *Lorra*.

*LOEUR, Qui affirme, qui approuve. L. J. P., p. 116.

LOEVESIENS, LOEVISIENS, Monnaie des évêques de Laon. Gl. sous *Moneta Baronum*.

LOGETTE, Petite loge, maisonnette. Gl. *Logeta*.

LOHEREGNE, LOHIRIOGNE, Lorraine. Gl. *Liegancia* et *Marchio*.

LOI, Amende fixée par la loi. — Le corps de ville, office municipal. Gloss. sous *Lex*. — LOI D'AOUST, Le droit de publier le ban de la moisson, ou de vendre du vin en détail à l'exclusion de tout autre, pendant le mois d'août. Gl. *Lex Augusti*. — LOI APERTE, APPARISSANT, APPAROISSANT, Epreuve par l'eau ou par le feu. Gl. *Lex apparens*. — LOI MONSTRABLE et PROBABLE, Celle qui oblige à prouver son droit par témoins. Gl. *Lex probabilis*. — LOI MUÉE, L'ancienne loi ou coutume corrigée, augmentée et éclaircie. Gl. *Lex mutata*. — LOI OUTRÉE, Jugement rendu contre la loi ou le droit reçu. Gl. *Lex ultrata*. — LOI PARIBLE, Epreuve par l'eau ou par le feu. Gl. *Lex paribilis.* — Loi Vilaine, Celle qui régit les roturiers. Gl. *Lex villana.* — Loi. Avoir Loi, Avoir droit de faire quelque chose. Gl. *Legem habere.* — Loi. Prendre Loi, Se soumettre à une juridiction. Gl. *Legem facere.*

*LOI Sent, Lieu saint. L. J. P., 64.

LOIER, Présent, récompense. Gl. *Loerium.*

*LOIER. Louer, prendre à gages. *Champions loiez*, champion à gage. L. J. P., p. 117.

LOIGNET, Loin, de loin. Gloss. *Longisecus.*

LOIGNIER, Eloigner, séparer, bannir. Gl. *Longincare.* — Provision de bois, l'obligation de la voiturer. Gl. *Laignerium.*

LOINGNE, Bûche, bois à brûler. Gl. *Laignerium.*

LOINGNER, Provision de bois, l'obligation de la voiturer. Gl. *Laignerium.*

LOINGNET, Loin, de loin. Gloss. *Longisecus.*

*LOIGNETÉ, Eloignement. — Tancrède, *li Ordinaires*, fol. 3 v°, c. 1 : « Li juges de qui l'en apele porra atremper le terme selon la *loignetè* des lieux et des contrées, et selon la qualité des tens. »

LOINGNIER, Provision de bois, l'obligation de la voiturer. Gl. *Laignerium.*

LOINGNIER du Fief, Donner en arrière-fief une partie de son fief. Gl. *Longinquare.*

LOINJONNEUR, Mesureur de draps, officier préposé pour voir s'ils ont la longueur prescrite. Gl. *Longare.*

LOINSELET, Peloton de fil. Gl. *Loisellus.*

LOINTIEU, Eloigné. *Longisecus.*

LOIR, Etre permis. Gl. *Licere.*

LOIRE, Leurre, terme de fauconnerie. Gl. *Longa*, 1. — Cuve de pressoir. Gl. *Loyra.*

*LOISANS, Loissanz, Loisible, permis. — Le *Glossaire* de Roquefort, aux mots *Loisoit* et *Loistant*, donne deux exemples empruntés au *Livre de Jostice et de Plet.*

LOISSEL, Peloton de fil. Gl. *Loisellus.*

*LOIT (IL), Lest, Loisible, permis. *Il ne li loit pas*, il ne lui est pas permis. — Tancrède, *li Ordinaires*, fol. 13 r°, c. 2 : « *Il ne loist pas* à juge à vendre loial jugement, jà soit ce que *il loist* à l'avocat à vendre s'aide, et au sage houme de droit son conseil. »

*LOIZ, Loiez, Pris à gages. L. J. P.

LOMBARDERIE, Ce que payaient les Lombards ou marchands italiens aux foires de Champagne, pour y faire leur commerce. Gl. *Langobardi.*

*LONCTANS, Lonctens, Lontain, Lointeins, Lointiens, Lointains, éloignés, absents. L. J. P., p. 21.

LONG. Estre au Long des Messes, Y assister jusqu'à la fin. Gl. *Egallatio*, sous *Egalare.*

LONGAIGNE, Longaingne, Latrine, cloaque, voirie ; terme injurieux. Gl. *Latrina.*

LONGANIMITÉ, Longue distance, éloignement des lieux. Gl. *Longanimis,* et *Longanimitas.*

LONGIERE, Nappe ou linge beaucoup plus long que large. Glos. *Longeria.*

LONGNIER du Fief, Donner en arrière-fief une partie de son fief. Gl. *Longinquare.*

LONGON, Cheville. Gl. sous *Longare.*

LONGUAIGNE, Latrine, cloaque, voirie. Gl. *Latrina.*

LONGUAMIS, Sorte de fève longue. Gl. sous *Longare.*

LONGUEMENT, Longueur, délai, retardement. Gl. *Longare.*

LONGUET, Loin, éloigné. Gloss. *Longisecus.*

LONS, Celui qui a la taille haute et belle. Gl. *Longus.*

LOOAIZ, Loué, qui est aux gages d'un autre. Gl. *Locare,* 1.

*LOPE, Moue, grimace, de *Labium* R. R. Gl. t. 3.

LOPIN, Pièce, morceau de terre. Gl. *Lopadium.*

LOPINER, Partager en lopins ou morceaux. Gl. *Loppare.*

LOPPIN, Coup, l'action de frapper. — Pièce, morceau de terre. Gl. *Lopadium.*

LOQUE, Sorte d'arme ou bâton de défense. Gl. *Lochea.*

LOQUENCE, Faculté de parler, éloquence. Gl. *Loquacitas.*

LOQUETÉ, Accommodé comme un *Loque,* Sorte de bâton de défense. Gl. *Lochea.* — Se dit d'un habit déchiré, qui est en *loques,* et de celui qui le porte. Gl. *Depanare.*

LOQUETER, Remuer le loquet d'une porte. Gl. *Locetus.*

*LOQUETEUX, Déguenillé, couvert de loques. Rab.

LORAIN, Rêne, longe, guide. Gl. *Lorenum,* sous *Loramentum.*

LORANDIER, Valet de charrue. Gl. *Loranum,* sous *Loramentum*

*LORDE, Lourde, imbécilité. R. R.

*LORES, Lors, alors. L. J. P., 81.

LORGNE, Maladroit, gauche. Gl. *Lunaticus.*

LORILART, Epieu, sorte de javelot. Gl. *Lorilardum.*

LORMIER, Ouvrier qui faisait ce que font en partie les selliers et éperonniers, dont le métier s'appelait *Lormoirie,* et les ouvrages *Loyemeric.* Gl. *Lormarius.*

LORRAIN, Rêne, longe, guide. Gl. *Lorenum,* sous *Loramentum.*

LOS, Consentement, approbation. — Réputation, gloire. Gl. *Laudum,* 3. — Biens, possessions, héritages. — Sort. *Geter Los,* Tirer au sort. Gl. *Lot.* — Sorte de pêcherie. Gl. *Laus,* 1. — Los et Ventes, Le droit du seigneur dans les mutations des biens. Gl. *Laudes,* sous *Laudare,* 4.

*LOS, Lieux. L. J. P., p. 242.

LOSANGE, Losenge, Louange, flatterie ; d'où *Losengeour* et Lo-

LOU

sengier, Flatteur, trompeur. Gl. *Losinga*.

*LOSENGIER, Tromper, flatter.

LOT, Mesure pour les grains et les liqueurs. Gl. *Lottus, Lotum*.

LOU, Luth. Gl. *Lautus*.

LOUADE, Impôt qu'on lève sur les marchandises. Gl. *Leuda*, sous *Leudis*.

LOUAGE, LOUAIGE, Maison qu'on tient à loyer, ou qui n'est donnée que pour un temps. Gloss. *Locagium*, 2.

LOUCET, Houlette, bâton de berger. Gl. *Lochea*.

LOUCHE, Un droit domanial, qui se lève sur tous les grains qui se vendent à la halle de Namur; Cuiller. Gl. *Lochea*.

LOUCHET, Houlette, bâton de berger. Gl. *Lochea* et *Fossiator*.

LOUCHETE, LOUCHETTE, Petite cuiller. Gl. *Lochea*.

LOUDIER, Terme de mépris, celui qui habite une cabane qu'on appelait *Lodia*. Gl. *Lodia*, 2.

LOUER, Conseiller. Gl. *Laudare* 2.—Récompenser, faire des présents. Gl. *Loerium*. — Se plaindre ; d'où *Louenge*, plainte. Gl. *Laudare*, 5.

LOUETE, p.-e. l'Heure nommée *Entre chien et Loup*, crépuscule. Gl. *Louete*.

LOUGAUGUES, Langueur, faiblesse de cerveau. *Languitudo*.

LOUIER, Loyer, récompense, présent. Gl. *Loetum*.

LOU

*LUER, Loyer, salaire, Ch. R. v. 2534.

LOVISIENS, LOVIZIENS, Monnaie des évêques de Laon. Gl. sous *Moneta Baronum*.

LOUP BEROUX, Loup garou. Gl. *Lupus ramagius*.

LOUP RAMAGE, Le même que Loup cervier. *Lupus ramagius*.

*LOUPE, moue, grimace, *traire loupe*, faire des grimaces. R. R.

LOUPE, Nœud, bosse. — Pierre précieuse imparfaite. *Loppa*.

*LOURDERIE, Balourdise, R. R.

LOURS, Sot, bébété, lourdaud. Gl. *Lurdus*. — Borgne, privé d'un œil. Gl. *Luscus*, 1.

LOUS, Consentement, approbation. Gl. *Laus*, sous *Laudare*, 4.

LOUSQUE, Borgne, qui n'a qu'un œil. Gl. *Luscus*, 1.

LOUSSE, Cuiller. Gl. *Lochea*.

LOUTRIER, Celui qui chasse la loutre. Gl. *Luter*, 2.

LOUVEGNOIS, Monnaie de Louvain. Gl. *Lovaniensis*.

LOUVETEUR, Louvetier, celui qui chasse le loup. Gl. *Lupparius*.

LOUVIERE, Piège à loup. Gloss. *Dicipula*.

LOUVIGNIS, Monnaie de Louvain. Gl. *Lovaniensis*.

LOUVISSEMENT, Comme un loup. Gl. *Glotonus*.

LOUZ, Le droit du seigneur dans les mutations des fonds. Gloss. *Laudes*, sous *Laudare*, 4.

LUI

*LOVIERE, Repaire d'un loup.

*LOVINE, Qui appartient aux louves : *Chiere lovine*, mauvais visage. R. R. Gl.

LOY. Voyez *Loi*.

LOYANCHE, Contrat, obligation. Gl. *Liga*, 1.

LOYEMERIE, Voyez ci-dessus *Lormier*.

LOYEURE, Lien, lanière, courroie. Gl. *Liga*, 2.

LOZENGIER, Flatteur, trompeur ; du verbe *Lozengier*, louer, flatter. Gl. *Losinga*.

LUBERNE, Panthère, ou la femelle du léopard. Gl. *Luberna*.

LUPIN, pour *Lupin*, Loup, poisson de mer. Gl. *Lupus*, 3.

LUBRE, Sorte de monnaie bourguignonne. Gl. *Lubrum*.

LUCET, Louchet, pioche, hoyau. Gl. *Luchetum*.

*LUCIUBEL, Ange rebelle. R. R.

LUCIDAIRE, Titre d'un livre où l'on éclaircit plusieurs questions. Gl. *Lucidarius*.

*LUEC, Aussitôt. R. R. Gl. t. 3.

*LUÉE, comme *Loée*, Heure. Gérard de Vienne, v. 2399. Voyez le Glossaire sur la Chron. de Normandie.

*LUES, Sur le champ. R. R. Gl. t. 3.

*LUISERNE, Lumière. Ch. Rol. vers 2634.

LUISSEL, Peloton de fil. Gloss. *Loisellus*.

LYM

LUMETTE, Allumette, tuyau ou paille de chanvre. Gl. *Lumera*.

LUMIÈRE, Fenêtre, ouverture, Gl. *Lumen*, 2. — Lampe, Gloss. *Lumera*.

LUMINIER, Marguillier, celui qui administre les biens d'une fabrique, qu'on appelait *Luminaire*. Gloss. *Luminariœ*, sous *Luminare*.

LUNAGE, Fou, insensé, lunatique. Gl. *Lunaticus*.

LUNETTE, Sorte d'armure de tête, ou partie de cette armure. Gl. *Lunula*, 2.

LUNGHURE, Longueur, Gloss. *Leda*, 3.

LUOCTENENT, Lieutenant, Gl. *Locumtenentia*, sous *Lociservator*.

LUQUENNE, Lucarne, fenêtre. Gl. *Lucanar*, 2.

LUQUET, Cadenas, *Luchetum*.

*LURTRE, Loutre. R. R. Gl. t. 3.

LUSEL, Cercueil, Gl. *Lucellus*, 1. LUSEL, LUSSEL, Brochet, Gloss. *Lucceus*.

LUSSERON, Lumignon, mèche. Gl. *Lumera*.

LUXE, Sorte de pelleterie. *Lux*.

LUYSABLE, Qui luit, qui éclaire. Gl. *Lucibilis*.

LUYTEAU, Linteau. *Lintellus*.

LUZ, Luth, instrument de musique. Gl. *Lautus*. — Brochet. Gl. *Lucceus*.

LYMPSON, Limaçon, *Limaca*.

M

MAAILLE, Impôt ou redevance d'une maille. Gl. *Medala*.

MAAISSE, MAASSE, Cens ou redevance sur un *Mas* ou une métairie. Gl. *Massa* 5.

MABRE, Espèce d'étoffe de différentes couleurs. Gl. *Marbretus* et *Mebretus*.

MACAUT, Poche, besace. *Maca*.

MACE, Masse, sorte d'arme. Glos. *Maxuca*.

MACEIER, Boucher. *Macelator* et *Machecarii*.

MACEFONDE, Machine de guerre pour jeter des pierres. Gloss. *Matafunda*.

MACEL, Boucherie. Gl. *Macellum facere*.

MACELERIE, Boucherie. Gloss. *Machecarii*.

MACELOTE, Petite masse ou massue. Gl. *Macha*.

MACELOTTE, La tête ou le gros bout d'un bâton. Gl. *Macha*.

MACHAT, COP MACHAT, Coup de massue sans effusion de sang, meurtrissure. *Ictus machat*.

MACHAU, Grange sans toit ; ou Meule. Gl. *Machale*.

MACHE, Masse ou massue, sorte d'arme. Glos. *Macha*. — Amas, monceau, meule. Gl. *Machale*.

MACHECLIER, Boucher. Gloss. *Macelator*.

MACHELOTE, Petite masse ou massue. Gl. *Macha*.

MACHEURE, Meurtrissure, contusion. Gl. *Macatura*.

MACHICOT, Officier de l'église de Notre-Dame de Paris, qui est moins que les bénéficiers, et plus que les simples chantres à gages. Gl. *Maceconici*.

MACHIER, Espèce de couteau. Gl. *Machia*.

MACHIGNER, Détruire, renverser. Gl. *Machinatus*, 2.

MACHINATION, Adresse, intrigue, artifice. Gl. *Machinare*, 1.

MACHINEUX, Qui machine ou médite quelque trahison. Glos. *Machinare*, 1.

MACHONNEMENT, Maçonnerie. Gl. *Machoneria*.

MACHUE, Massue. Gl. *Maxuca*.

MACHURE, Meurtrissure, contusion. Gl. *Macatura*.

MACINAL, Certaine mesure de terre. Gl. *Macina*, 2.

MACIOLIZ, pour Machicoulis. Gl. *Machicolamentum*.

MACISSE, TORCHE MACISSE, Qui est toute de cire. Gl. *Macissus*.

MAÇONNER, Bâtir, construire une maison. — Fabriquer, forger. Gl. *Maçonetus*.

MACQUE, Espèce de massue, bâton qui a une grosse tête ou un nœud par un bout. Gl. *Macha*.

MAÇUE, Massue ; d'où *Maçuete*, Petite massue. Gl. *Maxuca*. — FAIRE LA MAÇUE DE QUELQU'UN,

MAG

Se proposer de le battre. Glos. *Maçua*.

MADRAGOIRE, Mandragore. Gl. *Mandragora*.

MADAISE, Echeveau. *Madascia*.

MADELINIER, MADERINIER, Ouvrier des vaisseaux appelés *Maderins*. Gl. *Madelinarius* sous *Mazer*.

MADERIN, Sorte de vaisseau à boire. *Madrinus*, sous *Mazer*.

MADIER, Cloison faite de charpente. Gl *Maderia*, 2.

MADRE, Sorte de matière dont on faisait les vaisseaux à boire. Gl. *Mazer*.

MADRINIER, Officier de l'échansonnerie, celui qui avait soin des vaisseaux appelé *Maderins*. Gl. *Madrinarius*, sous *Mazer*.

MAENERESSE, Médiatrice, arbitre. Gl. *Mediator*, 1.

*MAENGNIEZ, Blessé, estropié.

MAERIE, Le levain qui sert à faire fermenter la bière pour la dépurer, et ce qu'on payait au seigneur qui le fournissait. Gl. *Maeria*, 4.

MAEUR, Maïeur, maire, *Maeria* 1.

MAGALEZ, Nom d'une compagnie de marchands italiens. *Magaleti* et *Societas*, 4.

MAGAUT, Poche, Besace. Gloss. *Magaldus*.

MAGDALEON, Espèce d'onguent. Gl. *Maydalium*.

MAGDELIN, Sorte de vaisseau à boire ; d'où *Magdelinier*, l'ou-

MAH

vrier ou marchand de ces vaisseaux. Gl. *Madrelinerius*.

MAGENDOMME, Receveur des deniers publics. Gl. *Majores regii*, sous *Major*, 1.

MAGISTERIAL, Très-grand, très-élevé. Gl. *Magisterialis*.

MAGISTRAL, Altier, hautain, insolent. Gl. M*agisterialis*.

MAGLE, Marre, sorte de houe à labourer la vigne. Gl. *Maglius*.

*MAGNES, Grand. Ch. R. 1195.

MAGNIEN, Chaudron. *Magninus*.

MAGRECHE, Maigreur. *Magrus*.

MAHAIN, Mutilation, blessure considérable. Gl. *Mahamium*.

*MAHAIGNIÉ, Blessé, estropié.

MAHELIN, médaille de cuivre ou de bronze. Gl. *Mahona*.

MAHEMER, Blesser fortement, mutiler. Gl. *Mahamium*.

MAHERÉ, p. e. Échauffé. Gloss. *Maheria*.

MAHOMERIE, Mosquée, toute espèce de temple du paganisme. Gl. *Mahomeria* sous *Mahum*.

MAHOMMET, Toute espèce d'idole. Gl. *Mahum*.

MAHON, pour Mahomet. *Mahum*.
— Cuivre, bronze, ou médaille d'un de ces métaux. — En picard, Coquelicot qui croît dans les champs ; d'où *Mahonner*, Arracher le *Mahon*. *Mahona*.

MAHONER, en picard, Se battre à coups de poings. Gloss. sous *Mahum*.

MAI

MAHOTE, Sorte d'ornement de l'habit militaire qu'on mettait aux épaules. Gl. M*aheria*.

MAHUIOTE, Nom de femme, formé de celui de Mathieu. Gl. *Altitudo*.

*****MAHUM**, Mahomet, Ch. R. 921.

MAHUMERIE, Temple des faux dieux. Gl. M*ahum*.

MAHURTRE, M*ahutre*, La partie du bras qui prend de l'épaule jusqu'au coude. Gl. M*aheria*.

MAIENIERRES, Entremetteur, médiateur. Gl. M*ediator*, 1.

MAIERE, Le levain qui sert à faire fermenter la bière pour la dépurer, et ce qu'on payait au seigneur qui le fournissait. Gloss. M*aeria*, 4.

MAJESTAL, Qui concerne la majesté royale. Gl. M*ajestativus*.

MAJESTÉ, Puissance, autorité. Gl. *Majestas*, p. 188.

MAIESTRE, Maître. Gloss. sous *Magister*.

MAIEUR, Le chef d'un corps de métier, ou de confrérie. Gloss. *Major banericæ*. — Administrateur, celui qui est chargé de la régie de quelque chose. Gloss. sous *Major*, 1.

MAIGNEN, Chaudronnier. Gloss. M*agninus*.

MAIGNIE, Famille, maison, tous ceux qui la composent. Gloss. M*aisnada*.

MAIGNIER, Chaudronnier. Gloss. M*agninus*.

MAIGRESCE, M*aigresse*, Maigreur. Gl. M*acillentia*.

MAI

MAIGUE, Poisson de mer. Gloss. *Piscis regius*.

MAIL DE PLONC, Sorte d'arme, maillet armé de plomb. Gloss. *Malleus*, 1.

MAILE, p. e. Clos, lieu fermé de pieux. Gl. M*ail* et M*ainillum*.

MAILHÉ, Garni de mailles. Glos. M*acula*, 2.

MAILHÉE, M*ailhere*, Mesure de terre faisant le quart d'un arpent de terre. Gl. M*ailliolus*.

MAILHOCHE, Mailloche, maillet de bois. Gl. M*ailhetus*.

MALHOL, Jeune plant de vigne. Gl. M*aleollus*.

MAILHU, Garni de mailles. Gl. M*acula*, 2.

MAILLE, Sorte d'arme défensive. Gl. M*acula*, 2.

MAILLE AU CHAT, M*aille* P*ostulat*, Sorte de monnaie. Gloss. M*ailla*, 1.

MAILLER, Frapper d'un maillet ou d'une massue. Gl. M*alleare*, 1, sous *Malleus*, 1.

MAILLÉS, M*ailliés*, On appelait ainsi certains séditieux à Paris, sous Charles VI, à cause des maillets dont ils étaient armés; et ensuite, toute espèce de séditieux. Gl. M*alleti*.

MAILLIERE, Marlière ou marnière, fosse d'où l'on tire la marne. Gl. M*arla*.

MAILLIS, Pieu. Gl. M*ail*.

MAILLOTINS, Comme ci-dessus *Maillés*. Gl. M*alleti*.

MAI

MAILOLE, Jeune plant de vigne. Gl. *Malones*.

MAIN, Matin. Gl. *Mane*. — Gens de basse Main, De basse condition, la lie du peuple. — Livrer ses Mains, Faire hommage en mettant ses mains entre celles de son seigneur. — Mettre en la Maim Dieu, Formule de serment. — Main Basse, La main gauche.— Main Molaire, Meule qu'on tourne à la main.— Main Pote, La main gauche. Gl. sous *Manus*.

MAINANT, Riche, qui est à son aise. Gl. *Massaritia*.

MAINBORNIR, Gouverner, administrer, Gl. *Mamburnire*, sous *Mamburnus*.

MAINBORNYE, Mainbournie, Mainburgnie, Garde, tutelle ; d'où *Mainbourg*, tuteur. Gloss. *Mamburnia*, sous *Mamburnus*, et *Mundiburdus* et *Quenneya*.

MAINBURNIR, Gouverner, administrer. Gl. *Mamburnire*, sous *Mamburnus*.

MAINDRE, Demeurer, habiter. Gl. *Mainamentum*.

MAINE, Manoir, maison, demeure, habitation. Gl. *Maina*.

MAINEMENT, Le même, Gl. *Mainamentum*.

*MAINIL, Habitation, métairie.

MAINMOLE, Le droit de mainmorte. Gl. *Manus mortua*.

MAINMORTABLE, Serf dont les biens appartiennent au seigneur. Gl. *Manumortabilis* et *Manus*.

MAINMUABLE, Espèce de serf qui pouvait changer de seigneur. Gl. *Manumutabilis*.

MAI

MAINNAGE, Meuble, ustensile, ce qui sert dans une maison. Glos. *Mainagium*, 2.

MAINNET, Espèce de pomme. Gl. *Blandectus*.

MAINNIER, Sergent, huissier. Gl. *Maynerius*.

MAINPAST, Domestique, serviteur. Gl. *Manupastus*.

MAINPLANT, Nouveau plant, jeune plant de vigne. *Mailliolus*.

*MAINS (*seignor de*), Seigneur auquel on faisait hommage des mains.—Théâtre au moyen âge, p. 141 : «Et si devenissiez, *mains jointes*, Hom à celui qui ce feroit, Qui vostre honor (fief) vous renderoit. »

MAINTENEMENT, Défense, protection, secours, aide. Gl. *Manutenentia*.

MAINTENIR une femme, avoir un commerce illégitime avec elle. Gl. *Manutenere*, 3.

MAIRE, Plus grand. Gl. *Merum examen*. — Le chef d'un corps d'artisans ou de confrérie. Gloss. *Major baneriæ*. — Administrateur, régisseur. Gl. s. *Major*, 1.

MAIRE-AAGE, Majorité. Gloss. *Majorennis*.

MAIRIE, Le droit qui appartient au maire. Gl. *Majoria*, 2.

MAIRIEN, Mairrien, Mairain, bois de charpente. Gloss. sous *Materia*.

MAIS, Maison de campagne, à laquelle il y a des terres attachées, métairie. Gl. *Mansus*. — Espèce de coffre, où tombe la farine à mesure que le blé est broyé. Gl.

MAI

Farinosium.— Plus, davantage. Gl. *Mais.*

MAIS que, Pourvu, à condition. Gl. *Corrumpere.*

MAISE, Caque, vaisseau où l'on met les harengs. Gl. *Meisa*, 1.

MAISEL, Boucherie. *Machecarii.*

MAISELIER, Boucher. *Macellator* et *Machecarii.*

MAISELIERE, Boucherie. Gloss. *Macera.*

MAISELLE, Joue. Gl. *Maxillares Dentes.*

MAISELLER, Dent machelière. Gl. *Maxilares Dentes.*

MAISELOIRE, Boucherie. Gloss. *Machecarii.*

MAISIERE, Mur de cloison. Gl. *Maceria*, 3.

MAISNÉ, Puiné ; d'où *Maisneté*, Le droit du puiné dans l'héritage de ses père et mère. Gloss. *Majoratus*, 1.

MAISNIE, Famille, maison, tous ceux qui la composent. Gloss. *Maisnada* [Suite, troupe. V. H.]

MAISNIER, Domestique, celui qui est attaché à la famille ou maison de quelqu'un. Gl. *Maisnada.*

MAISNIL, Ferme, métairie. Gl. *Mansionile.*

MAISON, Estagiere, Boutique. Gl. *Estagilis.* — Maison de le Pais, Hôtel de ville. Gl. *Bretechiæ*, sous *Bretachiæ.*

MAISONCHELLE, Petite maison. Gl. *Mesoncella.*

MAISONNAGE, Maisonnée, Bois de charpente propre à la construction d'une maison. Gloss. *Mansionnare.*

MAISONNER, Bâtir, construire ou refaire une maison. — Recevoir dans sa maison, loger. — Bois de charpente propre à la construction d'une maison. Gl. *Mansionare.*

MAISSAIGE, Métairie, ferme, maison de campagne. Gl. *Masagium*, sous *Massa*, 5.

MAISELETE, Joue mignonne. Gl. *Maxillares dentes.*

MAISTIRE, Maître. Gloss. sous *Magister.*

MAISTRE, Pour désigner un capitaine, un médecin, le bourreau. Gl. sous *Magister.* — Maistre (la), Partie d'une charrue, pièce de bois qui règne tout le long de la charrue appelée plus ordinairement *Haye.* Glos. sous *Magister.*

MAISTREAULX, Mai, pétrin. Gl. *Magis*, 1.

MAISTRE-ESCOLE, Ecolâtre, dignité ecclésiastique. — Titre du recteur de l'université d'Angers. Gl. *Magiscola.*

MAISTRER, Dominer, gouverner, conduire, maîtriser. Gl. *Magistrare.*

MAISTRIE, Arrogance, hauteur, fierté. Gl. *Magisterialis.*

MAISTRIER, Dominer, gouverner, conduire, maîtriser. Gloss. *Magistrare.*

MAISTRISE, Arrogance, hauteur, supériorité qu'on a ou qu'on s'attribue sur quelqu'un. Gloss

MAL

Magisterialis. — Art, industrie. Gl. *Magisterium*, 2.

MAISTRISIÉ, Expert, habile. Gl. *Magistrari*.

MAISTROYER, Dominer, gouverner, conduire, maîtriser. Gloss. *Magistrare*.

MAL. Le beau Mal, Epilepsie, mal caduc. Gl. *Morbus pulcher*. — Le bon Mal, Espèce de maladie. Gl. *Malum bonum*. — Mal S. Aignen, Espèce de maladie. Gl. *Morbus S. Aniani*. — Mal d'Amiens, Erésipèle, feu sacré. Gl. *Morbus Ambianensis*. — Mal S. Andrieu, Le même. Gl. *Morbus S. Andreæ*. — Mal S. Antoine, Le même. Gloss. *Morbus S. Antonii*. — Mal d'Avertin, Epilepsie, vertige. Gl. *Adversatus*. — Mal chault ou de chaleur, Fièvre chaude. Gl. *Morbus calidus*. — Mal S. Eloy, Abcès, apostume ; ou Scorbut. Gloss. *Morbus S. Eligii*. — Mal S. Firmin, Feu sacré, érésipèle. Glos. *Morbus Ambianensis*. — Mal Ste Genevieve, Le même. Glos. *Morbus Genovefæ*. — Mal S. Germain, p. e. Le même. Glos. *Morbus S. Germani*. — Le Giant ou gros Mal, Epilepsie, mal caduc. Gl. *Morbus grossus*. — Mal S. Julien, p. e. Abcès, apostume, Gl. *Morbus S. Juliani*. — Mal S. Ladre, Lèpre. Gl. *Morbus S. Lazari*. — Mal S. Leu ou S. Loupt, Epilepsie, mal caduc. Gl. *Morbus S. Lupi*. — Mal S. Martin, Ivresse. Gl. *Morbus S. Martini*. — Mal S. Martin, Esquinancie. Gl. *Morbus S. Martini*, 2. — Mal S. Mathelin ou Mathurin, Vertige, étourdissement, folie. Gl. *Morbus S. Mathelini*. — Mal S. Messent, p. e. Erésipèle, feu sacré. Gl. *Morbus S. Maxentii*.

MAL

— Mal S. Nazaire, Vertige, étourdissement, folie. Gl. *Morbus S. Nazarii*. — Mal Nostre Dame, Scorbut; ou Erésipèle. Gl. *Morbus B. Mariæ*. — Mal S. Quentin, p. e. Hydropisie. Gl. *Morbus S. Quintini*. — Mal S. Santin ou Saintin, Sorte de maladie. Gl. *Morbus B. Mariæ*. — Mal S. Verain, Erésipèle. Gl. *Morbus S. Verani*. — Mal S. Victor, Folie, Frénésie. Gl. *Morbus S. Victoris*.

MALADER, Être malade. Gloss. *Maladia*.

MALADEUX, Infirme, valétudinaire, malade. Gl. *Maladia*.

MALADIE Obscure, Épilepsie, mal caduc. *Morbus obscurus*.

MALADIER, Etre malade. Gloss. *Maladia*.

*****MALADIEUX**, Maladif. F.

MALADIS, Infirme, valétudinaire, malade. Gl. *Maladia*.

MALAGE, Mauvaise santé, langueur, souffrance, maladie. Gl. *Maladia*.

MALAMOUR, Indisposition contre quelqu'un. Gl. *Maliganitas*.

MALAN, Ladrerie, lèpre. Gloss. *Malandria*.

*****MALANDRIN**, Enchanteur, mauvais homme. F.

MALANDRAS, Voleur, pillard. Gl. *Maladrinus*.

MALARMAT, Poisson armé de deux cornes, ainsi nommé par antiphrase. Gl. *Maleurmata*.

MALART, Le mâle des canes sauvages. Gl. *Mallardus*.

MAL

MALBAILLI, Maltraité, détruit, ruiné. Gl. M*aleabbiatus*.

MAL-DEHAIT, Imprécation par laquelle on souhaite du mal à quelqu'un. Gl. *Alacrimonia*.

*MALDITE, Maudite. R. R. Gl. t. 3.

MALEDIEUX, Infirme, valétudinaire, malade. Gl. M*aludia*.

MALEFAITE, Mauvaise action. Gl. M*alefacta*.

*MALEFICQUE, Malfaisant, Rab.

MALEGLOUTE, Se dit d'une femme malpropre et débauchée. Gl. *Glotonus*.

MALEIR, Maudire. Gl. *Culverta*.

MALEMENT, Malicieusement, à mauvais dessein. Gl. *Trencatum*.

MALEOIT, Maudit. Gl. M*aledicere*.

MALEPAGUE, Nom d'une prison à Lodève, où l'on met les débiteurs. Gl. M*alpaga*.

MALESTRIN, p. e. Mal avisé, imprudent. Gl. M*aleavisitus*.

MALESTROUSSE, Droit seigneurial dû par ceux qui ont recueilli du foin. Gl. *Trossa*, 1.

MALET, Cheval Malet, Mallier. *Caballus maletus*, et M*aletus*.

*MALEURTÉ, Malheur. R. R. Gl.

MALEYS, Fumier, engrais. Glos. M*allare*, 2.

MALFAIT, Tort, dommage. Gl. M*alefacta*.

MALGRÉ, Blâme, reproche. Gl. M*alœgrates*.

MALGROYER, Jurer avec imprécation que, malgré Dieu et ses saints, on fera telle chose. Gl. M*alegraciare*.

MALICE, Fraude. Gl. M*alitia*, 1.

MALICHONS, Malédiction, imprécation. Gl. sous M*aledicere*.

MALIGEUX, Malingre, qui est d'une santé faible. M*aliginosus*.

MALIGNER. Tromper, frauder. Gl. M*alitia*, 1.

MALIGNOSITÉ, Malignité, méchanceté. Gl. M*aliganitas*.

MALINGEUX, Malingre, qui est d'une santé faible. M*aliginosus*.

MALINGNEUX, Maltraité, estropié. Gl. M*alignare*.

*MALIVOL, Malveillant. Rab.

MALIVOLENCE, Malveillance, mauvaise volonté. M*aliganitas*.

MAL-LANGAGIER, Qui parle avec hauteur et insolence. *Linguatus*.

MALLART, Le mâle des canes sauvages Gl. M*allardus*.

MALLER, Marler, mettre de l'engrais sur une terre. M*allare*, 2. — Frapper d'un maillet ou massue, simplement pour Maltraiter, gourmer Gl. M*alleus*, 1.

MALLEYS, Fumier, engrais. Gl. M*allare*, 2.

*MALMETTRE, Maltraiter, harceler. R. R. Gl. t. 3.

MALMETTRE, Dissiper, mesuser. Gl. M*alemittere*.

MALOIT, pour Maleoit, Maudit. Gl. M*aledicere*.

MALOSTRU, Mal avisé, imprudent. Gl. M*ale-avisitus*.

MAN

MALPARLER, Médisance. Gloss. Misdicere.

MALPRENDRE, Dérober, voler. Gl. Misprendere.

MALTALENT, Mauvaise volonté. Talentum, 2. [Dépit, colère. R R.]

*MALTALENTIF, Mal disposé, colère. Ch. R. Gl.

MALUCASE, Terme de jeu de longue paume, quand la balle est mal servie. Gl. Maluscasus.

MALVEISINE, Machine de guerre. Gl. Malveisin.

*MALVÉS, Mauvais, mauvaise, injustes, méchants. — BEAUMANOIR, Cout. du Beauvoisis, I. 25 : « Qui malvès sert, malvès loyer atent. »

*MALVESEMENT, Mal. — Le Chastoiement, cont. xv, v. 9 : « Malvesement l'avoit trossé, Si l'a en la voie adiré. »

MALVETIEZ, Malice, méchanceté. Gl. Maliganitas.

MALVISSÉE, Malevoisie. Gloss. Malvazia.

MAMBOUR, Tuteur, administrateur, gouverneur. Mamburnus.

MAMELLIÈRE, Sorte d'armure qui couvrait la poitrine. Gloss. Mamillaria.

MANABLE, Habitant, demeurant. Gl. Managium, 2.

MANACHER, Menacer. Gloss. Manaciare.

MANAIDE, Pouvoir, volonté, discrétion. Gl Menagium, 3.

MANAIE, Miséricorde, grâce. Gl.

MAN

Mercia, 3. [Protection. Berthe. v. 1415.]

MANAIGE, Maison, habitation, demeure. Gl. Managium, 2.

MANANCE, Possession, jouissance Gl. Mainagium, 1.

MANANDIE, Maison, habitation, demeure. — Richesses, biens. Gl. Managium, 2.

MANANDISE, Maison, habitation, demeure. Gl. Managium, 2.

MANANT, Riche, qui est à son aise. Gl. Managium, 2 et Massaritia.

MANANTIE, Biens, revenus, richesses, meubles précieux. Gl. Managium, 2, et Massaritia.

MANAYE, Puissance, possession. Gl. Mainagium, 1.

MANBOTE, Le dédommagement dû au seigneur par celui qui avait tué un de ses sujets. Glos. Mambota.

MANBRE, Sorte d'étoffe de différentes couleurs. Gl. Marbretus et Marbrinus.

MANBRER, Se ressouvenir. R. R.

MANBURNIE, Tutelle, administration, gouvernement. Gloss. Mamburnia, sous Mamburnus.

MANBURNIR, Administrer, gouverner, conserver. Manbornia.

MANCELON, Manchette. Gloss. Mancella.

MANCHEUR, pour MANECHEUR, Qui menace. Gl. Manaciare.

MANCHONNABLE, Menteur, faux, trompeur. Gl. Mendaciloquus.

MAN

MANCIP, Laqueton. Gl. *Mancipiolum*.

*MANCIPE, Esclave. Rab. Glos.

MANÇOIS, Monnaie des comtes du Mans. Gl. s. *Moneta Baronum*.

MANDAGLOIRE, Mandagoire, Mandragore. Gl. *Mandragora*.

MANDE, Sorte de panier. Gloss. *Manda*, 3.

MANDÉ, Étendue d'une juridiction ou ressort. Gl. *Mandamentum*, 2. — Lavement des pieds, cérémonie ecclésiastique. Gloss. *Mandatum*, 9.

MANDEMENT, Territoire, étendue d'une juridiction, ressort. Glos. *Mandamentum*, 2.

*MANDIS, Mendiant. R. R. Gl. t. 3.

*MANDUCITÉ, Appétit. Rab. Gl.

MANECHEMENT, Menace. Gloss. *Manaciare*.

MANECHEUR, Qui veut intimider par des menaces. *Manaciare*.

MANÉE, Poignée, autant que la main peut prendre. Gl. *Manata*.

MANER, Village, hameau. Gloss. *Manerium*.

*MANEVIS, Bien disposé, ardent. Ch. R. Glos.

MANEUVRE, Main d'œuvre, travail. Gl. *Manobrium*, sous *Manopera*.

MANFRONIER, Sorte de drap qu'on faisait à Louviers et à Tours. Gl sous *Pannus*, 2.

MANGANIER, Boulanger forain. Gl. *Manganerius*.

MANGARTE, Le nom d'une prison des faubourgs de Londres. Gl. sous *Marescalcus*.

MANGE, Manche. Gl. *Mangia*, 2.

MANGIER, Repas. *Mangerium*.

MANGLER, Emmancher. Gl. *Mangulare*.

MANGON, Sorte de monnaie d'or. Gl. *Mancusa*, et *Mango*, sous *Manganum*. — Apprenti. Glos. *Mango*, 8.

MANGONIAU, Machine de guerre, qui jetait des traits et des pierres ; on appelait du même nom tout ce qui était jeté par cette machine. Gl. s. *Manganum*, 2.

MANGONNETTE, Sorte d'offrande qui se faisait à Notre-Dame du Puy ; ou le diminutif de *Mangon*, Monnaie. Gl. *Mangometa*.

MANGONNIER, Regrattier, revendeur, ou fripier. *Mangonarius*, sous *Mangonare*.

MANICLE, Brasselet. *Manica*, 2.

MANIEMENT, Manience, Possession, jouissance. Gl. *Maniamentum*, 1.

MANIER, Maltraiter, battre. Gl. *Maniare*, 1.

MANIES, Figures de cire, dont on se servait dans les sortilèges. Gl. *Maniœ*.

MANILLIER, Marguillier. Gloss. *Maniglerius*.

MANNAGE, Meuble, ustensile de ménage. Gl. *Managium*, 2.

MANNAGER, Artisan, ouvrier. Gl. *Managerius*.

MANNÉE, Ce qu'on prend pour le droit de mouture. Gl. *Manata*.

MAN

MANŒUVRE, Manœuvrée, Corvée, travail des mains, que les sujets doivent à leurs seigneurs. Gl. *Manopera*.

*****MANOIS**, à l'instant.

MANOURABLE, Celui qui doit *manœuvre* ou corvée. Gloss. *Manobrium*, sous *Manopera*.

MANOURC, Les outils d'un ouvrier. Gl. *Manobrium*, sous *Manopera*.

MANSAIS, Monnaie des comtes du Mans. Gl. s. *Moneta Baronum*.

MANSAL, Commensal, attaché au service de quelqu'un. Gl. *Mensa*.

MANSAURS, Terres Mansaurs, Celles qui étaient sujettes au cens, appelé Maasse. *Massa*, 5.

MANSEIS, Ce qu'on payait pour le droit de gîte. Gl. *Mansionaticum*.

MANSES, Monnaie des comtes du Mans. Gl. s. *Moneta Baronum*.

MANSION, Famille, ménage. Gl. *Mansio*.

MANSIONIER, Espèce de colon ou fermier, qui devait un cens pour ce qu'il occupait en maison et terres. Gl. *Mansionarii*.

MANSOIS, Monnaie des comtes du Mans. Gl. s. *Moneta Baronum*. — Ce qu'on payait pour le droit de gîte. Gl. *Mansionaticum*.

MANSOYÉE, Demi-charretée. Gl. *Mansoyata*.

MANSSAR, Domestique, familier. Gl. *Mansionarii*.

MANT, Commandement, ordre. Gl. *Mendamentum*, 1.

MAQ

MANTE, Sorte de vêtement, manteau. Gl. *Manta*.

MANTEAU, Mantelet, machine qui met à couvert les soldats. Gloss. *Mantellus*, 3.

MANTEL, Robe ou habillement d'avocat. — Le bout de la pièce de drap du côté du chef, lisière. Gl. *Mantellum*.

MANTIS, Sorte de toile. *Mantile*.

MANTIZ, Essuie-main. *Mantile*.

MANTOUSTE, Maletôte, impôt. Gl. *Maletolletum*.

*****MANUBIÈS**, Coup de foudre. Rab

MANUELE Apuy, Etal, boutique. Gl. *Manualis*, 2.

MANUELLE, Anse. *Manicella*.

MANUMI, Affranchi, mis en liberté. Gl. *Manumittere*.

MANUMITTER, Affranchir, donner la liberté. Gl. *Manumittere*.

MANUYANCE, Jouissance, possession. Gl. *Maniamentum*, 1.

MAPPE, Nape, linge dont on couvre la table. Gl. *Mappa*, 6.

MAQUE, Bâton de berger, houlette. Gl. *Macha*.

MAQUELETTE, Petite massue. Gl. *Macha*.

MAQUERELERIE, Le métier de ceux qui prostituent des femmes et des filles. Gl. *Maquaerllus*.

MAQUET, Monceau, amas, meule. Gl. *Machale*.

MAQUIER, Se servir du bâton de berger, appelé *Maque* et *Maquie*, L'action d'en user. Gl. *Macha*.

MAR

MAR, pour Mal. Gl. *Mar*. [Mal à propos. R. R. Gl. t. 3.]

MARAGE, Pays qui borde la mer, côte. Gl. M*aritimæ*.—Gent Marage, p. e. Peuple habitant des marais. Gl. M*arugium*, 1.

MARANCE, Faute légère, absence de l'office divin, la peine dont elle était punie ; d'où M*arancer*, Condamner à cette peine. Glos. M*arancia*.

MARANCHE, Peine, punition. Gl. M*arancia*.

MARANDER, Faire collation, goûter. Gl. M*erendare*.

MARATE, Marais, lieu marécageux. Gl. M*ariscus*.

MARBOTIN, Monnaie d'or d'Espagne. Gl. M*arabotinus*.

MARBRE, Sorte d'étoffe de différentes couleurs. Gl. M*arbretus* et M*arbrinus*.

MARCAINE, Les menus grains qu'on sème au mois de mars. Gl. M*arceschia*.

MARCEINCHE, La fête de l'Annonciation, qu'on célèbre au mois de mars. Gl. M*arceschia*.

MARCELLE, partie d'un chariot ou d'un carrosse, p. e. Le marchepied. Gl. M*arcellum*.

MARCESCHE, Les menus grains qu'on sème au mois de mars. — La fête de l'Annonciation qu'on célèbre au mois de mars. Gloss. M*arceschia*.

MARCHAGE, Droit de Marchage, Le droit de pâture sur les terres qui confinent à deux différents territoires M*archagium*, sous M*archa*, 1.

MAR

MARCHAINE, Les menus grains qu'on sème au mois de mars. Gl. M*arceschia*.

MARCHAIZ, Marais, lac, étang. Gl. M*archesium*.

MARCHANGE, pour Marchaucie, Le droit que les seigneurs avaient de prendre de l'avoine, du foin, etc., pour leurs chevaux. Gl. sous M*arescalcus*.

MARCHAND de Houes, Coquin, fripon, voleur. Gl. H*ullarii*.

MARCHANDEMENT, Comme un marchand, en commerçant. Gl. M*archandari*.

MARCHANDER, Commercer, faire la marchandise. — Conclure un marché. Gloss M*archandari*.

MARCHANDISE, Marché, convention. Cl. M*archanduria*.

MARCHANDOISE, Marchande. Gl. M*ercatrix*.

MARCHAUCIE. Voyez ci-devant M*archances*. — Marchaucie, Le nom d'une prison des faubourgs de Londres. Gloss. sous M*areschalciu*.

MARCHE, Frontière, limites, confins. — Le bord d'un bois. Gl. M*archa* 1.

MARCHEAU, Mare, amas d'eau. Gl. M*archesium*.

MARCHEIS, Le bruit qu'on fait en marchant. Gl. M*archeriæ*.

MARCHEPIÉ, Tapis de pied. — Instrument à pêcher Gloss. M*archipes*.

MARCHER, Marquer. Glos. M*archare*, 1.

MARCHESCHE, La fête de l'Annonciation, qu'on célèbre au mois de mars. Gl. M*arceschia*.

MARCHIR, Confiner, être sur les frontières du pays ; d'où *Marchis*, gouverneur de frontière, aujourd'hui marquis, titre d'honneur. Gl. *Marchio*.

MARCHISER, Marchisser, Le même. Gl. M*archa*, 1.

MARCIAGE, Marciaige, Marcier, Le droit qu'a le nouveau seigneur censivier et direct de prendre sur trois années une année des fruits de la terre, pour la terre même ; ou la moitié des fruits pour les biens provenant d'industrie. Gl. M*arciagium*, 2.

MARCLIER, Marguillier. Gl. M*arcaclarius*.

MARCOT, Marcotte de vigne. Gl. *Malholus*.

MARC-PESÉ, Le marc d'Allemagne. Gl. sous M*arca*, 1.

MARE, Espèce de monstre. Glos. *Lama*, 2.

MARECHAUCIE, Ecurie. Gloss. M*areschacial*.

MAREER, Gouverner un vaisseau sur mer, naviguer. *Mareare*.

MAREGLIER, marguillier. Gloss. M*arcaclarius*.

MAREMENT, Mariment. Voyez *Marrement*.

MARENDE, Repas de l'après-dîner, goûté. Gl. M*erendare*.

MARENNE, Terre sur le bord de la mer. Gl. *Maritimæ*.

MARER, Gouverner un vaisseau sur mer, naviguer. Gl. *Mareare*.

MARESCAUX, Maréchal, la même dignité que celle de sénéchal. Gl. *Marescalcus*.

MARESCHAT, Marais, lieu marécageux. Gl. *Mariscus*.

MARESCHAUCIE, Droit que les seigneurs avaient de prendre de l'avoine, du foin, etc., sur leurs sujets pour leurs chevaux. Gl. sous *Marescalcus*. — Ecurie. Gl. *Mareschalcia*.

MARESCHAUCIER, Ferrer ou panser un cheval. Gloss. *Mareschalcia*.

MARESCHAUDE, Femme d'un maréchal. Gl. sous *Marescalcus*.

MARESCHAUSER, Ferrer ou panser un cheval. Gl. *Mareschalcia*.

MARESCHAUSIE, Droit que les seigneurs avaient de prendre de l'avoine, du foin, etc., sur leurs sujets pour leurs chevaux. Glos. sous *Marescalcus*.

MARESCHAUSSÉE, Ecurie. Glos. *Mareschalcia*.

MARESCHE. p. e. pour Maresche, Blé du mois de mars. Gl. *Marceschia*.

MARESCHERE, Marescherie, Mareschiere, Marais, lieu marécageux. Gl. M*ariscus*.

MARESCHIER, Arroser un pré. Gl. *Mariscus*.

MARESQS, Marais. *Mariscus*.

MARESQUEL, Petit marais. Glos. *Marisculum*, sous *Mariscus*.

MARGAINON, L'anguille mâle. Gl. *Margainon*.

MARGE, Manche. Gl. *Marga*.

MARGIS, Marquis. Gl. *Marchio*.

MARGLERIE, Office de sacristain ou de garde d'église. Gl. *Mariglerius*.

MARGLIER, Celui qui a la garde d'une église et de tout ce qui en dépend. Gl. *Matricularii*, sous *Matriculariatus*.

MARGOILLOIER, Rouler dans la boue. Gl. *Marguillum*.

MARGOT, Nom d'une de ces compagnies qui ont ravagé si longtemps le royaume. Gl. *Margot*.

MARIAGE, Service de matelot, d'homme de mer. Gl. *Accoligere*. — ROMPRE SON MARIAGE, Manquer à la foi conjugale. Gl. *Mariagium*, 2.

MARIAGER, Se marier. Gloss. *Maritare*.

MARIE, Terme ironique et de dérision. Gl. *Maria*.

MARIER. ESTRE MARIÉ EN FEMME, Avoir une épouse. *Maritare*.

MARILLIER, Marguillier, sacristain. Gl. M*ariglerius*.

MARINAIRE, Marinier, homme de mer, matelot. *Mariniarius*.

MARINE, La mer. Gl *Marina*.

MARINEL, Matelot, homme de mer. Gl. *Marinarius* et *Mariniarius*.

MARINETTE, MARINETE, Boussole. Gl. *Pyxis nautica*.

MARIOLE, Image de la Vierge Marie. Gl. *Mariola*.

*MARIR, Léser, offenser, chagriner.—Partonopeus, 4955 : « Que vaut ne *marir* ne plorer Perde c'on ne puet recovrer ? »

MARISON, Chagrin, affliction, plainte. Gl. *Marritio*.

MARISSAL, Maréchal, dignité militaire. Gl. *Heraldus*.

MARITORNE, p. e. pour MALETOTE, Tribut, impôt. Gloss. *Maritorne*.

MARLAGE, Le droit dû au Marlier ou sacristain. Ma*rrelarius*.

MARLAYS, Marle ou marne. Gl. *Marla*.

MARLIERE, Marnière. R. R.

MARMAU, Bois MARMAU, Bois de charpente. Gl. M*ateriamen*, sous *Materia*.

MARMENTAU. Bois MARMENTAU. Le même.

MARMITE, Chatemite, qui affecte une douceur hypocrite. — SAYE MARMITE, Espèce de soie. Glos. *Marmito*.

*MARMITEUX, Triste, dolent. Rose, v. 422.

MARMOUSERIE, Mélancolie. Gl. *Marmito*. [Folie. F.]

MAROIER, Gouverner un vaisseau sur la mer, naviguer. Gl. *Marcare*.

*MAROIS, Marais. R. R. Gl. t. 3.

MARONAGE, Le droit de couper du merrain, ou bois de charpente. Gl. sous *Materia*.

MARRONNEL, Pirate, corsaire, homme de mer, matelot. Gloss. *Marrones*.

MARONNER, Faire le métier de

MAR

pirate, de corsaire ou de matelot. Gl. *Marrones*.

MARONNIER, Pirate, corsaire, homme de mer, matelot, batelier. Gl. *Marrones*.

*MARPAULT, Huppe. Rab.

MARQUE, Lettres de représailles. Gl. *Marcha*, 1.

MARQUÉE, Rente d'un marc d'or ou d'argent. Gl. *Marcata*.

MARQUER, User de représailles. Gl. *Marcha*, 1.

MARQUIÇON, Marquis. *Capilli*.

MARQUOT, Marcotte de vigne. Gl. *Malholhus*.

MARRAMAS, Espèce de drap d'or. Gl. *Mattabas*.

*MARRE, Bêche, houe, pioche.— Rabelais, Gargantua, I, 1 : « Toucharrent les piocheurs de leurs *Marres* un grand tombeau de bronze. »

MARREGLERIE, Office de sacristain ou de garde d'une église. Gl. *Mariglerius*.

MARREGLIER, Celui qui a la garde d'une église et de tout ce qui en dépend. Gloss. *Matricularii*, sous *Matricula*, et *Marcaclarius*.

MARELLIER, Tablier sur lequel on joue aux merelles. Gloss. *Marrella*.

MARREMENT, Chagrin, affliction, plainte. Gl. *Marritio*.

MARREN, Merrain, bois de charpente. Gl. *Mœremium*, sous *Materia*.

MARRENAGE, Le même. Gloss. *Marrianum*.

MAR

MARREMEUR, Ouvrier qui laboure avec la marre. *Marrare* 2.

MARRER, Labourer avec la marre ; d'où *Marreux*, L'ouvrier qui s'en sert. Gl. *Marrare*, 2.

MARRIAN, Merrain, bois de charpente. Gloss. *Mœremium*, sous *Materia*.

MARRIEN, Le même. Gl. *Marcnum*, et *Mairien*, s. *Materia*.

MARRIMENS, Chagrin. R. de Rose, v. 14,149.

MARRIR, Faire de la peine, maltraiter, se chagriner, s'affliger. Gl. *Marrire*.

MARRIS, Maladie de la matrice, la matrice même. Gl. *Marritio* et *Ventosa*, 1.

*MARRISSEMENT, Chagrin, tristesse. Rose, v. 6744.

MARROCHON, dimin. f de Marre, espèce de houe. *Marra*.

MARRONER, Couper du merrain ou bois de charpente. Gl. sous *Materia*.

MARSAGE, Marsaige, Les menus grains qu'on sème au mois de mars, Gl. *Marceschia*.

MARSAUS, Le saule mâle. Gloss. *Marsalix*.

MARSEILLEZ, Marsellez, Monnaie de Marseille. Gl. *Massilliensis Moneta*, sous *Moneta Baronum*.

MARSÉS, Les menus grains qu'on sème au mois de mars. Gloss. *Marceschia* et *Tremesium*.

MARSINGE, Le même. Gl. *Marceschia*.

MARSOIS, Le même. Gloss. Marceschia.

MARSUPIE, Bourse. Rab.

MARTEAU, pour MORTEAU, Nom d'un canton près d'Auxerre, et en même temps des fosses qu'on fait au travers des vignes, où les eaux se perdent. Morta, 1.

MARTEL, Epée. Gl. Martus.

MARTELEIS, Coup d'épée. Gloss. sous Martus.

MARTELOGE, Martyrologe. Gl. Martilogium.

MARTERIN, De martre Martures. Voyez Martrine.

MARTEROR, La Toussaint. Glos. Marteror.

MARTIAUT, plus ordinairement MARTEL, Nom de Charles, père de Pepin. Gl. Martellus, sous Martus, 1.

MARTINET, Forge dont les marteaux sont mus par la force d'un moulin. — Machine de guerre pour jeter de grosses pierres. Gl. sous Martinctus.

MARTIRER, Tuer, faire mourir. Gl. Marturiare et Martyrizare.

MARTIRIER, Le même.

MARTRAY, Tourment, supplice. Gl. Martyrizare. — Place publique où l'on exécute les criminels. Gl. Martreium.

MARTRO, La Toussaint. Gloss. Martror.

MARTROI, Place publique où l'on exécute les criminels. Gloss. Martreium.

MARTYRE, Supplice, tourment;
d'où Martyrer, Faire mourir, condamner au supplice. Gloss. Marturiare.

MARVOIÉ, Egaré, hors de la voie. Gl. Deviare.

MARZACHE, La fête de l'Annonciation, qu'on célèbre au mois de mars. Gl. sous Festum, 1.

MAS, en Auvergne, Languedoc et Provence, maison de campagne, métairie. Gl. Mansus.

MASAGE, Maison, et souvent métairie. Gloss. Masagium, sous Massa, 5.

MASAIGE, Pâturage. Gl. Masquerium.

MASAUS. TERRES MASAUS, Celles qui étaient sujettes au cens appelé Maasse. Gl. Massa, 5.

MASCHOT, Espèce de grange sans toit. Gl. Mascholum.

MASCLE, Mâle. Gl. Recutitus.

MASE, Troupe, compagnie. — Maison, métairie. Gloss. Masa, sous Massa, 5.

MASEL. Boucherie, lieu où l'on vend la viande. Gl. Macellum facere.

MASELIER, Boucher. Gl. Massellarius.

MASEMENT, Etendue d'une juridiction, ressort, territoire. Gl. Massaditium.

MASERIER, Boucher. Gl. Massellarius.

MASIP, Apprenti. Mancipium, 4.

MASNAGE, Maison, habitation, demeure. — Cens ou redevance sur une maison. Masnagium.

MAS

MASNIER, Habitant, manant. Gl. Mansionarii.

MASONAGE, Cens ou redevance sur une maison. Mansionarii.

MASONIER, Espèce de colon ou fermier, qui devait un cens pour ce qu'il occupait en maison et terres. Mansionarii.

MASSAIGE, Métairie, ferme, maison de campagne. Masagium, sous Massa, 5.

MASSART, Trésorier des deniers d'une ville. Gl. Massarius.

MASSE D'UN PONT, Le massif; d'où le diminutif Masele. Gl. Caput molendini, sous Caput, 3 et Massa, 3.

MASELLE, Joue. Gl. Maxillaris.

MASSONYER, Espèce de colon ou fermier, qui devait un cens pour ce qu'il occupait en maison et terres. Gl. Mansionarii.

MASSUETE, MASSUETTE, Espèce de petite massue. Gl. Massota.

MASTAU, Cens dû sur un mas ou métairie. Gl. Massa, 5.

MASTENÉE, Matinée. Matinata.

MASTIN, Dogue, gros et grand chien. Gl. Mastinus.

MASURAGE, Cens ou redevance sur une maison ou métairie. Gl. Masuragium.

MASUREAU, Masure, maison. Gl. Masura.

MASURETTE, Diminutif de Masure, Maison. Gl. Masura.

MASURIER, Celui qui est sujet au cens appelé Masurage. Gloss. Masuragium.

MAT

*MASUYER, Fermier qui habite un mas. F.

MAT, Triste, abattu. — Terme du jeu des échecs. Gl. Matare.

MATABLE, Battant d'une cloche. Gl. Matabulum.

MATE-FAIM, Sorte de pain fort rassasiant. Gl. Matare.

MATE-GRIFON, Nom d'un château bâti pour contenir les peuples appelés Griffons. Gloss. Griffones.

MATELAS, Trait de grosse arbalète, p. e. pour Matras. Gl. Matarus.

MATER, Abattre, confondre, réduire à l'extrémité. Gl. Matare.

MATHE, Fosse, tombeau. Matare.

MATHELIN, pour Mathurin. Gl. Mathelinus.

MATIERE, Mortier. Gl. Materia.

MATINEL, Repas du matin, déjeûner. Gl. Matutinellum.

MATINES, Livre d'église contenant les matines, et surtout l'office de la Vierge.—Heures ou livre de prières. Matutinale.

MATINET, Matin, l'aurore. Glos. Matutinatus.

MATINIER, La partie de l'office divin appelée Matines. — Chantre ou chapelain qui assiste à Matines et aux autres offices, chantre à gages. Gl. Matutinarius. — Matinal, qui se lève du matin. Gl. Matutinatus.

MATON, Gâteau, Gl. Matonus.

MATRASSE, Matras, trait. Gloss. Matarus.

MAU

MATREMOIGNE, Maternel.— Gl. *Matrimonium.*

MATRIMOINE, Biens maternels. — Mariage. Gl. *Matrimonium.*

MATROLOGE, Martyrologe, nécrologe. Gl. *Matrilogium.*

MATTABAS, Espèce de drap d'or. Gl. *Mattabas.*

*MATTIR, Dompter, abattre. Rose, v. 11646.

MATURÉMENT, Promptement, avec diligence. Gl. *Maturaliter.*

MATZ, Métairie. Gl. *Massum*, 2.

*MAU, Mal, mauvais. R. R. Gl. t. 3.

MAUBAILLI, Maltraité, détruit, ruiné. Gl. *Maleabbiatus.*

MAUBEUGE, Nom d'une cloche à Abbeville qui réglait les heures des ouvriers Gl. *Maubeuge* et *Hora de remontée.*

*MAUCRÉER, Croire le mal. F.

MAUDAASSOIT, Maudit, Gloss. *Maledicere.*

MAUDEHAIT, Imprécation par laquelle on souhaite du mal à quelqu'un. Gl. *Alacrimonia.*

MANDUEMENT, Indûment, a tort. Gl. *Indebite.*

MAUDIT, Ce qui est avancé mal à propos par un avocat dans la défense d'une cause. Gl. *Maledicus.*

*MAUFAIT, Méfait. F.

MAUFAITIERES, Malfaiteur, criminel. Gl. *Malefactor*, 1.

*MAUFÈRE, Faire du mal. R. R.

MAUFERU, Maladie de cheval. Gl. *Maleferrutus.*

MAUFÉS, Mauvais, nom qu'on donne au diable. Gl. *Malus.*

*MAUFESANZ, Maufessant, malfaiteur, délinquant. L. J. P., 278

MAUFFACTERRE, Malfaiteur, criminel. Gl. *Misfacere.*

MAUGE, Sorte de gros bâton, levier. Gl. *Populosus*, 2.

MAUGRÉER, Jurer avec imprécation que malgré Dieu et ses saints on fera telle chose ; d'où *Maugrement,* Cette espèce de jurement ; et *Maugréeur*, Celui qui le fait. Gl. *Malegraciare.*

MAVIS, pour Mauvis, espèce d'oiseau. Gl. *Maviscus.* Voyez *Mauviz.*

MAUL, Moulin. Gl. *Mola*, 2.

MAULE, Moule. Gl. *Crucibulum.*

*MAUMENER, Contraindre, obliger, maltraiter. L. J. P., p. 16.

*MAUMET, Ruine, dissippe. L. J. P., p. 69.

MAUMETTRE, Dépérir, tomber en ruine. Gl. *Malemittere.*

MAUMETTRE son vœu, Le fausser, agir contre ce qu'on a promis solennellement. Gl. *Malemittere.*

MAUNAIGE, Droit de mouture. Gl. *Molagium.*

MAUPARANS, Qui a mauvaise mine. Gl. *Apparatura.*

MAUPOINT, Mal marqué, frauduleusement pointé. Gloss. *Punctare*, 7.

MAURE, Maurre, Moudre. Glos. *Molare*, 3.

MAY

*MAUS, Mauvais, mauvaise. — Partonopeus, v. 307 : « Maus fruiz ist de male raïs. »

*MAUS FEUS, Démon, diable. R. R. Gl. t. 3.

MAUSSE, Sorte de monnaie. Gl. Maussus.

MAUTALANT, Mauvaise volonté. [Mécontentement, F.]

*MAUTALENTIF, Mécontent, F.

MAUTOULU, Ce qui est pris par force et contre justice. Gl. Maletolletum.

MAUTROUX, Estropié, qui est fort blessé. Gl. Maletractata.

MAUVAIS. Estre Mauvais, Se dit des deniers qui restent à partager entre un plus grand nombre de paysans qu'il n'y a de deniers. Gl. Malus-casus.

*MAUVEISIN, Maveisin, Mauvais voisin. Chron. des ducs de Normandie.

*MAUVAISTIÉ, Mauvesté, Mauveté, Faute, méchanceté, malice, injustice. — Le Livre des Métiers, p. 370 : « Pour le profit de lour mestier et pour eschiver les fraudes, les faussetés et les Mauvestiés. »

*MAUVESTIÉ, Malice. R. R. Gl.

*MAX, Mal. R. R. Gl. t. 3.

MAY, Usage d'aller chercher le May au bois, et de le planter à la porte d'une jeune fille. Le coudrier et le sureau en étaient exclus. — Le temps où les arbres sont en feuilles. — Espèce de tournois. Gl. Maium.

MAYERE, Sorte de fruit qui vient

MEC

dans un clos ou verger. Gloss. Majeria.

MAYHEMER, Blesser fortement, mutiler. Gl. Mahemiare, sous Mahamium.

MAYSONNIER, Espèce de colon ou fermier, qui devait un cens pour ce qu'il occupait en maison et terres. Gl. Mansionarii.

MAZEL, Boucherie ; d'où Mazelier, Boucher. Gloss. Macellum facere.

MAZELOT, Petite habitation ou ferme. Gl. Masellus.

MAZER, Sorte de matière dont on faisait des vaisseaux à boire ; d'où ces vaisseaux étaient appelés Mazelins et Mazerins. Glos. Mazer.

MEANEMENT, Entremise, médiation, sentence d'arbitre. Gloss. Mediator, 1.

MEANT, Moyennant. Gl. Medians

MECANIQUE, Artisan, ouvrier. Gl. Mecanicus.

MECELIER, Boucher. Macelator.

MEHAING, Blessure considérable, mutilation ; d'où Mechaignier, Blesser, mutiler. Mehaignium, sous Mahamium.

*MECHIE, Concubine. — Benoît, Chron. de Norm., vers 35119 : « Là out meschines e soignanz Dunt il out puis assez enfanz. »

MECHIN, Jeune homme, serviteur, valet. Gl. Mischinus.

MECHINE, Médecine. Medicina.

MECHINER, Donner des remèdes et médecines à un malade. Gl. Maladia.

MEH

MECION, Frais, mise, dépense. Gl. *Missiones.*

MEDECINÉE, Médecine, emplâtre. Gl. *Medicina.*

MEEISNER, Juger comme médiateur. Gl. *Mediare,* 1.

*MÉEN (LO), Métayer. 144. L.J.P.

MEENERRES, MEENEUR, Médiateur, arbitre. Gl. *Mediator,* 1.

MEENNER, Juger comme médiateur ; d'où *Méennement,* Sentence arbitrale. Gl. *Mediator* 1.

MEESSE, Botte, gerbe. *Meisa,* 1.

MEEUR, Maïeur, maire. Gloss. *Maeria,* 1.

MEFFAITE, Mauvaise action. Gl. *Misfacere.*

MEGEMENT, Médicament, remède. Gl. *Megeicharius.*

MEGIER, Appliquer des remèdes, guérir. Gl. *Megeicharius.*

MEGLE, Houe, instrument à labourer la terre. Gl. *Maglius.*

*MEGROYS, Amaigri. Rose 4861.

MEHAIGNER, Blesser considérablement, mutiler ; d'où *Mehaigné,* Estropié. Gl. *Mahamium.*

MEHAIGNEUR, Celui qui fait une blessure considérable. Gl. *Mahemiator,* sous *Mahamium.*

MEHAIN, MEHAING, Blessure considérable, mutilation. Gl. *Mahamium.* [Difficulté, douleur, tourment, maladie. R. R. Gl.]

MEHAINGNER L'HONNEUR DE QUELQU'UN, Le décrier, attaquer son honneur. Gl. *Mehaignare,* sous *Mahamium.*

MEI

MEHENGNER, Blesser considérablement, mutiler. *Mahemiare,* sous *Mahamium.*

MEHENNIER, Le même. Gloss. *Mehennare.*

MEHLÉE, Querelle, débat, dispute. Gl. *Murdrum,* s. *Morth.*

MEHNÉE, Famille, maison, tous ceux qui la composent, domestiques. Gl. *Maisnada.*

*MEI, Moi. R. R. Gl.

MEIAN, Moyen, qui est au milieu. Gl. *Meianus,* 2, et *Aurata.*

MEIGIER, Appliquer des remèdes, guérir. Gl. *Megeicharius.*

MEIGLE, Houe, instrument à labourer la terre. Gl. *Maglius.*

MEIGNAT, Domestique, serviteur. Gl. *Maynerius.*

MEIGNE, Famille, maison, tous ceux qui la composent. Gloss. *Maisnada.*

MEILLEUR, AVOIR DU MEILLEUR, Avoir le dessus, être le plus fort. Gl. *Melius.*

MEIMBRE, pour REIMBRE, Racheter. Gl. *Redimere,* 2.

*MAIN, Manus. R. R. Gl.

MEIN, Matin. Gl. *Mane.*

MEINDRE, Moindre ; d'où *Meindre d'aage,* Mineur. *Minorennis.*

*MEINNEZ (LI), *meinné (au),* le puîné, au puîné. — Chron. de Bertrand du Guesclin, v. 2173 : « Et sui frères Bertran, je sui de lui *mainez.* »

*MEINS, Mains. R. R. Gl.

*MEINT, Plusieurs. R. R. Gl.

MEL

MEIPLANT, p. e. pour MEIN-PLANT, Jeune plant, nouvelle vigne. Gl. *Mailliolus*.

MEISEL, Métairie, ferme. Glosss. *Meystadaria*.

MEISSE, Caque, ou vaisseau où l'on met les harengs. *Meisa*, 1.

MEISSIAU, Blé, méteil. Gloss. *Medianus*, 1.

MEITAERS, Certaine mesure de blé. Gl. *Meiteria*, 2.

MEITERE, Certaine mesure de terre. Gl. *Meyteria*.

***MEITET**, Moitié. Ch. R. Gloss.

MEIX, en Bourgogne, Maison de campagne, métairie. Gl. *Mansus*. — TERRE EN MEIX, Terre cultivée, ou préparée pour la semence. Gl. *Messellœ* et *Messes*.

MELANCOLIEUX, Mélancolique. Gl. *Melencolia*.

MELANCOMOYER, Rêver, réfléchir. Gl. *Melencolia*.

MELE, Nèfle. Gl. *Melata*.

MELENCOLIEUS, Mélancolique. Gl. *Melencolia*.

MELEQUIN, Sorte de monnaie. Gl. *Meloquinus*.

MELLE, Certaine mesure de grain. Gl. *Mella*, 1. — Merle, sorte de poisson. Gl. *Melletus*. — pour Merle, oiseau. Gl. *Merula*, 2. — Milan, oiseau de proie ; si cependant ce n'est pas pour Merle. Gl. *Milvius*

MELLÉE, Querelle, dispute. Gl. *Meslcia*.

MELLER, Brouiller, mettre mal ensemble. Gl. *Meleare*.

MEN

MELLEYS, Querelleur, brouillon. Gl. *Meleare*.

MELLIER, Néflier. Gl. *Mellerius*, et *Pomerius*.

MELLIF, Querelleur, brouillon. Gl. *Meleare*.

***MELLIS**, Turbulents, querelleurs. — Beaumanoir, Cout. du Beauvoisis, I, 24 : « Et bien apartient à office de bailli qu'il espoente et contraingne les *mellix*, si que li pesibles vivent en pès. »

***MELZ**, Mieux. R. R. Gl.

***MEMBRANCE**, Mémoire, souvenir. R. R. Gl.

MEMBRER, Rappeler à sa mémoire, se ressouvenir. Gloss. *Memorari*.

MEMBRUS, Fort, vigoureux. Gl. *Membrositas*.

MEMOIRE, Sentiment, esprit, sens. — Le derrière de la tête. Gl. *Memoria*.

MENADURE, Ajournement. Glos. *Mannitio*, sous *Mannire*.

MENAGE, Métairie. *Mcnagium*. 1. — Ménagement, égard, attention. Gl. *Mesnagium*, 2. — Volonté, pouvoir, discrétion. Gloss. *Menagium*, 3.

MENAGER, Habiter une maison. Gl. *Mesnagium*, 1.

MENAJE, Pitié, compassion. Gl *Mesnagium*, 2.

***MENATERES**, meneurs, conducteurs, chefs. L. J. P., p. 123.

MENBRE, TENIR PAR MEMBRE, Posséder à titre de partage. Gl. *Membrum*, 2.

MEN

MENCASTRE, Espèce de jonc. Gl. *Stamesiricus.*

MENCHOIGNE, Mensonge, fausseté. Gl. *Mendaciloquus.*

MENCIEN, pour Multien, Territoire de Meaux. Gl. *Mencianus.*

MENCION, Frais, mise, dépense. Gl. *Missiones.*

MENCIONAIRE, Habitant, manant. Gl. *Mansionarii.*

MENÇOIGNER, Mensonger, faux, trompeur. Gl. *Mendaciloquus.*

MENÇONGIER, Menchonnable, Menteur. Gl. *Mendaciloquus.*

MEN LH, p. e. Sorte de vêtement. Gl. *Mandile.*

MENDIS, Mendiant. *Mendicaliter.*

MENDOIS, Monnaie des évêques de Mende. Gl. *Mimatensis*, sous *Moneta Baronum.*

MENDRE, Moindre. Gl. *Minorare.*

*****MENDRESSE**, Moindre. Rose, v. 913.

MENÉE, Poignée, autant que la main peut contenir. Gl. *Manata.*
— Terme de vénerie, la droite route de cerf fuyant. *Menelum.*

MENEL, Moindre, moyen. Gloss. *Maanellus.*

*****MÈNEMENT**, conduite, passage. L. J. P., p. 141.

MENER, Régir, gouverner, faire l'office de tuteur. Gl. *Menare.*

MENER PAR COURT, Faire droit, rendre justice. Gl. *Superducere.*

MENESTÈRES, *menetères* (*menesterés*), ouvriers, artisans. — Le

MEN

Livre des Métiers, p. 43 : « Nus *menestreus* du mestier devant dit ne puet ne ne doit avoir que un aprenti tant seulement. »

MENESTRAUDER, Faire le métier d'un *Menestrel* ou bouffon. Gl. sous *Ministelli.*

MENESTRAUDERIE, Menestraudie, Menestraudise, L'art de jouer des instruments. Gloss. *Menesterellus.*

MENESTRE, Ouvrier, homme de métier, artisan. *Menestriones.*
— Chanteur, joueur d'instruments. Gl. sous *Ministelli.*

MENESTREL, Officier de justice ou de police. — Qui est attaché au service de quelqu'un. Gl. s. *Ministeriales.* — Chanteur, joueur d'instruments. Gl. *Menesterellus* et sous *Ministelli.*

MENESTRER, Chanter, jouer des instruments. Gl. *Menesterellus.*

MENESTRIER, Ouvrier, homme de métier, artisan. *Menestriones.*
— Chanteur, joueur d'instruments. Gl. sous *Ministelli.*

MENEVELLE, Manivelle. Gloss. *Menevellus.*

MENEUR, Tuteur. Gl. *Menare.*

MENGER SUR LE SAC, Se disait chez le roi de ceux qui ne mangeaient point en salle. Gloss. *Mangerium.*

MENGIER, Repas et le droit de prendre un repas chez quelqu'un ce qu'on appelait *Procuration.* Gl. *Mangerium* et *Mengerium.*

MENGIER DE DIEU Communier, recevoir le corps de J. C. Gloss. *Mangerium.*

MEN

MENGOIRE, Sac, dans lequel on donne l'avoine à manger aux chevaux. Gl. M*anducarium*, 2.

MENGUE, Mangerie, vexation. Gl. M*ango*, 4, et M*angiaria*.

MENICLE, pour Manicle, menotte. Gl. M*anicia*.

MENISTRE, Administrateur, régisseur. Gl. sous M*inisteriales*. — L'office et les honoraires de l'officier de justice ou de police qu'on appelait Menestrel. Gloss. M*istralia*, sous M*inisteriales*. — Celui qui est attaché au service de quelqu'un. Gloss. sous M*inister*, 3.

MENNOUVRAGE, Travail, labour. M*anobrium*, sous M*anopera*.

*****MENOIS**, Aussitôt, dès que. — Partonopeus, v. 5748 : « Cil vit trop qui n'en a cure, Et qui velt vivre, il muert *manois*. »

MENOISON, Maladie, dévoiement, dyssenterie. Gl. *Lienteria*.

MENOR, Manoir, habitation. Gl. M*anerium*. — Petit, moindre. Gl. M*enorulus*. — Mineur. Gl. M*enudetœ*.

*****MENOUR**, Moindre. V. H. 543.

MENOVRER, Travailler. Gl. M*anobrium*, sous M*anopera*.

MENOYER, Manier, toucher avec la main. Gl. M*aniare*, 3.

MENSION, Frais, mise, dépense. Gl. M*issiones*.

MENSOÉE, M*ensoie*, Voiture, charretée. Gl. M*assoda*.

MENSTREL, Officier de justice ou de police Gl. sous M*inisteriales*.

MENUAILLE, Menu peuple. Gl. M*inutus*, 2.

MER

MENUEL, Espèce de corps de chasse. Gl. M*enetum*.

MENUEMENT, En menu, en petit. Gl. sous *Grassus*.

MENUERIE, Petite curiosité, ouvrage recherché, bijou. Gloss. M*inutia*, 2.

MENUIER, Diminuer, amoindrir. Gl. M*inuare*, 1.

MENUISE, Petit poisson. Gloss. M*enusia*.

MENUISERIE, O*uvrage de* M*enuiserie*, Petite curiosité, ouvrage recherché, bijou. Glos. M*inutia*, 2.

MENURIE, Le même. M*inutia*, 2.

MENUS, F*reres* M*enus*, Frères mineurs, Cordeliers, M*enudetœ*.

MENUYER, Marchand détailleur. Gl. M*inutarius*.

MENUYSE, Petit poisson. Gloss. M*enusia*.

MEQUAINE, Jeune fille, servante. Gl. M*ischinus*.

MER, Grand lac. Gl. M*are*.

MERAIN, Chagrin, dépit, colère. Gl. M*erannia*.

MERALLERESSE, Sage-femme. Gl. M*erallus*.

MERANCOLIEUX, Mélancolique, difficile, fâcheux. M*erencolicus*.

MERC, Marque. Gl. M*erca* et M*ercare*. — Marc de vin. Glos. M*arcum*, 1. — Le droit qu'on paye pour le bornage des terres. Gl. M*eeritz*.

MERCADIN, Marché, place publique. Gl. M*ercadale*.

MER

MERCENAIRE, Prêtre attaché sans titre au service d'une église, et à qui on n'assigne qu'une certaine rétribution. Gl. *Mercenarius*, 2.

MERCHE, Marque ; d'où *Mercher*, Marquer.

MERCHABLE, Compatissant, qui a de la pitié. Gl. *Mercia*, 3.

MERCHIER, Marquer. *Mercare*.

MERCHIER A TAULETTE, Mercier, qui étale sur une petite table. Gl. *Mercerius*.

MERCI, RENDRE MERCIS, Remercier, rendre grâces. Gl. *Merces*.

MERCIABLE, Qui a de la pitié et de la compassion, miséricordieux Gl. *Mercia*, 3.

*****MERCIT**, Pitié, miséricorde. R R.

MERDAILLE, MERDE, Terme injurieux et de mépris Gl. *Merda*.

MERE, Nourrice. Gl. *Mater*, 2. — p. e. pour MERC, Le droit qu'on paye pour le bornage des terres. Gl. *Meeritz* et *Mercare*. — Plus grand. Gl. *Merum examen*.

MEREAU, Terme injurieux. Glos. *Merellus*.

MEREL, Mereau. Gl. *Merallus*. — Acquit. Gl. *Merellus*.

MERELLIER, Tablier, sur lequel on joue aux merelles. *Marrella*.

MEREMELIN, pour Miramolin. Gl. *Miramomelinus*.

MERESLE, p. e. Soufflet ou coup de poing. Gl. *Merella*.

MERETRICAL, Appartenant à femme débauchée. Gl. *Meretricaliter*.

MER

MERGLE, Houe, instrument à labourer la terre. Gl. *Maglius*.

MERIANE, Midi. Gl. *Meridies*.

MERIE, Mairie, les droits de maire. Gl. *Meria*.

MERIENE, Méridienne, le sommeil d'après dîner. Gl. *Meridiana*.

MERIR, Payer, récompenser, rendre la pareille. Gl. *Merere* et *Remerire*.

MERITA, Relique, partie d'un corps saint. Gl. *Méritum*, 3.

*****MERITE**, Récompense. R. R.

MERITER, Récompenser, rendre un bienfait. Gl. *Merere*.

MERLETTE, p. e. La verge ou bâton d'un sergent. *Merletus*.

MERLIS, Querelleur, brouillon. Gl. *Meleare*.

MERME, Moindre. — MERME D'AAGE, Mineur. Gl. *Minorennis*.

MERQUATOUR, Marchand, qui fait argent de tout. *Mercator*.

MERQUIER, Marquer, imprimer une marque. Gl. *Merqua*.

MERRER, Labourer avec la marre. Gl. *Marrare*, 2.

MERRIEN, Merrain, bois de charpente. Gl. sous *Materia*.

MERVEILLE. SE DONNER MERVEILLES, s'Etonner, être surpris. Gl. *Mirabilis*, 1.

MERVEILLER, Le même. Gloss. *Mirabilis*, 1.

MERVEILLETÉ, MERVEILLEUSETÉ, Humeur hautaine, fierté, arrogance. Gl. *Mirabilis*, 1.

MERVEILLEUX, Hautain, fier,

MES

insolent. — Etonné, épouvanté, surpris. Gl. Mirabilis, 1.

MERVEILLIER, Admirer, s'étonner. Gl. Mirabilis, 1.

*MERZ ou GAGE, marchandise, nantissement. — Maurice de Sully, Serm. dom. : « Li marceans.... vait par les cités, par les castels, par les bors et par les foires del païs, et acate les mers de diverses manières. »

MÉS, Messager, envoyé. Gl. Missus, 2. — MÉS DE MARIAGE, Droit seigneurial, par lequel le vassal qui se marie, doit présenter à son seigneur un plat de viande, du vin et du pain. Gl. Missus 1.

*MÈS, Dorénavant, jamais. Gloss. R. R. t. 3.

*MESAAISIE, Triste, chagrin. Gl. R. R. t. 3.

*MESAASMER, Haïr, mépriser. R. R. t. 3, p. 207.

*MÉSAISE, Peine, Chagrin. Glos. R. R. t. 3.

MESAISIÉ, Malaisé, Chr. des ducs de Norm. Voyez Aaiser.

MESALÉ, Corrompu, gâté. Gloss. Mescalia.

MESAMER, Ne point aimer, haïr. Gl. Mesamare.

MESASURE, Saumure. Gl. Meisa

MESATGIER, Envoyé, député, légat. Gl. Messagerius.

MESAVOIR, Maltraiter, outrager. Gl. Meshabere.

MESCAANCHE, MESCHANCE, Malheur, accident, mauvaise fortune. Gl. Mescadere.

MESCHANTEMENT PARLER, Mau-

MES

vaise prononciation, causée par l'embarras de la langue. Gloss. Linguatus.

*MESCHARRA, Tombera dans l'infortune, tournera à mal, du verbe Mescheoir. Gloss. R. R. t. III, p. 293.

*MESCHÉANCE, MESCHIEF, MESCHIEZ, Faute, méchanceté, malheur, infortune, accident. R. R. Gl. t. 3.

MESCHEOIR, Arriver malheur. Gl. Mescadere.

MESCHEVOIR, Essuyer un malheur, échouer dans un projet. Gl. Mescadere.

*MESCHIÉE, Qu'il essuie un malheur, du verbe meschoir. R. R. t. III, p. 271.

MESCHIN, Jeune homme et MESCHINE, Jeune fille, demoiselle. Ensuite pour Valet, servante, domestique : d'où Meschinnage, Service, condition de celui qui sert. Gl. Mischinus.

MESCHITE, Mosquée. Gloss. Meschita.

MESCLAIGNE, Blé méteil. Glos. Mescleluna.

*MESCONSEILLER, Donner de mauvais conseils. Gl. R. R. III.

MESCONTERESSE, Femme qui cherche à tromper, en faisant un compte. Gl. Picta, 3.

MESCREANDISE, Incrédulité, paganisme. Gl. Mescredentia.

MESCROIRE, Soupçonner. Glos. Mescredentia.

MESDEMAINNE, Domaine, seigneurie. Gl. Domenura.

MESE, Caque ou baril de harengs. Gl. M*eisa*, 1.

MESEL, Lépreux, et *Mésellerie*, Lèpre. Gl. M*iselli* et M*esclaria*. — Hôpital. Gl. *Presenta*.

*MESELLERIE, Lèpre. Froissart, Glossaire.

MESERER, Se tromper, errer, faire une faute. Gl. M*escrare*.

MESERICORDE, Voyez M*isericorde*, 2.

MESERIL, p. e. pour M*esnil*, Métairie, ferme. Gl. M*eserolus*.

MESERRER, M*eserter*, Errer, se tromper. Gl. M*eserare*.

MESESTANCE, Déplaisir, chagrin, peine. Gl. M*alastancia*.

MESGETTER, Se détourner, quitter sa direction. Gl. *Detournare*.

MESGINS, M*esgis*. Peau passée en mégie. Gl. M*esgicerius*.

MESGLE, Houe, instrument à labourer la terre. Gl. M*aglius*.

MESGUERCHIER, Mégissier. Gl. M*esgicerius*.

*MESGNIÉE, M*esnie*, M*esniée*, Famille, maison, suite d'un grand, domestiques. R. R. t. III, p. 238.

*MESHAIGNER, Maltraiter, blesser. Froissart, Gloss.

*MESHAING, Mal, destruction. Froissart, Gl.

*MESHUY, Aujourd'hui, à présent. Froiss. Gl.

MESIAUS, Lépreux. Gl. M*iselli* et M*esclaria*.

MESIERE, Métairie, ferme, maison de campagne. Gl. M*aseria*.

MESIGIER, Messier, garde des fruits de la terre. Mes*egarius*.

MESIL, p. e. Blé, méteil. Gloss. *Mescalia*.

MESION, Mise, frais, dépense. Gl. *Missiones*.

MESIRE, M*esirier*, Merise, merisier. Gl. M*esillus*.

MESLE, Nèfle. Gl. M*elata* et *Despensa*.

MESLÉE, Querelle, dispute. Glos. *Mesleia*. — Troupe, foule, multitude. Gl. M*eslea*.

MESLIEUX, Querelleur, brouillon. Gl. M*eleare*.

MESLINGE, Etoffe médiocre. Gl. *Lingius*.

MESLIUS, Querelleur, brouillon, Gl. M*esleia*.

MESMARIAGE, Ce qu'un serf payait à son seigneur pour pouvoir se marier à une femme de condition libre, ou à une serve d'un autre seigneur. Gl. *Forismaritagium*.

MESMENER, Malmener, maltraiter. Gl. M*enare*.

MESMONTANCE, Mutilation, blessure considérable. Gl. M*aleficium*, 3.

MESNAGE, Maison, habitation.— Famille, enfants, domestiques. —Meuble, ustensile de ménage. Gl. M*esnagium*.

MESNAGER, Maître d'hôtel, celui qui fait la dépense d'une maison. — Habiter une maison,

MES

vivre en ménage. — Faire le ménage, ranger la maison. Gl. Mesnagium, 1.

MESNAGIER, Chef de famille. Gl. Mesnagium, 1.

MESNAIGIER, MESNEIGIER, Le même. Gl. Mesnagium, 1.

MESNIE, Famille, maison, tous ceux qui la composent, domestiques. Gl. Maisnada.

MESNIER, Sergent, huissier. Gl. Maynerius.

MESNIL, Métairie, ferme, maison de campagne. Gl. Mansionile.

MESON, pour Maison, Catafalque. Gl. Domus, 6.

MESONCELE, Maisonnette. Glos. Mesoncella.

*MESPENSER, Avoir une basse pensée. Ch. R. vers 1412.

MESPARLANCE, Discours déplacé, parole dite mal à propos ; d'où Mesparlier, Celui qui parle ainsi. Gl. Maliloquium.

MESPORTER, Se mal comporter, faire une mauvaise action. Gl. Portare, 1.

MESPRANTURE, Faute, délit, contravention. Gl. Mesprisio.

MESPRENDRE, Arriver mal à quelqu'un. Gl. Mesprendere. — Faire une faute, faire tort à quelqu'un, l'offenser. Misprendere.

MESPRENTURE, Faute, délit, contravention. Gl. Mesprisio.

MESPRISON, Le même. Gl. Mesprisio et Misprendere.

MESPRISURE, Le même. Gloss. Mesprisio.

MES

MESQUANCHE, Malheur, mauvaise fortune, accident fâcheux. Gl. Mescadere.

MESQUE, Houe, instrument à labourer la terre. Gl. Maglius.

MESREL, Jeton. Gl. s. Merallus.

MESSAGE, Messager, qui porte quelque ordre ou nouvelle. Gl. Messagarius et Missus, 2. — Certaine redevance, due au messier ou au seigneur, pour la garde des fruits de la terre. Gl. Messagium 2, sous Messarius 1.

MESSAGIER, Huissier, garde de quelque chose, bedeau. Gl. Messagerius.

MESSAIGE, Procureur, celui qui est chargé des affaires d'un autre. Gl. Messagarius. — Comme ci-devant Message, 2.

MESSAIGERIE, Message, envoi, commission. Gl. Messajaria, 2.

MESSAIGIER, Sergent, qu'on envoie faire quelque exécution. Gl. Messagerius.

MESSCÉ, Sorte de boisson. Glos. Mixtum.

MESSE, Confrérie. Gl. s. Missa 4.

MESSE MATINEUSE, MATYNELLE, qui se dit de grand matin, au soleil levant. Gl. Missa matutinalis, sous Missa, 4.

MESSEILLIERE, Sergent, messier. Gl. Messegerius, 2.

MESSEL, Carnage, massacre. Gl. Mesella.

MESSERIE, L'office de messier, l'étendue de sa juridiction. Gl. Messaria et Messarius, 1.

MESSERVIR, Desservir, nuire. Gl. M*isservire*.

MESSEURE, Ce qu'on donne en nature au moissonneur pour son salaire. Gl. M*essura*.

MESSEY, Messier, garde des fruits de la terre. Gl. M*essaguerius*.

MESSIEN, Missel, livre pour la messe. Gl. M*essuale*.

MESSIER, Le même. Gl. M*issalis*

MESSIERE, Mur de cloison. Gl. M*aceria*, 3.

MESSILIER, Messier, garde des fruits de la terre. M*essarius* 1.

MESSION, Le temps de la moisson. Gl. M*essionagium*. — Mise, frais, dépense. Gl. M*issiones*.

MESSON, Moisson, récolte. Glos. M*essis*, 2.

MESSONGNER, Serrer en grange la moisson. Gl. M*ansionare*.

MESSONNER, Moissonner, d'où M*essonnier*, Moissonneur. Gl. M*essonare*.

MESSOYER, Entendre la messe, y assister. Gl. M*essiare*.

MESTAILLER, Mal tailler. Gloss. T*aliare*, 1.

MESTARIE, MESTEERIE, Métairie, ferme. Gl. M*ediatoria*.

MESTER, Office divin. Gl. *Opus Dei*. Voyez M*estier*, 8. [Besoin. Ch. R. vers 1472.]

MESTEUL, Blé méteil. Gl. M*atellum*, 2.

MESTIER, Office, emploi. Gloss. sous M*inisterium*. — Territoire, district, étendue d'une juridiction. Gl. sous M*inisterium* et *Officium*. — Toute espèce de meuble, tout ce qui sert à quelque chose. Gl. M*inisterium*. — Espèce de mesure de grain. Gl. M*estarium*, 1. — MESTIER A HUILE, Moulin à huile. Gl. M*estarium*, 2. — MESTIER. FAIRE MESTIER, Divertir, amuser, faire danser. Gl. M*enesterellus*.

MESTILLON, Blé méteil. Gloss. M*estillium*.

MESTIVAGE, Le droit d'exiger une redevance appelée M*estive*. Gl. sous M*estiva*.

MESTIVE, Redevance en grain. — Le temps de la moisson. Gloss. M*estiva*.

MESTIVER, Moissonner ; d'où M*estivier*, Moissonneur. Gloss. M*estiva*.

MESTOURÉ, Qui est trop petit. Gl. *Bestornatus*, et *Panis*.

MESTRE DES ENGINS, Ingénieur en chef. Gl. M*agister Ingeniorum*.

MESTRIE, Domination, souveraineté. Gl. M*agisterialis*. — Maîtrise, charge des maîtres des eaux et forêts. Gl. M*agistria*, 2. — L'art de guérir les plaies ou les maladies. Gl. s. M*agister*.

MESTUEIL, Blé méteil. Gl. M*estillium*.

MESTURE, Moisson, récolte. — Blé méteil. Gl. M*estura*.

MESUAGE, Métairie, principal manoir. Gl. M*essuagium* et M*aisnagium*.

MESURAIGE, Droit seigneurial sur chaque mesure. M*esuragium*.

MET

MESURE, Nom d'une mesure en particulier. — METTRE LES MESURES, Prescrire, ordonner de leur capacité. Gl. M*ensura*, 1.

MESURIERRES, Mesureur, arpenteur. Gl. M*ensurator*.

MESUS, Mauvais usage, abus. Gl. sous M*oneta Baronum*.

MESUSANCE, Tout ce qui se fait injustement. Gl. M*esusagium*.

MESVEICHIER, Mégissier. Gloss. M*esgicerius*.

MESVOIER, Egarer, dérouter, mettre hors de la voie. Gloss. M*eserare*.

METADENC, Blé méteil. Gl. M*itadenquum bladum*.

METAINH, Certaine mesure de grain. Gl. M*eytencus*.

METE, Borne, limite. Gloss. M*eta ferrata*.

METERE, Certaine mesure de terre. Gl. M*eyteria*.

METH, Le plancher d'un pressoir; ou table. Gl. M*aita*.

METOIERIE, Division, partage en deux. Gl. M*edietaria*.

METRIDAT, Mithridat, contrepoison, antidote. Gloss. M*ithridatum*.

METTE, Borne, limite. Gl. M*eta ferrata*, *Wreckum* et *Hagha*. — Métal, étain ou cuivre. Gloss. M*etalle*.

METTIVE, Le temps de la moisson. Gl. M*estiva*.

METTOIER, Métayer. Gl. M*edietarius*.

MEU

METTRE, Dépenser, employer. Gl. M*issionnes*. — METTRE EN EMBANNIE, Défendre, proclamer un ban. Gl. I*mbannire*, sous B*anum*, 1. — METTRE EN NE OU NY, s'Inscrire en faux, nier. Gl. P*onere in negatum*. — METTRE SUS, Etablir. Gl. S*alinare*. — Rétablir, réparer. — Abolir, éteindre, terminer. Gl. M*ittere supra*.

METURE, Blé méteil. M*estura*.

METURGEMAN, Truchement, interprète. Gl. D*ragumanus*.

METZ. PRENDRE METZ, s'Associer pour manger ensemble. Gl. M*issorium*.

MEUBLAGE, Fourniture, provision. Gl. M*obile*.

MEULE. BIENS MEULES, Mobiliers. Gl. M*obile*.

MEULENGE, Vanne, palle, vantail. Gl. M*ulneda*.

MEULEQUINIER, Tisserand d'étoffe appelée M*oloquin*. Gl. M*elocineus*.

MEUR, Marais. Gl. M*ora*, 2.

*****MEURDRE**, Tuer. F. Gl.

MEURON, Mûre sauvage. M*ora* 5

MEURTÉ, Maturité. — Réflexion, sagesse. Gl. M*aturitas*, 2.

MEUTE, Guerre, entreprise militaire. Gl. M*ota*, s. M*overe*, 1.

MEUTEMACRE, Mutin, séditieux. Gl. M*eutmacher*.

MEUTIN, Certaine partie d'une charrue; p. e. Mouton. Gl. M*utunus*.

MIE

MEUTURE, Droit de mouture. Gl. *Molendinatura.*

MEX, Maison, Gl. *Mesus.*

MEYENPRISE, Mainprise, saisie. Gl. *Meinprisa.*

MEYSEL, Métairie, ferme. Gloss. *Mestadaria.*

MEYT, Maie, pétrin. Gl. *Madia.*

MEYTADENC, Certaine mesure de grain. Gl. *Meytencus.* Voyez *Mitadenc.*

MEYTERE, Certaine mesure de terre. Gl. *Meyteria.*

MEYTERÉE, Le même. Gl. *Meyteriata.*

MEZ, Plat, ce qu'on donne pour un repas. Gl. *Missorium.*

MEZEILLADE, Sorte de petite mesure. Gl. *Mezellada.*

MEZEL, Lépreux, corrompu, sale. Gl. *Mezellus.*

MEZELLADE, Sorte de mesure des terres. Gl. *Mezallada.*

MEZELLERIE, Lèpre. *Mezellus.*

MI, Moi. Gl. *Mi.*

*MIAUDRE, Meilleur. Gl. R. R.

*MIAUZ, Miez, Mieux. Gl. R. R.

MI-CARESME, Le quatrième dimanche de Carême. Gloss. sous *Dominica.*

MICHE, Sorte de petit pain ; d'où le diminutif *Michotte. Mica*, 1.

MIDI, Miedy, Sexte, heure de l'office divin. Gl. *Meridies.*

*MIE, Pas, non. Gl. R. R.

MIL

MIEGES, Médecin. Gl. *Megeicharius.*

MIERC, Marque, signe. Gl. *Intersignum*, 1.

MIÉS, Hyprocras. Gl. *Mezium.*

MIESIER, Brasseur de la boisson appelée Miez. Gl. *Mezium.*

MIEUDRE, Mieuldre, Meilleur, principal. Gl. *Meliores.*

MIEX, Maison. Gl. *Mesus.*

MIEZ, Sorte de boisson ou bière. Gl. *Mezium.*

MIGE, Qui est au milieu, à moitié. Gl. *Migeirius.*

MIGERAT, Sorte de trait ou dard. Gl. *Migerius.*

MIGNIER, Manger. *Mangerium.*

MIGNOT, Mignon, délicat. Gl. *Mignonetus.*

MIGNOTISE, Soin trop recherché, affection. Gl. *Mignonetus.*

MIGRAINE, Grenade. *Migrana* 2.

MIL, Millet, sorte de grain. Glos. *Miletum.*

MILHAGEUX, Milagneux, Corrompu, gâté. Gl. *Meligniosus.*

MILIENDE, Sorte de vêtement ou certaine partie de l'habit. Gloss. *Milienda.*

MILIERE, Champ semé de millet. Gl. *Miletum.*

MILLARGEUX, pour Milhageux ou Milhagneux, Corrompu, gâté. Gl. *Meligniosus.*

MILLEGROUX, espèce de loup-garou. Gl. *Difformatio.*

MIR

MILLIERE, Champ semé de millet. Gl. M*iletum*.

MILODS, Se dit lorsqu'il n'est dû que la moitié des lods et ventes dans certaines mutations. Glos. M*utagium*, sous M*uta*, 2.

MINAGE, Droit seigneurial sur les grains mesurés à la mine. — Le marché où se mesure le grain à la mine. — Droit qui se levait sur les vins. Gl. M*inagium*, 1.

MINAGÉEUR, M*inager*, M*inageur*, Celui qui mesure à la mine et qui reçoit le droit appelé M*inage*. Gl. M*inagiator*, sous M*inagium*, 1.

MINE, Certaine mesure de terre, demi-arpent. Gl. M*ina*, 3.

MINEL, diminutif de M*ine*, Mesure de grain. Gl. M*inellus*, 1.

MINER, Ouvrir une mine. Gloss. M*inare*, 4.

MINGNIER, Manger. Gl. M*angerium*.

MINGRELINS, Faible, qui n'a ni force ni vigueur. Gl. M*inutus* 3.

MINISTIER, Distribution d'aumônes. Gl. M*inistratio*.

MINORAGE, Minorité d'âge. Gl. M*inorennitas*.

MINOT, Certaine mesure de terre, la moitié d'une mine. M*ina*, 3.

MINUER, Minuter, écrire une minute. Gl. M*inuare*, 2.

MIRACLE. J*eu* de M*iracle*, Pièce de notre ancien théâtre. Gl. M*iracularius*.

MIRACLES de S. W*idevert*, Sorte de maladie, épilepsie, mal caduc. Gl. M*iracularius*.

MIS

MIRAILLIER, Miroitier. M*irale*.

MIRAUDER, Regarder avec attention, examiner. Gl. M*irare*, 1.

MIRE, Médecin, chirurgien, apothicaire. Gl. M*iro*, 2.

MIRENCOULIE, Chagrin, peine. Gl. M*erencolicus*.

MIRER, Traiter, donner des remèdes, guérir. Gl. M*iro*, 2. [Récompenser. R. R. Gl. t. 3.]

MIRGICINER, Le même. Gloss. M*iro*, 2.

MIRMANDE, Petite ville. M*irmet*

MIRME, Espèce de petit vaisseau, chaloupe. Gl. M*irmet*.

MIRMET, Petit. Gl. M*irmet*.

MIROAILLIER, Miroitier. Gloss. M*irale*.

MIROUER, Miroir. Gl. M*irale*.

MIRRESSE, Femme qui fait l'office de M*ire* ou médecin. Gloss. M*iro*, 2.

MISAILLE, Gageure. Gl. M*isa*, 5.

MISCIE, District, juridiction. Gl. M*isa*, 5.

MISE, Arbitrage, sentence d'arbitres. — Enjeu, gageure. M*isa*.

MISERE, pour M*iseur*, Arbitre. Gl. M*isa*, 2.

MISERELE, Le psaume M*iserere*. Gl. M*urmurium*.

MISERICORDE, p. e. Salle des hôtes dans un monastère. — Sorte de poignard. M*isericordia*

MISERICORS, Miséricordieux, qui est susceptible de compassion. Gl. M*iseratris*.

MISEUR, Celui qu'on a chargé de suivre et exécuter une affaire. Gl. M*isa*, 2.

MISODOUR, Missaudour, Coursier, cheval de bataille. Gloss. *Emissarius*, 2.

MISSIER, Le prêtre chargé de dire la messe. Gl. M*issarius* 1.

MISSION, Mise, frais, dépense. Gl. M*issiones*.

MISSIONNER, Faire des frais à quelqu'un. Gl. M*issionnes*.

MISSOLE, Sorte de froment, dont l'épi n'a point de barbe. Gloss. *Touzella*.

MISTEMENT, Artistement, avec art. Gl. M*isterium*, 1.

MISTERE, Ouvrage, métier, ministère. Gl. M*isterium*, 2.

MISTRAL, Morceau, pièce. Gloss. *Mistrale*. — Bailli ou prévot, celui qui lève les droits d'un seigneur, et veille à ses intérêts; d'où Mistralie, l'office de Mistral. Gl. sous M*inisteriales*.

MISTRE, Maître des hautes œuvres, bourreau. Gloss. M*inister sanguinis*.

MITADENC, Blé méteil. Gl. M*itadenquum bladum*. — Certaine mesure des grains. M*itadencus*.

MITAILLE, Petite monnaie de cuivre. —Mitraille, ferraille. Gl. *Mitta*, 2.

MITAN, Moitié. Gl. M*itarius*.

MITANIER, Métayer, fermier. Gl. M*itarius*.

MITE, Monnaie de cuivre de Flandre. Gl. M*ita*, 2.

MITE-MOE, Qui affecte une douceur hypocrite. Gl. M*armita*.

MITIÉ, Moitié. Gl. M*itarius*.

MITON, Certaine mesure de grain. Gl. M*itonnus*.

MITRE DE PAPIER, Punition pour différents crimes. Gl. s. M*itræ*.

MITTE, Petite monnaie de cuivre. Gl. M*ita*, 2.

MIXTURE, Blé méteil. Gl. M*ixtum*, 2, et M*escalia*.

MIZOTE, Espèce de foin ou fourrage. Gl. M*ezes*.

MOBEUGE, Le nom d'une cloche à Abbeville, qui réglait le travail des ouvriers. Gl. M*aubeuge*.

MOBILIAIRE. CONTRACT MOBILIAIRE, Qui concerne les meubles. Gl. M*obile*.

MOBLE, Meuble. Gl. M*obile*.

MOCE, p. e. Colline, hauteur, éminence. Gl. M*occus*.

MOCHÉ, Femme, épouse. M*ulier*.

MODEKIN, Sorte de mesure, muid. Gl. M*odekinus*.

MODERÉE, Mesure de terre qui contient la semaille d'un muid de grain. Gl. M*oiata*.

MODOAL, Tuteur. M*undualdus*.

MODURENGE, Blé de mouture. Gl. M*oduranchia*.

MOE, Moue grimace. Gl. M*oa* et *Valgium*.

MOEBLE, Meuble, Gl. M*obile*.

MOÉE, Mesure de terre qui con-

MOI

tient un muid de semaille. Gl. *Moia.*

MOELIN, Moulin. Gl. *Hardinea.*

MOEMENT, Conséquence, force, valeur. Gl. *Momentum.*

MOENEL, Espèce de cor de chasse. Gl. *Menetum* et *Fretella.*

MOESON, Le prix d'un bail à ferme. Gl. *Moiso,* 2.

MOETETÉ, Moiteur, humidité. Gl. *Uditas.*

MOFFLE, Moufle, espèce de gros gant. — Monceau, tas. *Moffula.*

MOFFLET, Pain mollet. *Mofflet.*

MOFLE, Monceau, tas. *Moffula.*

MOIBLE, Meuble. Gl. *Mobile.*

MOICTENRIE, Les fruits ou revenus d'une métairie. *Mediatoria.*

*MOIE, Monceau. F. Gl.

MOIÉE, Certaine mesure de terre. Gl. *Moia.*

*MOIEL, Jaune d'œuf. R. R. Gl.

MOIENAU, Espèce de moyenne trompette. Gl. *Monellus.*

MOIENIERRES, Médiateur, entremetteur. Gl. *Mediator,* 1.

MOIENNEMENT, Médiation, entremise. Gl. *Mediator,* 1.

MOIENNER, Transiger, traiter. — Partager par le milieu, séparer en deux parties égales. Gl. *Mediare.*

MOIETOIRIE, Ferme, métairie. Gl. *Moitoieria.*

MOIEUF, Moyeu, Jaune d'œuf. Gl. *Modiolus,* 3.

MOI

MOIGNEANS, Mot mal lu, à ce que je crois. Gl. *Mogneria.*

MOIGNEUX, Office de cuisine chez le roi. Gl. *Mogneria.*

MOIJE, Mesure de terre, qui contient une muid de semaille. Gl. *Modiata,* sous *Modius.*

MOILIER, MOILLIER, Femme, épouse. Gl. *Mulier.*

MOILLERON, Sorte d'enduit fait avec de la *Moulée.* Gl. *Moleya.*

MOILLONNER, Enduire, crépir. Gl. *Moleya.*

MOILON, Coupe, grande tasse. Gl. *Mojolus.*

MOINE, Moineau. Gl. *Moinus.*

MOINEL, Moindre, moyen. Glos. *Maanellus.* — Espèce de moyenne trompette ou cor de chasse. Gl. *Menetum.*

MOIGNAGE, Profession monastique. Gl. sous *Monachi.*

MOINGNE, Moine. Gl. sous *Monachi.*

MOINIAU, Espèce de moyenne trompette ou cor de chasse Gl. *Monellus.*

MOINIOT, Enfant de chœur Gl. *Munie.*

MOINNES, Moineau. Gl. *Moinus.*

MOIS, en Normandie, Maison de campagne, à laquelle il y a des terres attachées, métairie. Glos. *Mansus* et *Chef mois,* s. *Caput.*

MOIS FENAL, Le mois de juillet. Gl. *Fenalis mensis.*

MOISNEAU, Moyenne cloche. Gl. *Monellus.*

MOI

MOISNET, Moineau. Gl. *Moinus.*

MOISON, Mesure, forme. — Espèce de bail à ferme, le prix ou revenu d'un tel bail. Gl. *Moiso.*

MOISONNIER, Fermier, métayer. Gl. *Moiso*, 2.

MOISSERON, Mousseron, petit champignon blanc. Gl. *Mussa* 2

MOISSINE, Marc de vin ou de raisin. Gl. *Moissina.*

MOISSON, Certaine redevance, qui se payait en fruits de la terre. — Gerbe. Gl. *Messis*, 2.

MOISTRE, Emplâtre, remède. Gl. *Medicina.*

MOITABLE, Grain Moitable, Blé méteil. Gl. *Mitadenquum bladum.*

MOITAI. Donner a Moitai, A moitié des fruits. Gl. *Medietaria*, sous *Medietarius.*

MOITAIERE, Ferme, métairie. Gl. *Moitoieria.*

MOITANGÉ. Bled Moitangé. Méteil. Gl. *Mixtum*, 2.

MOITARIE, Moitié des fruits ou des revenus. Gl. *Mediatoria.*

MOITÉEN. Blé Moitéen, Méteil. Gl. *Bladum mediastinum.*

MOITÉERIE, Tenir a Moitéerie, A moitié des fruits. Gl. *Mediateria*, sous *Medietarius.*

MOITEON, Certaine mesure de grain. Gl. *Moitonnus.*

MOITERIE, Ferme, métairie. Gl. *Moitoieria.*

MOITESRIE, Moitié des fruits ou des revenus. Gl. *Mediatoria.*

MOL

MOITOIEN, Moitoier, Métayer. Gl. *Medietarius.*

MOITOIERIE, Bail à moitié des fruits. Gl. *Mediateria*, sous *Medietarius.*

MOITOIRIE, Donner a Moitoirie, A moitié des fruits. Gl. *Medietaria*, sous *Medietarius.*

MOITON, Certaine mesure de grain. Gl. *Moitonnus, Mensura*, 1, et *Modius*, 2.

MOITURIE, Donner a moiturie, A moitié des fruits. Gl. *Medietaria*, sous *Medietarius.*

MOL, Mollet de la jambe. Gloss. *Moleta*, 3

MOLABLE, Grain molable, Qui doit être moulu au moulin du seigneur. Gl. *Molare*, 3.

MOLAGE, Droit de mouture Gl. *Molegium.* — Trémie. Gloss. *Molarium*, 2.

MOLARD, Hauteur, éminence, tertre. Gl. *Molaris.*

MOLE, Botte, faisceau. — Meule. Gl. *Mola.*

MOLECHIN, Etoffe de couleur de mauve. Gl. *Melocineus.*

MOLÉE, Espèce de ciment qu'on tire des auges des couteliers ou taillandiers. — Suie ou noir de chaudière. Gl. *Moleya.*

MOLESTE, Inquiétude, embarras, opposition. Gl. *Molestatio.*

MOLET, Espèce de ciment qu'on tire des auges des couteliers et taillandiers. Gl. *Moleya.*

MOLHÉ, Molher, Femme, épouse. Gl. *Mulier.*

MOL

MOLIER, Tireur et tailleur de meules. Gl. Mo*larius*.

*MOLIER, 37 ; Moler, Mollerez, 209 ; Molléré, 210, ; Moilleré, 257, Femme mariée. L. J. P.

MOLIN Braseret, Moulin à moudre le grain propre à brasser la bière. Mo*lendinum brasarium*.

MOLINEL, Petit moulin. Gl. Mo*linellum*, sous Mo*lina*.

MOLINET, Sorte de bâton de défense. Gl. Mo*linellum*.

MOLINIER, Meunier. Gl. Mo*linarius*.

MOLLAGE, Le droit des mouleurs de bois. Gl. Mo*lla*, 1.

MOLLE, Moule, certaine mesure de bois. Gl. Mo*lla*, 1.

MOLLÉE, Espèce de ciment qu'on tire des auges des couteliers et des taillandiers. Gl. Mo*leya*.

MOLLEQUINIER, Tisserand ou marchand d'étoffe appelée Mo*loquin*. Gl. Me*locineus*.

MOLLER, Mollier, Femme, épouse. Mu*lier*. — Mesurer le bois dans le *molle*, et Mo*lleur*, Celui qui le mesure. Mo*lla*, 1.

*MOLLEZ, Moulé, fait au moule. Ch. de R. vers 3,900.

MOLNIER, Meunier. Gl. Mo*linarius*, sous Mo*lina*.

MOLOQUIN, Etoffe de couleur de mauve. Gl. Me*locineus*.

MOLRE, Moudre. Gl. Mo*lare*, 3.

MOLTE, Droit seigneurial qui se paye des fruits de la terre. Gl. Mo*ltu*, 3.

MON

MOLU, Armes Molues, Pointues, affilées. Gl. *Arma quæ ad molas acuuntur*. — Droit de mouture. Gl. Mo*lta*, 2.

*MOLUE, Aiguisée, tranchante ; de *mola*. R. R. t. 3, p. 13.

MOMME, Mascarade ; d'où Mo*mmer*, Faire une mascarade, et Mo*mmeur*, Masqué. Gl. Mo*merium*

MOMERIE, Mascarade. — Mo*mon*, défi de jeu de dés. Gloss. Mo*merium*.

*MON, Donc ; *igitur*. R. R. Gl.

MONAUS, Ceux qui devaient le droit appelé Mo*nnage*. Gl. Mo*nancius*.

MONCEAU, Troupeau. Fa*rrassia*.

MONDAIN. Justice Mondaine, La juridiction laïque. Œuvre Mondaine, Servile, mercénaire, travail d'artisan. Gloss. Mu*ndalis*.

MONEER, Monnoyer. Mo*netare*.

MONGNIAGE, Profession monastique. Gl. sous Mo*nachi*.

MONIAGE, Le même. Gl. Mo*niacatio*.

MONIAL, Monacal. Mo*niacatio*.

*MONJE, Moine. Ch. R. v. 1831.

MONJOIE, Petite montagne, colline, monceau de pierres. — Conciliateur, entremetteur de la paix. — Cri de guerre des rois de France. Gl. Mo*ns gaudii*. — Nom du roi d'armes de France. Gl. sous He*raldus*.

MONNAGE, Ce que payaient les marchands forains au seigneur

du lieu, soit en vendant, soit en achetant.—Droit seigneurial sur ceux qui usent du moulin du seigneur. Gl. M*onagium*, 1.

MONNEAGE, Redevance qui se payait tous les trois ans au roi pour qu'il ne changeât pas la monnaie. Gl. M*onetagium*, 2.

MONNÉE, Droit seigneurial sur ceux qui usent du moulin du seigneur. Gl. M*onagium*, 1.

MONNOIAGE, Fonte de monnaie. Gl. M*onetagium*, 4.

MONNOIER, MONNOYER, Monnoyeur. Gl. M*oneturius*.

MONOIAGE, Redevance qui se payait tous les trois ans au roi, pour qu'il ne changeât pas la monnaie. Gl. M*onetagium*.

MONOPOLE, Assemblée illicite, cabale, conspiration. Gl. M*onopollum*.

MONSTRANT, Avantageux, vain, orgueilleux. Gl. M*onstrare*.

MONSTRE, Descente sur les lieux contentieux, ordonnée par le juge, pour en examiner les tenants et aboutissants. Gl. M*onstræ*, et O*stensio*. — Sorte de tasse, avec laquelle on fait l'essai des vins. Gl. M*onstra*, 4. [Revue de troupes. F. Gl.]

MONSTRÉE, Descente sur les lieux contentieux, ordonnée par le juge, pour en examiner les tedants et aboutissants. Gloss. M*onstræ* et O*stensio*. — Coupe de bois qui est montrée ou indiquée par la marque d'un marteau. Gl. M*onstrata*.

MONSU, Moussu, couvert de mousse. Gl. M*ussa*, 2.

MONT, Amas, monceau, troupe. Gl. E*lluture*, et M*ontonus*. — Monde. Gl. M*orulare*.

MONTANAGE, Droit seigneurial, qui se lève sur les moutons. Gl. sous M*ulto*.

MONTANCE, Valeur, prix, estimation. Gl. M*ontare*, 1.

MONTANT DE TERRE, Certaine quantité de terre. Gloss. M*ontanum*.

MONTE, Intérêt, usure. — Augmentation, accroissement. Glos. M*ontare*. — P. e. Montagne, colline. Gl. M*ontada*.

MONTÉE, Augmentation du prix de quelque chose. Gl M*ontare*, 3. — Certaine quantité d'eau propre à faire le sel. Gl. M*ontatus*, 2, et M*ontea*.

MONTENAGE, Droit seigneurial, qui se lève sur les moutons. Gl. sous M*ulto*.

MONTEPLIEMENT, Accroissement, agrandissement. Gl. M*ulticiplium*.

MONTEPLOIER, Multiplier, augmenter ses fonds. Gloss. M*ontare*, 3.

MONTER, Concerner, toucher, appartenir. Gl. M*ontare*, 1.

MONTINE, Sorte de jeu, p. e. Loterie. Gl. M*ontina*.

MONTONAGE, Droit seigneurial, qui se lève sur les moutons. Gl. sous M*ulto*.

MONTOUER, Escalier. Gl. M*ontorium*.

MOORRE, Moudre. Gl. M*olare* 3.

MORAINE, La laine qu'on enlève

MOR

de dessus les peaux des animaux morts de maladie. Gloss. Mo*rina*, 1.

MORALITÉ, Espèce de farce ou d'action théâtrale. Mo*ralitas*, 2

MORCEAU, Sortilége. Gl. Mo*rsellum*.

MORDANT, Agrafe, boucle garnie de son ardillon. Gl. Mo*rdantus* et Mo*rsus*, 2.

MORDEMENT, L'action de mordre, morsure. Gl. *Rosim*.

MORDEN, Jambage. Mo*rdanus*.

MORDENS, Agrafe, boucle garnie de son ardillon. Gl. Mo*rsus*, 2.

MORE, Sorte de boisson faite de miel et d'eau. Glos. Mo*ratum*. [Fruit du mûrier. R. R. Gl. t. 3

MORÉ, Etoffe noire. Berthe, vers 1949.

MOREL, Cheval noir. Gl. Mo*rellus*, 1. *Equus*, et *Hirundellu*.

MORENE, Hémorroïde. Mo*reca*.

MORENNE, Gland, sorte d'ornement. Gl. Mo*rena*, 3.

MOREQUIN, Sorte de drap noir. Gl. Mo*relus*.

MORET, Sorte de boisson. Gloss. Mo*ratum*.

MORFIER, Manger. Mo*rphea*, 1.

MORGANT, Agrafe, boucle garnie de son ardillon. Mo*rgarius*.

MORGENGAVE, Le présent que le mari faisait à sa femme le matin du lendemain de ses noces. Gl. Mo*rganegiba*. —

MOR

MORIE, Perte, dommage causé par mort. Gl. Mo*ria*, 1.

*MORILLE, Peste. F. Gl.

MORILLON, Moraillon. Mo*ralla*.

MORINE, Maladie, mortalité de bestiaux. Gl. Mo*ria*, 1. — La laine qu'on enlève de dessus les peaux des animaux morts de maladie. Gl. Mo*rina*, 1.

MORISAGER, Apprécier; ou Abonner, Gl. Mo*rare*, 2.

MORISCLE, Monnaie d'Espagne. Gl. Mo*rikinus*.

MORISQUE, Sorte de danse à la manière des Mores. Mo*rikinus*.

MORNIE, Chair d'animal mort de maladie. Gl. Mo*ria*, 1.

MORRE, Moudre. Gl. Mo*lare*, 3.

MORREUL, Moraillon. Mo*ralla*.

MORS, Morceau. Gl. Mo*rsus*, 1.

*MORS, Mœurs. — [Proverbes ruraux et vulgaus.: « Honors muent et varient les *mors*. » L. J. P.]

MORS-NAMPS, Mortgage, tout autre gage que celui en bétail. Gl. *Namium*.

MORTABLE, Mortel, qui cause la mort. Gl. Mo*rtalia*, 1.

MORTAILLE, Droit seigneurial sur les biens des *mortaillables* et de ceux qui mouraient sans confession. Gl. *Intestatio*, et Mo*rtalia*, 2.

MORTAILLES, Funérailles, enterrement. Gl. Mo*rtalia*, 1.

MORTALIER, Celui qui lève le droit appelé Mo*rtaille*. Gloss. Mo*rtalia*.

MORTEILE, Moutarde. Gl. *Mortella,* 1.

MORTEIS, Mortalité, destruction, perte considérable. Gl. *Mortarium,* 3.

MORTELAYRAS, p. e. Réservoir d'eau à faire le sel. Gl. *Moria* 2

MORTELIER, Mortellier, Celui qui fait le mortier. Gl. *Mortarium,* 2.

MORT ET VIF, Droit seigneurial sur les bêtes à laine, qui se paye en nature ou en argent. Gloss. *Herbagium.*

*****MORTIEUS,** Mortel ; *mortalis.*R. R. Gl. t. 3.

MORTREUX, Mélange de pain et de lait. Gl. *Mortea.*

MORTUAIRE, On appelle ainsi dans l'ordre de Malte le revenu d'une commanderie, échu depuis la mort d'un titulaire jusqu'au 1er mai suivant. — Mortalité, Maladie épidémique. Gl. *Mortuarium.*

MORTXION, Nom d'une monnaie d'argent. Gl. *Mortxion.*

MORUEMENT, Avec un air chagrin, tristement. Gl. *Morulare.*

MORUEUX, Paresseux, casanier, qui reste au coin de son feu. Gl. *Morulare.*

MORVEL, Morve, excrément des narines. Gl. *Morium.*

MOSE, Baril d'harengs, qui sert de montre pour la vente des autres. Gl. *Monstra,* 4.

MOSNÉE, Le blé à moudre. *Mosneie,* Le droit de mouture. *Mosnant,* Meunier. Gl. *Musnare.*

MOSRRAGE, Mouture, l'action de moudre. Gl. *Mosta.*

MOSSEZ, Nom d'une compagnie de marchands italiens. Gl. *Magaleti,* et *Societas,* 4.

MOSTAIGE, Le temps où l'on paye la redevance qu'on doit en vin doux, appelé M*out.* Gl M*ustalis*

MOSTER, Monastère. Gl. *Monasteria.*

MOSTIER, Eglise. Gl. sous *Monasteria.*

*****MOSTRÉE,** 127 ; **Motrée,** 128, Montre, vérification, descente sur les lieux. **Motrée d'armes,** Inspection, revue. L. J. P.

MOTAGE, Motte de terre, et le droit d'en prendre, pour faire ou réparer des levées ou chaussées. Gloss. *Mota,* 4, et M*otagium,* sous M*otaticum.* — Obligation d'un vassal d'assister aux plaids de son seigneur, qui se tenaient ordinairement sur des M*otes,* ou lieux élevés. Gl. M*otagium.*

MOTE, Chaussée, levée, digue. Gl. *Mota,* 4. — Tertre, colline, château bâti sur une éminence, maison seigneuriale. Gl. *Mota,* 1, et *Servitiam de mota.* — Droit de mouture. Gl. *Motta,* 2. — Machine qui sert à transporter de pesants fardeaux. Gl. *Falanga,* 1.

MOTEAU, Motte, morceau de terre. Gl. *Mota,* 1.

MOTEIER, Nommer, déclarer. Gl. *Motire.*

MOTIAU, Botte, fagot, faisceau. Gl. *Mota,* 1.

MOTINE, Machine qui sert à transporter de pesants fardeaux. Gl. *Falanga,* 1.

MOU

*MOTION, Sédition. F. Gl.

MOTIR, Avertir, déclarer. Gloss. M*otire*, et M*otitio*.

MOTISON, Déclaration, acte par lequel on fait connaître quelque chose. Gl. M*otire*.

MOTISSEMENT, Déclaration, énonciation. Gl. M*otire*.

MOTTE, Tertre, colline, château bâti sur une éminence, maison seigneuriale. Gl. M*ota*, 1.

MOUCHERON, Chandelle qui a été mouchée, bout de chandelle. Gl. M*uscatoria*.

MOUCHETE, MOUCHETTE, Essaim de mouches ou abeilles. Gloss. M*uscale*.

MOUCHETTE, Ce que les machines de guerre lançaient contre les murs pour les abattre. Glos. M*uschetta*.

MOUCHOTE, Essaim de mouches. Gl. M*uscale*.

MOUDRE, Droit de mouture. Gl. M*olta*, 2. — Emoudre, aiguiser. Gl. M*olare*, 3, et M*olere*, 2.

MOUE, Eouche, gueule. Gl. M*orsus*, 4. — MOUÉE, Mesure de terre qui contient un muid de semaille. Gl. M*oia*.

MOUFFLE, d'où MOUFLETTE, Mitaine, gros gant. Gl. M*uffulæ*.

MOUFLE, Espèce d'ornement des manches d'un habit, parement. Gl. M*uffulæ*.

MOUFLET, Pain mollet. M*offlet*.

MOUILLIER, Femme, épouse. Gl. M*ulier*.

MOULDRE, Emoudre, aiguiser. Gl. M*olare*, 3.

MOU

MOULÉE, Espèce de ciment, qu'on tire des auges des couteliers et des taillandiers. Gl. M*oleya*.

MOULEEUR, Celui qui est obligé de moudre son blé au moulin du seigneur. Gl. M*olendinarius*, 2.

MOULER (SE), Se remettre, se former. Gl. M*olare*, 4.

MOULIER, Femme, épouse. Gl. M*ulier*.

MOULIN A CHOISEL, Celui que fait tourner une eau ramassée et contenue par une écluse. Gloss. M*olendinum choiseullum*.

MOULIN DRAPIER ou FOLEREZ, Moulin à fouler les draps. Gl. sous M*olendinum*.

MOULIN PASTELIER, Qui sert à piler le pastel ou la guède. Gl. M*olendinum pastellerium*.

MOULIN PENDU, Qui n'est pas fixe, qui est bâti sur un bateau. Gl. M*olendinum pendens*.

MOULIR, Moudre. Gl. M*olare*, 3.

MOULLERS, Femme, épouse. Gl. M*ulier*.

MOULLEURE, pour Mouillure. Gl. E*llutare*.

MOULNIER, Meunier. Gl. M*olinarius*, sous M*olina*.

*MOULT, Beaucoup. F. Gl.

MOULTE, Droit de mouture. — Droit seigneurial, qui se paye des fruits de la terre. Gl. M*olta*.

MOULTENT, Celui qui est obligé de moudre son blé au moulin du seigneur. Gl. M*onancius*.

MOULTURER, Prendre le droit de mouture. Gl. M*outurare*.

MOU

MOUNANT, Celui qui est obligé de moudre son blé au moulin du seigneur. Gl. *Monancius*.

MOUNIMENT, Acte, pièce justificative. Gl. *Munimentum* et *Movimentum*, 2.

MOUQUER, Moquer, railler. Gl. *Narire*.

MOURDREUR, Meurtrier. Gloss. *Murtrerius*, sous *Morth*.

MOURE, Moudre. Gl. *Molare*, 3.

MOURICLE, Monnaie d'Espagne. Gl. *Morikinus*.

MOURIE, Eau propre à faire le sel. Gl. *Segus*.

MOURINEUX, Se dit des moutons et brebis malades. Gl. *Morina* 1

MOURMAISTRE, Celui qui est chargé du soin des étangs et digues. Gl. *Mora*, 2.

MOURRE, Moudre. Gl. *Molare* 3.

MOUSCHE-NEZ, Mouchoir. Gl. *Muccinium*.

MOUSCORDE, Instrument de musique à une corde. Gl. *Monochordum*.

MOUSQUE, Moustache. *Muccatus*

MOUSQUE-MUE, Se dit de la mort qui fait *muer* ou tomber la moustache. Gl. *Muccatus*.

MOUSTAIGE, Le temps où l'on paye la redevance qu'on fait en vin doux, appelé M*out*. Gloss. *Mustalis*.

MOUSTE, Droit de mouture. Gl. *Molta*, 2, et *Foulagium*.

*MOUSTER, 19; Moster, Moters, 164; Mostiers, 24; Moutier, 84, monastère, couvent, communauté, abbaye. L. J. P.

MOUSTERANGE, Blé de mouture. Gl. *Mousdurachia*.

MOUSTILLE, Moustoille, Belette. Gl. *Mostayla*.

MOUSTRANCHE, Faire Moustranche, Faire aveu et dénombrement. Gl. *Monstræ*.

MOUSTURENCHE, Blé de mouture. Gl. *Mousdurachia*.

*MOUT, 14; Moult, 34; Mult, 5; Moz, 38; Molt, 252; Mouz, 43, Beaucoup, très. L. J P.

MOUTARDELLE, p. e. Fourche, bêche, ou quelque autre instrument de labourage. M*ustricola*.

MOUTON, Monnaie d'or de France et d'autres pays. Gl. sous M*ulto*, et M*oneta*.—Machine de guerre, qui jetait de très grosses pierres. Gl. sous M*ulto*.

MOUTONCHEL, diminutif de Mouton, Monnaie d'or. Gl. sous M*ulto*.

MOUTONNAGE, Moutonnaige, Droit seigneurial, qui se lève sur les moutons et toute espèce d'impôt. Gl. sous M*ulto*.

MOUTONNET, Moutonnel, diminutif de Mouton, Monnaie d'or. Gl. sous M*ulto*.

MOUTONNIER Celui qui lève le droit seigneurial, appelé Moutonnage. Gl. sous M*ulto*.

MOUTONNIÈRE, Prison plus resserrée, cachot. Gl. s. M*ulto*.

MOUVOIR, Se mettre en mouvement pour faire la guerre. Gl. *Movere*, 1.

MUA

*MOV (LI ENCIEN FURENT), 277, Les anciens furent mobiles, changeants. L. J. P.

*MOVABLES (CHOSES), 151, Meubles, objets mobiliers. L. J. P.

MOVE, Mouvement, volonté. Gl. *Motu proprio*, s. *Motus terræ*.

*MOVEIR, 18 ; MOUVER, 80, Mouvoir, produire, faire naître. L. J. P.

MOVOIR, Partir, se mettre en chemin. Gl. *Movere*, 1.

MOYAU, Cuve, tonneau. *Mojolus*.

MOYE, Amas, monceau.—MOYÉE, Mesure de terre qui contient un muid de semaille. Gl. *Moia*.

MOYEN, Médiateur, entremetteur. G¹. *Medius*.

MOYEN-FILS, MOYEN-NÉ, Cadet, second fils. Gl. *Medioximus*, 1.

MOYENNE, EN LE MOYENNE, Au milieu. Gl. *Medioximus*, 2.

*MOYEUX, Jaune d'œuf. F. Gl.

MOYETTE, Sorte de bâton. Glos. *Boisia*.

MOYSONNEUR, Fermier, métayer. Gl *Moiso*, 2.

MOYTON, Certaine mesure de grain. Gl. *Moitonnus*.

MU, Muet, qui ne parle point. Gl. *Mutum*.

MUABLECE, Inconstance, facilité pour changer de sentiment. Gl. *Mutare*, 2.

MUAGE, Le droit dû au seigneur lorsque les fonds changent de propriétaire. Gl. *Mutagium*, s. *Muta*, 2.

MUE

MUCE, Cache, lieu secret où l'on serre quelque chose, et surtout l'argent ; d'où *Mucer*, cacher. Gl. *Abdicatorium*, et *Mussia*.

MUCÉEMENT, En cachette, secrètement. Gl. *Mussanter*.

MUCHE, MUCHEURE, Cache, lieu secret où l'on serre quelque chose, et surtout l'argent. Glos. *Mussia*.

*MUCHOTE, Cachette. Berthe, vers 921.

*MUCIER, Cacher. *Amicire*. R.R. p. 128, t. 3.

MUE, Lieu de retraite, prison. — BESTE MUE, Sauvage, féroce. Gl. *Muta*.

MUEBLAIGE, Fourniture, provision. Gl. *Mobile*.

MUELIN, Moulin. Gl. *Molare*, 3.

MUELLE, Sorte de cuir fort. Gl. *Muellus*.

*MUEMENT, Mutation, changement. — Benoît, Chr. de Norm. vers 23921 : « Suls est veirs Deus veraiement Qui fu e est senz *muement*. »

MUER, Changer. Gl. *Mutare*, 2.

MUESON, Mesure. Gl. *Moiso* 1.— Droit sur les vins vendus. Glos. *Mutaticum*, sous *Muta*, 2.

MUET, Troisième pers. sing. prés. de Mouvoir et de Muer.

MUETE, L'action de se mouvoir, départ. — Guerre, expédition militaire. — Impôt pour la guerre. Gl. *Mota*, 1.—Meute de chiens. Gl. *Mota*, 6.

MUETMAKERS, Séditieux, mutins. Gl. *Motivus*, 2.

MUL

MUETTE, Tour, donjon. Gloss. M*ueta*, 1.

MUGE, Musc, ou plutôt Muguet. Gl. M*uscus*.

MUGLIAS, Espèce d'étoffe. Glos. M*uglias*.

MUGNAUTE. Noix Mugnaute, Muscade. Gl. M*uscata*.

MUGNIER, Meunier. M*ensura*, 1.

MUGUETTE, pour Mugnette ou Mugnaute. Gl. M*uscata*.

MUIAUS, Muet. Gl. M*uterc*.

MUIÉE, Mesure de terre qui contient un muid de semaille. Gl. M*odiata*, sous M*odius* 2.

MUIEMENT, Mugissement. Glos. M*ugulare*.

MUIER. Faucon Muier, Qui a passé la mue. Gl. M*utatus*, sous M*uta*, 3.

MUIR, Mugir, beugler. M*ugulare*

MUISI. Pain Muisi, Pain moisi. Gloss. *Panis œstivitatus*, sous *Panis*, 2.

MUISNAGE, p. e. Le droit de mouture. Gl. M*usnare*.

MUISON, Mesure. Gl. M*oiso*, 1.

*MUISTEUR, Tempérament froid F. Gl.

MUJOL, Espèce de poisson, mulet. Gl. M*uiolus*.

MULDRIEUX, Meurtrier. Gl. M*urtrerius*, sous M*orth*.

MULERIE, Mariage. Gl. M*ulier*.

MULETIER des chiens, Office chez le roi. Gl. M*ulaterius*.

MUR

MULIER, Enfant né en légitime mariage. Gl. M*ulier*.

MULLEQUINIER, Tisserand ou marchand d'étoffe appelée M*oloquin*. Gl. M*elocineus*.

*MULT, Beaucoup. Ch. R. v. 635

MULTE, Amende ; d'où M*ulter*, Condamner à l'amende, la faire payer. Gl. M*ulita*.

MULTRE, Meurtre, Gl. s. M*orth*.

MUNIMENT, Acte, pièce justificative. Gl. M*unimentum*.

MUNITÉ, Lieu privilégié. Gl. *Immunitas*, 2.

MURAGE, Impôt pour la reconstruction ou réparation des murs d'une ville ou d'un château. Gl. M*uragium*.

MURDRE, Meurtre, le droit d'en connaître et d'en faire justice. Gl. M*urdrum*, sous M*orth*.

MURDREUR, Meurtrier. Gl. M*urtrerius*, sous M*orth*.

MURDRIR, Commettre un meurtre. Gl. M*urdrare*, sous M*orth*.

MURE, Ornement de peau d'hermine. Gl. M*us peregrinus*.

MURGIER, Monceau, tas de pierres. Gl. M*urgerium*.

MURIE, Chair d'animal mort de maladie. Gl. M*oria*, 1.

MURMELER, Murmurer, marmotter, parler indistinctement. Gl. M*urmurium*.

MURMUREMENT, Murmure, plainte. — Bruit qui court et qu'on ne dit qu'à l'oreille. Glos. M*urmurium*.

MUS

MURMUREUR, Querelleur, qui aime à contester. Gl. *Murmurosus*, sous *Murmurium*.

MURT, MURTRE, Meurtre; d'où *Murtrir*, Faire un meurtre. Gl. *Murdrum*, sous *Morth*.

MUS, Muet. Gl. *Mutere*.

MUSAGE, Inaction, Oisiveté. Gl. *Reclusagium*.

MUSART, Fainéant, paresseux, lâche, sot; d'où *Musardie*, Paresse, fainéantise, sottise, imbécillité. Gl. *Musardus*.

MUSCADE, Raisin muscat. Gloss. *Muscatellus*.

MUSCADET, Vin qui a quelque goût de muscat. *Muscatellum*.

MUSE, Muse, cornemuse. Gloss. *Musa*.

*__MUSEL__, Museau. R. R. Gl.

MUSEQUIN, Sorte d'armure, qui couvrait le dos. Gloss. *Musachinum*.

MUSER, Jouer de l'instrument appelé *Mase*. Gloss. *Musa*, 1. — Regarder fixement comme un sot. *Musare* 2. [Méditer. F. Gl.]

MUSERIE, Sottise, niaiserie, fadaise. Gl. *Musardus*.

MUSETEEUR, Paresseux, niais, stupide. Gl. *Musardus*.

MYG

MUSIQUE, Ouvrage à la mosaïque. Gl. *Musivum*.

MUSQUETTE, Mosquée. *Muscheta*

MUSSE, Cache, lieu secret où l'on serre quelque chose, et surtout l'argent. Gl. *Mussia*.

MUSSÉEMENT, En cachette, secrètement. Gl. *Mussunter*.

*__MUSTER__, Monastère, moutier. Ch. de R. vers 2097.

MUTE, But où l'on tire au blanc; d'où le diminutif *Mutelete*. Gl. *Muta*, 8.

MUTILURE, Mutilation. Gl. *Muticulare*.

MUTRE, Meurtre. Gl. *Murdrum*, sous *Morth*.

MUY, Mesure de terre, qui contient un muid de semaille. Gl. *Modiata*, sous *Modius*, 2.

MUYAGE, Bail, louage fait moyennant certain prix ou redevance. Gl. *Modiagium*.

MUYOT, Monceau, tas. *Muiolus*.

MUYR, Beugler, mugir; d'où *Muyment*, Mugissement. Gloss. *Mugulare*.

MUZ, Muet. Gl. *Mutere*.

*__MY (EN)__, Au milieu. F. Gl.

MYGRE, Grenadier. *Migrana*, 2.

N

NABINE, Champ semé de navets. Gl. *Napina*.

NAC, Sorte d'étoffe. Gl. *Nactum*.

NACAIRE, Espèce de timbale ou tambour. Gl. *Nacara*, 1.

NACELLÉE, La charge d'une nacelle ou bateau. Gloss. *Nucella*, sous *Naca*, 1.

NACHE, Fesse. Gl. *Naticæ*, et *Naca*, 1.

NADRE, Terme injurieux. Gloss. *Natrix*.

NAEURES, Particules d'or ou d'argent, raclure. Gl. *Nageum*.

NAFRER, Blesser, estropier. — [NAFRE (QUI), 282, Qui blesse, estropie. Benoît, Chron. de Normandie, v. 32368 : « Tanz genz *nafrer*, plusors morir. »]

NAGAIRE, Espèce de timbale ou tambour. Gl. *Nacara*, 1.

NAGE, Fesse. Gl. *Naticæ*.

NAGER, NAGIER, Naviguer, conduire un vaisseau, ramer, passer dans un bateau ; d'où *Nageur*, Rameur. Gl. *Nagare*.

NAGUAIRER, Joüer des *Nagaires* ou timbales. Gl. *Nacara*, 1.

NAIE, Charpie. Gl. *Nageum*.

NAJER, comme ci-dessus NAGER. Gl. *Nagare*.

NAIF, Serf de naissance ou d'origine. Gl. sous *Nativus*.

NAIGE, Fesse. Gl. *Naticæ*.

NAIRON, La croisée d'une hache ou d'autre instrument. *Nero*, 1.

NAISSEMENT, Naissance. Gloss. *Nascentia*, 2.

NAIVERIE, Servitude par naissance ou d'origine. Gl. *Nativitas*, sous *Nativus*.

NAM, Gage. Gl. *Namium*.

NAMPS, Gage. Gl. *Namium*.

NANCE, Nasse où l'on conserve le poisson. Gl. *Nanca*.

*NANIL, Non. R. R t. 3. p. 154.

NANS, Gage. Gl. *Namium*.

*NANTER, Nantir, demander un nantissement, une garantie. L. J. P. p. 175.

NAPERIE, Office chez le roi, qui concerne le linge de table. Gl. *Naparia*.

NAPERON, Grande nappe. Glos. *Naperii*.

NAPTZ, Navets. Gl. *Nappa*.

NAQUAIRE, Espèce de tymbale ou tambour. Gl. *Nacara*, 1, et *Tinetilare*.

NARCIZ, Narcisse. Gl. *Narcissus*.

NARE, Dérision, moquerie, plaisanterie. Gl. *Narire*.

NARILLE, Narine ; d'où *Nariller*, Froncer les narines, comme pour se moquer. Gl. *Narire*.

NARRAMIE, Blâme, reproche. Gl. *Narratio*, 1.

NAV

NASCION, Conception dans le sein de la mère, naissance. Gl. *Nativitas, 7.*

NASEL, La partie du casque qui couvrait le nez. Gl. *Nasale.*

NASSELLE, pour Nacelle, esquif ou vaisseau de charge. Gl. *Nassella*, sous *Naca*, 1.

NASSIER, Pêcherie, gort. Gloss. *Nasserium.*

NASSON, Grande nasse, sorte de filet pour la pêche ; d'où le diminutif *Nasseron*. Gl. *Nasserium.*

NASTEN, Nacelle, petit bateau. Gl. *Nasserium.*

NATAL, Jour solennel. Gl. *Natalis,* 1. — Le présent qu'on fait au prêtre qui baptise. *Natalia.*

NATIER, Officier inférieur de vaisseau. Gl. *Natinneus.*

NATION, Famille, maison. Gloss. *Natio,* 2.

NATRE, Grand ménager, avare. Gl. *Natrix.*

NATURE. FAIRE NATURE, Consommer l'action du mariage. Gl. *Facere naturam*, sous *Facere*, 16.

NATURÉ, Natif. Gl. *Naturare.*

NATUREL, Serf de naissance et d'origine. Gloss. *Naturales* et *Theam.* — HOMME NATUREL, Propre au mariage. Gl. *Natura,* 1.

NATURER, Ressembler. Gl. *Naturare.*

NAUFRAGER, Naviguer. Gloss. *Naufragare.*

NAV

NAUFRER, Maltraiter, blesser. Gl. *Nauratus.* Voyez *Nafrer.*

NAUSE, Pêcherie, gort, où l'on emploie des nasses pour prendre le poisson. Gl. *Nassa.*

NAVARROIS, Ceux qui étaient attachés au parti du roi de Navarre contre Charles V, régent du royaume, et ensuite roi. Gl. *Navarenni.*

NAVAY, Navire, bateau. — Havre, port. Gl. *Navaculum.*

NAVÉE, Flotte de guerre ou marchande. — Charge d'un bateau. Gl. *Navata.*

NAVEL, Bateau, navire. Gl. *Navellus,* 1.

NAVIAGE, L'office ou l'art de pilote. Gl. *Naviger.*

NAVIE, Flotte de guerre ou marchande. Gl. *Navilium,* 1.

*NAVIER, Naviguer. F. Gl.

NAVIERE, Champ semé de navets. Gl. *Napina.*

NAVIEUR, Pilote, maître de vaisseau. Gl. *Naviger.*

NAVIGAGE, Navigation. Gl. *Navigium,* 4.

NAVILE, Navire, vaisseau. Gloss. *Navile.* — Flotte, équipement d'une flotte. Gl. *Navilium,* 1.

NAVINE, Champ semé de navets. Gl. *Napina.*

NAVIRE, Navigation. Glos. *Navigium,* 4. — Flotte de guerre ou marchande. Gl. *Navilium,* 1.

NAVISOLE, Nacelle, vaisseau de charge. Gl. *Nassella*, s. *Naca* 1 et *Navis*, 5.

NAVISONE, Le même. Navis, 5.

NAVRAY, Nauvray, Navré, blessé. Gl. Nauratus.

NAVREURE, Blessure, plaie. Gl. Nauratus.

NAZAL, La partie du casque qui couvrait le nez. Gl. Nasale.

NAZIERE, Le même. Gl. Nasale.

NAZILLE, Narine; d'où Nazillier, Froncer les narines, comme pour se moquer. Gl. Narire.

NE. Mettre en Ne, en Ny, s'Inscrire en faux, nier. Gl. Ponere in negatum.

NECESSAIRE, Chaise percée, garde-robe. Gl. Necessaria.

NEETTE, p. e. Mare, endroit où l'on met rouir le chanvre. Gl. Neez.

NEF, Sorte de vaisseau à boire, en forme de bateau. Gl. Navis 2 —Neige. Gl. Ninguidus, et Festum B. Mariæ de Nivæ.

NEGOCE, Affaire. Gloss. Negotium, 2.

NEGOCIATEUR, Facteur, commis de négociant ou marchand. Gl. Negotiator, sous Negotium, 1.

NEGUELIGENCE, Négligence. Gl. Retentio, 6.

NEIF, Serf de naissance ou d'origine. Gl. sous Nativus.

NEINO, Nain, petit enfant, morveux. Gl. Natellus.

NEIPLERANT, p. e. un plant de néfliers. Gl. Neplarius.

*NEIRS, Noir (Niger). Ch. Rol. vers 1933.

NEIS, L'obligation ou servitude de nettoyer. Gl. Nectesare. — Même, et même. Gl. Necne.

NEKEDENT, Nequedent, Cependant, néanmoins. Gl. Nihilominus.

*NEPORQUANT, Néanmoins, cependant. — Chron. de Bertrand du Guesclin, v. 2007 : « Que malditte soit l'eure que me sui acordez ! Non pour quant il me fault tenir mes loiautez. »

*NEQUEDENT, Néanmoins, nullement. F. Gl.

NEQUETANT, Pas même. F. Gl.

NERCHIR, Noircir, devenir noir. Gl. sous Juramentum.

NERET, Petite monnaie de cuivre. Gl. Neretus.

NERON, La croisée d'une hache ou d'autre instrument. Nero, 1.

*NE'S, Ne les. — Livre de Job à la suite des quatre Livres des Rois, p. 493 : « Il désirent les trespassables choses et despitent les permanables u ne's entendent. »

NET, Neveu. Gl. Netus, 2.

NETAIEURE, Ordure, immondice. Gl. Nectesare.

NETOIEURE, Le même. Gl. Nectesare.

NETTAIEURE, Ordure, immondice. Gl. Nectesare.

NEUCTANTEMENT, De nuit, nuitamment. Gl. Noctanter.

NEUFME. Droit de Neufme, Le droit que les curés en Bretagne prétendaient sur les biens de ceux qui mouraient, lequel consistait en la neuvième partie. Gl. sous *Pneuma*.

NEULE, Sorte de pâtisserie fort déliée, oublie. Gl. *Nebula*, 2.

NEVOUL, Neveu. Gl. *Filiolagium*.

NIAGE, L'action de nettoyer. Gl. *Nectesare*.

NIANCHE, L'action par laquelle on nie quelque chose. Gl. *Negantia*.

*NIANT, Néant, rien. — Ogier de Danemarche, v. 5907 : « Por lor proières ne valt faire *niaut*. »

NICE, Sot, niais, imbécile. Gloss. *Nativitas*, 3, et *Nidering*.

*NICEMENT, Niscement, Sottement, étourdiment, follement. — Chronique de Bertrand du Guesclin, v. 20914 : « Souvent pert-en son plait à parler *nicement*. »

NICETÉ, Sottise, simplicité, imbécillité. Gl. *Nativitas*, 3.

NICHE, Sot, niais, imbécile. Gl. *Nativitas*, 3.

NICHEMENT, Follement, contre droit et raison. Gl. *Nativitas* 3.

NICHETÉ, Sottise, simplicité, imbécillité. Gl. *Nativitas*, 3.

NIELE, Neige. Gl. *Ninguidus*.

*NIEPS, Neveu. F. Gl.

NIER, Nettoyer. Gl. *Nectesare*.

NIERELL, Bagatelle, chose de néant. Gl. *Nihilitas*.

NIÉS, Neveu. Gl. *Nepos*.

NIEULE, Sorte de pâtisserie fort déliée, oublie. Gl. *Nebula*, 2.

NIEULIER, Celui qui fait les *nieules*, ou qui les fournit. Gl. *Nebularius*.

NIGEIRAL, Sorte de mesure à Clermont, en Auvergne ; p. e. celle du charbon. Gl. *Nigeiral*.

NIGOSSEUREMENT, Sottement, en ignorant. Gl *Nativitas*, 3.

NIGREMANCHE, Nécromancie. Gl. *Nigromantia*.

NIHER, Nettoyer. Gl. *Nectesare*.

NIQUE, Niquet, Petite monnaie de cuivre, qui valait trois mailles. Gl. *Niquetus*.

NIQUET, Geste de moquerie. Gl. *Niquetus*.

NIS, Même, et même. Gl. *Nene*. [Pas même. Ch. R.]

NISI, Obligation, acte par lequel on s'oblige à quelque chose sous certaine peine. Gl. *Nisi*.

NISTE, mal lu pour *Viste*, Sorte de vase. Gl. *Vista*, 5.

NIULE, Sorte de pâtisserie fort déliée. Oublie. Gl. *Nebulo*, 2.

NIZ, Nez. Gl. *Denasatus*.

NO, Auge de moulin. Gl. *Noa*, 1.

NOBILITACION, Anoblissement. Gl. *Nobilitatio*.

NOBILITER, Anoblir, accorder les priviléges des nobles à un roturier. Gl. *Nobilitare*.

NOBLE, Noblet, Monnaie d'Angleterre. Gl. *Nobile*.

NOBLECE, Droit de seigneur, prérogative. Gl. *Nobilitas*, 2.

NOE

NOBLESCE, Riche et magnifique présent. Gl. sous *Nobilitas*, 1.

NOBLESSE, Droit du seigneur, prérogative. Gl. *Nobilitas*, 2.

NOBLOIS, Magnificence, pompe, grand appareil. Gl. *Nobilitas* 5.

NOC, Gouttière, plomb qu'on met sur les toits. Gl. *Noccus*.

NOÇAILLES, Ce que payaient les serfs à leur seigneur pour la permission de se marier. Gloss. *Nupticsicum*.

NOCES, FAIRE LES NOCES, Avoir affaire à une femme, la traiter comme une nouvelle mariée. Gl. *Nubere*.

NOCHE, ou p. e. VOCHE, Pétrin. Gl. sous *Vocamentum*.

NOCHOIER, Epouser, se marier. Gl. *Nuptiare*.

NOCLIER, Nocher, pilote. Gloss. *Nauclearius*.

NOCQ, Baquet, Cuvier. Gl. *Noccus*

NOCTER, p. e. Murmurer, soupçonner. Gl. *Noctare*, 3.

NOCTUE, Chouette ou hibou. Gl. *Noctividus*.

NOCTURNAL, L'office de nuit, matines. Gl. *Nocturnalis*, 2.

NODES, Sorte de monnaie du Puy. Gl. *Moneta Podiensis*, sous *Moneta Baronum*.

NOE, Espèce de pré bas ou paturage. Gl. *Noa*, 1.

NOÉ, L'écorce verte de la noix. Gl. *Noguerius*, sous *Nogueria*, 1.

*****NOEFME**, Neuvième. Ch. Rol. vers 3229.

NOI

NOEL. JEU DE NOEL, Réjouissance publique. Gl. *Ludus Natalis*, et *Natale*, 3. — NOEL BACRE, NOEL LE BRUYANT, Noms d'une certaine fête. Gl. *Natale*, 4.

NOELÉ, NOELLÉ, Noueux, plein de nœuds. Gl. *Niellatus*, sous *Nigellus*, 1.

NOER, Nager. Gl. *Nabilis*.

NOERAYE, Noue, pré bas, paturage. Gl. *Noiereta*.

NOERIE, Crue, abondance d'eau. Gl. *Noiereta*.

NOERRESCE, Serpent aquatique. Gl. *Natrix*.

NOETTE, Petite noue, pré. Glos. *Noiereta*.

NOGUIERRE, Gouttière. Gl. *Nogueria*, 2.

*****NOFIME**, Neuvième ; *nonus*. R. R. t. 3, p. 241.

NOIAL, Nœud, ce qui sert à attacher, sorte d'ornement. *Nusca*.

*****NOIANT**, Rien, pas. R. R. t. 3, page 275.

*****NOIANT**, NOIENT, Néant, rien. — La Mort de Garin, v. 1954 : « Puis fiert Jeufroi qui tenoit Luisignan, Onques li hialmes ne li valut *noiant*. » — Rutebœuf, I, 1400 : « Por *noient* vit au siècle qui por Dieu ne labeure. »

NOIANTIR, Anéantir, rendre nul. Gl. *Nullare*.

NOIEL, Bouton d'habit. Gl. *Nodellus*.

NOIELLÉ, Noueux, plein de nœuds. Gl. *Niellatus*, sous *Nigellus*, 1.

NOM

*NOIER, Nier; *negare*. R. R. t. 3, p. 33.

NOIF, Neige. Gl. N*inguidus*.

NOIRÉS, Monnaie des comtes de Soissons. Gl. *Suessionum comitum denarii*, sous *Moneta Baronum*.

NOIS, Neige. Gl. N*inguidus*.

NOISANCE, Disposition à nuire. Gl. *Insontia*.

*NOISE, Bruit. F. Gl.

NOISEMENT, Dommage, préjudice, perte. Gl. N*ocumentum* 1.

NOISER, Noisier, Avoir *noise*, contester, se quereller. N*oisia*.

NOISIF, Querelleur, qui cherche noise. Gl. N*oisia*.

*NOISOUS, Querelleur, nuisible. R. R. t. 3, p. 82.

*NOIT, Nuit. Ch. R. vers 717.

NOLER, Boutonner, attacher avec des boutons. Gl. N*odellus*.

NOLLURE, Garniture de boutons. Gl. N*odellus*.

NOLZ, Auge, baquet Gl. N*occus*.

NOMBLE, Longe de veau, échinée de porc. Gl. N*umbile*.

NOMBRAIGE, Droit dû à celui qui comptait les gerbes de la dîme ou du champart. Gl. N*umeragium*, sous N*umeratores*.

NOMBRE, Dénombrement, comme ci-dessous N*ommée*. Gl. N*umeramentum*. — Tas, amas de choses de même espèce. Gl. N*umerus*, 1.

*NOMEMENZ, N*omemant*, Dé-

NOR

claration, reconnaissance. L. J. P. p. 232.

NOMMÉE, Dénombrement, déclaration qu'on fait au seigneur dominant de tous les fiefs, droits et héritages qu'on reconnaît tenir de lui. Gl. N*ominatio*, 2.

NOMMER, Blâmer, reprendre, en nommant ou articulant les faits. Gl. N*ommare*.

NON-AGE, Minorité. Gl. N*onetas*.

*NON-CALOIR, Négligence. F. Gl.

NONCER, Annoncer, faire savoir, apprendre. Gl. N*untiare*.

NONCHER, Déclarer, dire. Gl. N*untiare*.

NONCHIER, Apprendre, annoncer, faire savoir. — Indiquer, marquer, signifier. Gl. N*untiare*.

*NONCIERRE, Messager. F. Gl.

NONE, N*onne*, Religieuse. Gloss. N*onnæ*, sous N*onnus*.

*NONNE, Midi. F. Gl.

NONNETIER, Espèce de meuble ou ustensile de ménage. Gloss. N*onnus*.

NONOBSTANCE, Clause dérogatoire. Gl. N*onobstancia*.

NON-PUISSANCE, Impuissance, faiblesse. Gl. *Pupillarietas*.

NORAIS, pour N*orois*, Qui est du Nord. Gl. N*orax*.

NORE, Bru, femme du fils. Gl. N*ora*.

NOROIS, Homme du Nord. — Fier, hautain, orgueilleux. Gl. N*orthus*.

NOU

NORRETURE, Bétail qu'on nourrit et qu'on élève. Gl. *Nutricatio.*

NORRIAGE, Le même. Gl. *Nutricatio.*

NORRIGUIÉ, Berger, Celui qui nourrit et élève le bétail. Gloss. *Norriguerius.*

NORRIN, FAIRE NORRIN, Faire des *nourritures*, élever du bétail. Gl. *Nutricatio.*

NORRIS, Familier, domestique. Gl. *Nutriti.*

NORRITURE, Bétail qu'on nourrit et qu'on élève. Gl. *Nutriticatio.*

NORROISE. HACHE NORROISE, A l'usage des *Norrois* ou gens du Nord, faite dans ce pays. Gloss. *Norrissa.*

NORVOIE, Norvége. *Godebertus.*

NOSCHE. Voyez *Nusche.*

NOSSAILHES, Le temps où l'on peut se marier. Gl. *Nuptorium*, sous *Nuptiæ.*

NOTAILLE, mal lu pour NO-ÇAILLE. Gl. *Nuptiaticum.*

NOTAUBLE, Notable, distingué. Gl. *Notabilis.*

NOTE, Air, chant. Gl. *Nota*, 2.

*NOTENERIE, Etat, profession de batelier, de marinier. L. J. P. page 124.

NOTIS, Connaissance. Gl. *Notinus*

NOTORIE, Office de notaire. Gl. *Notaria*, 2.

NOTULE, Minute. Gl. *Notula.*

NOU. A Nou, A la nage. *Nabilis.*

NOU

NOUEL, Bouton ; d'où *Noueler*, Boutonner, attacher avec des boutons. Gl. *Nodellus* et *Capitium*, 1.

NOUELEURE, Garniture de boutons. Gl. *Nodellus.*

NOUER, Nager. Gl. *Nabilis.*

NOUERDIER, Noyer, arbre. Glos. *Noerium.*

NOUEROIE, Lieu planté de noyers. Gl. *Nogadera.*

NOUIAX, Nœuds. Gl. *Capitium* 1

NOUILLEUX, Noueux, plein de nœuds. Gl. *Nodosus.*

NOULER, Boutonner, attacher avec des boutons. Gl. *Nodellus.*

NOULLON, L'écorce verte de la noix. Gl. *Noguerius*, sous *Nogueria.*

NOULLU, Noueux. Gl. *Nodosus.*

NOURETURE, NOURRETURE, Bétail qu'on nourrit et qu'on élève. Gl. *Nutricatio.*

NOURRETURE, Maison, famille. Gl. *Nutriti.*

NOURRIS, Nourrisson. Gl. *Nutricius.*

NOURRISSEMENT, Education. Gl. *Nutritura.*

NOURRISSON, Nourriture, le prix qu'on donne à la nourrice d'un enfant. Gl. *Nutritium.*

NOURRITURE, NOURRETURE, Maison, famille. Gl. *Nutriti.*—Education. Gl. *Nutritura.*

NOUTEILLEUX, Noueux, plein de nœuds. Gl. *Nodosus.*

NUB

NOUVELIER, Nouvelliste, qui aime à entendre et à débiter des nouvelles. Gl. N*ovella*, 3.

NOUVELLE, Procès, différend en cas de *nouvelleté* ou de trouble dans la possession de quelque chose. Gl. N*ovalitas*.

NOUVELLETÉ, Nouviauté, Innovation, trouble Gl. N*ovalitas*, N*ovitas*, 2, et N*untiatio*.

NOUVELLEUR, Amateur de nouveautés. Gl. N*ovella*, 3.

NOVAIN, La neuvième partie de quelque chose. Gl. N*ovenus*.

NOVALITÉ, Nouvelleté, en terme de palais, innovation, trouble dans la possession de quelque chose. Gl. N*ovalitas*.

NOVEINE, Neuvaine Gl. N*ovena*

*NOVEL, Noviaus, Nouveau ; N*ovus*. Tens novel, le printemps. R. R. Gloss.

NOVELER, Entendre ou apprendre des nouvelles. Gl. N*ovellare*

NOVIAUTÉ, Nouvelleté, en terme du Palais, innovation, trouble dans la possession de quelque chose. Gl. N*ovalitas*.

NOVICE, p. e. Noviciat. Gl. N*ovitiari*.

NOVISSERIE, Noviciat. Gl. N*ovitiari*.

NOXER, C'est faire un certain mouvement du talon en dansant. Gl. N*oxare*.

NOYFZ, Neige. Gl. N*inguidus*.

NUBELLE, Instrument de musique. Gl. N*ubalis*.

NUBLE, Sorte de pâtisserie fort déliée, oublie. Gl. N*ebula*, 2. — Longe de veau, échinée de porc. Gl. N*ebulus*. — Qui ne voit pas clairement. Gl. N*ubilus*.

NUS

NUBLECE, Nublesse, Nuage, obscurité, ténèbres. Gl. N*ubs*.

NUESCES, Noces. Gl. N*uptiæ*.

*NUESME, Neuvième ; *nonus*. R. R. Gloss.

NUGACION, Mensonge. Gl. N*uga*

NUISEMENT, Dommage, préjudice, tort. Gl. M*anutenentia*.— Amende pour le dommage qu'on a fait. Gl. N*ocumentum*, 3.

NUIT, Veille, le jour qui précède une fête. Gl. N*ox*, 3. — Le couchant. Gl. N*ox*, 4.

NUITANTRÉ, Par nuit, la nuit commencée. Gl. N*octanter*.

NUITIER, Nuittier, Le soir, la nuit commençant. Gl. N*octanter*.

*NUIZ (AS), Dedans les Nuiz, Ara les Nuiz, Dans les délais, Aura les délais. L. J. P. p. 274.

*NUIZENTRE (DE), Pendant la nuit, nuitamment. L. J. P. page 235.

NULLUI, Nully, Nul, personne, qui que ce soit. Gl. N*ullus*.

NULUI, comme N*ullui*. Dicare.

NUMBLE, Longe de veau, échinée de porc. Gl. N*umbile*.

*NUNS, Messager. Ch. R. 3694.

NURRETURE, Arrière-faix. Glos. N*utritorium*.

*NUS, Nous, *nos* ; nul, *nullus*. R. R. Gloss.

OBÉ

*NUSCHES, Agrafes ou bijoux destinés à être pendus au cou. Ch. de R. vers 637.

NUSQUE, L'angle interne de l'œil. Gl. *Nusca.*

NUYRAGUIER, Berger, celui qui nourrit et élève du bétail. Gl. *Nurigarius.*

NUYTÉE, Service qu'on est obligé de faire pendant l'espace d'une nuit. Gl. *Nox*, 2.

OBL

NUYTIER, Le soir, la nuit commençant. Gl. *Noctunter.* Voyez *Anuitier.*

NY. METTRN EN NY, s'inscrire en faux, nier. Gl. *Ponere in negatum.*

NYÉE, Nichée, couvée. Gloss. *Nidalis.*

NYNNYN, Nom propre d'un homme. Gl. *Ninnarius.*

O

O, pour Avec, dans les Etablissements de saint Louis, ch. 131, et partout ailleurs. Gloss. sous *Palettus.* — [Oui : NE O NE NON, ni oui ni non. — Avec. R. R. Gl.]

*OAN, A présent, alors, cet an, cette année. R. R. t. 3, p. 203.

OANCE, Rente ou redevance qui se payait au jour indiqué à cri public. Gl. *Oiancia.*

OBCULTÉ, Obscurité, embarras. Gl. *Obscuriloquium.*

OBEANCIER, Obédienciaire, nom de la première dignité au chapitre de Saint-Just, à Lyon. Gl. *Obedientiarius*, 1.

OBÉIR, s'Engager, se soumettre. Gl. *Obedire.*

OBÉISSAMMENT, Avec obéissance et soumission. Gl. *Obedientialiter.*

OBÉISSANCE, Hommage que doit le vassal à son seigneur. — Redevance, service de vassal. Gl. *Obedientia*, 4. — Seigneurie, district, juridiction. Gl. *Obeissancia.*

OBÉISSEMMENT, Avec obéissance et soumission. *Obedientialiter.*

OBEL, Signe, but; ou Etal de boucher. Gl. *Obile.*

OBER DU LIT, Sortir du lit, se lever. Gl. *Oberatus.*

OBICER, Objecter, opposer. Gl. *Obicere.*

OBIER, Sous-prieur, prieur claustral. Gl. *Obierus.*

OBIT, Mort, trépas. Gl. *Obitus* 2.

OBLAYERIE, Le métier de faire des oublies. Gl. *Obliarius*, sous *Oblata.*

OBLIAU, Celui qui doit le cens appelé *Oublie.* Glos. *Obliarius*, sous *Oblata.*

OBLIETE, Cachot, prison perpétuelle. Gl. *Oblivium.*

*OBLIENCE, Oubli. L. J. P. 199.

*OBLIEZ, Oublies. L. J. P. p. 240

*OBLIGEMANT, Obligation. — Le Conseil de Pierre de Fontaines, p. 343 : « Toz *obligementz* est tenuz por marchié. »

OBLOQUCION, Contradiction, contestation. Gl. *Misdicere*.

OBLOYER, Faiseur ou marchand d'oublies. Gl. *Obliarius*, sous *Oblata*.

OBLYE, Oublie, sorte de pâtisserie fort déliée. Gl. *Oblata*.

OBOLLE, Partie du marc, p. e. la même chose que le grain. Glos. *Obolus*.

OBRADOR, Ouvroir, boutique. Gl. *Operatorium*.

OBSTANT, Pour, à cause, parce que. Gl. *Obstantia*.

OBVENU, Revenu qui n'est fondé que sur les cas fortuits, casuel. Gl. *Obventio*.

OCCASIONAUMENT, Par suggestion et conseil, indirectement. Gloss. *Occasionare*, 1, sous *Occasio*, 5.

OCCASIONNÉ, Sujet, accoutumé. Gl. *Occasionatus*.

OCCHOISON, Intention, dessein. Gloss. *Occasionare*, 1, sous *Occasio*, 5.

*OCCERRE, Occire, tuer.—Beaumanoir, Coutumes du Beauvoisis, I, 483 : « Il me mehaingnera ou m'*occera*. »

*OCCISION, Ocision, Meurtre, tuerie, carnage. — Villehardouin, Conqueste de Constantinoble, CV : « Et mout estoient durement lassés de la bataille et de l'*ocision*. »

OCCOT, Retard, empêchement. Gl. *Hoquetus*, 1.

OCCULTÉ, Obscurité, embarras Gl. *Obscuriloquium*.

OCCUPER, Occupper, Accuser charger quelqu'un d'un crime Gl. *Occupatio*, 3.

OCCUPÉ, Qui est pris, qui est fai prisonnier Gl. *Occupatio*, 3.

OCCURRE, Venir promptement au secours de quelqu'un. Gl. *Occurere*.

OCEL, Petit vase. Gl. *Ocellus*.

OCHE, Terre labourable, entourée de fosses ou haies, jardin ou verger fermé de même. Gloss *Olca*, 1.

OCHER, Marquer par des hoches ou entailles. Gl. *Occare*, 2.

OCHIR, Occire, Tuer. Gl. sous *Villani*.

OCHISSERES, Meurtrier, homicide. Gl. *Occisor*.

OCHISSION, Meurtre. Gl. *Occisor*

OCHOISONNER, Reprendre, blâmer. Gl. *Occasionare*, 1, sous *Occasio*, 5.

OCISSION, Meurtre. Gl. *Occisor*.

OCLAGE, Présent de noces que le mari faisait à sa femme en lui donnant un baiser. *Osculum* 2.

OCLE, Le même. — Ce que l'on donne à une veuve pour le deuil. Gl. *Osculum*, 2.

*OCQUENISEUX, Accablant, tuant. F. Gl.

OCTEMBRE, Octobre. *Octimber*.

OCTOIVRE, Octobre. *Octimber*.

OCTROYEMENT, Concession, permission. Gl. *Ottroium*.

OFF

*OD, Avec. Ch. R. v. 84.

OE, Oie, Gl, *Occa*, et *Auca*, 1.

OELLE, Huile. Gl. *Oleum*.

OELMENT, Egalement. Gl. *Egallatio*, sous *Égalare*.

OENCHINE, Brasserie. *Camba* 3.

OENDUIT, Sorte d'amende. Glos. *Oenduit*.

OES, Œufs. Gl. *Ovum*, 1. — [Besoin, utilité. Ch. R. 373. — Gré, volonté, choix. R. R. Gloss.]

*OEZ, Ecoutez, entendez, *audite*. R. R. Gloss.

ŒUF, Jouer a l'œuf. *Ovum*, 1.

ŒUILLAGE, Remplissage jusqu'à l'œil, ou bondon du tonneau. Gl. *Implagium*, 2.

ŒVRER, Faire, agir. Gl. *Operare*

OFFENDRE, Offenser, outrager. — Contrevenir, pêcher contre les lois et coutumes. *Offendere*.

*OFFERT, Sacrifié. Berthe, 2235.

OFFICE, Officialité, cour ecclésiastique. Gl. *Officium*.

OFFICE de majesté, Droit royal et souverain. Gl. *Officium majestatis*.

OFFICIER, Livre d'église contenant les offices qu'on doit chanter. Gl. *Officiarium*. — Exercer un office; plus particulièrement celui de sergent, exploiter. Gl. *Officiare*, 2.

OFFICIERS Fiesvez, Les grands officiers de la couronne. Gloss. sous *Officicum*.

OFFREUR, p. e. Receveur des impôts. Gl. *Offerentes*.

OIN

OFFRIR, Aller à l'offrande. Glos. *Offerenda*.

OFFROY, Espèce d'ornement à l'usage des femmes. *Offretum*.

OFICHE, Office, charge, emploi. Gl. *Campiones*.

OFRORIE, Certaine partie d'une maison. Gl. *Offrator*.

OGRE, Orgue. Gl. *Discantus*.

OHUE, Ouïe. Gl. *Oya*.

OIANCE, Rente ou redevance qui se payait au jour indiqué à cri public. Gl. *Oiancia*.

OICTIEVE, Le droit de prendre la huitième gerbe. Gl. *Octava*, 6.

OICTOUVRE, Octobre. *Octimber*.

*OIDME, Huitième. Ch. R. 3245.

OIE, Ouïe. Gl. *Oya*.

OIGNEMENT, Onguent, parfum. Gl. *Unguentum* et *Smegma*.

OIGNONNETTE, Graine d'oignon. Gl. *Oignonnus*.

*OIL, Œil, *oculus*. R. R. t. 3, p. 209.

*OIL, Oui. R. R. t. 3, p. 14.

*OIL, Yeux. Ch. R. v. 1991.

OILLE, Huile. Gl. *Oleum*.

OINGNAGE, Celui qui fait des cochonneries, des choses indécentes. Gl. *Unctum*.

OINT, Pain d'oint ou de graisse de porc; ou la partie du porc dont on tire l'oint. Gl. *Unctum*.

OINTIER, Marchand d'oint ou de graisse. Gl. *Unctaria*.

OLI

OINTURE, Oint, graisse. Gl. *Unctura* et *Sagimen*. — Le droit dû sur l'*oint* qu'on vend au marché. Gl. *Unctura*.

*OIR, Héritier.—Rutebeuf,II,373 : « Maisons et terres et avoirs Viennent de par li père as *oirs*. »

OIRE, OIRRE, Voyage, tout ce qui y est nécessaire ; d'où *Oirrer*, Aller, voyager. Gl. *Iterare*. — [Train, allure, pas ; *grant oire*, grand train. R. R. Gl.]

OISEL, Oiseau. Gl. *Avis*.

OISELER DE JOIE, Tressaillir de Joie. Gl. *Oisellare*.

*OISIAUS (LI), OISIEL (A L'), L'oiseau, à l'oiseau. L. J. P. p. 322.

*OISSUE, Issue, sortie. R. R. t. 3, p. 144.

OISTE, Hostie, la sainte Eucharistie. Gl. *Hostia*, 1.

OITE, comme *Oiste*. Gl. *Hostia* 1.

*OIXURS, Epouses, *uxores*. Ch. R. vers 821.

OLE, Grand pot ou vase à deux anses. Gl. *Olla*, 2.

OLERIES, p. e. les Antiennes de l'Avent, qui commencent par l'exclamation O. Gl. *O*.

OLIETTE, Olivette, plante de la graine de laquelle on fait de l'huile. Gl. *Oleator*.

OLIEUR, Marchand d'huile ou meunier d'un moulin à huile. Gl. *Oleator*.

OLIFANT, OLIPHANT, Trompette, clairon, Cor de chasse. Gl. *Elephas*. — [Eléphant, *elephantus*. R. R. Gl.]

OND

*OLME, Sorte de peine, de supplice. L. J. P. p. 284.

*OM, ON, *Homo*. Ch. R. v. 2230.

OMAILLES, pour Aumailles. Gl. *Animalia*.

OMBRAGIÉ, Lent, paresseux. Gl. *Umbræ*.

*OMBROYER, Se mettre à l'ombre. F. Gl.

OMILÉE, Certaine mesure de terre. Gl. *Homuta*.

OMINADE, Bosse, tumeur, abcès. Gl. *Ominada*.

*OMNIEMENT, Tous ensemble. F. Gl.

ONAINE, Chenille. Gl. *Honnina*.

*ONC, ONQUES, Jamais, *unquam*. *Onques mès*, jusqu'à présent, auparavant. R. R. t. 3, p. 202.

ONCE, Certain rang ou place parmi ceux qui tirent un bateau en remontant une rivière. Gloss. *Oncia*.

ONCELÉE, Certaine mesure de vin, une bouteille. Gl. *Uncia* 3.

ONCENOTTE, p. e. Espèce de vase. Gl. *Oncia*.

ONCHINE, ONCINE, Brasserie et tout lieu où plusieurs personnes travaillent à un même ouvrage. Gl. *Camba*, 3.

ONCIER, Mesurer par onces. Gl. *Unciare*.

ONCIN DE CHARRETTE, Sorte de bâton crochu. Gl. *Uncinus*.

ONDÉE, Tranchée, douleur pour accoucher. Gl. *Undacio*.

ORA

ONDÉER, Ondoyer, jeter de l'eau sur la tête d'un enfant, en attendant les cérémonies du baptême. Gl. *Uudeiare*.

ONGEMENT, Onguent, parfum. Gl. *Unguentum*.

ONIOT, Espèce de linge. Gl. O*nio*.

ONNI, Uni, égal. Gl. O*nio*.

ONNIEMENT, Onguent dont on panse les plaies. Gl. *Unguentum*. — Egalement. Gl. *Egallatio*, sous *Egalare*.

ONOR, Domaine, fief, seigneurie. Gl. sous *Honor*.

*****ONQUES**, Onc, Jamais. — Rom. du Renart, v. 5928 : « Et Renars qui *onc* n'ot bonté... »

*****ONS (LI)**, Ome (de l'), L'homme L. J. P. p. 320.

OPS, Choix, volonté. Gl. O*ptio* 2.

OPTACION, Sollicitation, induction. Gl. *Optatio*.

OPTAT, Souhait, désir. *Optatio*.

OQUE, Coche, entaille. Gl. *Occare*, 2.

OQUISENER, Vexer, faire de la peine, tourmenter. Gl. *Occasionare*, sous Occasio, 5.

OQUISION, Occasion, sujet. Gl. *Occasionare*, 1, sous *Occasio* 5.

OQUISONNER, Poursuivre en justice. Gl. *Occasionare*, 1, sous Occasio, 5.

*****OR**, A présent; *or ça*, courage, *age*, *euge*. R. R. Gl.

ORACLE, Oratoire, lieu où l'on prie Dieu. Gl. O*raculum*, 1.

ORD

ORAGE Bel, Bon vent, vent favorable. Gl. O*rago*.

*****ORAINS**, Tout à l'heure. Berthe, vers 1202.

ORATEUR, Chapelain qui dessert un oratoire. Gl. O*rator*, 2. — Supliant, Gl. sous O*rator*, 1.

ORBATEUR, Batteur d'or; d'où *Orbaterie* et *Orbateure*, L'art ou l'ouvrage de cet artisan. Gl. *Orbator*.

ORBE, Ce qui ne paraît pas clairement. Gl. sous *Ictus orbis*.

ORBEMENT, Obscurément, d'une manière qui n'est pas claire. Gl. *Orbus*.

ORBETÉ, Privation de quelque chose. Gl. O*rbitudo*.

ORCEAU, Orcel, Vase, pot. Gl. *Orcellus*.

ORCHAL, Archal. Gl *Auriculatum*.

ORD, Sale, vilain, puant. O*rdus*.

ORDEIGNER, Disposer par testament. Gl. *Ordinare*, 1.

ORDENANCE, Ce que prescrit l'ordonnance. — Volonté, fantaisie. Gl. *Ordinantia*, 1.

ORDENÉ, Celui qui a reçu les ordres sacrés. Gl. O*rdinatus* 1, sous O*rdo*, 3.

ORDENÉEMENT, En bon ordre. Gl. *Ordinabiliter*.

ORDENEMENT, Ordonnance, réglement. Gl. *Ordinamentum*.

ORDENER, Administrer les derniers sacrements, particulièrement l'extrême-onction. Gl. *Or-*

ORD

dinare, 4.— Panser, traiter une plaie. Gl. *Ordinare*, 5.

*ORDENES (SAINS), Les saints ordres. L. J. P. p. 102.

ORDONNEUR, Ordonnateur, celui qui préside à quelque chose. Gl. *Ordinator*, 2.

ORDINE, Ordre, commandement. Gl. *Ordinamentum*.

ORDINÉEMENT, Mourir Ordinéement, Mourir muni des sacrements, et après avoir fait son testament. Gl. *Ordinatus*, 2.

ORDOIER, Souiller, profaner, couvrir ou remplir d'ordure. Gl. *Funestare* et *Ordura*.

ORDOIS, pour Hordois, Palissade. Gl. *Hordeicium*.

ORDON. A Ordon, Par ordre, par rang. Gl. *Ordinabiliter*. Voyez *Ordene*.

ORDONNANCE, Compagnie de femmes débauchées. Gl. *Ordinantia*, 2.

ORDONNANCES, Les derniers sacrements; d'où *Ordonner*, Les administrer, et particulièrement l'extrême-onction. *Ordinare*, 4.

ORDRE, Religion, profession monastique. Gl. sous *Ordo*, 6.

ORDRE de mariage, Le sacrement de mariage. Gl. *Ordo*, 3.

ORDRENANCE, Volonté, fantaisie. Gl. *Ordinantia*, 1.

ORDRENNER, Disposer par testament; d'où *Ordreneresse*, Testatrice. Gl. *Ordinare*, 1.

ORDURE, Femme débauchée. Gl. *Ordura*.

ORF

ORE, A Ore, Maintenant, à présent. Gl. *Ja*.

ORÉ, pour Ort, Jardin. *Oreum*.

*ORED, Orage, *auratus*, Ch. R. vers 689.

ORÉE, Bord, lisière Gl. *Oreria*.

OREILLE, Orée, bord d'un bois. Gl. *Aureria*.—Donner Oreille Prêter l'oreille, écouter. Gloss. sous *Auris*.

OREILLER, Couper les oreilles, sorte de supplice. *Auriculare* 3

OREILLETTE, Prendre des Oreillettes, Se boucher les oreilles. Gl. *Auriculares*, 1.

OREILLIER, Être attentif, s'appliquer. Gl. *Aurem dare*, sous *Auris*.— [Ecouter, *Auriculare*. R. R. t. 3, p. 132.]

*ORENDROIT, Orendroites, A présent, à cet instant. R. R. t. 3, p. 43.

*ORER, Dire, parler, prier, *orare*. R. R. Gl.

ORÉS, Orez, Orage. Gl. *Orago*.

*ORET, Doré, *auratum*. Ch. R.

OREUR, Héraut. Gl. *Festialis*.

*OREZ, Tempêtes, *auratus*. Ch. R. vers 1434.

ORFALISE, Orfroi, bordure. Gl. *Orfresium*.

ORFANTÉ, L'état d'un orphelin. Gl. *Orphanitas*

ORFENE, Orphelin. *Orphanus* 1.

ORFENTÉ, L'état d'un orphelin. Gl. *Orphanitas*.

OR-FORS, Dehors. Gl. *Ordus*.

ORI

ORFRASER, Garnir d'orfroi. Gl. *Aurifrigia*.

ORFRAYS, Orfroys, Frange d'or, ornement d'or ou de soie, dont on borde quelque chose. Gloss. *Aurifrigia* et *Orfresium*.

ORGANAL. Vaine Organale, Qui est un des organes de la vie. Gl. *Organalis*.

ORGANER, Chanter avec une certaine modulation. Gl. *Organare* sous *Organum*.

ORGANEUR, Organiste, joueur d'orgue. Gl. *Organarius*, sous *Organum*, 1.

ORGANISER, Jouer de l'orgue. Gl. *Organizare*, s. *Organum* 1.

ORGERIE, Marché au blé Gl. *Orgeria*.

ORGEUS, Orgueilleux, altier, superbe. Gl. *Orgoria*.

ORGOILLOS. Le même. Gl. sous *Abatis*.

*****ORGOUZ**, Orgueil. R. R. Gl.

ORGUEILLEUX, Espèce de maladie. Gl. *Orgeria*.

ORGUENER, Jouer de l'orgue. Gl. *Organare*, sous *Organum*.

ORIER, Etole, ornement sacerdotal. Gl. sous *Orarium*.

ORIERE, Bord, lisière. *Oreria*.

ORIERIE, Discours, propos déplacé. Gl. *Oricus*.

ORIFLAMBE. Oriflour, Oriflamme. Gl. *Auriflamma*.

ORIGINAL, Origine, race, lignée. Gl. *Originalis*. — Veine Originalle, Qui est comme l'ori-

ORT

gine et le principe de la vie. Gl. *Organalis*.

ORIGINEL. Veine Originelle, Le même. Gl. *Organalis*.

*****ORILLE**, Oreille. R. R. Gl.

ORILLIER, Oreiller. *Le droit des orilliers*, Droit ou présent que les jeunes gens exigeaient des nouveaux mariés. Gl. *Ourilliera*

*****ORINAL**, *orinax*, Vase de nuit. R. R. Gl.

ORINE, Origine, race, lignée ; d'où *Péché orinal*, pour péché originel. Gl. *Originalis* et *Originarii*. — [Urine, *urina*. R. R. Gl.]

ORIOL, Porche, espèce de galerie. Gl. *Oriolum*.

*****ORISON**, Prière, *oratio*. R. R. Gloss.

*****ORMEL**, Orme, ormeau, *ulmus*. R. R. Gl.

ORMIER, Or pur. Gl. s. *Merus*.

ORNICLE, Sorte d'étoffe fort riche. Gl. *Manica*, 2.

ORO, p. e. Eglise, chapelle. Glos. *Oraculum*, 1.

ORPHENIN, pour Orphelin. Glos. *Orphanus*, 1.

ORS, Ours. Gl. *Orsa*.

ORT, Jardin, verger, courtil, clos. Gl. *Orta*.

*****ORT LIEU**, Lieu sale, honteux. L. J. P. p. 327.

ORTALESSIES, Toute espèce d'herbes potagères, légumes. Gl. *Hortalia*.

ORTAUS, Le même. Gl. *Ortaligium*.

ORTEL, Jardin, verger, courtil, clos. Gl. *Orta*.

ORTELAIN, Jardinier. Gl. *Ortilio*.

ORTENOIS, Nom d'un peuple du Nord. Gl. *Ortuga*.

ORTHOLAN, Jardinier. Gl. *Ortolanus*.

ORTIAL, Jardin, verger, courtil, clos. Gl. *Orta*.

ORTIVE, Ce qui est cultivé en jardin ou verger. Gl. *Ortivus*.

ORTOIER, Nettoyer avec un balai d'orties. Gl. *Ortica*.

ORTOLAILLES, Toute espèce d'herbes potagères, légumes Gl. *Inortolagia*.

ORTOLLAN, Jardinier. Gl. *Ortolanus*.

ORTRON, pour OTTRON, Terme d'injure. Gl. *Utrinare*.

ORTURE, Ourdissure, tissure. Gl. *Orditura*.

ORVEDE, Injure, tort, violence. Gl. *Orveyde*.

*OS, Osé, audacieux, *ausus*. Ch. R. vers 2292.

OS COURT, Le manche d'un jambon ou d'un gigot. Gl. *Ossosus*. — [Hardi, audacieux. R. R. Gl.]

OSANNE, Le Dimanche des Rameaux. Gl. *Dominica osanna*.

*OSBERCS, Haubert, tunique de maillles. Ch. R. v. 1277.

OSCHE, Hoche, coche, entaille. Gl. *Occare*, 2. — Terre labourable, entourée de fossés ou haies, jardin ou verger fermé de même. Gl. *Olca*, 1.

OSCLE, Présent de noces que le mari faisait à sa femme, en lui donnant un baiser. Gl. *Oscleia*, sous *Osculum*, 3.

OSCURTÉ, Obscurité, embarras. Gl. *Obscuriloquium*.

*OSE, Audace. F. Gl.

OSEAULX, Houseaux, sorte de chaussure, bottines ; d'où *se Oser*, Chausser des *oseaulx*, mettre des bottines. Gl. *Osa*.

*OSELLONS, Petits oiseaux. R. R. t. 3, p. 167.

*OSI, Aussi. L. J. P. p. 226.

OSPITAUX, L'ordre des Hospitaliers de S. Jean de Jérusalem. Gl. *Templum*.

OSSEQUE, pour Obsèques, funérailles, enterrement. *Obsequiæ*.

OST, Armée, expédition militaire, service de guerre que doit un vassal à son seigneur. Gl. *Hostis*, 2, et *Ost*. — Hôtel, maison. Gl. *Hospitisia*.

OSTADE, Sorte d'étoffe, estame. *Ostada*.

OSTAGE, Écot, dépense d'hôtellerie. Gl. *Hostalagium*. — Certain droit dû sur les grains amenés à la grange du seigneur ; ou p. e. Terrage, champart. Gl. *Hostagium*, 4, et *Rentagium*. —METTRE OSTAGE, Donner caution. Partonop. vers 228. Voyez *Ostagier*, 2.

OSTAGER, Rester en ôtage pour sûreté de l'exécution d'un engagement. Gl. sous *Hostagium* 3.

OSTAGIER, Bourgeois, domicilié. Gl. *Ostalerius*. — Donner gage et caution. Gl. *Hostagiare*.

OSTAIGE, Redevance ou cens qu'on doit sur son hôtel ou maison. Gl. *Ostageria*.

OSTAIGER, Donner gage et caution. Gl. *Hostagiare*.

*OSTAINS, Oppositions. L. J. P. page 2.

OSTAL, Otage, caution. Gl. *Hostagiare*.

OSTE, Sujet d'un seigneur féodal. Gl. sous *Hospes*.

*OSTEIER, Faire la guerre. Ch. R. vers 528.

*OSTEMENT, Suppression, destitution. L. J. P. p. 50.

OSTEL. Prendre Ostel, Se dit de Jésus-Christ qui s'est incarné dans le sein de la Vierge Marie. Gl. *Hospitare*.

OSTELAGE, Loyer, prix qui est dû pour le louage d'un magasin, etc. Gl. *Ostellagium*.

*OSTELER, Loger, *Hospitari*. R. R. Gl.

OSTELLEUR, Hôtelier, religieux qui préside à l'hôtellerie. Glos. *Hospitalaria*, sous *Hospitale* 2.

OSTER, Habiter, demeurer. Gl. *Ostare*.

OSTIBLEMENT, Meuble, ustensile, ornement. Gl. *Ostilarium*.

OSTIL, Outil, instrument. Gl. *Ostilarium*.

OSTILLEMENT, Meuble, ustensile, ornement. Gl. *Ostilarium*.

OSTISE, Demeure de celui qu'on appelait *Oste*, et ce qu'il devait à son seigneur pour son manoir. Gl. *Hospes*.

OSTOIER, Faire la guerre, attaquer son ennemi. Gl. *Hostis* 2.

OSTOIOUR, Guerrier, militaire. Gl. *Hostis*, 2.

*OSTRAGE, Otrage, Excès, abus. — Anc. trad. du Digeste, f. 85, v°, c. 2 : « Il n'i despendi à outrage, ou plus que li morz ne conmanda. »

*OSTRE, Otre, Outre. L. J. P. p. 23 et 228.

*OSTROIAST, Otroera, Qu'il octroyât, qu'il accordât. L. J. P. page 129.

*OSURES, Usures. L. J. P. 342.

OTEVOIE, p. e. Grand voyer. Gl. *Ort*, sous *Obstare*.

OTHOINE, pour Antoine. Gloss. *Morbus S. Verani*.

OTHOU, Autour, oiseau de proie. Gl. *Ostorius*, sous *Astur*.

*OTRAGEUX, Insolent, audacieux L. J. P. p. 72.

OTRIER, Octroyer ; se dit du consentement que le seigneur donne à la vente d'un fonds qui relève de lui. Gl. *Ottroium*.

*OTROI, Consentement, permission. R. R. t. 3, p. 230.

OTTEUME, Huitième. *Octava*, 6.

OTTHOUER, Le lieu où l'on nourrit et élève les autours. Gl. *Ostorius*, sous *Astur*.

OTTRON, Terme d'injure. Gloss. *Utrinare*.

OTTRUCHER, Celui qui a soin des autours. Gl. sous *Astur*.

OUAIL, Oui. Gl. *Campiones*.

OUANCE, Rente ou redevance qui se payait au jour indiqué à cri public. Gl. *Audientia*, 7.

OUBAIN, Aubain, étranger au pays qu'il habite. Gl. *Albani*.

OUBLÉE, Hostie consacrée, la Sainte Eucharistie. — Sorte de pâtisserie fort déliée. Gl. *Oblata*.

OUBLIAGE, Droit d'oubliage, Certaine redevance qui se payait en *oublies* ou en autre chose. Gl. *Oblata*.

OUBLIETE, Cachot, prison perpétuelle. Gl. *Oblivium*.

OUBLOYER, Marchand ou faiseur d'oublies ; d'où *Oubloyerie*, Le métier d'oublieur. Gl. *Obliarius* sous *Oblata*.

OUBOUR, Sorte de bière, p. e. pour Ambourg. Gl. *Hamburgus*.

OUCIN, Sorte de bâton crochu à l'usage d'une charrette. Gloss. *Uncinus*.

OUE, Oie. Gl. *Occa*, et *Foucagium*, 3.

OUEILLE, Brebis. Gl. *Ova*.

OUFFRAN, pour Vulfran, nom d'homme. Gl. sous *Paupertas*.

OUICT, Huit. Gl. *Occa*.

OULE, Cruche, vase à deux anses, calice. Gl. *Olla*, 2.

OULLAS, Jambage ou seuil de porte. Gl. *Ouliare*.

OULLE, Espèce de fourrure. Gl. *Olla*, 2.

OULLIER, Fouir, creuser. Gloss. *Ouliare*.

OULTRAIGE, Excès. Gl. *Ultragium*, 1.

OULTRÉ, Mort, trépassé. Gloss. *Ottragium*.

OULTREBEU, Qui a trop bu, qui a bu outre mesure. *Ottragium*.

OULTRER Gaiges, Exécuter un duel, pour lequel les gages ont été déposés. Gl. sous *Vadium*.

OUMÉE, Certaine mesure de terre plantée en vigne. Gloss. *Homata*.

*OUNIEMENT, Tous à la fois. F. Gl.

OUPILLE, Flambeau de paille. Gl. sous *Brando*, 1.

OURAILLE, Lisière, bord d'un bois. Gl. *Oreria*.

OURCE, Ursule. Gl. *Mento*.

OURCEL, Petit vase. Gl. *Ocellus*.

OURDEYS, Palissade. Gl. *Hurdicium*.

OURDIER, Observer, épier en allant autour. Gl. *Orditura*.

OURDIERE, Ornière. *Orditura*.

OVRE, Ouvrage, affaire. Gloss. *Ovrata*. — Corvée, travail qu'on doit à son seigneur. Gl. *Operæ*.

OVRER, Ouvrier, manœuvre. Gl. sous *Orarium*. — Autant de vigne qu'en peut labourer un homme dans un jour. *Operata*. — [Travailler, opérer, *operari*. R. R. t. 3, p. 150.]

OURIEL, Osier. Gl. *Oserius*.

OURINE, Origine. Gl. *Originales servi*, sous *Originarii*.

OURME, pour Orme ; d'où *Ourmetel*, Ormeau. Gl. *Ormaria*.

OURSIERE, Retraite de l'ours. Gl. *Ursaritius*.

OUSCHE, Terre labourable entourée de fossés ou de haies, jardin ou verger fermé de même. Gl. *Olca*, 1.

OUSCLAGE, Présent de noces que le mari faisait à sa femme en lui donnant un baiser. Gl. *Oscleia*, sous *Osculum*, 3.

OUSIER, Osier ; d'où *Ouserie*, Oseraie. Gl. *Vinimetum*.

OUSTER, Faire l'août, moissonner. Gl. *Augustare*.

OUSTILLEMENT, Meuble, ustensile. Gl. *Ostillarium*.

OUTRAGE, Excédant, excès, surplus. Gl. *Otradiosus* et *Ultragium*, 1.

OUTRAGEUX, OUTRADIEUX, Excessif. Gl. *Otradiosus*.

*OUTRECUIDIÉ, Insolent, présomptueux, téméraire. R. R. t. 3, p. 205.

OUTRÉE, Adjudication au plus offrant et dernier enchérisseur. Gl. *Ultragium*, 1.

OUTREPLUS, Surplus, excédant. Gl. *Ultragium*, 1.

OUTRER, Défaire, ruiner, tailler en pièces. — Achever, finir. *Outrer un marché*, le conclure. Gl. *Ottragium*.

OWELÉE, Certaine mesure de grain. Gl. *Ovele*.

OUVRAINGNE, Ouvrage, travail d'artisan. Gl. *Ouvragium*.

OUVRÉE, Toute espèce d'ouvrage. Gl. *Operagium*, 1. — Autant de vigne qu'en peut labourer un homme dans un jour. *Operata*.

OUVREINGNE, Ouvrage. Gl. *Ouvragium*.

OUVRIERE, Nom de l'emploi d'une des trois demoiselles attachées au service de la reine. Gl. *Ouvreria*.

OUVROUER D'ESCRIPTURE, Greffe. Gl. *Operatorium*.

OUVROUOIR, Boutique. Gl. *Operatorium*.

OUZILZ, Osier. Gl. *Oseria*.

OYANCE, Rente ou redevance qui se payait au jour indiqué à cri public. Gl. *Audientia*, 7.

OYE, Ouïe. Gl. *Oya*.

OYER, Celui qui prépare et vend les oies. Gl. *Occa*, et *Auca*, 1.

OYON, Petite oie. Gl. *Ancerulus*.

OYSELER, Chasser aux oiseaux. Gl. *Oisellare*.

OYSENCE, Rente ou redevance qui se payait au jour indiqué à cri public. Gl. *Oyencia*.

*OYSEUSETÉ, Oisiveté, futilité. F. Gl.

*OZ, Armée. R. R. Gl.

OZANNE. LA FESTE L'OZANNE, Le Dimanche des Rameaux. Gloss. *Dominica Ozanna* et *Festum Ozannæ*.

OZERON, OZERY, Oseraie. Gloss. *Ozillarium*.

P

PAAGE, Péage ; d'où *Paageur*, Péager, celui qui exige le péage. Gl. *Paagiarus*, et *Penna*, 4.

*__PAAGIER__, Receveur, percepteur de péage. L. J. P. p. 281.

PAALON, Poëlon. Gl. *Paella*.

PAANER, Paître. Gl. *Panasticum*

PAAST. Past, repas. Gl. *Pastus*.

PACIENT, Le mari qui souffre patiemment les infidélités de sa femme. Gl. *Patientiam præstare*.

PARCONNIER, Censier, fermier ; il ne faut pas lire *Parçonnier*. Gl. *Paconantes*.

PACTAC, Pactact, Petite monnaie valant deux deniers Gloss. *Patacus*.

PACTION, Pacte, convention. Gl. *Pascissi*.

PACTIS, Contribution dont on convient avec l'ennemi. Gl. sous *Pactum*.

PACTISER, Convenir, faire un pacte ou accord. Gl. *Pactare*, sous *Pactum*.

PADE, Patte, pied d'une coupe. Gl. *Pata*, 3.

PADOENCE, Padoens, Pâturage ; du verbe *Padoyr*, et *Paduir*, Paître. Gl. *Paduire*.

PAELE, Poêle. Gl. *Paella*.

PAELER, Tapisser, couvrir de *pailles* ou d'étoffes de soie. Gl. *Paliosus*, sous *Pallium*, 2.

PAELETE, Palette à jouer. Gloss. *Paeletis*.

PAELLE, Poêle, celle qui sert à faire le sel. Gloss. *Padena* et *Paella*.

PAENISME, Pays habité par des Païens. Gl. *Paganismus*, sous *Pagani*.

PAESLERIE, Métier de chaudronnier. Gl. *Padellaria*.

PAFANCHE, Espèce de gros pieu. Gl. *Pafustum*.

PAFFUS, Sorte d'arme, p. e. Hache. Gl. *Pafustum*.

PAGE, Valet, serviteur. Gl. *Pagius*, et *Mango*, 6.

PAGE, Habitant, domicilié en un lieu. Gl. *Pagessius*, s. *Pagus*.

PAGESIE, Biens fonds donnés à rente, ferme. Gl. *Pagus*.

PAIAGE, Péage, toute espèce d'impôt. Gl. *Pedagium*.

PAIELE, Poêle, bassin. *Padella*.

PAIELÉE D'EAUE, Poêle remplie d'eau. Gl. *Paella*.

PAIENIE, Pays habité par des païens. Gl. *Paganismus*.

PAIENIME, Paienisme, Le même Gl. *Paganismus*.

PAIENNIME, Paganisme, la religion des païens. Gl. *Paganismus*, sous *Pagani*.

PAIER, Payement. Gl. *Paga*, sous *Pacare*.

PAIER AVANT LA MAIN, Payer d'avance, avant que la marchandise soit livrée. Gl. *Pacare*.

PAIGE, Valet, serviteur. *Pagius*.

PAI

PAIGNON DE CIRE, Petit pain de cire. Gl. *Panicellus*.

PAIL, Pieu, gros bâton. Gl. *Paillerium*, 1.

PAILE, Etoffe de soie. Gl. *Paliosus*, sous *Pallium*, 2. — Tenture, tapisserie. Gl. *Palla*, 2. — Poile, drap, dont on couvre un cercueil. Gl. *Paliosus*, sous *Pallium*, 2.

PAILHIER, Tas et amas de paille. Gl. *Paillerium*, 2.

PAILHON, Poëlon. Gl. *Paella*.

PAILLADE, Paille étendue par terre pour se coucher. Gl. *Paillerium*, 2.

PAILLE, Etoffe de soie. Gl. *Paliosus*, sous *Pallium*, 2.

PAILLÉE, FAIRE UNE PAILLÉE, Etendre des gerbes dans l'aire d'une grange pour les battre. Gl. *Paillerium*, 2.

PAILLER, Tas de paille. *Berga*.

PAILLERS, Gl. *Palearii*.

PAILLETTE, Morceau de bois fort mince. Gl. *Paillerium*, 2.

PAILLEUL, Mur de bauge. Glos. *Paleus*.

PAILLIER, Machine de cuivre sur laquelle porte et joue une cloche Gl. *Paalerium*. — Tas de paille, lieu où on la serre. — Paille qui a servi de litière aux chevaux. Gl. *Paillerium*, 2.

PAILLŒUL, Mur de bauge. Gl. *Paleus*.

PAILLOLE, Paillette d'or. Gl. *Paleola*, *Paglola*, et *Plata*, 1.

PAILLUEL, Paillasse. Gl. *Palearitium*.

PAI

PAIN, L'équivalent d'un boisseau. Gl. sous *Panis*, 2.

PAIN BALLÉ, Gros pain, dans lequel entre la *balle* ou gousse du blé. Gl. *Panis tornatus*.

PAIN DE BRODE, Demi-blanc, fait de froment et de seigle. Gl. *Broda*.

PAIN DE CHAILLY, Sorte de pain blanc. Gl. sous *Panis*, 2.

PAIN CHOESNE, p. ê. Pain de chapitre, pain de chanoines. Gloss. sous *Panis*, 2.

PAIN CURIAL, Pain de cour tel qu'on en sert aux tables des seigneurs. Gl. sous *Panis*, 2.

PAIN DOUBLEL, Gl. s. *Panis*, 2.

PAIN D'ESCUIER, A l'usage des écuyers ou serviteurs. Gl. *Panis armigerorum*.

PAIN FAITIS et FETIZ, Pain bis. Gl. *Panis tornatus*.

PAIN FEODAL, Qui est dû à raison de fief. Gl. sous *Panis*, 2.

PAIN FEREZ, p. ê. Gauffre. Glos. sous *Panis*, 2.

PAIN DE FEU, Redevance due sur chaque feu. Gl. sous *Panis*, 2.

PAIN FORT ET DUR, Supplice dont en Angleterre étaient punis ceux qui, accusés de félonie, refusaient de répondre au juge. Gl. sous *Panis*, 2.

PAIN D'HOSTELAGE, Droit seigneurial sur les *hôtels* ou maisons. Gl. *Panis hospitum*, sous *Panis*, 2.

PAIN MOLY, Pain mollet. Gl. sous *Panis*, 2.

PAI

PAIN Oublieré, Oublie. Gl. P*anis oblialis.*

PAIN Perdu, Pain passé à la poële Gl. P*anis perditus.*

PAIN Pote ou **Porte**. Gl. sous P*anis*, 2.

PAIN Primos. Gl. sous P*anis*, 2.

PAIN Sallignon, **Pain de Sel**, Certaine masse de sel en forme de pain. Gl. P*anis salis*

PAIN. Estre au **Pain** et *au vin* ou *au sel* de quelqu'un, Etre son domestique. Gloss. sous P*anis*, 2.

PAIN. Estre en **Pain**, Se dit d'un fils qui est en puissance paternelle ; d'où *Estre mis hors de pain*, pour être émancipé. Gl. sous P*anis*, 2.

*****PAINBLIÉ**, Denrée taxée. L. J. P. p. 147.

PAINES, Les bouts de laine ou de fil attachées aux ensubles. Glos. sous P*annus*, 2.

PAINNE, Panne, certaine pièce de bois. Gl. P*anna*, 2.

PAINNÉE, Tribut, impôt, charge. Gl. P*œna*, 3.

PAINTRERIE, L'art de peindre et colorer des images. P*icturarœ.*

PAINTURIERS, Peintre Gl. M*egeicharius.*

PAIRÇONNIÈRE, Femme qui est commune à plusieurs. Gl. P*arcennarii.*

PAIRIER, Co-seigneur. Gl. P*ararii*, sous P*ar*, 3.

PAIROL, Chaudron.—**Pairole**, Chaudière. Gl. P*airola.*

PAL

PAIS, Permission, licence. Gloss. sous P*ax*.

PAIS. **Faire Pais**, Faire silence. Gl. P*acem proclamare*, s. P*ax*.

PAIS de Gaignage, Pays ennemi que le droit de la guerre autorise à piller. Gl. G*agierius.*

PAISEUR, Echevin, conseiller de ville. Gl. P*aciarius*, sous P*ax*.

PAISIBLETÉ, Paix, tranquillité. Gl. P*acabilitas.*

PAISIULEMENT, Paisiblement, en paix. Gl. P*accabilitas.*

PAISSE, Moineau, passereau. Gl. P*assa.*

PAISSEL, Echalas ; d'où P*aisseler*, Echalasser. Gl. P*aissellare.*

PAISSIÈRE, Ecluse, lieu fermé de pieux. Gl. P*asseria.*

*****PAISSON**, Echalas, petit pieu. R. R. Gl. t. 3.

PAISSON, Glandée, ou l'action et le droit de faire paître le gland et autres fruits ou herbes des forêts. Gl. P*aisso.*

PAISTIS, Pâtis, pâturage. Glos. P*asticium.*

PAITELER, Remuer les pieds en trépignant. Gl. P*editare.*

PAIWE, Glandée ou pâturage. Gl. P*aisso.*

PAIX. **Maison de la Paix**, Hôtel de ville. Gl. P*ax.*

PAIXENNAGE, Le droit de couper des *paisseaux* ou échalas. Gl. P*uissellare.*

*****PAL**, Pieu. F. Gl.

PAL

PALADEL, Pieu, gros bâton. Gl. *Palada*.

PALAIGE, Droit seigneurial dû pour l'attache des bateaux. Gl. *Palagium*.

PALANC, Chaussée. Gl. *Palinga*.

PALANDRIE, Vaisseau ou barque plate. Gl. *Palandaria*.

PALANGUE, Levier, sorte de gros bâton. Gl. *Palanga* et *Falanga*.

PALASINE, Tremblement de nerfs ; d'où *Palasineux*, Celui qui a cette maladie. *Polesenus*.

PALATIN, pour Patalin, Sorte d'hérétique. Gl. *Paterinus*.

*PALATRIAUS, lambeaux, pièces, de *pallium*. R. R. t. 3, p. 216.

PALAZIN, Palatin, officier du palais d'un prince. Gl. *Palatini*.

PALE, Drap, tenture, tapisserie. Gl. *Palla*, 2. — Pelle à mesurer le sel. Gl. *Paleta*, 3.

PALÉE, Barrière, lieu fermé de pieux. Gl. *Palada*.

PALEFRENIER du roi, Le Grand Ecuyer. Gl. *Parafrenarius*, sous *Paraveredi*.

PALEFROI, Cheval de service. Gl. *Palafredus*, sous *Paraveredi*.

PALEIRE, Petite barre de bois. Gl. *Paleria*, 2.

PALER, Pieu, gros bâton. — Garnir de pieux. Gl. *Palada*.

PALERIE, Serrurerie, le métier de serrurier. Gl. *Paleria*, 2.

PALESEMENT, Clairement, à découvert. Gl. *Palanter*.

PAL

PALESONNER, Torcher, faire un mur de bauge. Gl. *Paleus*.

PALESSON, Mur de bauge. Gl. *Paleus*.

PALESTRAGE, Serrure, barre de fer qui garnit une porte. Gl. *Paleria*, 2.

PALET, Sorte d'armure pour la tête. — Pieu, levier, gros bâton. Gl. *Palettus*. — Escarmouche, principalement celle qui se fait aux palissades d'une ville ou d'un château. Gl. *Paletare*.

PALETE, Instrument de buis dont se servent les cordonniers pour bien faire revenir le soulier sur la forme. Gl. *Paleta*, 3.

PALETEAU, Paletiau, Lambeau, mauvais morceau de drap, pièce. Gl. *Palectum*.

PALETEIS, Paletis, Escarmouche, principalement celle qui se fait aux palissades d'une ville ou d'un château ; d'où *Paleter*, Escarmoucher. Gl. *Paletare*.

*PALETER, Combattre aux palissades. F. Gl.

PALETOT, Sorte de vêtement, pourpoint, hoqueton. *Palt-rok*.

PALETRAGE, La garniture d'un coffre, barre de fer qui sert à le bien fermer. Gl. *Paleria*, 2.

PALEUOLE, Paillette, brin de paille. Gl. *Paleola*.

PALICE, Palissade. Gl. *Palicia*.

PALIE. Voyez *Paile*, 1.

PALICH, Grande pelle. *Paleta*, 3.

PALIOT, Pavillon, couverture ; ou plutôt sorte d'étoffe. Gl. *Palla* 2.

PAL

PALIR, Drap, tapis. Gl. *Palla*, 2.

PALIS, Pieu, palissade. Gl. *Palis*. — [Palais. P.]

PALISSEUR, Pâleur. Gl. *Palledo*.

PALIT, Pieu, palissade. Gl. *Palitium*, *Fascennina* et *Stipere*, 3.

PALLAGE, Droit seigneurial dû pour l'attache des bateaux. Gl. *Palagium*.

PALLE, Chappe, ornement d'église. Gl. *Palla*, 2. — Pelle à mesurer le sel. Gl. *Paleta*, 3.

PALLEMENT, Conférence, assemblée solennelle pour délibérer sur quelque chose. Gl. *Parlamentum*.

PALLER, Tapisser, couvrir de pailles ou d'étoffes de soie. Gl. *Paliosus*, sous *Pallium*.

PALLETOCQ, Palletot, Sorte de vêtement, pourpoint, hoqueton. Gl. *Palt-rok*, et *Pallata*, 2.

PALLIS, Pieu, palissade. Gl. *Palitium*.

PALMANS, Palmians, Ceux qui concluent un marché en se donnant mutuellement la main. Gl. *Palmata*, 2.

PALME, Jeu de palme, Jeu de paume. Gl. *Palma*, 4.

PALMÉE, Marché conclu en se donnant mutuellement la main. Gl. *Palmata*, 2. — Soufflet, coup de la main sur la joue. Gl. *Palmata*, 4.

PALOIS, Palais.

PALON, Espèce de pot de terre. Gl. *Palonus*.

PAN

PALONNEL, Palonneau. Gl. *Palonus* et *Paronus*.

PALOT, Pelle ou bêche. *Palus* 1.

PALPILLOLE, Sorte de monnoie. Gl. *Parpaillola*.

PARPIZON, pour Malpizon, Maladie de cheval. Gl. *Malpitio*.

PALTRAGE, La garniture d'un coffre, barre de fer qui sert à le bien fermer. Gl. *Paleria*, 2.

*PALU, Marais, étang. F. Gl.

PAME, Pamoison. *Nostre Dame du Pâme*. Fête de la Ste Vierge. Gl. *Spasma*, 1.

PAMEL, Pamoule, Sorte d'orge. Gl. *Palmola*.

PAMPE, Fleuron; d'où *Pampé*, qui se dit d'une étoffe à fleurs. Gl. *Pampa*, 2.

PAMPELUNE, Gl. *Papelina*.

PAN, Gage, nantissement. Gloss. *Pandare*, 1, et *Pannum*. — La partie de l'habit qui couvre le côté depuis la ceinture jusqu'en bas. Gl. *Pannus* 1 et *Pennones*. — Pan de fust, Mur fait de bois, cloison. Gl. *Pannus*, 1, et *Sola*, 6.

PANAGE, Panaige, Droit de paisson, ce qu'on paye pour la paisson des bêtes, toute espèce d'impôt. Gl. *Pastio*.

PANART, Espèce de grand couteau à deux taillants. Gloss. *Penardus*.

PANCARTE, Tableau des droits qu'on doit payer. Gloss. *Pancharta*.

PANCHIRE, Armure qui couvre

la *panse* ou le ventre. Gl. *Pancerea.*

PANCHON, Instrument propre à la pêche. Gl. *Panchon.*

PANDER, Prendre des gages, saisir. Gl. *Pandare*, 1.

PANE, La peau qui couvrait le bouclier. Gl. *Pannus*, 2.

PANEL, Morceau de grosse toile. Gl. *Panellum*, 3.

PANER, Prendre des gages, saisir. Gl. *Pandare*, 1. — Essuyer avec un linge ou un morceau de drap. Gl. *Pannuleium.*

PANESTIER, Boulanger. Gl. *Panestarius.*

PANETER, Boulanger ; du verbe *Paneter*, Faire le pain. Gl. *Panetarius.*

PANIERE, pour PANCIERE, Armure qui couvre la *panse* ou le ventre. Gl. *Pancerea.*

PANIFLE, Guenille, haillon. Gl. *Pannuceus.*

PANILLIERE, pour PENILIERE, Partie du corps où croît la marque de la puberté. Gl. *Pelnieria.*

PANITZ, Panis, sorte de plante. Gl. *Panicius.*

PANNANESSE, Femme de mauvaise vie, vêtue de guenilles et de haillons. Gl. *Pannuceus.*

PANNART, Espèce de grand couteau à deux taillants. Gl. *Penardus.*

PANNE, Grand chaudron. Gloss. *Panna*, 1.—Fourrure. *Pannus* 2.

PANNECHIER, Faire du pain. Gl. *Panificare.*

PANNEIR, Prendre des gages, saisir ; d'où *Pannement*, Saisie. Gl. *Pandare*, 1.

PANNER, Le même. Gl. *Pandare*, 1, et *Enseignamentum.* — Essuyer avec un linge ou un morceau de drap. Gl. *Pannuleium.*

*PANNERET, Petit panier. F. Gl.

PANNETERIE, Le marché ou la halle au pain. Gl. *Panestarius.* — Ce qui concerne les paniers. Gl. *Panerius*, 1.

PANNETIER, Boulanger. Gl. *Panetarius.*

PANNISE, Saisie, l'action de prendre des gages. Gl *Pandare*, 1.

PANNONCEAU, Etendard, enseigne, plus particulièrement celle des bacheliers, et quelquefois celle des écuyers. Gl. *Pennones.*

PANOC, Ventre, panse. Gl. *Panza*

PANON, Plume dont on garnit une flèche. Gl. *Penna*, 2.—PANONCEL, Etendard, enseigne, plus particulièrement celle des bacheliers, et quelquefois celle des écuyers. Gl. *Pennones.*

PANPAS, Feuille. Gl. *Pampa*, 2.

PANS, La partie de l'armure ancienne qui couvrait le côté. Gl. *Pannus*, 2. Voyez Pan, 2.

PANTIERE, Espèce de filet pour prendre certains oiseaux, comme bécasses et autres. Gl. *Panthera*

PANTOF, Sorte de mesure de grain. Gl. *Pantof.*

PANTONNIER, pour PAUTONNIER, Portier, un homme de peu de chose. Gl. *Pantonarius.*

PANUFLE, Guenille, haillon. Gl. *Pannuceus.*

PAOLIER, Chaudronnier. Gloss. *Paella.*

PAON, Pion, pièce du jeu des échecs. Gl. *Pedones.*

PAONACE, Pourpre, robe de pourpre. Gl. *Paonacius*, et *Pavonatilis.*

PAONNACÉ, Paonassé, Ce qui est de couleurs variées, comme la queue d'un paon. *Pavonatilis.*

PAONNÉ, Pion, pièce du jeu des échecs. Gl. *Pedones.* — Ce qui est de couleurs variées, comme la queue d'un paon. Gl. *Pavonatilis.*

PAONNIER, Celui qui a soin des paons. Gl. *Pavonarius.* — Piéton, fantassin. Gl. *Pedones.*

PAOUR, Peur, épouvante. Gloss. *Formidines.*

PAPALITÉ, Papat, Papauté. Gl. *Papalitas.*

PAPEGAU, Perroquet. Gl. *Pappagallus.*

PAPEGAY, Salle d'audience. Gl. *Papagali.*

PAPELARD, Hypocrite, faux, dévot; d'où *Papelardie* et *Papelardise*, Hyprocrisie. Gl. *Papelardus*, et *Papare.*

PAPER, Papeter, Mâcher, manger à la façon des enfants. Gl. *Papare.*

PAPIER POUR JOUER, Carte à jouer. Gl. *Papyrus jornalis.*

PAPILLETE, Papillote, Paillette d'argent. Gl. *Paglola.*

PAPOAIGE, Le bien de ses aïeux, héritage de ses pères. *Avius*, 1.

PAPPEFILZ, Basse voile. Gl. *Papafigo*, 1.

PAPPELLEUR, Papetier. Gl. *Papetarius.*

PAPPOAUX, Les biens de ses aïeux, héritage de ses pères. Gl. *Avius*, 1.

PAR, Par si, Moyennant, à condition. Gl. *Aplanare* et *Pargia.*

PARABATTRE, Détruire de fond en comble. Gl. *Abatare*, et *Bullire*, 3.

*PAR-ACCOMPLIR, Accomplir entièrement. — Par-achever, Achever complètement. — Par-ardoir, Brûler complètement. — Par-arse, Brûlée complètement. — Par-avant, Auparavant. — Par fin, Fin. — Parfinir, Finir complètement. — Par-fond, Profond. — Par-fournir, Fournir complètement. — Par-honnir, Maltraiter, détruire. — Par-maintenir, Maintenir complètement. — Par-occire, Tuer complètement. — Par-soigner, Soigner attentivement. — Par-tuer, Tuer complètement. — Par-vestir, Vêtir complètement. F. Gl.

PARACIS, Compagnie, escorte Gl. *Parasia.*

PARADE, L'argent qu'on distribue à ceux qui doivent aller à l'offrande d'une messe des morts. Gl. *Parata*, 2.

*PARADOUSE, Paradis. R. R. Gl. t. 3

PARAGE, Parenté, affinité. — Noblesse, naissance illustre. Gl. *Paragium* 1. — La portion des

PAR

cadets assignée par l'aîné. Gl. *Paragium*, 2.

PARAGOIN, Co-seigneur, celui qui possède une terre ou un fief avec un autre. Gl. *Paragium* 3.

PARAGONNER, Comparer une chose à une autre. Gl. *Paragonisare*.

PARAIGE, Noblesse, naissance illustre. Gl. *Paragium*, 1.

PARAIL, Apparaux, agrès. Glos. *Paramentum*, sous *Parare*.

PARAIRE, Foulon, ouvrier qui pare les draps. Gl. *Parator*.

PARAMER, Aimer extrêmement, avec excès. Gl. *Bullire*, 3.

PARANGONNER, Comparer une chose à une autre. Gl. *Paragonisare*.

PARANGUAYRA, L'obligation de fournir des chevaux et des voitures pour les chemins de traverse. Gl. *Parangarea*.

*PARANZ, Parent, Apparent, évident. L. J. P. p. 289.

PARASSOUVIR, Parachever, finir entièrement quelque chose. Gl. *Bullire*, 3.

PARASTRE, Beau-père. Gl. *Paraster* et *Patreus*.

PARAX, Lo Parax, Incontinent, sur-le-champ. Gl. *Jasia*.

PARAY, Paroi, mur, cloison. Gl. *Paries*, 6.

PARAYSON, Bail à moitié ou à une certaine portion des fruits. Gl. *Parceria*.

PARBOUILLY, Bien cuit. Gloss. *Bullire*, 3.

PAR

PARBOUQUET, Soufflet ou coup de la main sous le menton. Gl. *Barba*.

PARC, Devoir le Parc, Etre obligé de garder les bêtes mises dans un parc. Gl. s. *Parcus*, 1.

PARCEAU, Partie, somme d'argent. Gl. sous *Pars*.

PARCENER, Co-héritier, qui a une portion dans un héritage. Gl. *Parcenarii*.

PARCENERIE, Portion, partie. Gl. *Parcenarii*.

PARCETE, Part, portion. Gloss. *Parceria*.

PARCHARGE, Charge complète. Gl. *Chargia*, 1, et *Bullire*, 3.

PARCHÉE, Territoire sur lequel on a droit d'exiger l'amende, pour le dommage causé par les bestiaux. Gl. *Percheia*, 2.

PARCHEUX, Découvert, révélé, connu. Gl. *Celamentum*.

PARCHOIS, Echalas. Gl. *Parchia*

PARCHON, Partage. Gl. *Parceria*

PARCHONIER, Parchonnier, Celui qui possède une terre avec un autre, et qui en partage les fruits. Gl. *Parcennarii*.

PARCHONNERIE, Part, portion. Gl. *Parcennarii*.

PARCHONNIER, Ce qui est partagé entre plusieurs. — Complice. Gl. *Parcennarii*.

PARCHYE, Territoire sur lequel on a droit d'exiger l'amende, pour le dommage causé par les bestiaux. Gl. *Percheia*, 2.

PARCIER, Celui qui a une part

ou portion dans quelque chose. Gl. *Parcerarius,* 2.

PARCIERE, Part, portion ; d'où Tenir à Parciere, Tenir à moitié ou à une certaine portion des fruits. Gl. *Parceria.*

*PARCLOS, Terminé complètement, conclusion. F. Gl.

PARCLOUSE, Clos, lieu cultivé et fermé de murs ou de haies. Gl. *Clausa.*

PARÇON, Part, portion. Gl. *Parcennarii.*

PARÇONNERE, Société, communauté. Gl. *Parcennarii.*

PARÇONNIER, Celui qui partage le danger avec un autre. Gl. *Parcennarii.*

PARÇONNIER, Co-héritier, qui a une portion dans un héritage. Gl. *Parcennarii.*

PARCOURS, Convention entre deux seigneurs par laquelle leurs serfs pouvaient librement s'établir dans le domaine de l'un ou de l'autre, ou y faire paître leurs bestiaux. Gl. *Percursus.*

PARCYE, Le repas qu'on donnait aux moissonneurs après la moisson. Gl. *Parcennarii.*

PARDESSUS, Seigneur dominant. — Contre, malgré, nonobstant. Gl. *Per desuper.*

PARDIRE, Achever de dire, de réciter. Gl. *Perdicere.*

PARDON, Indulgence accordée par le pape ou un évêque. — La Salutation Angélique, qu'on dit trois fois le jour au son d'une cloche ; à quoi il y a indulgences attachées. — Tournois. Gl. *Pardonantia.*

*PARDURABLE, Perdurable, Stable, constant, éternel. L. J. P. p. 94.

PARDURABLETÉ, Perpétuité. Gl. *Feodagium,* sous *Feodum.*

PARÉ. Mestier de Paré, L'art de fouler ou parer les draps. Glos. *Parator.*

PARECT, Paroi, mur, cloison. Gl. *Paries,* 6.

PARÉE, Droit de Parée, Celui par lequel les seigneurs voisins peuvent suivre en la terre l'un de l'autre leurs sujets et hommes serfs. Gl. *Parata,* 1. — Marée. Gl. *Parata,* 3.

PAREEUR, Foulon, ouvrier qui pare les draps. Gl. *Parator.*

PAREIL, Mesure de grain, la charge d'un âne. Gl. *Parium* 1. — Pareilh, Paire. Gl. *Parelius*

PARELOTE, Certain droit d'entrée. Gl. *Gruagium.*

PAREMENT, Mur, rempart, fortification. Gl. *Paramentum,* 4. [Parade, parure. F. Gl.]

PARENSOMMET, p. e. pour Par-en-Somme, Au delà, en outre, par-dessus. Gl. *Summarie.*

PARENT, Egal, pareil. Gl. sous *Par,* 1.

PARENTÉ, Liaison par le sang, autrefois du genre masculin. Gl. sous *Parens.*

PARER, Paraître. Gl. *Parere,* 2.

PARER un Fossé, Le relever. Gl. *Parare fossatum.*

PAR

PARER une Pomme, La peler. Gl. *Parare*, 4.

PARESI, Parisis, Monnaie. Gloss. *Parisienses*.

PARESTRANGLER, Etrangler tout à fait. Gl. *Strangulare*.

PARET, p. e. Le droit de gîte ou de loger chez son vassal. Gloss. *Paretœ*.

PAREUR, Foulon, ouvrier qui pare les draps. Gl. *Parator*.

PAREURE, Ouvrage de broderie. Gl. *Paratura*, sous *Parare*. — Pelure. Gl. *Parure*, 4.

*PARFAIRE, Faire complètement. F. Gl.

PARFÉS, Nom que se donnaient les Albigeois. Gl. *Perfecti*.

*PARFIN, Fin. L. J. P. p. 36.

*PARFIN (A LA), A la fin. R. R. Gl. t. 3.

*PARFOND, Profond. F. Gl.

PARFORCER (SE), s'Efforcer, faire tous ses efforts. *Forçare*.

PARFORCIER, Contraindre par la force et la violence. Gloss. *Forçare*.

PARFOURNIR, Parfaire, achever. Gl. *Perfunire*.

PARGAMINIER, Parcheminier. Gl. *Parguaminerius*.

PARGE, Espèce de cuir. Gloss. *Pargia*, 2.

PARGER, Parquer, mettre dans un parc. Gl. *Parcare*, sous *Parcus*, 1.

PARGIE, Amende due au seigneur pour les bêtes prises en dommage. Gl. *Pargia*, 1.

PAR

PARHAUCHER, Elever, exhausser. Gl. *Admontare*.

PARIAGIER, Co-seigneur. Glos. *Paragium*, 3.

PARIBILE, Bataille paribile. Gl. *Lex*.

PARIGAL, Pareil, égal. Gl. Par 1

PARISIS, Certaine mesure de terre qui rapporte un parisis de revenu. Gl. *Parisiata*. — [Monnoie frappée à Paris, et qui valoit le quart en sus de celle frappée à Tours. R. R. Gl. t. 3.]

PARLANT. Voyez *Plege*.

PARLE, pour Perle. Gl. *Perlœ*.

PARLEMENT, Conférence, assemblée solennelle pour délibérer sur quelque chose, pourparler, entrevue. Gl. *Parlamentum*.

PARLEURE, Langage, faculté de parler. Gl. *Parlura*.

PARLOIR aux Bourgeois, Lieu à Paris où se traitaient les affaires de la ville et du commerce. Gl. *Parlatorium*, 1.

PARMENAULEMENT, A perpétuité. Gl. *Vestitura*, 1.

PARMENER vie dissolue, Vivre dans la débauche. Gl. *Menare*.

PARMENTIER, Tailleur qui fait et garnit les habits. Gl. *Permentarius*.

PARMI, Moyennant, au moyen de. Gl. *Mediator*, 1.

PARNAGE, Droit de paisson ou de faire paître ses bêtes. Gloss. *Parnagium*, sous *Pastio*.

PAR

PARNE, Pièce de charpente. Gl. *Parnagium*.

PAROCHIAIGE, Le territoire d'une paroisse. Gl. *Parochiagium*, sous *Parochia*.

*****PAROIR**, Paroître, PARRA, Paroîtra. R. R. Gl. t. 3.

*****PAROI**, PARROIZ, Ligne, côté, parenté. L. J. P. p. 128.

PAROLE. TENIR A PAROLES, Entretenir quelqu'un, faire la conversation. Gl. *Parola*.

PAROLER, Parler, discourir. Gl. *Parabolare*.

PARONNE, La pièce de la charrue à laquelle on attèle les chevaux. Gl. *Paronus*.

PAROUE, Selle, harnois de cheval. Gl. *Epyphium*.

PARPAIE, PARPAIEMENT, Parfait payement. Gl. *Perpacare*.

PARPAILLOLE, Sorte de monnaie. Gl. *Parpaillola*.

PARPAIN, Espèce de couteau Gl. *Parpanus*, et *Cultellus*.

PARPANHA, Manière de vêtement ou d'ornement, en Languedoc. Gl. *Parinus*.

*****PARPERDRE**, Perdre entièrement. F. Gl.

PARPILLOLE, PARPILLOLLE, Sorte de monnaie. Gl. *Parpaillola*.

PARPOINTE, Courte-pointe. Gl. *Perpunctum*.

PARQUET, Certaine mesure de terre. Gl. *Parcata*. — Le préau des prisons à Rouen. — Espèce de jeu. Gl. *Parquetum*.

PARQUIER, Celui qui doit garder les bêtes prises en dommage et mises en parc, comme aussi les prisonniers. Gl. *Parcus*, 1.

PARRASTRE, Beau-père. Gloss. *Patreus*.

PARREAU, Espèce de jeu de petit palet. Gl. *Parrale*.

PARREUX, Co-seigneur, celui qui possède un fief ou une terre avec un autre. Gl. *Paragium* 3.

PARRIE, Pairie, la dignité de pair. Gl. *Paria*, sous *Par*.

PARRIERE, Carrière. *Perreria* 1

PARRIGUE, p. e. Ferme, métairie fermée de murs ou de fossés. Gl. *Parrigo*.

PARRIN, p. e. pour PARRIGUE. Gl. *Parrigo*.

PARROCHAGE, Sorte de droit seigneurial. Gl. *Parrochagium*. — PARROICHAGE, PAROISSAGE, Territoire d'une paroisse. Glos. *Parrochiagium*, 1.

PARRONNE, La pièce de la charrue à laquelle on attèle les chevaux. Gl. *Paronus*.

PARROY, Rivage, bord de la mer. Gl. *Paregium*.

PARS, Troupeau. Gl. *Paria*, 1. — FAIRE PARS, Prendre parti, se liguer. Gl. sous *Pars*.

PARSON, Pierre, nom propre d'homme. Gl. *Parso*. — Partage, portion d'héritage. Gl. *Parcennarii*.

PARSONNIER, Celui qui possède

PAR

par partage, qui a sa portion d'héritage. Gl. *Parcennarii*.

PARSONNIERE, Femme qui est commune à plusieurs. Gl. *Parcennarii*.

PART, Alphabet ou les premiers principes d'une science. Gloss. *Pars*. — Accouchement. Gloss. *Parturitio*.

PARTAGE. Voyez *Portage*.

PARTAIGIER, p. e. Achever de charger un vaisseau. Gl. *Partagium*, 2.

PARTEURE, Partage, division. Gl. *Partitura*. [*Parleüre*, Alternative, dilemne. B. v. 968.]

PARTHISANE, Pertuisane. Glos. *Partesana*.

PARTICIPER, Avoir commerce avec quelqu'un, vivre ensemble. Gl. *Participare*, 2.

PARTIE. Faire Partie, Intervenir, se rendre partie. Gl. *Pars*.

PARTIERE. Mestaier Partiere, Fermier qui partage les fruits avec le propriétaire. Gl. *Parcerarius*, 1.

PARTIR, Confiner, être limitrophe. — Partager. Gl. *Partiri*.

PARTISSON, Cordon de lin prêt à filer. Gl. *Partitura*.

PARTIT, Sorte de petite monnaie. Gl. *Partitus*.

*PARTREU, Ouverture, trou, caverne. R. R. Gl. t. 3.

*PARTUER, achever de donner la mort. R. R. Gl. t. 3.

PARTURIR, Accoucher. Gl. *Parturitio*.

PAS

PARUE, Parade ; qui se dit lorsqu'un vaisseau déploie tous ses pavillons, et non pas l'endroit où couchent les matelots. Gl. *Parada*, 1.

PARVINEAU, Palonneau d'une herse; en Champagne, *Peronncte*. Gl. *Parvichalis*.

PARURE, Orfroi, broderie. Glos. *Paratura*, 2.— Pelure. Gl. *Parare*, 4.

PAS, Passage dangereux et étroit, gorge de montagne, détroit. Gl. *Passus*, 3. — Certaine mesure de terre. Gl. *Passus*, 2. — Réception dans un corps ou une société. Gl. *Passus*, 7.

PASADOUZ, Espèce de flèche ou dard. Gl. *Passadorium*.

PASAT, Aire, pavé. Gl. *Pasata*.

*PAS avant autre, Lentement, gravement. R. R. Gl. t. 3.

PASCAGE, L'action de paître. Gl. sous *Pasquerium*.

PASCHE, Pasques. Gl. *Pascha clausum*.

PASCHIER, Pâturage. Gl. *Pasquerium*.

PASCOR, Paschor, Printemps. Gl. *Pascio*.

PASMESON, Pamoison. *Extasis*.

PASMOIER, Prendre avec la main, empoigner. Gl. sous *Palma*, 3.

PASMOLE, Paumelle, Espèce d'orge. Gl. *Pasinola*.

PASNAGE, Droit de paisson ; ce qu'on paye pour la paisson des bêtes. Gl. *Pastio*, et *Parnagium*.

PAS

PASNAIGER, Paître, pâturer. Gl. Pasnagiarius.

PASNASIE, Panais, pastenade.Gl. Pastinaca.

PASON, p. e. Sorte d'ornement. Gl. Pason.

PASQUEL Annotif, Qui revient au même jour chaque année.Gl. Pascha annotinum.

PASQUERET, Pasquerez, Pâques le temps pascal. Gloss. Pascha intrans.

PASQUES Charneux, Le jour de Pâques, où l'on mange de la chair. Gl. Pascha carnosum.

PASQUES Closes et Cluzes, Le dimanche de Quasimodo. Glos. Pascha clausum.

PASQUES Communians ou Escommichans, Le dimanche de la Résurrection et toute la quinzaine, depuis les Rameaux jusqu'à Quasimodo. Gl. Pascha communicans.

PASQUE les Grans, Le dimanche de la Résurrection. Gl. Pascha magnum.

PASQUES Neves, Le jour où commençait alors la nouvelle année, qu'on comptait d'après la bénédiction du cierge pascal. Cl. Pascha novum.

PASQUIER, Pâturage. Gl. Pasquerium.

PASQUIS, Pâtis, pâturage. Gloss. sous Pasquerium.

PASSADE, Sorte de péage. Glos. Arripagium, sous Adriparc.— Partie de jeu. Gl. Empresia.

PASSADOR, Passadour, Espèce de flèche ou dard. Gl. Passadorium.

PASSAGE, Voyage d'outre-mer, guerre sainte. Gl. Passagium.

PASSAGEUR, Passeur, celui qui conduit un bac ou bateau pour passer une rivière. Gl. Passiagiarius, sous Passagium.

PASSAIGE, Lieu où l'on passe un bac, et le droit du passeur. Gl. sous Passagium.

PASSAIRE, Potion médicinale passée par la chausse. Gl. Collatum, 1.

PASSANT, Sorte de monnaie de Haynaut. Gl. Passans, 2.

PASSAVANT, Machine de guerre, dans laquelle on logeait des soldats. Gl. Passarinus. — Sorte de monnaie du Haynaut. Gloss. Passavant.

PASSE, But auquel on vise ; d'où Passe, Jeu où l'on tire à un but. Gl. Passarela. — Notaire qui passe les actes publics. Gl. Passatio.—Lisière, bord d'un étoffe par sa largeur. Gl. Passata, 2. — Moineau, passereau. Gloss. Passa.

PASSEAU, Passage, sentier. Gl. sous Passagium.

PASSELER, Échalasser une vigne. Gl. Paissellare.

PASSEMENT, Seing, souscription, et le pouvoir de passer les actes publics. Gl. Passatio.

PASSENAGE, Droit de péage qu'on exige des passants. Gloss. sous Passagium.

PASSEPORTE, Passeport, passe-avant. Gl. Passare, 1.

PAS

PASSET. Aller le Passet, Marcher à pas lents et mesurés. Gl. P*assuatim*, et P*assus*, 3.

PASSIERE, Écluse, lieu fermé de pieux. Gl. *Passeria.*

PASSION, Mal, douleur. Gloss. P*assio*, 2.

PASSIONAIRE, Livre qui contient l'histoire de la Passion de Jésus-Christ. Gl. *Passionarius.*

PASSIONNAIRE, Livre qui contient l'histoire des martyrs ou des saints en général. Gl. *Passionarius.*

PASSOT, Sorte de dague ou poignard. Gl. *Passotus.*

PAST, Ce qu'on payait pour être reçu dans un corps de métier dont le repas faisait partie. Gl. P*assus*, 7.

PASTAR, Espèce de petite monnaie. Gl. P*atarus*.

PASTE, Masse, assemblage d'une même chose en botte.—Porter la Paste au four, proverbe, Payer la sottise d'autrui. Gloss. P*asta*, 5.

PASTEILLER, Pastelier, Se dit du moulin qui pile le *pastel* ou guède. Gl. *Molendinum pastellerium.*

PASTENC, Pâturage. Gl. *Pastenquum viridarium.*

PASTENOSTRES, Toute espèce de prière, livre de prières. Gl. P*ater noster*, sous P*ater*.

PASTIGER, Traiter, faire un accord, transiger. Gl. *Pascissi.*

PASTINAGE, Pâturage, pacage, pâtis ; du verbe P*astiner*, Paître, pâturer. Gl. *Pastinagium.*

PAT

PASTIS, Contribution dont on est convenu. Gl. *Apatisatio.*

PASTOC, Sorte de bâton pour se soutenir, béquille. Gl. *Potentia*

PASTOIER, Pâtissier. Gl. *Pasticerius.* — Traiter, faire un accord, transiger. Gl. *Pascissi* et *Pastus.*

PASTORE, Bergère. *Pastorella.*

PASTOUREAU, Berger ; c'est aussi le nom d'une faction qui s'éleva en France sous saint Louis, et qui se renouvela encore quelques années après. Gl. *Pastorelli.*

PASTOURGER, Pâturer, faire paître. Gl. *Pastorgare*, 1.

PASTURAGER, Le même. Gloss. *Pasturgare.*

PASTURAL, Pré, pâturage. Gl. *Pasturale*, 2.

PASTURE, Nourriture, éducation. Gl. *Pastura*, 2. — Paturon. Gl. *Pasturale*, 1.

PASTUREAUL, Pré, pâturage. Gl. *Pasturale*, 2.

PASTURER, Faire paître. Gl. *Pasturare.*

PASTURES, Corde avec laquelle on attache les chevaux par le paturon. Gl. *Pasturale*, 1.

PATACON, Monnoie de Flandre. Gl. *Pataco.*

PATALIN, Sorte d'hérétique. Gl. *Paterinus.*

PATEIL, Madras, dard avec une grosse tête. Gl. *Petulum.*

PATEIS, Traité, convention. Gl. *Pascissi.*

PAT

PATELIN, Sorte d'hérétique. Gl. *Paterinus*.

PATENOTE, Le *Pater*, l'oraison dominicale. Gl. sous *Pater*.

PATERIN, Qui est destiné à souffrir comme martyr ; Nom de certains hérétiques. — Causeur, babillard. Gl. *Paterinus*.

PATERLIE, Certaine prière, ou ce qui sert à prier, comme chapelet. Gl. *Pater-noster*.

PATINIER, Celui qui fait des patins, dont le métier est appelé *Patinerie*. Gl. *Patinus*, 1.

PATINOUS, Misérable, qui souffre beaucoup. Gl. *Patinus* 1.

PATIS, Pacte, traité, convention. Gl. *Pascissi*.

PATOIER, Patiner, manier malproprement. Gl. *Maniare*, 3.

PATOUEIL, Bourbier, mare. Gl. sous *Patile*.

PATRATION, Acte, convention. Gl. *Patrare*, 2.

PATREMOIGNE, Patrimoine. Gl. *Matrimonium*.

PATRENOSTRES, Chapelet, ou les gros grains dont il est composé. Gl. sous *Pater*.

PATROCINER, Plaider, défendre une cause. Gl. *Patrocinari*.

PATRONISER, Conduire un vaisseau en qualité de patron ou pilote. Gl. *Patronagium*, 2.

PATRONNAGE, PATRONNAIGE, Certain droit que les patrons d'une église prennent sur ses revenus, offrandes, etc. Gl. *Patronagium*.

PAU

PATRONNÉE, Dame de lieu, dame de parroisse. Gloss. *Patronus*.

PATRUISAGE, Droit dû par les marchands fréquentant les foires. Gl. *Pertusagium*.

PATU, Se dit d'un vase qui a une patte ou un pied. Gl. *Pata*, 3.

PAUBORT, Bâton fourchu. Gloss. *Palforca*.

PAUCHE, Mesure de vin. Gloss. *Pauca*. — Servante. Gl. *Pauca*.

PAUCHER, Pêcher ; d'où *Paucheur*, Pêcheur. Gl. *Piscator*.

*PAUCHON, PANCHON, PANÇON, Sorte de piège, filet pour prendre des animaux. R. R. Gl. t. 3.

PAUFORCHE, PAUFOUR, PAUFOURCHE, Fourche, bâton fourchu. Gl *Palforca*.

PAUKIN, Certaine mesure de grain. Gl. *Polkinus*.

PAUL, Pieu, poteau. Gl. *Paulus* 3. Voyez *Pau*.

PAULME, CHEOIR TOUT A PAULMES, Tomber sur les mains. Gl. *Palma*, 4.

PAUME, Palme, branche ou feuille de palmier ; d'où *Paumier*, Pèlerin qui a fait le voyage de la Terre-Sainte, et qui pour preuve en rapporte des palmes. Gloss. *Palma*, 1, et *Palmarius*.

PAUMÉE, L'étendue de la main, depuis l'extrémité du pouce jusqu'à l'extrémité du petit doigt. *Palmus*, 1.— Marché conclu en se donnant mutuellement la main. Gl. *Palmata*, 2. [Soufflet avec la paume de la main. F. Gl.]

PAV

PAUMELLE, Espèce de jeu qu'on appelle communément *Mainchaude*. Gl. *Palma*, 4.

PAUMELLE DE LIN, Poignée, autant que la main peut contenir. Gl. *Palmela*.

PAUMENT, Lavement des mains. Gl. *Palmare*, 1.

PAUMETTON, Paume ; d'où *Cheoir à Paumettons*, Tomber sur les mains. Gl. *Palma*, 4.

PAUMIER Voyez ci-dessus *Paume*

PAUMOIER, Prendre avec la main, empoigner. Gl. sous *Palma*, 3.

PAUPELLEUR, Papetier. Gl. *Papetarius*.

PAUQUE, Mesure de vin. Gloss. *Pauca*.

PAUSÉE, Pause, repos. Gl. *Pausa*

PAUTONIER, Homme de mauvaise vie, méchant, hautain, un misérable, un gueux Gl. *Paltonarius*.

PAUTONNERIE, Méchanceté, arrogance, vie déréglée. Gl. *Paltonarius*.

PAUTONNIERE, Femme méprisable, livrée à la débauche. Glos. *Paltonarius* et *Pantonarius*. — Bourse, gibecière. Gl. *Puntonarius*.

PAUVRETÉ, Semi-prébende dans l'église de Reims. Gl. *Paupertas*

PAUVRETEZ, Les parties du corps qu'on doit couvrir. Gloss. sous *Paupertas*.

PAVAGE, Pavé, le métier de paveur. — Impôt pour l'entretien du pavé et des chaussées ; d'où

PAV

Pavageur, Celui qui lève cet impôt. Gl. *Pavagium*, 2.

PAVAIL, Pavois, sorte de grand bouclier. Gl. *Pavesium*.

PAVAILLE, p. e. Grosse toile, telle que celle dont on fait les tentes ; ou **PAUAILLE**, Ustensile de cuisine. Gl. *Pavalhonus*.

PAVAIS, Pavois, sorte de grand bouclier. Gl. *Pavesiatores*, sous *Pavisarii*.

*****PAVAISÉ**, Couvert de pavois. F. Gl.

PAVAISEUR, Soldat armé d'un *Pavais*. Gl. *Pavesatus*.

PAVAMENTER, Paver. *Pavure*.

PAVART, Pavois, sorte de grand bouclier. Gl. *Pavesium*.

PAVAS, Le même. Gl. *Pavesiatores*, sous *Pavisarii*.

*****PAVEMENT**, Pavé. F. Gl.

PAVESCHE, Pavois, sorte de grand bouclier. Gl. *Pavesium*.

*****PAVESCHEUR**, Soldat couvert du pavois. F. Gl.

PAVESCHÉ, **PAVESCHEUR**, Soldat armé d'un *pavesche*. Gl. *Pavesatus* et *Pavisarii*.

*****PAVESCHIER**, Mettre sur le pavois. F. Gl.

PAVESME, Pavois, sorte de grand bouclier. Gl. *Pavesium*.

PAVESSIER, Soldat armé d'un pavois. Gl. *Pavisarii*.

PAVETIER, ou plutôt **PAVESIER**, Le même. Gl. *Pavesatus*.

PAVISIEUR, Soldat armé d'un pavois. Gl. P*avesatus.*

PAVOISINE, Pavois, sorte de grand bouclier; d'où P*avoiseur,* P*avoisien* et P*avoisier,* Soldat armé d'un pavois. Gl. P*avcsium,* P*avesatus* et P*avisarii.*

PAVONESSE, La femelle du paon. Gl. P*ava.*

PAYELLE, Poêle. Gl. P*aella.* — Cuve, baignoire de cuivre. Gl. P*ayla.*

PAYENNIE, Pays habité par les païens. Gl. P*aganismus,* sous P*agani.*

PAYRE, Certaine redevance sur chaque maison qui se payoit avec un poêle ou chaudron, ou la valeur en argent. Gl. P*ayeria*

PAYSCOLLE, Poêle. P*ayrollus.*

PEAGERIE, Bureau où l'on paye le droit de péage. Gl. P*edagiaria,* sous P*edagium.*

PEARDE, Perte, dommage. Glos. P*erda.*

PEASON, Place vague, contenant certain nombre de pieds. Glos. P*easo.*

PEAU, Pelisse, habit garni de peau. Gl. P*elles.*

PEAUCHON, p. e. Pieu ferré, sorte d'arme. Gl. P*icassa.*

PEAUTRE, Espèce de métal. Gl. P*estrum.*

PEAZON, Place vague, contenant un certain nombre de pieds. Gl. P*easo.*

*PEÇAÉE, P*eceaie,* Percée, dépecée, mise en pièces. L. J. P. p. 235 et 160.

*PECÉEMENT, Dépècement, bris. P*ecéement de nef,* bris de navire. L. J. P. p. 161.

PECCERIS, Pécheresse, femme débauchée. Gl. P*eccatum.*

PECEI, Droit sur les vaisseaux qui se brisent ou échouent. Gl. P*eceium.*

*PECEORS, Briseurs. P*eceors de chemin,* destructeurs de chemin. L. J. P. p. 317 et 320.

PECETE, diminutif de pièce, morceau. Gl. P*ecia.*

*PECEURE, Dépècement, bris effraction. L. J. P. p. 160.

PECHÉ D*esordonné,* Le péché contre nature. Gl. P*eccatum indicibile.*

PECHIÉ, F*emme de* P*echié,* Femme livrée à la débauche. Gl. P*eccatum.*

PECHIÉ du M*onde,* Le péché de luxure. Gl. P*eccatum.*

PECHIER, Vase à mettre des liqueurs, certaine mesure. Gloss. P*icherus.*

PECHOIEIS, L'action de mettre en pièces, de briser. Gl. P*eciatus,* sous P*ecia.*

PECIERE, Pécheur, libertin. Gl. P*eccatum.*

PEÇOIER, Mettre en pièces, briser. — Détruire, ruiner, saccager. Gl. sous P*ecia.*

PECOL, P*ecoul,* Pied de fauteuil, quenouille de lit. Gl. P*ecollus.*

PECOU, Droit sur les vaisseaux qui se brisent ou échovent. Gl. P*eceium.*

PEI

PECOUST, Sorte de taille ou d'aide, impôt. Gl. *Pecta*, 1.

PECOY, Droit sur les vaisseaux qui se brisent ou échouent. Gl. *Peceium*.

PECTORAL, Ornement ecclésiastique, qui se mettoit sur la poitrine. Gl. *Pectorale*, 2.

PECUINE, Argent, monnaie. Gl. *Pecunia operata*.

PECZAIS, Droit sur les vaisseaux qui se brisent ou échouent. Gl. *Peceium*.

PEDAGOGIEN, Pedagogue, Professeur, qui enseigne les belles-lettres. Gl. *Pædagogium*.

PÉDANCE, Pitance, portion monacale. Gl. *Pidentia*, sous *Pictantia*.

PEDANENS, Bailli, juge inférieur. Gl. *Pedaneus*.

PEDE, Sorte d'arme. Gl. *Pedalum*

PEDOIRE, Espèce de pierre précieuse. Gl. *Peritot*.

*PÉESTER, Fouler aux pieds, piétiner, écraser. R. R. Gl. t. 3.

PEGHE, Poix. Gl. *Pega*. — Certaine mesure des liqueurs. Gl. *Pegar*.

PEGOUSE, Espèce de sole, poisson. Gl. *Pegua*.

PEGUAD, Sorte de mesure de vin. Gl. *Pegar*.

PEGUE, Poix. Gl. *Pega*.

PEJAZ, Sorte de petite monnaie. Gl. *Peja*.

PEILE DE TERRE, Pièce de terre. Gl. *Pecia terræ*.

PEL

PEILLE, Morceau, chiffon de papier. Gl. *Pecia terræ*.

PEJOR. Avoir le Pejor, Avoir du dessous. Gl. *Pejorescere*.

PEIREGADE, Sorte de jeu de dés ou de hasard. Gl. *Pedregata*.

PEIS, Paix. Gl. *Pax*.

PEISSEL, p. e. Botte d'un certain poids. Gl. *Pessale*.

PEL, Pel de vigne, Echalas. Gl. *Palus*, 1. — [Peau, de *pellis*. R. R. Gl. t. 3.]

PELAGE, Droit seigneurial dû pour l'attache des bateaux. Gl. *Arripagium*, sous *Adripare*.

PELAIGE, Poil. Gl. *Pelagia*.

PELAILLE, Canaille. Gl. *Pelagia*.

PELAIN, Eau de chaux qui sert à peler les cuirs. — Défaite, déroute. Gl. *Pelanus*, 1.

PELÉ, Vêtu, couvert de quelque habit que ce soit. Gl. *Pellitus*.

PELE-FOUANS, Qui fouit avec une pelle. Gl. *Pala*, 3.

PELENX, ou Peleux, Terre inculte ou légèrement labourée. Gl. *Pelanus*, 1.

PELETE, Pellicule qu'on coupait dans la cérémonie de la circoncision. Gl. *Pellia*.

PELETEUVERIE, Pelleterie, l'art de préparer les peaux. Gl. *Pelleteria*, 1.

PELETRAGE, La garniture d'un coffre ou d'une porte, barre de fer qui sert à les bien fermer. Gl. *Paleria*, 2.

PELICE, Vêtement garni de peaux,

PEN

fourrure. — DENIERS DE PELICE, Redevance en pelisses ou en argent pour avoir des pelisses. Gl. *Pellicia.*

PELIÇON, Vêtement garni de peaux, fourrure. Gl. *Pellicia.*

PELIDO, Sorte de pierre précieuse. Gl. *Pelido.*

PELISSE, Toison. Gl. *Pilla*, 1.

PELLAGE, Droit seigneurial dû pour l'attache des bateaux. Gl. *Palagium.*

PELLE, Perle. Gl. *Perite.*

PELLIÇON, Vêtement garni de peaux, fourrure. Gl. *Pellicia.*

PELLIR, Ramasser avec une pelle. Gl. *Pela*, 2.

PELOINGE, PELONGE, p. e. Etoffe pelue ; ou sorte de peluche. Gl. *Pelorcus.*

PELOTTE, Balle, petite paille. Gl. *Pelota*, 3.

PELUC, Ce qui reste du grain après qu'il a été vanné. Gl. *Pelu*

PELUE, Paille. Gl. *Palea*, 2.

PENAIGE, Ce qu'on paye pour la paisson des bêtes. Gl. *Pasnagium*, sous *Pastio.*

PENANCE, Pénitence, peine, punition. Gl. *Pœnitentes.*

PENANCHIER, PENANCIER, Pénitencier, dignité ecclésiastique, confesseur. Gl. *Pœnitentiarius.*

PENANCIER, Pénitent, qui accomplit la pénitence qui lui a été imposée. Gl. *Pœnitentialis.*

PENANT, Pénitent. *Pœnitentes.*

PENARDEAU, Espèce de grand

PEN

couteau à deux taillants. Gl. *Penardus.*

PENART, Le haut d'une flèche. Gl. *Penatum.*

PENAS, Panache. Gl. *Penatum.*

PENAUL, Certaine mesure de grain. Gl. *Penaldus*

PENCEL, Floquet qu'on attachait à la lance et à l'épée. Gl. *Pennones.*

PENCHENAYRIE, Le métier de faire des peignes ; de *Penchenier*, l'ouvrier qui les fait et le marchand qui les vend. Gl. *Pecchenarius.*

PENCHON, Instrument propre à la pêche. Gl. *Panchon.* — L'endroit où l'eau d'un moulin s'écoule, et qui y est arrêtée par une écluse. Gl. *Penchonia.*

PENCHOT, Espèce de pieu. Glos. *Penchonia.*

PENCHUN, Instrument propre à la pêche. Gloss. *Gordana*, et *Panchon.*

PENÇON, L'endroit où l'eau d'un moulin s'écoule, et qui est arrêtée par une écluse. Gl. *Penchonia.*

PENCOSSIER, Boulanger. Gloss. *Pancosserius.*

PENDANT, Penchant, descente. Gl. *Pendens*, 2.

PENDART, PENDEUR, Bourreau, celui qui pend les criminels. Gl. *Pendere.*

PENDOUER, Pendoir, ce qui sert à suspendre les bêtes. Gl. *Pendulum*, 2.

PENDOYRE, La partie du ceinturon d'où pend l'épée. Gl. *Pendulum*, 2.

PENE, Fourrure. Gl. s. *Pannus* 2.

PENEANCE, Pénitence ; d'où *Pénéancier*, Pénitencier, confesseur, et *Péneant*, Pénitent. Gl. *Pœnitentes*, et *Pœnitentiarius*.

PENEL, Sorte de filet, panneau. Gl. *Pennellus*, 2. — Espèce de selle ou bât. Gl. *Panellum* 3.— P. e. L'endroit où l'eau d'un moulin s'écoule, et qui y est arrêtée par une écluse. Gl. *Penchonia*.

PENELLE, Morceau de grosse toile. Gl. *Panellum*, 3.

PENEN, Bannière, étendard, enseigne. Gl. *Pennones*.

PENENCE, Pénitence. Gl. *Pœnitentes*.

PENER, Tourmenter, punir, châtier. Gl. *Pœnare*.

PENIER, Panier. Voyez la plaisanterie à ce sujet au mot *Panerius*, 1.

PENILIERE, PENILLERE, La partie du corps où croît la marque de puberté. Gl. *Pelnieria*.

PENJON, Pigeon. Gl. *Pigio*.

PENISSON, Pauvre homme, hébété, stupide. Gl. *Pœnare*.

PENLAURI, Pilori. Gl. *Penlauri*.

PENNAIGE, Ce qu'on paye pour la paisson des bêtes. Gl. *Pasnagium*, sous *Pastio*.

PENNART, Espèce de grand couteau à deux taillants. *Penardus*.

PENNE, Eminence, hauteur, colline. Gl. *Penna*, 1. — La peau qui couvrait le bouclier. Gl. sous *Pannus* 2.—[Drap, velours. F. Gl.]

PENNEAU, Flèche de lard, la pièce d'un cochon depuis l'épaule jusqu'à la cuisse. *Penellum*

PENNEL, Sorte de selle ou bât. Gl. *Panellum*, 3.

PENNETTE, diminutif de PENNE, Eminence, hauteur, colline. Gl. *Penna*, 1.

*PENNIAU, Panneau de la selle, coussin qui se met à chacun des côtés de la selle, de *panum*, drap. F. Gl.

PENNILIERE, La partie du corps où croît la marque de puberté. Gl. *Pelnieria*.

PENNON, Etendard, enseigne, plus particulièrement celle des bacheliers, et quelquefois celle des écuyers. Gl. *Pennones*.

PENNONCEAU, Floquet qu'on attachait à la lance et à l'épée. Gl. *Pennones*.

PENNONIER, Porte-étendard. Gl. *Pennones*.

PENON, Etendard, enseigne, plus particulièrement celle des bacheliers, et quelquefois celle des écuyers. Gl. *Pennones*. — Pour panneau de selle. Gl. *Pennellus*, 1.

PENONCEL, Floquet, qu'on attachait à la lance et à l'épée. Gl. *Pennones*.

PENONCELLER, Publier un ban, prendre possession de quelque chose en y posant son *penon* ou sa bannière. Gl. *Pennones*.

*PENSER, Prendre soin. B. 1220

*PENSIEU, Pensif. F. Gl.

PENSIONNIER, Celui qui prend des pensionnaires, maître de pension. Gl. P*ensionatus.*

PENT-LARRON, Bourreau, celui qui pend les voleurs. P*endere.*

PENTOUER, Le lieu où l'on pend les draps pour les faire sécher. Gl. P*entorium.*

PENTOUR, Perche où l'on pend les draps pour les faire sécher. Gl. P*entorium.*

PEON, Pion, pièce des échecs. Gl. *Alphinus.*

*PÉOR, Crainte, frayeur, épouvante, *pavor.* R. R. t. 3, p. 222

PEPIN, Jardinier qui cultive des pépinières. Gl. P*epilio.*

PER DE FRANCE, Pair. Gl. sous P*ar*, 2. Quelquefois la même chose que baron ou grand seigneur. — PER, Echevin, conseiller de ville. Gl. P*ares communiarum*, sous P*ar*, 2. — Femme, épouse. Gl. P*ar*, 1. — Compagnon, camarade; d'où *Bon per*, Bon compagnon. Gl. P*ar*, 1.

PERCENER, Cohéritier, qui a une portion dans un héritage. Glos. P*arcennarii.*

PERCERIE, p. e. Pendant d'oreilles. Gl. P*arcetus.*

PERCHE, Petit soulier d'enfant. Gl. P*erchia*, 1.

PERCHEEL, p. e. L'amende due au seigneur pour les bêtes prises en dommage. Gl. P*ercheia.*

PERCHOT, Longue perche ferrée, croc. Gl. P*erchia*, 1.

PERÇONNERIE, Partage. Gl. P*arcennarii.*

PERÇONNIER, Cohéritier, qui a une portion dans un héritage. Gl. P*arcennarii.*

PERCUSSION, Espèce de maladie, appoplexie, ou coup à la tête. Gl. P*ercussores.*

PERDE, Perte, dommage. P*erda.*

PERDRIAU, Machine de guerre qui jetait des pierres, etc. Glos. P*erdiceta.*

PERDRIER, PERDRIEUR, Celui qui chasse aux perdrix, office chez le roi. Gl. P*erdrix.*

PERDURABLE, Qui doit durer toujours. Gl. sous P*ictantia.*

PERÉ, Poiré, boisson faite de jus de poires. Gl. P*ereius.*

PERECHE, Paresse. Gl. *Acedia.*

PERÉE, Masse d'un certain poids. Gl. P*etra.*

PEREGRINATION, Pèlerinage. Gl. P*eregrinatio*, 3.

PEREY, Poiré, boisson faite de jus de poires. Gl. P*ereius.*

PERGE, Ceinture de cuir fort large. Gl. P*argia*, 2.

PERGÉE, PERGIE, Ce qu'on paye au seigneur pour qu'il établisse des messiers. Gl. P*ergea.*

PERGIE, L'amende due au seigneur pour les bêtes prises en dommage. Gl. P*ergia.*

PERIER, Poirier. Gl. P*ererius.*

*PERIERE, Machine qui servoit

PER

à lancer des pierres. R. R. t. 3, page 258.

PERILER, Se gâter, devenir mauvais Gl. *Perilare.*

PERILLER, PERILLIER, Périr, faire naufrage. Gl. *Periclitari*, 1, et *Periculare.*

PERILLIER, Mettre en danger, exposer à périr. Gl. *Perilare.*

PERLE, p. e. Pêne d'une serrure. Gl. sous *Vigilia.*

PERLON, Espèce de poisson de mer, rouget. Gl. *Circulus*, 2.

PERMANAULEMENT, PERMENABLEMENT, PERMENAULEMENT, Toujours, A perpétuité. Gl. *Permunentia.*

PERNAGE, Présent ou redevance en jambons. Gl. *Nefrendicium.*

PERNOCTER, Passer la nuit. Gl. *Pernoctantia.*

PEROLIER, Chaudronnier. Glos. *Parolla.*

PEROLOLISIER, Condamner un criminel au pilori. *Pilorisare.*

PERONNE, La partie de la charrue à laquelle on attelle les chevaux. Gl. *Paronus.*

PERPEIRE, Espèce de poisson de mer. Gl. *Arnoglossus.*

PERPENDICLES, Niveau à pendule. Gl. *Perpendiculum*, 1.

PERPRE. Monnaie d'or des empereurs de Constantinople. Gl. sous *Hyperperum.*

PERPRENDEMENT, Usurpation, tout ce qu'on prend de force et d'autorité. Gl. *Porprensio*, sous *Porprendere.*

PER

PERPRENDRE, Prendre de force, usurper. Gl. *Porprendere.*

PERRAIL, Bord, rivage de la mer. Gl. *Perreia*, 1.

PERRE, Sorte de jeu. Gl. sous *Perralha.*

PERRÉE, Certaine mesure de grain. Gl *Perea.* — Bord d'une rivière, rivage. Gl. *Perreia*, 1.

PERRELLE, Espèce de terre qui entre dans la composition de quelques remèdes. Gl. *Perralha.*

PERRER, Paraître. Gl. *Parere* 2.

PERREUR, Carrier, celui qui tire et qui coupe la pierre des carrières. Gl. *Perreator.*

PERRIER, Le même. Gl. *Perreator*, et *Petrarius.* — Poirier. Gl. *Pererius.* — Joaillier, bijoutier. Gl. *Perreator.*

PERRIERE, Sorte de filet. Gloss. sous *Persona.* — Carrière. Gl. *Perreator*, et *Petraria*, 1.

*PERRIN, Recouvert de pierres, dallé, pavé. B. v. 1365.

PERROY, Bord, rivage de la mer. Gl. *Perreia*, 1.

PERROYER, Tirer ou couper la pierre des carrières. *Perreator.*

PERS, Couleur bleu foncé, drap de la même couleur, livide, noirâtre. Gl. *Persus.*

PERSEPOUX, Terme injurieux pour les couturiers et tailleurs. Gl. *Persicior.*

PERSEVERATION, Opiniâtreté, entêtement. Gl. *Perseverentia.*

PERSEVERIE, Le droit de pour-

PER

suivre et de répéter son homme de corps ou serf. Gl. *Perseverentia.*

PERSIN, Persil. *Petrocinilium.*

PERSINÉE, p. e. Morsure ; Langue de vipère ; ou odeur de persil. Gl. *Persina.*

PERSONAGE, PERSONNAGE, Bénéfice ecclésiastique, dont le titulaire se nommait 'Personne, cure. — Etendue, district d'une paroisse. Gl. *Personagium*, 1.

PERSONNAGE. ÊTRE EN PERSONNAGES, Etre constitué en dignité ecclésiastique. Gl. *Personatus,* sous *Persona.* — JEU DE PERSONNAGES, Action dramatique. Gl. *Personagium*, 3, et *Ludus personarum.*

PERSONNE, Curé. Gl. *Personæ.*

PERSONNERIE, Société, communauté de biens. Gl. *Personarii.*

PERSONNIER, Associé, cohéritier, complice. Gl. *Personarii.*

PERT, Persiste, continue, 3e personne de l'indicatif du verbe *Perter.* Gl. *Persistenter.*

PERTINASSEMENT, Opiniâtrement. Gl. *Pertinacia*, 1.

PERTROUBLER, Troubler. Glos. *Perturbia.*

PERTRUISAGE, Droit dû par les marchands fréquentant les foires. Gl. *Pertusagium.*

*PERTRUIS, Trou, ouverture. F. Gl.

PERTRUISAGE, Droit sur les tonneaux de vin, et p. e. sur toute espèce de marchandises vendues en foire. Gl. *Pertusagium.*

PES

*PERTUIS, Trou, ouverture. L. J. P. p. 207.

PERTUISAGE, Droit sur les tonneaux de vin, et p. e. sur toute espèce de marchandises vendues en foire. Gl. *Pertusagium.*

PERTUISEGNE, Pertuisane. Gl. *Pertixana.*

*PERTUISER, Percer. F. Gl.

PERTUS, Porte, ouverture. Glos. *Pertuseria.*

PERTUSAGE, Droit sur les tonneaux de vin qu'on met en perce pour vendre. Gl. *Pertusagium.*

PERVERTIR, Se corrompre, devenir méchant. Gl. *Sanctificare.*

PERVESIR, Pourvoir. Gl. *Providere*, 2.

PERY, Poiré, boisson faite de jus de poires. Gl. *Percius.*

*PÊS, Pécheurs, *peccatores.* R. R. Gl. t. 3.

PESAC, Cosses de poix. Gl. *Pesait.*

PESAGE, Ce qu'on paye pour les marchandises pesées au poids public. Gl. *Pesagium.*

PESAGGE, Péage, sorte d'impôt. Gl. *Pesagium,* sous *Pedagium.*

PESAMMENT, Durement, à la plus grande rigueur. Gl. *Pesar.*

PESANCE, Peine, chagrin. *Pesar*

PESATGE, Péage, sorte d'impôt. Gl. *Pesagium,* sous *Pedagium.*

PÉSAZ, Cosses de pois. Gl. *Pesait*

PESCAILLE, Toute espèce de poissons pris à la pêche. Gloss. *Pisca*, 2.

PES

PESCHAGE, Pêche, l'action de pêcher. Gl. *Pisca*, 2.

PESCHALLE, Toute espèce de poissons pris à la pêche. Gloss. *Pisca*, 2.

PESCHEAU, Paisseau, échalas. Gl. *Pesellus*.

PESCHERET. Batelet Pescheret, Nacelle de pêcheur. Gloss. *Pisca*, 2.

PESCHIER, Peschiere, Vivier, étang, pêcherie. Gl. *Piscare*

PESCHOIRE, Parure de couleur de fleur de pêcher. Gl. *Piscis* 1.

PESEIL, p. e. Pilori. Gl. *Rumpefetatorium*.

*PESER, Fâcher, déplaire, être à charge. R. R. Gl. t. 3.

PESIEL, Ce qu'on paye pour les marchandises pesées au poids public. Gl. *Pesagium*. — P. e. Botte d'un certain poids. Gloss. *Pessale*.

PESIERE, Champ semé de pois. Gl. *Peisia* et *Pisetum*, 2.

PESME, Cruel, fâcheux, chagrinant. Gl. *Pesar*.

PESNE, Essuie-main. Gl. *Pesne*.

PESNES, Les bouts de laine ou de fil attachés aux ensubles. Gloss. sous *Pannus*, 2.

PESOLS, Pois, légumes. Gl. *Pesait*

PESQUERIE, Pêcherie, étang, vivier. Gl. *Pescarium*.— Sorte de jeu. Gl. *Pisquera*.

PESQUIER, Etang, vivier. Gloss. *Pescarium*. — Pêcher. Gl. *Pisquera*.

PET

PESSATE, Pièce de terre. *Pessia*.

PESSEAU. Ficher Pesseaux, Echalasser. Gl. *Paxillare*.

PESSIEL, p. e. Botte d'un certain poids. Gl. *Pessale*.

PESSOLS, Les bouts de laine ou de fil attachés aux ensubles. Gl. *Pessoillii*.

PESSON, Le lieu où paissent les cochons ou autres animaux. Gl. *Pesso*. — Pieu, échalas. Gl. *Paxillare*.

PESTAIL, Pesteil, Pestel, Pilon. Gl. *Pestillum* et *Tribulum*

PESTELER, Briser, casser, écraser. Gl. *Pestare*.

PESTIZ, Pâtis, pâturage. Gl. *Pesticium*.

PESTOIL, Pilon. Gl. *Pestillum*.

PESTOR, Pesteur, Pâtissier, boulanger. Gl. *Pestarius*.

PESTREUR, Le même. *Pestarius*

PESTRIL, L'endroit où l'on pétrit le pain, fournil. *Pestarius*.

PESTRIN, Le même. *Petrinum*.

PESVISSABLE, Saisissable en garantie, ce qu'on peut prendre en cautionnement. Gl. *Plevimentum*, sous Plegius.

PESUS, Pois, légume. Gl. *Pesait*.

PETAGOGUE, Collége, lieu où l'on enseigne les belles-lettres. Gl. *Pœdagogium*.

PETAIL, Matras, dard avec une grosse tête. Gl. *Petulum*.

*PÉTAUX, Paysans enrégimentés. F. Gl.

PEU

PETEILLER, Battre, frapper. Gl. *Pestare*.

PETELLER, Vexer, persécuter. Gl. *Pestare*.

***PETICIER**, Apeticer, diminuer, restraindre. L. J. P. p. 138.

PETIER, p. e. Se promener à pied. Gl. *Pedare*.

PETIT, Peu. *A petit*, Peu s'en est fallu. Gl. *Parvus*, 1, et *Payla*. — [PETIT (par un), peu s'en faut. R. R. Gl. t. 3]

PETITET, Petit, jeune. Gl. *Parvulinus*. — BIEN PETITET, Très peu. Gl. *Parvus*, 1.

PETITS FRÈRES BIS, Frères mineurs, Cordeliers. Gl. *Bizochi*.

PETRINE, Poitrine. Gl. *Petrina*.

PETRIS, p. e. Tour, fortification. Gl. *Petrecha*.

PETRUISAGE, Droit dû par les marchands fréquentant les foires. Gl. *Pertusagium*.

PETTOUR, Surnom de celui qui, à raison de la sergenterie qu'il possédait en fief, devait entre autres choses, tous les ans, à Noël, faire un pet devant le roi d'Angleterre. Gl. *Bombus*.

PETUEIL, Madras, dard avec une grosse tête. Gl. *Petulum*.

PEU, Colline, montagne, lieu élevé. Gl. *Podium*, 3.

PEUFFERIE, Habits de friperie. Gl. sous *Pecia*.

PEULLEUL, Mur de bauge. Glos. *Paleus*.

PEUPLEMENT, Signification, publication ; du verbe *Peupler*, publier, dénoncer. Gl. *Populatus*, 3.

PHI

***PEUS**, Poils, cheveux, *pili*. R. R. Gl. t. 3.

PEVRIER, Epicier. Gl. *Pevrarius*

PEUSTICET, Petite porte, guichet. Gl. *Posticium*.

PEUTRE, Espèce de métal. Gl. *Peutreum*.

PEUTREL, Poulain, jeune cheval. Gl. *Poledrus*.

PEUTURE, Pâture, nourriture. Gl. *Petura*.

***PEX**, Pieux. L. J. P. p. 149.

PEY, Pieu, bâton. Gl. *Peya*.

PEYCHONIER, Poissonnier, marchand de poisson. *Peissonarius*

PEYSSEL, Échalas ; d'où *Peysseller*, Echalasser. Gl. *Peissellus*.

PEZEAU, Champ semé de pois. Gl. *Pezada*.

PEZELLOUSE. CHAR PEZELLOUSE, p. e. Corrompue, ou qui a des marques de corruption. Gl. *Pessarius*.

PEZIERE, Champ semé de pois. Gl. *Peisia*.

PFNNING, Denier. Gl. *Pfenning*.

PHANON, Ornement ecclésiastique, manipule. Gl. *Phano*, 2.

PHICHIER, Figuier. Gl. *Phagus*.

PHIÉ, Fief. Gl. *Pheodum*.

PHILATERE, PHILATHIERE, Reliquaire. Gl. *Filaterium*, et *Phylacteria*.

PHILIPPE, Monnaie d'or d'Espagne. Gl. *Philippi*.

PIÉ

PHYSETERE, Souffleur, poisson. Gl. *Fusitera.*

PHYSICIEN, Médecin et chirurgien. Gl. sous *Physica.*

PHYSIQUE, Médecine, l'art de guérir. Gl. *Physica.*

PIARDE, PIASSE, Espèce de hache ou coignée. Gl. *Picassa.*

PIAUTRE, Espèce de métal. Gl. *Pestrum.*

*PIAX, Peaux. R. R. t. 3. p. 111.

PIBLE, PIBOUST, Peuplier. *Pibol.*

PIC, Montagne, lieu élevé. Gl. *Podium*, 3. — Coup de taille ou de tranchant d'une épée ou d'un autre instrument. Gl. *Picum.*

PICASSE, Houe, instrument à remuer la terre. Gl. *Picassa.*

PICAUDE, Piqûre, égratignure, légère blessure. Gl. *Picare*, 3.

PICHER, Vase à mettre des liqueurs, certaine mesure. Glos. *Picherius*, sous *Picarium.*

PICHET, Certaine mesure de sel. Gl. *Pichetus*, 1.

PICHIER, Vase à mettre des liqueurs, certaine mesure. Gloss. *Picherus.*

PICORNER, s'Enivrer. *Picherus.*

PICOIUL DE FAUX, Le manche, le bâton d'une faux. Gl. *Peccollus.*

PICQUIER, Fouir, ouvrir la terre avec un pic. Gl. *Picare*, 2. — Battre le blé ou autres grains. Gl *Picare*, 3.

PIÉ CLOUX, Se dit des petits animaux, comme lapin, lièvre, renard, etc. Gl. *Animalia.*

PIE

PIÉ MAIN, Certaine mesure. Glos. *Pes manus*, sous *Pes.*

PIÉ TAILLÉ, COUPÉ, Punition pour le larcin et autres crimes. *Pes.*

*PIEÇA, *piece*, Espace de temps, depuis longtemps, intervalle de temps. R. R. t. 3, p. 5.

PIECE, Espace de temps. Gl. sous *Pecia.* — A PIECE, A peine. Gl. *Mouturare.* — PIECE DE CANDOILE Une chandelle. Gl. *Pecia candelæ.*

PIECER, Mettre des pièces à un habit, rapetasser. Gl. s. *Pecia.*

PIEDEAL, p. e. Aiguillon, dont on pique les bœufs. *Pedestallus*

PIED-LEVÉ, Certaine redevance due aux chanoines de Reims par l'archevêque. — Sorte de jeu. Gl. sous *Pes.*

PIEFFUF, Espèce d'arbre, p. e. Bouleau. Gl. *Pafustum.*

PIEMENT, Liqueur faite de miel, de vin et de différentes épices. Gl. *Pigmentum*, 1.

PIENNES, Les bouts de laine ou de fil attachés aux ensubles. Gl. sous *Pannus*, 2.

PIEPOUDREUX, Etranger, marchand forain, qui court les foires. Gl. *Pedepulverosi.*

PIER, Pair. Gl. *Par.*

PIERGE, Grand chemin, chaussée pavée ou ferrée. Gl. *Pergus.*

PIERRE, Masse d'un certain poids. Gl. *Petra.* — PIERRE DE DEVISE, Borne qui divise les terres. Gl. *Divisa*, 4. — PORTER LA PIERRE A LA PROCESSION, Sorte de pénitence publique pour une femme qui insultait une autre femme. Gl. sous *Lapis*.

PIERRECIN, Persil. Gl. *Petrocinillum*.

PIERRIER, Joaillier, bijoutier. Gl. **Perreator**.

PIERT, Pieu, gros bâton. Gl. *Palada*. — Troisième personne de l'indicatif du verbe *Pierre*, Paraître. Gl. *Treffa*.

PIESCE, Espace de temps. Gloss. sous *Pecia*.

PIESSATE, Pièce de terre. Gloss. **Pessia**.

PIETAILLE, Infanterie. Gl. *Pedestrinus* et *Pedoncs*. — Populace, le menu peuple. Gl. *Pedes*.

PIETOIER, Marcher, se promener. Gl. *Peditare*.

PIETRES, Espèce de monnaie. Gl. *Petrus*, et *Floreni*.

PIEUCHON, p. e. Pique, hache, ou pieu ferré, sorte d'arme. Gl. **Picassa**.

PIEUMENT, Liqueur faite de miel, de vin et de différentes épices. Gl. l'*igmentum*, 1. — Mélisse, citronnelle. Gl. *Pigmentus*.

PIEUR, Pire, plus mauvais Gloss. **Pejorescere**.

PIFART, Sorte d'étoffe. *Piffarus*.

PIFRE, pour Fifre. Gl. *Piffarus*.

PIGACHE, Sorte de parure, dont les femmes ornaient les manches de leurs robes. Gl. *Pigaciæ*.

PIGMENT, Liqueur faite de miel, de vin et de différentes épices. Gl. **Pigmentum**, 1.

PIGNE, Espèce de peigne à l'usage des couvreurs en chaume ; d'où l'*igner*, se servir de cet instrument. Gl. *Pecten*, 2.

PIGNÉ, p. e. Celui qui a du mal aux parties secrètes. *Pecten*, 4.

PIGNER, Se dit du bruit que fait une charrette mal graissée. Gl. *Hugnare*. — Voyez ci-dessus *Pigne*.

*****PIGNER**, Peigner. R. R. t. 3, page 214.

PIGNERESSE, Cardeuse de laine. Gl. *Picturerius*.

PIGNEURE, Saisie, main mise par autorité de justice. *Pignura*.

PIGNIER, Cardeur de laine. Gl. *Picturerius*. — Peigner, accommoder les cheveux. *Pectinare*.

PIGNOLAT, Dragée faite du noyau de la pomme de pin. Gl. *Pignoletum*.

PIGNOLE, p. e. Peine, embarras. *Laisser quelqu'un en la Pignole*, L'abandonner dans le péril. Gl. *Pignolus*, 1.

PIGNON, Certaine partie d'une maison, p. e le grenier. — Caque de harengs.—Pennon, étendard, enseigne. Gl. *Pignio*.

PIGNONCIEL, Bannière, étendard, enseigne. Gl. *Pennones*.

PIGNORER, Saisir, prendre en gage par autorité de justice. Gl. *Pignorare*, sous *Pignus*.

PIGORIAUS, p. e. Grands chemins. Gl. *Pigri*.

PIGOUR, L'artisan qui fait les mesures appelées *Peghes*. Gl. *Pegar*.

PIL

PIL, Sorte d'arme, espèce de massue, ainsi nommée à cause de sa ressemblance avec un pilon. Gl. *Pilus*, 1.

PILAGE, Servitude par laquelle on est tenu de mettre en pile ou d'entasser les gerbes ou le foin de son seigneur. Gl. *Pilagium* 2

PILATE. EN ESTRE PILATE, Se décharger des suites d'une affaire, comme fit Pilate, s'en laver les mains. Gl *Pilatus*.

PILE, Sorte de balance, trébuchet. Gl. *Pila*, 10.

PILET, Javelot, dard. Gl. *Pilatus* —Pilon, ce qui sert à piler. Gl. *Piletus*.

PILETE, Sorte d'arme, espèce de massue, ainsi nommée à cause de sa ressemblance avec un pilon. Gl. *Piletus*.

PILLARET, Pilori. Gl. *Pilloralium*, sous *Pilorium*.

PILLE, Argent monnayé. Gloss. *Pila*, 1. — Certaine mesure de grain. Gl. *Pilla*, 3.—Butin pris sur l'ennemi. Gl. *Pilha*.

PILLETTE, Pilon, ce qui sert à piler. Gl. *Piletus*.

PILLEVILLE, p. e. Plaque. Glos. *Pillevilla*.

PILLEURS, Nom qu'on donnait autrefois aux compagnies des gens de guerre qui ravageaient le royaume. Gl. *Pilardi*.

PILLE-VUILLE, Monnaie des évêques de Toul. Glos. *Moneta Baronum*.

PILLIÇON, Vêtement garni de peaux, fourrure. Gl. *Pellicio*, sous *Pellicia*.

PIN

PILLON, Bonde d'un étang. Glos. *Pillus*.

PILLORISER, Attacher au pilori. Gl. *Pilloralium*, sous *Pilorium*.

PILLORY, Ornement de cou pour les femmes. Gl. *Pilloriacum*.

PILONETE, Petit manteau en forme de pilon. Gl. *Piletus*.

PILORIER, Attacher au pilori ; d'où *Pilorieusement punir*, Condamner au pilori, et *Pilorisation*, La peine du pilori. Gl. *Pilloralium*, sous *Pilorium*, et *Pilorisare*.

*PILOT, Pilotis. F. Gl.

PILOTER, Ecraser, broyer avec un pilon. Gl. *Piletus*.

PIMANT, PIMENT, Liqueur faite de miel, de vin et de différentes épices. Gl. *Pigmentum*, 1.

PIMENT, Mélisse, citronnelle. Gl. *Pigmentus*.

PIMPELORÉ, DRAP PIMPELORÉ, p. e. A feuille de pimprenelle, autrefois *pimpinelle*. Gl. *Pannus pimpiloratus*.

PIMPERNEAU, PIMPRENEAU, Espèce de petit poisson. Gl. *Pipernella*.

PINAGE, Sorte d'impôt. Gl. *Pinagium*.

PINCHEMORILLE, Sorte de sauce Gl. sous *Salsa*, 1.

PINHADART, Espèce d'arbre. Gl. *Albares*, sous *Albareta*.

PINOT, Pinceau, espèce de raisin. Gl. *Pignolus*, 2.

PIP

PINPERNEAU, Espèce de petit poisson. Gl. P*ipernella*.

PINPERNEL, Dispos, léger, alerte Gl. P*ipernella*.

PINSSE, Pièce. Gl. P*ecia*.

PINSSINONNER, p. e. Passer un bac. Gl. P*otonnare*.

PINTAGE, Le droit d'étalonner les mesures, et ce qu'on paye pour cela. Gl. P*inta*.

PINTAT, La moitié de la pinte. Gl. P*inta*.

PINTIER, Potier. Gl. P*inta*.

PINTOT, La moitié de la pinte. Gl. P*inta*.

PIOCHET, Piochon, Pioche, instrument à remuer la terre. Gl. P*iocus*.

PIOER, Piocher, remuer la terre. Gl. P*iocus*.

PIOLER, Parer de différentes couleurs. Gl. P*iola*.

PION, Pione, p. e. Etouppe. Gl. P*iones*.

PIONNAIGE, Le métier et l'ouvrage d'un pionnier. Gl. P*ionarius*.

PIONNIER, Vigneron, parce qu'il fouille et remue la terre. Gloss. P*ionarius*.

PIOUR, Pire, plus mauvais. Gl. P*ejorescere*.

PIPE, Mesure de vin et de grain. Gl. P*ipa*, 1. — Cornemuse, musette. — Espèce de bâton. Glos. sous P*ipa*, 2. — Bouton où s'accroche le fermoir d'un livre. Gl. P*ipetus*.

PIR

PIPELOTÉ, Ce qui est fort orné. Gl. sous *Bursa*, 1.

PIPER, Jouer de la *pipe* ou musette. Gl. P*ipare*.

PIPERNEAU, Espèce de petit poisson. Gl. P*ipernella*.

PIPIER, C'est le cri du poussin ou du pigeon. Gl. P*ipiones*.

PIPOLER, Parer avec soin et même avec affectation. Gl. P*iola*

PIPPE, Cornemuse, musette; d'où P*ipper*, Jouer de cet instrument. Gl. P*ipa*, 2.

PIPPRENIAU, Piprenau, Espèce de petit poisson. Gl. P*ipernella*.

PIQUANT, p. e. Piqûre, légère blessure. Gl. P*icare*, 3.

PIQUE DE FLANDRE, Sorte d'arme qui a été fort en usage. Gloss. P*ica*, 1.

PIQUEMAN, Bâton garni d'un fer pointu. Gl. P*ica*, 1.

PIQUENAIRE, Soldat dont l'arme principale était une pique. Gl. P*ica*, 1.

PIQUER, Fouler, battre le blé. Gl. P*icare*, 3.

PIQUEROMMIER, Sorte de jeu qui se fait avec des bâtons pointus. Gl. P*ica*, 1.

PIQUIER, Soldat dont l'arme principale était une pique. Gl. P*ica*, 1.

PIQUOINNAGE, Piqûre, marque faite avec un instrument pointu. Gl. P*iquetare*.

PIQUOT, Espèce d'épée. P*icta*, 2.

PIRE, Piré, Chemin ferré. Gl. P*irius*, sous P*irgius*.

PIZ

PIRETOINS, Nom donné par dérision aux Bretons, p. e. Incendiaires. Gl. P*iretum.*

*PIS, Gorge, poitrine. R. R. t. 3, page 109.

PISNE Homme, Bon homme, qui est simple. Gl. P*isticus,*

PISSECHIEN, Terme d'injure, valet de chiens. Gl. P*iquichini.*

PISSER. Envoyer Pisser quelqu'un, Etait regardé comme une injure grave. Gl. P*issare.*

PISSETEUR, Boulanger. Gl. P*issa*

PISSON, Poisson ; d'où P*issonerie,* pour Poissonnerie. Gl. P*issonagium* et P*issonaria.*

*PITABLE, Plein de pitié. F. Gl.

PITANCERIE, L'office du P*itancier* dans les monastères. Glos. P*itanciaria.*

PITANCHE. Blei a Pitanche, Le bled destiné à fournir la pitance des moines. Gl. P*ictantia.*

PITANCIER, Celui qui est chargé de fournir la pitance aux moines. Gl. P*itancharius.*

PITEUX, Jeux de théâtre dans lesquels on représentait des actions de piété. Gl. P*ius,* 2.

PITIÉ, Donner en pitié, A titre d'aumône. Gl. P*ietas,* 1.

PITOULONS, Nom donné aux Bretons ; ou p. e. Piétons, ou valets d'armée. Gl. P*iretum.*

PITOUX, Jeux de théâtre dans lesquels on représentait des actions de piété. Gl. P*ius,* 2.

*PIZ, Poitrine ; *lor metoient seignaus ès piz,* leur plaçaient des

PLA

signes sur la poitrine. L. J. P. page 330.

PLACAR, Sorte de petite monnaie Gl. P*laca,* 2.

PLACET, Assignation dans le for ecclésiastique. Gl. P*lacitum christianitatis.*

PLACHE, Lieu où s assemblent ceux d'une même profession pour parler de leurs affaires. Gl. P*lacea* , 1. — Canal , ruisseau tiré d'une rivière. Gl. P*laketum*

PLACQUE, Sorte de monnaie. Gl. P*laca,* 2.

PLACTE , Ballot contenant une certaine quantité de draps. Gl. P*lacta,* 3.

PLAET, Droit de relief, toute espèce d'impôt. Gl. P*lacitum.*

PLAGE , Pièce de terre. Gloss. P*latea,* 2.

PLAGUE, Plaie, blessure. Gloss. P*laga,* 1.

PLAIDER , Tenir les plaids, y présider. Gl. P*lacitare.* — Badiner, plaisanter, s'amuser, railler, se moquer, chercher à en faire accroire. Glos. P*lacitare,* sous P*lacitum.*

PLAIDEREAU, Plaideur, chicaneur. Gl. P*lacitator.*

PLAIDERIAU, Avocat, procureur. Gl. P*lacitor,* 1.

PLAIDEUR , Juge qui tient les plaids. Gl. P*lacitare.*

PLAIDEUR, Procureur de monasstère, celui qui en suit les affaires. Gl. P*lacitator.*

PLAIDIER, Badiner, s'amuser, se divertir. Gl. P*lacitare.*

PLA

PLAIDOIER, Celui qui intente et suit un procès. Gl. *Placitator*. — Plaider, suivre un procès. — Quereller, contester ; d'où *Plaidoyeur*, Querelleur, disputeur. Gl. *Placitare*.

PLAIDOIR, Le lieu où l'on tient les plaids. Gl. *Placitorium*.

PLAIER, Blesser, faire une plaie. Gl. *Plagare*.

PLAIN, Rue, place publique, rase campagne. Gl. *Planalium*.
TERRE PLAINE, Qui est cultivée. — Pays, plaine, plat pays. Gl. *Planum*, 1. — [PLAIN A, Tout à fait. R. R. Gl. t. 3.]

PLAINE, Plane, instrument de maréchal. Gl. *Plana*, 4.

PLAINT, Gémissement, cri douloureux. Gl. *Planctus*.

PLAINTE, Quantité, multitude. Gl. *Plenitudo*.

PLAINTEIF, Pays cultivé et bien planté. Gl. *Planta*, 2.

PLAINTIF, Sac. Gl. *Plenitudo* 2.

PLAINZ. PROCEDER DE PLAINTZ, Sans observer les formalités ordinaires. Gl. sous *Planus*.

PLAION, Morceau de bois avec lequel le laboureur fait tourner le coutre de la la charrue. Gl. *Plowshum*.

PLAIREUR, pour FLAIREUR, Odeur, parfum. Gl. *Fragrare*.

PLAISAMMENT, Commodément, aisément. Gl. *Placide*.

PLAISANCE, Volupté, plaisir déréglé. Gl. *Placentia*, 3.

PLAISIR, Droit de relief. — Volónté, désir, projet. *Placitum*.

PLA

PLAISSAY, Haie entrelacée. Gl. *Plaissia*.

PLAISSIÉ, Clos, parc fermé de haies. Gl. *Pleisseicium*.

PLAISSIER, Plier, entrelacer. Gl. *Pleisseicium*.

PLAIST, Droit de relief. Gl. sous *Placitum*.

PLAISTRE, Emplacement, masure, place à bâtir. *Plastrum* 1.

PLAIT, Assemblée où l'on juge les procès et où l'on exige les droits seigneuriaux. — Toute espèce de redevance. — Dessein, projet, résolution. Gl. *Placitum*

PLAIX, PLAIZ, Haie faite de branches entrelacées. Gl. *Plaissia*.

PLAMÉ, p. e. pour PALMÉ, Couvert d'un gant, appelé *Palmaria* ; ou La main ouverte dans toute son étendue. Gl. *Palmaria*

PLANCHE, Certaine mesure de terre. Gl. *Plancha*, 1.

PLANCHER, Planche, soliveau. Gl. *Plancha*, 2. — PLANCHIER, Chambre haute. *Plancherium* 2

PLANCHIER, Faire un plancher de quelque matière que ce soit. Gl. *Plancherium*, 2.

PLANCHIÈRE, Saillie, avance faite de planches. *Plancherium* 2

PLANCHON, et le diminutif PLANCHONCHEL, Epieu, sorte de pique ou bâton de défense. Gloss. *Plansonus*.

PLANCKE, Planche. Gl. *Planca*.

PLANÇON et le diminutif PLANÇONNET, Epieu, sorte de pique

PLA

ou bâton de défense. Gl. *Plansonus*. — [Branche d'arbre. R. R. t. 3, p. 190.]

PLANCQUIER, Plancher. Gl. *Asseratum*.

PLANECE, Plaine. Gl. *Planesium*.

*PLANÉ, Poli, uni. R. R. t. 3, page 226.

PLANER, Défalquer, soustraire d'une somme. Gl. *Planare*, 1.

PLANIVE. DRAPS DE LANURE PLANIVE, Drap uni et d'une seule couleur. Gl. *Planeus*.

PLANTE, Pépinière, plant de jeunes arbres ou de vignes. Gloss. *Planta*, 2, et *Plantica*.

PLANTÉ, Abondance, quantité, multitude. — Plus, davantage. Gl. *Plenitudo*.

PLANTÉE, Assemblée de jeunes gens des deux sexes, qui se faisait le soir en hiver dans les maisons particulières. *Plantea*.

PLANTEICE, RENTE PLANTEICE, Celle qu'on fait pour une pépinière. Gl. *Plantica*.

PLANTEIR, Marcotte, rejeton de vigne. Gl. *Planterium*, 2.

PLANTEIS, Plant d'arbre ou de vignes. Gl. *Plantata*.

PLANTEYS, Marcotte, rejeton de vigne. Gl. *Planterium*, 2.

PLANTHEICHE. RENTE PLANTHEICHE, Celle qu'on fait pour une pépinière. Gl. *Plantica*.

PLANTIN, Branche de saule, d'aulne, de peuplier ou d'autres semblables arbres, qu'on choisit pour planter. Gl. *Plansonus*.

PLA

PLANTIS, Plant d'arbres. Gloss. *Plantata*.

PLAQUAR, PLAQUE, Sorte de petite monnaie. Gl. *Placa*, 2.

PLAQUIER, Marquer, faire une *plaque* ou marque à quelque chose. Gl. *Dessigillare*.

PLASMER, Former, créer. Gloss. *Plasmare*.

PLASSAGE, PLASSAIGE, Ce qu'on paye au seigneur pour le droit de place ou d'étal aux marchés et aux foires. Gl. *Plassagium* 1.

PLASSER, Plier, entrelacer. Gl. *Plassare*.

PLASSIS, Haie faite de branches entrelacées. Gl. *Plaissia*.

PLASTRE, Emplacement, masure, place à bâtir. Gl. *Plastrum*, 1.

PLASTREAU, Emplâtre. Gl. *Plastegum*.

PLAT. MAISON PLATE, Qui est sans défense, qui n'est pas fortifiée. Gl. *Planus*. — TERRE PLATTE, Qui est en friche, qui n'est pas cultivée. Gl. *Platea*, 2. — PLAT NUPTIAL, Ce qu'un vassal devait présenter à son seigneur, en viande, pain et vin, le jour de ses noces. Gl. *Missus* 1. — Emplacement. Gl. *Plattum*.

PLATAGE, Sorte d'impôt qu'on paye pour les marchandises qu'on porte par les places ou par les rues. Gl. *Platagium*.

PLATAINE, Patène, vase sacré. Gl. *Platina*, 1.—Table de marbre. Gl. *Platonæ*.

PLATE, Lingot d'or ou d'argent. — Barre de fer. — Gant fait de lames de fer. Gl. sous *Plata*, 1.

PLE

PLATEAU, Planche ou soliveau. Gl. *Planta*, 5.

PLATEINNE, Plaque de toute espèce de métal. Gl. *Plata*, 1.

PLATELÉE, Ce que contient un plat. Gl. *Platellus*.

PLATIAU, Plat. Gl. *Platellus*.

PLATINE, Fer à cheval. *Plata*, 1.

PLATTE, Ballot contenant une certaine quantité de draps. Gl. *Placta*, 3.

PLATUSE, Plye, Espèce de poisson. Gl. *Psetta*.

PLAUDER, Corriger, reprendre. Gl. *Plaudare*.

PLAUJON, Plonjeon, amas ou tas de gerbes placées la tête en bas. Gl. *Plongeonus*.

PLAYE A BANLIEUE, Blessure, qui est punie de bannissement. Gl. *Plaga*, 1.

PLAYE LEYAU, Blessure pour laquelle on doit une amende au seigneur. Gl. *Plaga*, 1.

PLAYE PERCIÉE, Plaie ouverte et avec effusion de sang. *Plaga* 1.

PLAYER, Blesser, faire une plaie. Gl. *Plagare*.

PLAYON, Morceau de bois avec lequel le laboureur fait tourner le coutre de la charrue. Gloss. *Plowshum*.

PLAZEZAGE, Ce qu'on paye au seigneur pour le droit de place ou d'étal aux marchés et aux foires. Gl. *Plassagium*, 1.

PLEBEIENS, Le peuple, la commune. Gl. *Plebeius*.

PLE

PLEBEIN. TERRE PLEBEINE, Pays peuplé. Gl. *Populosus*, 1.

PLECTE, Sorte de vaisseau plat. Gl. *Placta*, 1.

PLEDER, pour PLAIDER, Conduire et défendre une affaire. Gl. *Placitare*, sous *Placitum*.

PLEDUIRE, Emplacement, lieu vide, propre à bâtir. *Pleduira*.

PLEET, Assemblée où l'on juge les procès, et où l'on exige les droits seigneuriaux. *Placitum*.

PLEGE DE DROIT, Caution ordonnée par justice. Gl. *Plegia*, sous *Plegius*.

PLEGE PARLANT, Caution, répondant. Gl. *Plegia*, sous *Plegius*.

*PLÉGEN, Garantie. L. J. P. p. 4.

PLEGER, Cautionner, répondre pour quelqu'un. Gl. *Plegiare*, sous *Plegius*.

PLEGERIE, METTRE EN PLEGERIE, Donner pour caution. Gl. *Plegeria*, sous *Plegius*.

PLEICER, Plier ensemble, entrelacer. Gl. *Hurdare*, et *Plectare*.

PLEIDOIER, Quereller, contester, dire des injures. *Placitare*.

PLEIGAIGE, Cautionnement. Gl. *Plegagium*.

PLEIGERIE, Caution, répondant. Gl. *Plegeria*, sous *Plegius*.

PLEIN, Plaine, plat pays. Gl. *Planum*, 1.—DRAP PLEIN, Qui est uni et d'une seule couleur. Gl. *Planeus*.

*PLENIEX, Complet. F. Gl.

PLÉNITÉ, Plénitude. *Plenitudo*.

PLE

PLENNE, Plane, outil de tonnelier. Gl. *Plana*, 4.

PLENTÉ, Abondance, plénitude. Gl. *Plenitudo*.

PLENTIF, Plentiveus, Fertile, abondant en toutes choses. Gl. *Plenitudo*.

PLEON, Plant d'osiers ou de saules. Gl. *Planchoneia*.

PLESSÉE, Clos, parc fermé de haies. Gl. *Plessa*, 2.

PLESSEIS, Le même ; du verbe *Plesser*, Plier, entrelacer, fermer de haies. Gl. *Plesseicium*.

PLESSER, Plier, baisser. Gloss. *Plessa*, 2.

PLESSES, Clos, parc fermé de haies. Gl. *Plessa*. 2.

PLESSEUR, Celui qui fait les haies. Gl. *Plessa*, 2.

PLESSIÉ, Plessier, Clos, parc fermé de haies. Gl. *Pleisseicium*

*PLESSIER, Courber, plier, *plicare*. R. R. Gl. t. 3.

PLESURE, Emplacement, lieu vide propre à bâtir. *Pleduira*.

PLET, Assemblée, où l'on juge les procès, et où l'on exige les droits seigneuriaux. — Droit de relief. — Toute espèce de redevance. Gl. sous *Placitum*.

PLET Centain, Plaid où tous les vassaux d'un canton se doivent trouver. *Placitum centenarii*.

PLET de l'Epée, Haute justice. Gl. *Placitum spadæ*.

PLETTERIE, Pelleterie. Gl. *Pelleteria*, 1.

PLO

PLEVI, Droit de main Plevie, Celui par lequel le survivant des deux époux succède aux biens du défunt. — Fille Pleviée, Promise en mariage, et même qui est mariée. Gl. *Plevire*, sous *Plegius*.

PLEVINE, Promesse faite en justice ou avec serment, garantie. Gl. *Pleuvina*, sous *Plegius*.

PLEVIR, Promettre avec serment, ou en justice. Gl. *Plevire*, sous *Plegius*.

PLEVISAILLES, Fiançailles. Gl. *Plevimentum*, sous *Plegius*.

PLEURE, Emplacement, lieu vide propre à bâtir. Gl. *Pleduira* et *Pleura*.

*PLEUVE, Pluie. F. Gl.

PLEVYE, Fiançailles. Gl. *Fiancialia*, et *Plegius*.

*PLEZ, *pleiz, pleit, plest, plet*, Plaid, procès, procédure, action judiciaire. L. J. P.

PLIÇON, Vêtement garni de peaux, fourrure. Gl. *Pellicio*, sous *Pellicia*.

PLIRIS, Sorte d'épice. Gl. *Electuarium*, 1.

PLOIER l'Amende, Payer l'amende. Gl. *Plicare emendam*.

PLOIGE, Plège, caution, répondant. Gl. *Plegius*.

PLOION, Morceau de bois avec lequel le laboureur fait tourner le coutre à la charrue, Gloss. *Plowshum*.

PLOIS de Toilles, Toile effilée, charpie. Gl. *Plica*, 5.

PLO

PLOISTRE, Mur de plâtre, cloison. Gl. *Plastrum*, 3.

PLOMBÉE, PLOMÉE, Espèce de massue garnie de plomb. Gloss. *Plumbatæ*.

PLOMME, Sonde, règle ; d'où *Vivre sans plommée*, Mener une vie déréglée. Gl. *Plonica*.

PLOMMÉE, Petite boule de fer ou de plomb.—Le droit qu'on paye au seigneur pour les poids. — Espèce de massue garnie de plomb. Gl. *Plumbatæ*.

PLOMMER, Plomber, Couvrir de plomb. Gl. *Plumbata*, 1.

PLOMMET, Petit plomb qu'on attache aux draps. Gl. *Plomellus*.

PLONC, pour Plomb. Gl. *Plumbata*, 1.— Un certain poids. Gl. *Plumbum*, 2.

PLONGER, Arranger des gerbes en un tas, les mettre en *Plongeon*. Gl. *Plongeonus*.

PLONGHON, pour Plongeon. Gl. *Plongeonus*.

PLONLRIER, Plonger. Gl. *Plongeonus*.

PLOQUIER, Bouclier. Gl. *Bloquerius*.

PLORE, Exception, clause. Glos. *Ploratio*.

PLOREMENS, Pleurs. *Ploratio*.

PLOREUX, Lieu où on pleure. Gl. *Lacrymatorium*, 1.

PLOTROER, Rouleau pour briser les mottes de terre. *Plustrum*.

PLOUAGE, Pluie. Gl. *Pluviens*.

PLOUMETIERE, p. e. Redevance

PO

que doivent les charrues à labourer ; ou Les fonderies de plomb. Gl. *Ploghspenninge*.

PLOUMIER, Pluvier, oiseau. Gl. *Plumarius*.

PLOUQUER, Bouclier. Gl. *Bloquerius*.

PLOUSTRE, Rouleau pour briser les mottes de terre. Gl. *Plustrum*. — PLOUTRE, Cadenas, espèce de serrure. *Plaustrum* 2

PLOUTROER, PLOUTROIR, Rouleau pour briser les mottes de terre. Gl. *Plustrum*.

PLOY D'AMENDE, Consignation, ou payement d'une amende. Gloss. *Plicare emendam*.

PLOYON, Morceau de bois avec lequel le laboureur fait tourner le coutre de la charrue. Gloss. *Plowshum*.

PLUMAIL, Toute espèce d'animal qui a des plumes. Gl. *Plumarius*.

PLUMES, Balance, romaine, peson. Gl. *Plumaceus*.

PLUMET. GARSON PLUMET, Jeune étourdi, qui n'a que du poil follet. Gl. *Plumarius*.

PLURIEUS, PLURIEX, Plusieurs. Gl. *Plurior*.

PLUSAGE, Surplus. *Plusagium*.

PLUSMART, Plumet. Gl. *Plusmagium*, sous *Plumæ*.

*PLUVINER, Pleuvoir. F. Gl.

PLUVISSAGE, Cautionnement. Gl. *Pluvium*.

*PO, poi, Peu ; *A poi*, Peu s'en faut. R. R. t. 3, p. 135.

POE

*PO, *poi, pou,* Peu, rarement. L. J. P. p. 71.

POCHE, Cuiller.— Sac ; d'où *Po-chée,* Ce que contient un sac, sachée. Gl. *Pochia.*

POCHET, Un peu, tant soit peu. Gl. *Parum.*

POCHIN, Mesure de vin. Gl. *Pochonus.*

POCHONNE, Une petite cuiller. Gl. *Pochia.*

*POCIN, Poussin, poulet nouvellement éclos. R. R. Gl. t. 3.

POÇONET, Poçonnet, Petit pot. Gl. *Poculum.*

POCQUIN, Certaine mesure de grain. Gl. *Polkinus.*

PODADOINRE, Serpe ou serpette à tailler la vigne ; du verbe *Poder,* Tailler, couper. Gl. *Podadoira.*

PODET, Faux, faucille ; ou Serpe, serpette. Gl. *Podadoira.*

*POE, Patte, main. R. R. Gl. t. 3

POELLERIE, Chaudronnerie, ustensiles de cuivre. Gl. *Paella.*

POER, Pouvoir, puissance. Gloss. *Posse,* 1.

POESLE, Poile, dais portatif. Gl. *Pallium,* 2.

POESTAT, Magistrat, officier de justice et de police d'une ville. Gl. sous *Potestas.*

POESTÉ, District, juridiction, seigneurie. Gl. sous *Potestas.* — Puissance, autorité, domination ; d'où *Avoir en poesté,* Tenir en son pouvoir. Gl. *Potestas,* et *Potestative.*

POI

POESTEIS, Puissant, grand seigneur. Gl. *Potestativus.*

POESTHIEH, Petite porte, guichet. Gl. *Posticium.*

POETE, Evêque, grand prêtre. Gl. *Poetare,* et *Poetizare.*

POETÉ, Puissance, autorité, domination. Gl. *Potestas.*

POETRIE, Poésie, art poétique Gl. *Poexia.*

POGEOISE, Poges, Petite monnaie de France. Gl. *Pogesa.*

POHER, District, juridiction, seigneurie. Gl. sous *Potestas.*

POHIERS, Habitants du pays de Poix, et souvent Certains peuples d'une partie de la basse Allemagne. Gl. *Poheri.*

POIAGE, Péage, sorte d'impôt. Gl. *Pedagium.*

POIER, Pouvoir, puissance. Gl. *Posse,* 1.—[POIER, Monter, aller en haut, de *podium.* R. R. Gl. tome 3.]

POIEUR, Payeur, trésorier. Glos. *Paga,* sous *Pacare.*

POIGEOISE, Petite monnaie de France. Gl. *Pogesius* s. *Pogesia*

POIGNAL, Ce qui remplit la main Gl. *Poigneia.*

*POIGNAMMENT, D'une manière poignante. F. Gl.

POIGNANT, Poignard, dague. Gl. *Pugnalis gladius.* — [Piquant des éperons, allant grand train ; participe du verbe *poindre,* piquer, aiguillonner ; *pungere. Poignent,* ils piquent. R. R. Gl. t. 3, p. 224.]

POI

POIGNARS, pour POIGNEIS, Combat, bataille. Gl. *Poingitium*.

POIGNÉE, Soufflet, coup de poing. Gl. *Pugnata*, 2.

POIGNEIS, Combat, bataille. Gl. *Pugna*, 3.

*POIGNÉOR, Piqueur. R. R. Gl. tome 3.

*POIGNER (SE), S'efforcer. L. J. P. p. 187.

POIGNEUR, Artisan qui se sert d'alêne. Gl. *Punctorium*.

POIGNIE, Poignée, ce que peut contenir la main Gl. *Poigneia*.

POIGNOTE, Poignard, dague Gl. *Pugnalis gladius*.

POIHIERS, Habitants du pays de l'oix, et souvent Certains peuples d'une partie de la basse Allemagne. Gl. *Poheri*.

POILER, Oter le poil. Gl. *Pilla* 1.

POILEVILLAIN, Sorte de monnaie d'argent. Gl. *Pillevilla*.

POILLEUX, Poiloux, crasseux, vilain. Gl. *Pilosus*.

POILLIER, Chaudronnier. Gloss. *Paella*.

POINCT, pour Poing. *Sur le Poinct*, Sous la peine de perdre le poing. Gl. *Pugnus*, 3.

POINDRE, Piquer un cheval avec les éperons. Gl. *Punctare*.

POING, Instrument pointu. Glos. *Punctorium*.

POINGAL, POINGNAL, Poignard, dague. Gl. *Pugnalis gladius*.

POINGNAMMENT, D'une façon piquante. Gl. *Punctorium*.

POI

POINGNÉE, Coup de poing, soufflet. Gl. *Pugnata*, 2.

POINGNEIS, Combat, bataille, escarmouche. Gl. *Poingitium*.

POINGNEL, Poignard, dague. Gl. *Pugnalis gladius*.

POINGNET, Sorte de parure attachée à l'extrémité de la manche de l'habit, et qui tombe sur le poignet. Gl. *Poignetus*. — Mesure dont se servent les meuniers pour prendre le droit de mouture. Gl. *Pognadina*.

POINGNEUR, Officier commis à l'examen de la morue qui se compte par l'*oignée*. *Pugillator*

POINGNIE, Poignée, Ce que peut contenir la main. Gl. *Poigneia*.

POINGNIERÉE, Poignée, mesure de terre. Gl. *Poingneria*.

POINSOUER, Puisoir, instrument propre à la pêche. *Pressorium* 2

POINSTURE, Piqûre, instrument propre à piquer. *Punctorium*.

POINT, Limite, borne, étendue. Gl. *Punctum*, 7. — PRENDRE A POINT, Surprendre quelqu'un par ses paroles, mettre à profit ce qu'a dit son adverse partie. Gl. *Punctum*, 1.—QUANT POINS EST, Quand il est à temps, à propos. Gl. sous *Punctum*,8. — JOUER AU POINT, Au passe-dix. Gl. *Punctare*, 2. — [Moment. F. Gl.]

POINTE, p. e. Poignée de chandelles ; ou Pièce de monnaie attachée à un cierge. *Puncta*, 7.

POINTER, Observer avec attention. Gl. *Punctum*, 1.

POINTIR, Ponctuer. Gl. *Punctare*

POI

POINTOIER, Charger de notes un ton, fredonner. Gl. *Punctuatim canere*.

POINTOYER, Jouer au passe-dix ; d'où *Pointure*, l'action d'amener à ce jeu certain nombre de points. Gl. *Punctare*, 2.

POIOR, Moindre, pire. Gl. *Pejorescere*.

POIOUS, Colline, lieu élevé, montagne. Gl. *Poiallus*.

POIRE, Sorte de grand bâton. Gl. *Pirum*.

POIRE D'ANGOISSE. Gl. *Pirum angustiæ*.

POIS, Une livre pesant. *Pondus*.

POIS BLANC, Haricot, espèce de fève. Gl. *Pisum*.

POIS DE FIL, Certaine quantité de fil. Gl. *Pondus*.

POISE, Certaine quantité de quelques choses mises ensemble. Gl. *Pondus*.

POISENES, Orgueilleux, impérieux. Gl. *Potentivus*. Voyez *Podnée*.

*****POISER**, Peser. F. Gl.

POISON, Potion, médecine ; d'où *Poissonner*, Donner une potion. Gl. *Potio*, et *Potionare*.

*****POISSE**, Je pouvois, je pourrois, j'aurois pu ; *poïst*, qu'il pût, il pourroit, il pouvoit ; *pooie*, je pouvois ; *pooiez*, vous pouviez, *pooit*, il pouvoit. R. R. Gl. t. 3.

POISSONNAGE, Droit seigneurial sur le poisson qui est vendu au marché. Gl. *Poisonerius*.

POISSONNIER, Office dans les monastères, Celui qui devait fournir le poisson et avoir soin des viviers et des étangs. Glos. *Piscionarius*.

POISSONS DE MORZ, Certaine redevance ainsi appelée à Cone. Gl. sous *Piscis*, 2.

*****POIST**, *poit*, il déplaise, il fâche, du verbe *poiser* ; il pète, du verbe *poirre*. R. R. t. 3, p. 43.

POITEVINE, **POITEVINS**, Ancienne petite monnaie. Gl. *Picta*, 3.

POITEVINEUR, Celui qui contrefait la monnaie appelée *Poitevine*. Gl. *Picta*, 3.

POITRAL, Poitrail. *Pectorale*, 1.

POITRON, Poitrine. Gl. *Poitrina*.

POIZAGE, Le droit qu'on paye pour les marchandises pesées au poids public. Gl. *Ponderatio*, sous *Pondus*.

POLAGE, Poulaille, volaille. Glos. *Polaglium*.

POLAINE, Pointe dont on ornait autrefois les bouts des souliers. Gl. *Poulainia*.

POLE, Sorte de poisson. Gl. *Pole*.

POLENTIER, Celui qui prépare le grain propre à faire la bière. Gl. *Polentarii*.

POLER, Oter le poil, le faire tomber. Gl. *Pilla*, 1.

POLET, p. e. Le bassin d'un port. Gl. *Polmentarium*.

POLICE, Certificat, Bulletin. Gl. *Pollex*, 3.

POLICHER, Instrument qui sert à applanir ou polir, rouleau. Gl. *Volutabrum*.

POM

POLICITÉ, Police, gouvernement, administration. Gl. Politia, 2.

POLIE, Lieu où l'on étend les draps pour les sécher ou travailler. — Sorte de jeu. Gl. Polia 3. — P. e. Ecurie, étable. Polia, 2.

POLION, Certaine partie d'une arbalète. Gl. Polio.

POLISSEMENT, Ce qui sert à parer ou farder quelque chose. Gl. Polimen.

POLITEMENT, Proprement, élégamment. Gl. Polimen.

POLKIN, Certaine mesure de grain Gl. Polkinus.

POLLAGE, Redevance en poulets. Gl. Polagium.

POLLICE, Certificat, bulletin. Gl. Pollex, 3.

POLRE, Marais desséché. Polra.

POLTAT, p. e. Portail. Gl. Poltat

*POLZ, Pouce. F. Gl.

POMADE, Cidre, boisson faite de jus de pommes. Gl. Pomata.

POMER. Baston de Pomer, Bâton de commandement, terminé en forme de pomme. Gl. sous Abatis.

POMERÉE, Cidre, boisson faite de jus de pommes ; ou Jardin fruitier, verger. Gl. Pometum.

POMIER, Toute espèce d'arbre. Gl. Pomerius.

POMMÉE, Cidre, boisson faite de jus de pommes. Gl. Pomata.

POMMEL, Rotule, petit os rond entre la cuisse et la jambe. — Sorte d'ornement aux habits d'église. Gl. Pomellus.

PON

POMMEROYE, Fruitier ; ou Marmelade de pommes. Pomarium

POMPE, Parure trop recherchée. Gl. Pompa, 1. — Sorte de gâteau que les parrains donnent à leurs filleuls à Noël. Gl. Pompa, 2.

POMPETTE, Espèce d'ornement fait de rubans, bouffette. Gloss. Pompeta.

PONCEL, Ponchel, Petit pont. Gl. Poncellus.

PONCHÉE, Ponchiée, Sachée, ce que contient une poche ou un sac. Gl. Pochia.

PONCHONNET, Petit pot Gloss. Pontetus.

PONCIER, Effacer avec la pierre ponce. Gl. Punex.

*PONENT, Accident. F. Gl.

PONGNEL, Certaine mesure de terre. Gl. Pugillus, 1.

PONHARDIERE, Certaine mesure de grain. Gl. Ponhaderania.

PONHERE, Le même. Ponheria.

PONHIERS, Habitant du pays de Poix, et souvent certains peuples d'une partie de la basse Allemagne. Gl. Poheri.

PONIAISE, Le même que Pougeoise, Petite monnaie de France. Gl. Pictavensium Comitum denarii, sous Moneta Baronum.

PONT, Pont de l'Espée, La poignée. Gl. sous Investitura. — Pointe. Gl. Ponta.

PONTAGE, Pontenage, Péage, droit qu'on paye sur et sous les ponts. Gl. Pontonagium, sous Pontaticum.

POO

PONTIF, Petit pont. Gl. *Pontilius*

PONTIFICAL, Respectable, majestueux. Gl. *Pontificalia*, sous *Pontifex*.

PONTIFICAT, Habits pontificaux. Gl. *Pontificalia*, sous *Pontifex*.

PONTIFIEMENT, Pontificat, règne d'un pontife ou d'un pape. Gl. *Pontificare*, sous *Pontifex*.

PONTIFIER, Elire un pontife, un pape. Gl. *Pontificare*, sous *Pontifex*.

PONS LEVAIS, Pont-levers, Pont-levis, Gl. *Pons levator*.

PONTOIR, p. e. Pont. *Pontius*.

PONTONAGE, Péage, droit qu'on paye sur et sous les ponts. Gl. *Pontonagium*, s. *Pontaticum*.

PONTONIER, Celui qui fait payer le *pontonage*. Gl. *Pontanarius*, sous *Pontaticum*.

PONTTER, Ponctuer. Gl. *Punctare*, 1.

POOCE, Pouce. Gl. *Pollex*, 3.

POOIR, Pouvoir, puissance. Gloss. *Posse*, 1. — District, juridiction, seigneurie. Gl. sous *Potestas*.

POOIS, Tenir a plain Poois, Se dit d'un fief, qui ne relève d'aucun seigneur. Gl. sous *Potestas*

POON, Poonné, Pion, pièce du jeu des échecs. Gl. *Pedones*.

*POOR, Peur, crainte, effroi, *pavor*. R. R. Gl. t. 3.

POOSTE, District, juridiction, seigneurie. Gl. sous *Potestas*.

POOSTÉ, Passe-volant, soldat supposé. Gl. *Posta*, 1.

POR

POOTE. Hons de Poote, Serf, roturier, sujet à des servitudes. Gl. sous *Potestas*.

POPELICANS, Certains hérétiques, Manichéens. Gl. *Populicani*.

POPILER, Parer, ajuster. Gloss. *Pompare*.

POPINE, Poupée d'enfant. Glos. *Oscillum*. — Sorte d'étoffe. Gl. *Popina*, 2.

*POPOLÉSIE, Apoplexie. F. Gl.

POPRE, Pourpre. Gl. *Polpra*, 2.

POPULAIRES, Peuple, habitants. Gl. *Populares*.

POPULIER, Qui est du peuple, habitant. Gl. *Popularus*.

POQUE, Poche, sac. Gl. *Pochia*.

POQUET, Petit cheval, bidet. Gl. *Poquitus*.

POQUIN, Certaine mesure de grain; d'où *Poquinage*, Redevance en grains qui se paye dans cette mesure. Gl. *Polkinus* et *Poquinus*.

PORAYERE, Marchande de porreaux ou d'herbes. Gl. *Poreta* 2

PORCAING, Le droit que le seigneur tire des pourceaux. Gl. *Porcagium*.

PORCAS, Acquêt. Gl. *Porchaicia*

PORCER, Partager, ou plutôt posséder. Gl. *Porçonarius*.

*PORCHACIER, Chercher, poursuivre, entreprendre, s'intriguer, *proquassare*. R. R. Glos. t. 3, p. 28.

PORCHAIS, Acquêt. Gl. *Porchaicia*

POR

*PORCHAZ, Produit ; *de porchaz*, de rencontre, de racroc. Anc. trad. du Digeste, fol. 8 r°, c. 1 : « Enfant sont apelé *de porchaz* qui ne pueent pas mostrer lor père .. et il sont apelé bastart. »

*PORCHAZ, Intrigue, entreprise. R. R. Gl. t. 3.

PORCHE, Corps de logis, maison à plusieurs appartements. Glos. **Porchetus**, 2.

PORCHELAINE, Pourpier. Glos. P*orcada*.

PORCHERIE, Troupeau de pourceaux. Gl. P*orcairata*.

PORCHIERE, Sorte d'épieu dont on se sert pour conduire un troupeau de pourceaux. Gl. P*orcairata*.

PORCHINE, PORCINE. *Beste porchine* et *porcine*, Pourceau. Gl. P*orcina*.

*PORFORCER, Forcer, contraindre. L. J. P. p. 337.

PORGIR, Abuser d'une femme en lui faisant violence. Gl. P*urgire*.

PORGUERIE, pour PORQUERIE, La garde des pourceaux. Gloss. P*orcarius*.

*PORLOIGNER, Prolonger, retarder, ajourner. L. J. P. p. 30.

PORPAIZ, PORPEIS, Marsouin. Gl. P*orpetus*, sous P*orpecia*.

*PORPENS, Réflexion, projet, méditation, *propensio*. R. R. Gl. t. 3.

PORPENSÉ, Médité, réfléchi, de sens froid. Gl. sous P*ensabiliter*

*PORPENSER, Réfléchir, méditer,

POR

projeter, *propendere*. R. R Gl. t. 3, p. 52.

PORPORT, Produit, rente, revenu, Gl. P*orportus*.

PORPORTER, Se dit lorsqu'on fixe la situation des lieux. Gl. P*orportare*.

PORPORTIONNÉ, Partagé en égales portions. Gl. P*roportionarius*.

PORPRE, Habit riche et magnifique ; Grand seigneur. P*urpura*

PORPRENDRE, Prendre de force, s'emparer, usurper ; d'où P*orprise* et P*orprison*, L'action de prendre de force, usurpation. Gl. P*orprendere*.

*PORPRIS, Enclos, dépendances d'une habitation.—Rutebeuf, II, 31 : « Li mur entor sont à ciment, Moult est bien fermez li *porpris*. »

PORPRISSON, Enclos, enceinte. Gl. P*orprisia*, s. P*orprendere*.

*PORQUERRE, Chercher avec soin ; *porquis*, cherché, poursuivi. R. R. t. 3, p. 157.

PORQUIERE, Sorte d'épieu dont on se sert pour conduire un troupeau de pourceaux. Gl. P*orcairata*.

PORQUIR SAUDOYERS, s'Attacher des soldats. Gl. P*erquirere*.

PORRE, Espèce de massue. Glos. P*orrum*.

PORSEGUS, Persécuté, tourmenté. Gl. P*rosecutio*, 4.

*PORSÉU, Poursuivi, du verbe *porsivre*, *prosequi*. R. R. Gl. 3.

PORSOIN, Jeune pourceau. Glos. *Porsanus*.

PORSOOIR, Posséder. Gl. *Possessores*.

PORT, Gorge de montagne, défilé. Gl. *Portus*, 1. — Lieu où l'on passe un bac. Gl. sous *Passagium*. — Conduite, façon d'agir. Gl. *Portus*, 5. — Autorité, crédit. Gl. *Portus*, 6.

PORTAGE, Le droit qu'on paye pour les marchandises qu'on porte sur le dos ou au cou. Gl. *Portagium*, 2. — Certain droit sur les maisons et sur les terres. — I'. e. Sorte de sauce ; s'il ne faut pas lire *Poreage*. Gl. *Portagium*, 7.

PORTAIGE, Transport de marchandises par mer. Le droit de faire ce transport. *Portagium* 1

PORTAUEL, Petite porte, guichet. Gl. *Portellus*, 3.

PORTE, La garde qu'on fait à la porte d'une ville, ou le guet. Gl. *Porta*, 4. — Aumônerie, lieu où l'on distribue les aumônes. Gl. *Porta*, 3. — PORTE COULANT, Herse de porte d'une ville ou d'un château. *Porta levatura*.

PORTE-CHAPPE, Porte-manteau, officier chez le roi. Gl. *Capa*, 1.

PORTEGALOIZE, Sorte d'ornement, parure. *Portugalenses*.

PORTEHORS, Bréviaire, livre portatif à l'usage des ecclésiastiques Gl. *Portiforium*.

PORTEIS, Portatif. Gl. *Altare portatile*.

PORTELAIN, Dignité du royaume de Naples, à laquelle est attribuée l'intendance sur tous les ports. Gl. *Portulani*.

PORTELETTE, Petite porte. Gl. *Portaletum*.

PORTEPAIX, Ce qu'on donne à baiser au clergé pendant la messe. Gl. *Portapaz*.

PORTER (SE), Se comporter. Gl. *Portare*, 1.

PORTEUR DE PARDONS, Distributeur d'indulgences. Gl. *Pardonantia*.

PORTEUR A TABLATE, Billonneur. Gl. *Portare tabulas*.

PORTEURE, Enfant qu'une femme a porté dans son sein. — Faculté de concevoir et de porter enfant Gl. *Portatura*.

PORTINGALOIS, Portugais. Gl. *Portugalenses*.

PORTOUIRE, Vaisseau qui sert à porter la vendange, espèce de hotte. Gl. *Semalis*.

*****PORTRACIER**, Chercher avec empressement, avec ardeur. R. R. Gl. t. 3.

PORTRAITURE, Effigie, portrait, image. Gl. *Portractura*.

PORTURE, Grossesse. *Portatura*

PORVEANCE, Provision. Gl. *Providentiæ*.

POSE, Pause, repos, cessation d'agir. Gl. *Pausa*. — Certaine quantité de pierres. Gl. *Posa*.

*****POSNÉE**, Orgueil. F. Gl.

*****POSNÉE**, Parure, pompe, étalage ; *meiner posnée*, se parer, faire étalage. R. R. t. 3, p. 292.

POSOERA, Sorcière ; ou Femme débauchée. Gl. *Positor*.

POSSE, Pouce. Gl. sous *Pollex*, 3

POS

*POSSESSER, Posséder. F. Gl.

POSSIER, Posséder, avoir en son pouvoir ; d'où Possierres, Possesseur, acquérir. Possessores.

POSSIVE. TERRE POSSIVE, Héréditaire, qu'on tient de ses pères. Gl. Possessores.

POSSONNE, Burette. Pochonus.

POSSUIRE, Posséder, avoir en son pouvoir. Gl. Possessores.

POST, Pilier de bois, poteau. Gl. Postis, 3.

POSTAGE, Sorte de présent qu'on faisait à Pâques aux jeunes gens Gl. Ovum, 1.

POSTAT, Podestat, magistrat, officier de justice et de police dans les villes libres d'Italie. Gl. sous Potestas.

POSTE. FAIRE FAUSSE POSTE, Faire passer en revue de faux soldats. Gl. Posta 1. — HOMME DE POSTE, Serf, roturier sujet à des servitudes. Gl. sous Potestas.

POSTEAULX, Amis, ceux qui nous soutiennent. Gl. Postellum.

POSTÉE, Travée, l'espace qui est entre deux poutres, et ce qui y est contenu. Gl. Postea.

POSTEIS, Puissant, grand seigneur. Gl. Potestativus.

POSTEL, Poteau, pieu, jambage de porte. Gl. Postellum.

POSTERLE, POSTERNE, Poterne, fausse porte, porte de derrière, petite porte. Gl. Posterlo et Posterula.

*POSTIL, Barrière. F. Gl.

POSTIS, Poterne. Gl. Posticum, sous Posticum.

POT

POSTRAIT, Jeté, couché par terre. Gl. Prostrari.

POSTULAT, Sorte de monnaie. Gl. Postulatus.

POSUEURE, Poêlon ou grande cuillier. Gl. Positurœ.

POT A CAVE, Celui dans lequel on tire le vin à la cave, broc. Glos. sous Butta, 3.

POT LAVOIR, Vaisseau qui sert pour laver. Gl. Lavatorium, 2.

POTAGE, POTAIGE, Sorte de légume, comme pois, fève, lentille, etc. Gl. sous Potagium, 1.

POTAGIER, Officier de la cuisine-bouche chez le roi, celui qui a soin des potages. Gl. Potagerius

POTANIER, Celui qui reçoit le droit appelé Pontonage. Gl. Pontanarius, sous Pontones.

POTATION, L'action de boire. Gl. Potare.

POTE. HOMME OU TERRE DE POTE, Qui est sujet à des servitudes. Gl. sous Potestas. — MAIN POTE, La main gauche. Gl. Manus bassa.

POTÉES DE REIMS, Terres dépendantes de l'église de Reims. Gl. sous Potestas.

POTEL, diminutif de pot, une mesure de vin. Gl. Potellus, 1.

POTENCIER, Qui se sert de potences ou béquilles pour se soutenir. Gl. Potentia, 2.

POTIER, Officier de l'échansonnerie chez le roi. Gl. Poterius.

POTINEAU, Pieu. Gl. Plexicium.

POTONNER, p. e. Passer un bac ou ponton. Gl. Potonnare.

POU

POU, Colline, lieu élevé, montagne. Gl. P*odium*, 3. — [Pou, *l*'eu, *à pou*, l'eu s'en faut. R. R. t. 3, p. 291.]

POUAILLE, Poualle, Poële. Gl. P*aella*.

POUANCE, Peine, Châtiment, punition. Gl. P*œnalitas*, 3.

POUBLEROYE, p. e. Lieu planté de peupliers. Gl. P*opulosus*, 2.

POUCHER, Pocher, crever les yeux. Gl. sous P*ollex*, 3.

POUCHET, Sachet, petit sac ; d'où P*ouchie*, Sachée. Gl. P*eucha*, 2

POUCHIER, Pouce. Gloss. sous P*ollex*, 3.

POUDA, Faux, faucille ; ou Serpe, serpette. Gl. P*odudoira*.

POUDRAGE, Toute espèce d'impôt. Gl. P*oudragium*.

POUDRER, Joncher, couvrir le plancher de fleurs ou de joncs. Gl. P*ulveratus*. Voyez Po*ldré*.

POUDRETE, Jeu d'enfants aux épingles. Gl. P*ulverea*.

POUDRIERE, Tourbillon de poussière. Gl. P*ulvis*.

POUENCEL, Pavot. Gl. P*apaver*.

POUGEESSE, Pougeoise, l'petite monnaie de France. Gl. P*ogesia*

POUGNIEUL , Poignée, ce que peut contenir la main. Gl. P*oigneia*.

POULAILLIER, Rôtisseur. Gloss. P*oulailiarius*.

POULAIN, Jeu des dés, le même que la rafle. Gl. P*oledrus*.

POU

POULAINE , Pointe. *Soulier à Poulaine*, Dont les bouts se terminaient en pointe. — Poulanne, Sorte de fourrure venant de Pologne. Gl. sous P*oulainia*.

POULDRE, Jeune jument. Gloss. P*oledrus*.

*POULDRERIE, Poussière. F.Gl.

*POULDRIERE , Tourbillon de poussière. F. Gl.

POULEMART, Sorte de gros fil. Gl. P*olomar*.

POULIE, Lieu où l'on étend les draps pour les sécher ou travailler. — Sorte de jeu. Gl. P*olia* 3. — P. e. Ecurie, étable. P*olia* 2

POULIER, Poulailler, lieu où l'on enferme les poules. Gl. P*oulalleria*. — Mettre les draps à la *poulie*. Gl. P*olia*, 3.

POULLYE, Sorte de jeu. Gl. P*olia*, 3.

POULPE, Polype, sorte de poisson. Gl. P*olyppus*.

POULRE, Marais desséché. Gloss. P*olra*.

POULSEMENT, L'action de pousser, heurter. Gl. P*ulsatus*.

POULSIS, Choc, combat. Gl. P*ulsatus*.

POULTRAIN, Poulain, jeune cheval. Gl. P*oledrus*.

POULTRE, Jeune jument. — Pour l'loutre, Serrure, cadenas. Gl. P*oledrus*.

POULTRERIE, Espèce de galerie faite de poutres. Gl. P*utura*, 2.

POULZ, La partie de la tête nommée Temple. Gl. P*ulsus*, 2.

POUOIR, Seigneurie, territoire, étendue d'une juridiction. Glos. *Posse*, 3.

POUPÉE, Botte, faisceau de lin ou de chanvre. Gl. *Popera*.

POUPELIN, Peuplier, arbre. Gl. *Populosus*, 2.

POUPPÉE, POUPPIE, Sorte d'étoffe, p. e. Pourpre. Gl. *Poppea*.

POUQUE, Sac. Gl. *Poucha*, 2.

*****POUR**, A cause de. F. Gl.

POURAILLE, Les pauvres gens, le petit peuple. Gl. *Pauper*.

POURDOUBIR, Battre d'un bâton ou autrement. Gl. *Burdillus*.

POURCEL. JETER AU POURCEL, Sorte de jeu et d'exercice. Glos. *Porchetus*, 1.

POURCHAINTE, Enceinte. Gloss. *Porcincta*.

POURCHAS, Soin, travail. Gloss. *Porchaicia*. — ESTRE POURCHAS, Etre en état de faire ce qu'on désire. Gl. *Aisatus*. —[Intrigue. F. Gl.]

*****POURCHAZ** (PETIT), Nom donné à la fourmi. R. R. t. 3, Gl.

POURCHELINE. BESTE POURCHELINE, Pourceau. Gl. *Porcina*.

*****POURE**, Pauvre, indigent; *poures genz*, Pauvres gens.— Ogier de Danemarche, v. 6173 : « Tant vos donrai, jamais *poures* n'estrés. »

POURE HOMME, Homme du peuple, du commun. Gl. *Pauper*.

*****POURETÉ**, Pauvreté, indigence. —Rose, v. 8012 : « Rien ne puet tant homme grever Comme de cheoir en *poureté*. »

POURFIT, Profit, usage. Gl. *Pigio*

POURFORCEMENT, Contrainte; du verbe l'*ourforcier*, Contraindre, forcer. Gl. *Forçare*.

POURGUIRE, Poursuivre. Gloss. *Porchaicia*.

POURLONGEMENT, Prolongation, délai. Gl. *Prolonguare*.

*****POURMENER**, Poursuivre. F. Gl.

POUROFFRIR, Se présenter, s'offrir. Gl. *Proferum*.

POURPAL, Sorte de pieu, palonneau, gros bâton. Gl. *Prodelada*

*****POURPARLER**, Préméditer F. Gl.

POURPARTIE, Portion d'héritage Gl. sous *Perpars*.

POURPAYS, Pays, canton. Gloss. *Propagus*.

POURPE, Polype, sorte de poisson. Gl. *Polyppus*.

POURPENDURE, Parvis d'une église, l'enceinte qui en accompagne l'entrée, les bâtiments qui l'environnent. Gl. *Pourprisia*.

*****POURPENSER**, Penser, méditer F. Gl.

POURPOINT, Cotte d'armes. Gl. *Purpunctum*, sous *Perpunctum*

POURPOINTERIE, Le métier des ouvriers appelés *Pourpointiers* ou faiseurs de pourpoints. Glos. *Perpunctum*.

POURPOIR, POURPOIS, Marsouin Gl. *Porpecia*.

POURPORTER, Se comporter,

quand on parle de l'état d'une chose. Gl. *Proportare.*

POURPOS, Résolution, dessein, ce qu'on se propose de faire. Gl. *Proposta.*

POURPOUL, p. e. Peuplier. Gl. *Populosus,* 2.

POURPRENDRE, Entourer, environner. Gl. *Porprehendere.*

POURPRINSE, Pourpris, Enclos, enceinte, lieu fermé de murs ou de haies. Gl. *Porprisum,* sous *Porprendere.*

*POURPRIS, Enceinte, dépendance. F. Gl.

POURPRISSURE, Le même. Gl. *Pourprisura,* sous *Porprendere*

POURRE, Poudre, poussière. Gl. *Pulvis.*

POURRIERE, Tourbillon de poussière. Gl. *Pulvis.*

POURSEIGNER, Bénir en faisant le signe de la croix. Gl. *Præsignare.*

POURSEOIR, Poursoier, Posséder, avoir en sa puissance. Gl. *Possessores.*

POURSUIANS LE ROY, Ceux qui recevaient les requêtes pour le roi et en poursuivaient la réponse. Gl. *Prosecutor.*

POURSUITE, Le droit de suivre et de réclamer un serf qui a quitté son domicile sans le congé de son seigneur. — Celui qui est à la suite de quelque chose, le gardien d'un troupeau. — Ligue, alliance. Gl. *Prosecutio,* 4.

POURSUIVANT D'AMOURS, Sorte de charge chez le roi. Gl. *Prosecutor amorum.*

POURSUIVANT D'ARMES, Officier subordonné aux hérauts d'armes. *Prosecutores armorum.*

POURTAGE, Le droit d'entrée qu'on paye aux portes d'une ville. Gl. *Portagium,* 3.

POURTEBOUZ, Officier subalterne de l'échansonnerie. Gloss. *Bouterius.*

POURTERRIEN, Tenancier qui tient d'un autre des terres à cens et rente. Gl. *Terrarius.*

POURTERRIER, Sergent, garde forestier. Gl. *Portarius.*

POURTISAINE, Pertuisane. Glos. *Pertixana.*

POURTRAYER, Ressembler, avoir les traits de quelqu'un. Gl. *Protrahere.*

POURTREIRE, Citer en justice. Gl. *Protractus.*

POURTURE, Pourriture, corruption. Gl. *Pus,* 3.

POURVAIN, Provin de vigne. Gl. *Propaginare,* 1.

*POURVEANCE, Provision, précaution. F. Gl.

POURVEANCHE, Provision. Gl. *Providentiæ.*

*POURVEOIR, Préparer. B. 2265

POURVERRIE, Office claustral, qui est chargé de faire les provisions. Gl. *Provisor refectorii.*

POURVEU, Prudent, sage, avisé. Gl. *Providus,* et *Provisivus.*

*POURVUEMENT, Complètement F. Gl.

POUSOER, Posséder, avoir en son pouvoir. Gl. *Possessores.*

II   24

POUSSIER, Pouce. Gl. sous *Pollex*, 3.

POUSSON, Marc d'olives pilées. Gl. *Pulsatorium*.

POUTÉE, Torrent, eau sauvage. Gl. *Puthcus*.

POUTRAIN. Poulain, jeune cheval. — Jeu de dés, le même que la raffle. Gl. *Poledrus*.

POUTRE, Jeune cheval, ou jument. Gl. *Poledrus*.

POUTREL, Jeune et vigoureux cheval. Gl. *Poledrus*.

POUTRELLE, Jument. Gl. sous *Poledrus*.

POUTRENIER, Celui qui élève et vend des poulains. Gl. *Poledrus*

POUVÉMENT, De tout son pouvoir, fortement, hautement. Gl. *Possibiliter*.

*POUVOIR (A), A force. F. Gl.

*POUX, La partie de la tête nommée Temple. Gl. *Pulsus*, 2.

POVERTÉ, PROUVÉE. Pour aliéner légitimement un fonds, il fallait prouver qu'on y était contraint par pauvreté. Gl. sous *Paupertas*.

POY, Colline, lieu élevé, montagne. Gl. *Podium*, 3.

POYASON, Place vide, contenant un certain nombre de pieds. Gl. *Peaso*.

*POYÉ, Enduit de poix. F. Gl.

POYPE, Montagne, colline, château bâti sur une hauteur. Gl. *Poypia*.

PRAAGE, Cens dû sur des prés. Gl. *Preagium*.

PRADEAU, Certain bâton à l'usage d'une charrette. Gl. *Pradetum*.

PRAEL, Pré, préau, gazon, herbe verte. Gl. *Pradetum* et *Prata* 2

PRAER, Voler, piller, butiner. Gl. *Præda*, 1.

PRAERIE, Prairie. Gl. *Praeria*.

PRAGEOIS, PRAGOYS, de Prague. Gl. sous *Annus* et *Cultellus*.

PRAGUERIE, Sédition sous Charles VII, en 1440, à la tête de laquelle était le dauphin. Gl. sous *Annus*.

PRAIE, Proie, butin. Gl. *Præda* 1

PRAIECIER, Prêcher. Gl. *Prædicamentum*.

PRAIER, Voler, piller, butiner. Gl. *Præda*, 1.

PRAINS, Se dit d'une truie qui est pleine. Gl. *Prægnatus*, 2.

PRAINTE, Droit que les églises levaient sur tous les fruits, et principalement sur le blé et le vin, prémices. Gl. *Prienta*.

PRANGERBERO, Sorte de bâton ou fourche pour enlever les gerbes. Gl. *Garbeiare*.

PRANGIERE, L'heure du dîner. Gl. *Prandium*.

PRANRE MORT, Subir la mort, mourir. Gl. *Prendere bellum*.

PRAT, Pré. Gl. *Prata*, 2.

PRATEAU, Petit pré. *Pratellum*.

PREAGE, Cens dû sur des prés— Droit qu'a le seigneur de faire paître ses bêtes dans les prés de ses vassaux. Gl. *Preagium.*

PREBANDIER, Sorte de mesure. Gl. *Præbendarius*, sous *Præbenda.*

PRECENTEUR, Precentre, Préchantre, dignité ecclésiastique. Gl. *Præcentor.*

PRECEPTORAT, Commanderie, bénéfice des ordres de chevalerie. Gl. *Præceptoriæ*, sous *Præceptor.*

*PRÊCHEMENT, Exhortation.

PRECIER, Apprécier, mettre le prix à une chose. Gl. *Pretiare.*

PRECIPITER, Presser, demander instamment et avec importunité. Gl. *Præcipitium*, 2.

PRECIPUITÉ, Préciput, avantage. Gl. *Præcipuitas.*

PRECLOT..., Préciput, droit de l'... Gl. *Præcipuitas.*

PRECOGITÉ, Prémédité. Gloss. *Agaitum.*

PRECONISER, Citer en justice, ajourner à cri public. Gl. sous *Præconare.*

PRECOUR, Arbitre d'un différend, médiateur. Gl. *Precator.*

PREER, Celui qui a soin des prés. Gl. *Pratarius.*

PREFACHIÉ, Fermier, métayer, laboureur. Gl. *Facherius.*

PREFERE, Enquête, perquisition. Gl. *Præferentia.*

PREFIGER, Prescrire, ordonner. Gl. *Præfingere.*

PREHER, Voler, piller, butiner. Gl. *Præda*, 1.

PREIR, Mettre une terre en pré. Gl. *Preagium.*

PREJUDICIABLE, Celui à qui l'on veut causer quelque préjudice. Gl. *Prejudiciabilis.*

*PRELATION, Prélature. F. Gl.

PRELEIAGE, pour PLEIGAIGE, Cautionnement. Gl. *Plegagium.*

PREMERAIN, Premier. F. Gl.

PRENDRE, Se Prendre, s'Allier. Gl. *Prendere.*

PRENERESSE, Femme qui prend à bail, fermière. Gl. *Prendimentum.*

PRENEUR, Celui qui lève les impôts ou les *prises.* Gl. *Prendimentum.*

PRENNE, p. e. pour PIENNE ou PRIENE, Maladrerie, hôpital pour les lépreux. Gl. sous *Prendimentum.*

*PRÉOS, Procès. L. J. P. p. 4.

PREPARANCES, Sorte de droit dû au seigneur féodal. Gl. *Præparantiæ.*

PREPOINT, Pourpoint, sorte d'habillement. Gl. *Perpunctum.*

PREPUSE, pour PORPRISE, Pourpris, clos. Gl. *Porprisagium.*

PRESCHE, pour FRESCHE, Friche, terre inculte. Gl. *Fresceium.*

PRESCHER, Admonester, reprendre publiquement. Gl. *Prædicamentum.*

PRESCHEMENT, Prédication, sermon. Gl. *Prædicamentum.*

PRE

PRESCHEUR, p. e. Quêteur, porteur d'indulgences. *Prædicator.*

PRÉSENT. PRIS A PRÉSENT FORFAIT, Pris sur le fait en flagrant délit. Gl. *Præsens forefactum.*

PRÉSENTATION, Représentation, image, portrait. — Appel de cause suivant le rôle. Gloss. *Præsentatio.*

PRESENTIÈRE, Femme prostituée. Gl. *Præsentarius.*

PRESINGNER, Baptiser, parce qu'on verse l'eau sur la tête de l'enfant en faisant le signe de la croix. Gl. *Præsignare.*

PRESLET, p. e. Garde-manger. Gl. *Pressoriolum*, sous *Pressorium*, 2.

PRESME, Proche, parent, allié. Gl. *Proximus.* — Premier, qui a plus de droit qu'un autre à une chose. Gl. *Primariolus.*

PRESSEOR, Pressoir. Gl. *Pressoriare.*

PRESSEUR, Celui qui met les draps à la presse. Gl. *Pressorium*, 2.

PRESSORIER, Garde ou fermier d'un pressoir. Gl. *Pressoriare.*

PRESSUOER, pour Puisoir, instrument propre à la pêche. Gl. *Pressorium*, 2.

PREST. FAIRE PREST, Prêter. Gl. *Præstantia*, 3.

PRESTERRES, Prêteur. Gloss. *Prestator.*

PRESTHAYE, p. e. Cens, redevance annuelle. Gl. *Presteria.*

PRESTIER, Usufruitier, celui qui

PRI

possède un fonds par précaire. Gl. *Presteria.*

PRESTINGH, Le lieu où est le pétrin, boulangerie. *Pristinum.*

PRESTRAGE, Presbytère, maison d'un curé. Gl. *Presbyteragium*

PRESTRAIGE, Sacerdoce, qualité de prêtre. Gl. *Presbyterium*, 1.

PRESTRERIE, Biens appartenant à des prêtres.—Fonds possédé par précaire. Gl. *Presteria*

PRESTRIERE, Le même. Gloss. *Presteria.*

PRESUMPCIEUX, Présomptueux. Gl. *Præsumptuosus.*

PRESURE, p. e. Arcade, ou Souterrain. Gl. *Presura*, 2.

PREU, Profit, bien, avantage. Gl. *Preu.* — [Prudent, sage, généreux, hardi, courageux, de *prudens*. R. R. t. 3, p. 175.]

PREUDES-GENS, Echevins, ceux qui sont à la tête d'un corps. Gl. *Probus*, 1.

PREUD-HOMMÉEMENT, Prudemment, sagement. Gl. *Prudhomius.*

PREUD-HOMMES, Echevins, ceux qui sont à la tête d'un corps. Gl. *Probus*, 1.

PREVENDIER, Sorte de mesure. Gl. *Præbendarius*, sous *Præbenda.*

PREVOIRE, Prêtre. Gloss. sous *Præbenda.*

PREUX, Vaillant, brave. Gl. *Probus*, 1. — Infirme, langoureux. Gl. *Probus*, 2.

PRIERE, Taille, aide, que le sei-

PRI

gneur demande à ses vassaux. Gl. *Preces*, 1. — Corvée, droit seigneurial. Gl. *Preces*, 2.

PRIESSE, Chapelle, oratoire. Gl. *Precata*.

PRIEURTÉ, Prieuré, bénéfice ecclésiastique. Gl. *Prioratus*.

PRIME, Le temps où l'on chante l'office d'église nommé *Prime*. Gl. *Prima*. — [Première heure du jour.]

PRIME QUE, Avant que. *Primule*.

PRIMERAIN, Ancien devancier, prédécesseur. Gl. *Primariolus*.

PRIMEROLE, Primevère, sorte de plante. Gl. *Ligustrum*.

PRIMOS, Sorte de pain. Gl. sous *Panis*, 2.

PRIN, Espèce de redevance. *Prin*

*PRINCAUTÉ, Principauté. F.Gl.

PRINCE, Seigneur de la cour. Gl. sous *Princeps*.

PRINCE DES AMOUREUX, PRINCE DU PUY DE SOTIE, PRINCE DES SOTS, Différentes dénominations du chef d'une société de jeunes gens. Gl. sous *Princeps*.

PRINCÉE, Principauté. Gl. *Principalis dignitas*.

*PRINCEPCE, Princesse. F. Gl.

*PRINCEPS, Prince. F. Gl.

PRINCETÉ, Qualité de prince, principauté. Gl. sous *Princeps*.

PRINCHANTRE, Préchantre, dignité ecclésiastique. Gl. *Præcentor*.

PRINCHON, p. e. Pieu ferré, sorte d'arme. Gl. *Picassa*.

PRI

PRINCIER, Grand seigneur, homme de la cour. Gl. *Primicerius*.

PRINCIPAL. On appelait ainsi le présent qu'on faisait à l'église le jour de son enterrement. Glos. *Heriotum*.

PRINCIPAUMENT, Directement. Gl. *Principaliter*. — [Principalement, F. Gl.]

PRINEVERDE, Petit poisson. Gl. *Primavera*.

PRINGALLE, pour *Espringalle*, anciennement machine de guerre propre à jeter de grosses pierres, et plus récemment un moyen canon. Gl. *Spingarda*.

PRINSE, Toute espèce de redevance. Gl. *Prinzia*. — Prise de vivres et ustensiles sur des sujets ou vassaux, pour l'usage du roi ou d'un autre seigneur dans leurs voyages. Gloss. *Prisæ*, et *Prisia*, 1.

PRINSOIR, Le temps où le jour tombe, la brune. Gl. *Primus somnus*.

PRINSOMME, Le temps du premier sommeil. Gloss. *Primus somnus*.

PRINZE, L'action de prendre à bail. Gl. *Prisia*, 4.

*PRIORESSE, Prieure, supérieure d'un couvent de filles, *Priorissa* R. R. t. 3, p. 308.

PRIS, Prise de vivres et ustensiles sur des sujets ou vassaux, pour l'usage du roi ou d'un autre seigneur dans leurs voyages. Gl. *Prisæ*. — Pour Prise de ville, l'action de se rendre maître d'une ville. Gl. *Prisus*.

PRO

PRISANTIER, Qui se prise, qui a bonne opinion de lui-même, fanfaron. Gl. *Prisare.*

PRISE, Toute espèce de redevance. Gl. *Prinzia.*—Le droit de prendre pour son usage, vivres, denrées et ustensiles. Gl. *Prisæ.* — Le droit d'arrêter quelqu'un et de le mettre en prison. Gl. *Prisia,* 2. — Corps de marchands ou d'artisans. Gl. *Prisia,* 6.

PRISME, Proche, parent, allié. Gl. *Proximus.*

PRISON, Prisonnier. Gl. *Priso* 1. — VIVE PRISON, Caution, répondant. Gl. *Prisonia viva.*

PRISONAGE, Ce qu'on paye pour l'entrée et la sortie des prisons. Gl. *Prisonagium.*

PRISTIN, Premier, qui a été auparavant. Gl. *Pristrinus.*

*PRIVANCES, Affaires intimes. B. v. 193.

PRIVÉ, Familier, ami. Gl. *Privatus,* 1. — PERSONNE PRIVÉE, Celui qui n'est point officier de ville, simple habitant. Gl. *Privati.* — ESTRE A SON PRIVÉ, A son particulier, avec ses amis intimes. Gl. *Privatus,* 1.

*PRIVÉEMENT, En particulier, secrètement, *privatim.* R. R. Gl. t. 3.

PRIVESEL, Garde du sceau privé Gl. sous *Sigillum.*

*PRIVESSE, Latrines, privé, retrait. R. R. Gl. t. 3.

*PRIVEZ, Ami, compagnon. R. R. Gl. t. 3.

PRO, Profit, avantage. Gl. *Preu.*

PRO

PROAIGE, comme *Pro.* Gl. *Proadventiæ.*

PROCACER, Repaître, manger, se rassasier. Gl. *Procare.*

PROCÉDER, Excéder, aller au delà du but. Gl. *Procedere.*

PROCÉDEUX, Processif. Gl. *Procedimenta.*

*PROCEINEMEMT, Prochainement, dans peu de temps. R.R. Gl. t. 3, p. 268.

PROCES, Suite, succession de temps. Gl. *Processus,* 4.

PROCHAINETÉ, Proximité, parenté. Gl. *Proximus.*—La partie d'héritage due à titre de proximité et de parenté.—Proximité, voisinage. Gl. *Proximioritas.*

PROCHAINNITÉ, Alliance, proximité, parenté. Gl. sous *Offerre,* 1.

PROCHES, Suite, succession de temps. Gl. *Processus,* 4.

PROCHIENNEMENT, Prochainement. Gl. *Proximioritas.*

PROCINTE, Territoire, district, l'étendue d'une seigneurie. Gl. *Procinctus,* 2.

PROCLAMATION, Plainte formée en justice, réclamation. Gl. *Proclamatio.*

PROCOURS, Le droit de pâturage dans des prés qui appartiennent à un autre. Gl. *Procursus,* 1.

PROCULIERRES, Procureur. Gl. *Procurator,* 1.

PROCURATION, Espèce de droit que les papes voulaient exiger des bénéficiers en France. Gl. *Procuratio,* 1.

PRO

PROCURER, Recevoir quelqu'un chez soi, le loger et le traiter. Gl. *Procurare*, 1. — Suivre une affaire. Gl. *Procurare*, 6.

*PRODE FEMME, Femme légitime ; PRODES FEMMES, matrones, femmes de bien. — Méon, Nouveau Recueil, II, 43 : « Tele a renom de *prodefame* A cui li pié tost glaceroit Qui un petit la hasteroit. »

PRODELH, PRODIAL, Sorte de palonneau, pieu, gros bâton. Gl. *Prodelada*.

PROEGE, Profit, avantage. Gloss. *Proadventiæ*.

*PROESCE, Prouesse, bravoure. R. R. Gl. t. 3.

PROESME, Proche, parent, allié. Gl. *Proximus*.

PROFRER, Comparaître, se présenter en justice. Gl. *Proferum*

PROGAINE, PROGENIÉE, Race, lignée, enfants. Gl *Progenies*, 1.

PROIE, Bétail, troupeau de bêtes. Gl. *Præda*, 2.

PROIEL, Pré, prairie. Gl. *Pratellum*.

PROIER, Piller, butiner ; d'où *Proieor*, Pillard. Gl. *Præda*, 1. — L'officier ou matelot qui préside à la proue d'un vaisseau ou d'une chaloupe. Gl. *Proreta*.

PROIÈRE, Corvée qu'un seigneur a droit de demander à ses vassaux. Gl. *Preces*, 2.

PROIMETÉ, Proximité, parenté. Gl. *Proximioritas*.

*PROISIÉ, Prisé, estim. R. R. Gl. t. 2, p. 270.

PRO

PROISIER, Priser, estimer. Gl. *Renusiator*.

PROISME, Proche, parent, allié, prochain. Gl. *Proximus*.

PROIX, Sorte de palonneau, pieu, gros bâton. Gl. *Prodelada*.

PROLET, p. e. Licou. Gl. *Prolecta*.

PROLOCUTEUR, Avocat. Gl. *Prælocutor*.

PROMECHE, Proximité, parenté. Gl. *Proximioritas*.

PROMOVEMENT, Réquisition, l'action du procureur du roi qui requiert d'office. *Promotor*, 2.

PROMOUVEUR, Celui qui est l'auteur ou la cause de quelque action, agresseur. *Promotor*, 1.

PRONANCE, Prédiction. Gl. sous *Prognosticaro*.

PRONONCHIER, Blâmer, faire des reproches. Gl. *Pronunciare*

PRONUNCIER, Annoncer d'avance, prédire. Gl. *Fissiculare*.

PROOFE, Preuve. Gl. *Abeyantia*.

PROPDANEMENT, Prochainement, au premier jour. *Prope*.

PROPHANE, Se dit des biens qui ne sont point amortis, comme ceux de l'Eglise, et qui sont possédés par des séculiers. Gloss. *Prophaneitas*.

PROPHETIE, Sentence, maxime. Gl. *Prophetia*.

PROPICE, Propre, convenable. Gl. *Propitius*.

PROPOINT, Cotte d'armes. Glos. *Perpunctum*.

PROPORTIONNABLEMENT, Pro-

PRO

portionnément. Gl. *Proportionabiliter.*

PROPORTIONNÉ, Partagé en égales portions. Gl. *Proportionarius.*

PROPOSEMENT, Projet, dessein, ce qu'on se propose de faire. Gl. *Proposta.*

PROPRIETAIRE, pour PORTRAITURE, Effigie, portrait. Gl. *Portractura.*

PROPRIETÉ, Fonds, propre, héritage. Gl. *Proprietates.*

PROPRISE, Pourpris, clos, verger. Gl. *Porprisagium.*

PROROMPRE EN LAIDES PAROLES, Se répandre en injures. Gloss. *Irrumpere.*

PROS, Prévôt, juge. Gl. sous *Præpositus.*— [Prudent, hardi, courageux, de *prudens.* R. R. t. 3, page 155.]

PROSAL. STILE PROSAL, Prose. Gl. *Prosa*

PROSIER, Livre d'église qui contient les *Proses.* Gl. *Prosarium*

PROSMETÉ, Proximité, parenté. Gl. *Proximioritas.*

PROSNET, p. e. Pièce de bois qui avance, barrière. Gl. *Prosnesium.*

PROSTERNER, Mettre à terre, abandonner par terre. Gl. *Prosternari.*

PROSUIANCE, Poursuite d'une affaire. Gl. *Prosecutio,* 2.

PROU, Profit, avantage. Gl. *Preu.*

PROUAGE, District, étendue de la juridiction d'un prévôt. Gl. sous *Præpositus.*

PROUAIRE, Prêtre. Gl. *Presbyter.*

PROVANCE, Preuve. Gl. *Probamentum.*

*PROVANDES, Prébende, revenu attaché à une place de chanoine, canonicat. — Jubinal, Fabliaux, II, 113 : « Symonie et lignages, prières et services, Donnent hui dignités, *prouvendes* et églises. »

*PROVANDIER, Gouverner, régir, de *providere.* R. R. t. 3, page 69.

PROUDEAU, Espèce de palonneau, pieu, gros bâton. Gl. *Prodelada.*

PROVEAILLE, Provision de bouche et autres. Gl. *Providentiæ.*

PROVEEUR, Pourvoyeur, office chez le roi. Gl. *Provisor hospitii.*

*PROVEIRE, Prêtre. Ch. R. vers 2956.

PROVENCEAUX, Monnaie des comtes de Provence. Gl. *Provinciales.*

PROVENDE, Bénéfice ecclésiastique. — Provision de bouche. Gl. sous *Præbenda.*— Ce qu'on donne à un cheval par jour pour sa nourriture. *Præbenda equi.*

PROVENDER, Mettre un cheval ou une autre bête en pâture. Gl. *Præbendare equum.*

PROVENDERÉE, Certaine mesure de terre contenant un *provendier* de semence. *Provendiata.*

PROVENDIER, Certaine mesure de grain, valant trois boisseaux.

— Pourvoyeur, maître d'hôtel.
— Domestique ou serviteur à qui l'on fournit le boire et le manger. Gl. *Provendarius*.

PROVENDRE, Bénéfice ecclésiastique. Gl. *Provenda*, sous *Præbenda*.

PROVENISIENS, Monnaie des comtes de Champagne, frappée à Provins. Gl. *Campaniæ Comitum moneta*, sous *Moneta Baronum*.

PROUER, Faire des prouesses, des actions de valeur. *Probus* 1

PROUERE, Prêtre. Gl. *Presbyter*.

PROUFFIT, Bordure, ornement d'habits Gl. *Porfilium*.

PROUHA, Espèce de palonneau, un gros bâton. Gl. *Prodelada*.

PROVIDADOUR, Magistrat de Venise, que nous appelons aujourd'hui *procurateur*. *Providitor*.

PROVINCIAUX, Monnaie des comtes de Provence. Gl. *Provinciales*.

PROVIS, Pourvu, garni. Gl. *Providere*, 2.

PROVISIENS, Monnaie des comtes de Champagne, frappée à Provins. Gl. *Campaniæ Comitum moneta*, sous *Moneta Baronum*.

PROVISION, Prévoyance, précaution. — Imposition, taille sur les habitants d'une ville pour ses propres besoins. Gl. *Provisio* 1.
— Remède, soulagement. Glos. *Romeus*.

PROULIERE, Trait, ce qui sert à tirer une charrette. *Prodelada*.

PROVOIER, Réparer, dédommager. Gl. *Providere*, 2.

PROVOIRE, Prêtre. Gloss. sous *Præbenda*.

PROUVAIN, Provin de vigne. Gl. *Propaginare*, 1.

PROUVANCHE, Preuve. Gl. *Probamentum*.

*PROUVANDE, Prébende. F. Gl.

PROUVENDE, Provisions de bouche. Gl. sous *Præbenda*.

PROUVENDERÉE, Mesure de terre contenant un *prouvendier* de semence. Gl. *Provendiata*.

PROUVENDIER, Mesure de grain, valant trois boisseaux. Gl. *Provendarius*, 1.

PROUVINS, Monnaie des comtes de Champagne, frappée à Provins. Gl. *Campaniæ Comitum moneta*, s. *Moneta Baronum*.

PROUVOIRE, Prêtre. Gl. sous *Præbenda*.

*PROZ, Preux, courageux. Ch. R. v. 1093.

*PROZDOM, Homme courageux, homme d'honneur. Ch. Rol. vers 1474.

PRUER, Gouverner la proue d'un vaisseau. Gl. *Proreta*.

PRUESTÉ, Probité, honneur. Gl. *Probus*, 1.

PRUNELÉ, Boisson faite de prunelles et d'eau. Gl. *Prunellum*.

PSALMISTER, Psalmodier, chanter des psaumes. *Psalmocinare*

PUBLIAUMENT, Publiquement. Gl. *Publiciter*.

PUBLIER, Répandre, rendre commun, mettre dans l'usage public. Gl. *Publicare*, 2.

PUCELEITE, Pucelle, jeune fille. Gl. *Pucella.*

PUCELLE, Femme de chambre. Gl. *Pucella.*

PUCH, Puits. Gl. *Puthcus.*

PUCHAGE, Office concernant la décharge des sels qu'on tire d'un bateau. Gl. *Puenchatge.*

PUCHEOIR, Puisoir, l'endroit où l'on va puiser l'eau à la rivière. Gl. *Puthcus.*

PUCHEREL, PUCHETTE, Instrument propre à la pêche. Gloss. *Pressorium,* 2.

PUCHOIR, Puisoir, l'endroit où l'on va puiser l'eau à la rivière. Gl. *Puthcus.*

PUCIN, Poussin, poulet. *Pucinus.*

PUEILLE, Registre, journal. Gl. *Polium,* 2.

PUEPLOIEMENT, Signification, publication; du verbe *Pueploier,* Publier, dénoncer. *Populatus* 3.

PUER, Hors, dehors. Gl. *Foras.*

PUERPRE, Couches de femme. Gl. *Puerperium.*

PUESCH, Colline, lieu élevé, montagne. Gl. *Podium,* 3.

PUEUR, Puanteur. Gl. *Inpuricia*

PUGNEIS, Escarmouche, combat, bataille. Gl. *Pugna,* 3.

PUGNERADE, Mesure de terre. Gl. *Pugneria.*

PUGNET, Mesure de grain. Glos. *Pugnetus.*

PUGNEZ, pour Punais. Gl. sous *Cenitus.*

PUGNIE, Poignée, plein la main. Gl. *Pugnata,* 1.

PUGNIÈRE, Mesure de grain. Gl. *Pugneria.*

PUGNIMANT, Punition, peine. Gl. *Punimentum.*

PUGNISSEUR, Bourreau, exécuteur des supplices imposés par la justice. Gl. *Punimentum.*

PUGNIVIMUS, Lettres d'un juge ecclésiastique, pour attester la punition du coupable soumis à sa juridiction. Gl. *Pugnivimus.*

PUI, Colline, lieu élevé, montagne Gl. *Podium,* 3.

PUIER, Monter une montagne. Gl. *Puiale.* — Appuyer, s'appuyer. Gl. *Appodiare,* sous *Podium,* 2.

*PUIGN, Point. Ch. R. v. 466.

*PUIGNER, Eperonner. Ch. R. vers 2841.

PUIGNOT, Poignet, sorte d'ornement, parure. Gl. *Pugnale.*

PUING, pour Poing. *Pugnus,* 3.

PUINHAL, Poignard, dague. Gl. *Punhalis gladius.*

*PUINNÈRES, Combattant. Ch. R. v. 3033.

PUIR, Devenir pire. *Pejorescere.* —[Puer, répandre une mauvaise odeur; empirer, devenir pire. R. R. Gl. t. 3.]

PUIRE, Offrir, présenter. Gloss. *Præsentare,* 1.

*PUIS, Plus, depuis. R. R. t. 3, page 255.

PUISOT, Descente à la rivière, petit port. Gl. *Puisotum.*

PUP

PUISOUIR, Puisoir, instrument propre à la pêche. *Pressorium.*

*PUISSEDI, Depuis le jour. F. Gl.

PUISSEOIR, L'endroit où l'on va puiser l'eau à la rivière. Gloss. *Putiatorium.*

PUISSETTE, Pochette, sachet. Gl. *Punga.*

PUISSOUER, Puisoir, instrument propre à la pêche. *Pressorium.*

*PULDRE, Poudre. F. Gl.

*PULDRUS, Poudreux. F. Gl.

PULENT, Pullent, Puant, dégoûtant. Gl. *Inpuricia.*

*PUME, Pomme. Ch. R. v. 386.

*PUMER, Pommier. Ch. R. 2537.

PUNAISIE, Mauvaise odeur, puanteur. Gl. *Inpuricia.*

*PUNÈS, Puant, infâme. R. R. t. 3, Gl.

PUNIMENT, Punition, peine. Gl. *Punimentum.*

PUNISSEMENT, Le droit de punir, droit de justice. Gl. *Punimentum.*

*PUNZ, Pommeau de l'épée. Ch. R. v. 1364.

PUPILLANCE, Faiblesse, impuissance. Gl. *Pupillarietas.*

PUPILLARITÉ, Minorité, état de pupille. Gl. *Pupillarietas.*

PUPILLE, Orphelin. — Pensionnaire, élève. Gl. *Pupillarietas.*

PUPILLETÉ, Minorité, état de pupille. Gl. *Pupillarietas.*

*PUPLOIE, Saisie, vendue à l'encan. L. J. P. p. 283.

PUT

PUR Receant, Qui n'est obligé qu'à la résidence. Gl. *Purus*, 1.

*PURCARER (SE), Se préoccuper, se soigner. Ch. R. v. 2612.

PUREMENT, Purée. Gl. *Purea.*

PURFERIR, p. e. Reprendre un mur, recrépir. Voyez. *Purferir.*

PURGE, Justification, l'action de se purger de ce dont on est accusé. Gl. *Purgatio.*

PURGIR, Abuser par violence d'une femme. Gl. *Purgire.*

PURIFICATION, Relevailles, cérémonie ecclésiastique. Gl. *Purificatio.*

PURIFIER, Relever une femme de couches. Gl. *Purificari.*

*PURPARLER, Arranger, disposer, combiner. Ch. R. v. 511.

PURPART, Portion, part. Gloss. *Propertia*, sous *Perpars.*

*PURPENSER, Réfléchir. Ch. R. vers 425.

PURPERT, pour Pure perte. Gl. *Properda.* — Purpret, Confiscation. Gl. sous *Porprendere.*

PURPRENDRE, Prendre de force, usurper, s'arroger. Gl. *Purprisus*, sous *Porprendere.*

*PURTÉ, Vérité. B. v. 2278.

*PUT, Pute, Infâme, puant, mauvais ; *de pute afere*, de mauvais renom, de mauvaise conduite ; *de put estrace*, d'origine infâme. R. R. t. 3, p. 249.

*PUT, Mauvais, puant. Ch. R. vers 763.

PUTAGE, Putaige, Débauche avec les femmes. Gl. *Putagium.*

QUA

PUTAIN, Homme livré à la débauche des femmes. Gl. *Puta*, 2.

PUTAST, Mare, amas d'eau croupie et puante. Gl. *Puthcus*.

PUTE, Pucelle, jeune fille. Gloss. *Puta*, 2. — Fille ou femme débauchée. Gl. *Puta*, 2, et l'*Pulagium*. — Fuant, corrompu, mauvais. Gl. *Puta*, 2.

PUTENIER, PUTIEU, Homme livré à la débauche des femmes. Gl. *Puta*, 2.

*PUTERIE, Etat de prostitution, vie déréglée ; de *putidus*. R. R. Gl. t. 3.

PUY, Colline, lieu élevé, montagne. — l'âturage situé sur une montagne. Gl. *Podium*, 3.

PUYE, Appui, ce qui sert à soutenir. Gl. *Podium*, 2.

PUYNE, Espèce de bois blanc, mis au nombre des morts-bois. Gl. *Boulus*.

PYLER, Pilier. Gl. *Pilar*.

PYMANT, Liqueur faite de miel, de vin et de différentes épices. Gl. *Pigmentum*, 1.

PYOLER, Parer de différentes couleurs. Gl. *Piola*.

PYONNER, Espionner. Gl. *Piones*

PYPOLER, Ajuster, parer avec soin et affectation. Gl. *Piola*.

Q

*QANZ, Quel nombre, combien, *quot*. R. R. Gl. t. 3.

*QASSER, Chasser, secouer, battre, *quassare*. R.R. Gl. t.3, p. 50

*QAROLER, Danser, sauter R. R. Gl. t. 3.

QUAC, Certain droit de la terre de Pequigny. Gl. *Quactum*.

QUACUEL, Médaille de cuivre ou de bronze. Gl. *Cacubius*.

*QUADELER, Mener, conduire, *capdelare*. R. R. Gl. t, 3, p. 241

QUADRUPLIQUER, Quadrupler. Gl. *Quadruplare*.

QUAHAUMUCE, p. e. Le carême. Gl. *Quadragesima*.

*QUAFFE, Coiffe. F. Gl.

QUAHOUER, Chandelle de cire, flambeau. Gl. *Quadrellus*, 3.

QUAHUTE, Cahute, cabane, petite et mauvaise maison. *Cahua*, 2.

QUAIER, Chandelle de cire, flambeau. Gl. *Quadrellus*, 3

QUAILE, Vigoureux, qui est d'un tempérament fort et ardent. Gl. *Qualca*.

QUAILLIER, Tasse, gobelet, vase à boire. Gl. *Caillier*.

QUAIT, Impôt, taille, sorte d'aide, demandée par les seigneurs dans certains cas. Gl. *Quæsta*.

QUANNIVEIT, Canif, petit couteau. Gl. *Sidipedium*.

QUA

*QUANFES FOIS, Combien de fois L. J. P. p. 130.

*QUANQUE, Autant que. Ch. R. vers 1198.

*QUANQUE, Quanquez, Quantque, Tout ce que. L. J. P. p. 28, 57 et 200.

*QUANTÉS, Quel nombre, combien, quot. R. R. Gl. t. 3, p. 111

*QUANT QUE, Tout ce que. — Quantqui, Tout ce qui. R. R. Gl. t. 3, p. 212.

*QUANZ, Combien. Ch. R. v. 2650

QUAQUEHAN, Cabale, conspiration, attroupemement. *Caquus.*

QUAQUETER, pour Caqueter, babiller ; d'où *Quaqueterel,* Babillard. Gl. *Linguatus.*

*QUAR, En effet. Ch. R. v. 469.

QUARANTAINE, Carême. Gloss. *Quarentena,* 1. — Mesure de terre contenant quarante perches Gl. *Quarentena,* 3. — Terme de quarante jours, pendant lequel il n'était pas permis à celui qui avait reçu une injure de quelqu'un de s'en venger sur ses parents. Gl. *Quarentena,* 5.

QUARANTINE, Quarantaine, trêve de quarante jours. Gl. *Quadragena,* 2.

QUARAT, Carat. Gl. *Quadriatus.*

QUARE, Titre d'un livre fait par demandes et par réponses. Gl. *Quare,* 2.

QUAREIGNON, Mesure de grain, appelée plus ordinairement *Quarte.* Gl. *Carregno.*

QUAREL, Grosse pierre carrée, pierre de taille. Gl. *Quarellus* 5

QUA

QUARENTEYNE, Mesure de terre en Angleterre, contenant quarante perches de seize pieds d'hommes. Gl. *Quarentena,* 3.

QUAREOUR, Carrière. Gl. *Quarriarius.*

QUARESME, Carême. *Le jour du grant Quaresme,* p. e. Le jour des Rameaux. Gl. *Quadragesima major.*

QUARESMEL, Le mardi gras. Gl. *Karena.*

QUARGNON, Mesure de grain, appelée plus ordinairement *Quarte* Gl. *Carregno.*

QUAROIME, Carême. *Coquina.*

QUARONNE-PRENANT, Carême prenant, le mardi gras. Gloss. *Quaresmentrannus.*

QUAROUGE, Carrefour. Gl. *Quarrogium.*

QUARRAURE, Quarré. Gl. *Quarellus,* 6.

QUARRE DE LA MAIN, Le dos de la main. Gl. *Dodus.*

QUARREAU, Mesure de terre, contenant vingt et un pieds. Gl. *Quarellus,* 6. — Outil de tonnelier, tarière. Gl. *Careda.*

QUARREFOUR, Carrefour. Glos. *Quarrogium.*

QUARREL, Trait d'arbalète, matras. Gl. *Quadrellus,* 1.

QUARELLER, Entailler, faire une entaille, une ouverture. Gloss. *Quarnellus.*

QUARRIEUR, Carrier, ouvrier qui travaille dans une carrière. Gl. *Quarriarius.*

QUA

QUARROGE, Carrefour. Gl. *Quarrogium*.

QUARROY, Grand chemin. Glos. *Quarrum*.

QUART, Mesure de vin, contenant une pinte. Gl. *Quarta*, 2. — Petite monnaie, valant quatre deniers. Gl. *Quartarius*, 4.

QUARTARE, Quartier, mesure de terre. Gl. *Quartarius*, 3.

QUARTE, Mesure de vin. Gloss. *Quarta*, 2. — Banlieue dont l'étendue est de quatre milles, ou qui est composée de quatre villages. Gl. *Quarta*, 4.

QUARTELAGE, Droit royal et seigneurial. Gl. *Carto*, 1.

QUARTENIER, Ce qui est dû à raison du droit appelé *Quarte*. Gl. *Quartenerœ partes*. — Fermier du quatrième des vins vendus en détail. *Quartanerius*.

QUARTERANCHE, Mesure de grain en Auvergne et ailleurs, la *quarte* rase. Gl. *Cartarenchia* et *Quartaranchia*.

QUARTERE, Terre dont on rendait au propriétaire la quatrième partie des fruits. Gl. *Quinteria*.

QUARTERECER, Ecarteler, supplice. Gl. *Quarterizatio*.

QUARTERENGE, QUARTEROINCHE, Mesure de grain en Auvergne et ailleurs, proprement la *quarte* rase. Gl. *Cartarenchia* et *Quartaranchia*.

QUARTERNEL, Mesure de grain, quartel. Gl. *Quarterenus*.

QUARTERON, Quartier, mesure de temps, la quatrième partie de l'année. Gl. *Quartaronum*. —

QUE

Quartier, mesure de terre. Gl. *Quarteria*, 1. — Mesure de vin. Gl. *Quartonus*, 4.

QUARTESNIER, Fermier du quatrième des vins vendus en détail. Gl. *Quartanerius*.

QUARTODECIMAINS, QUARTODECIMANS, Schismatiques, qui célébraient la fête de Pâques le quatorzième de la lune, comme les juifs. Gl. *Quartodecimani*.

QUARTOIER, Droit seigneurial, provenant de la mesure appelée *Quarte*. Gl. *Quartalagium*.

QUARTON, Quartier, terme de payement. Gl. *Quartero*, 2. — Mesure de vin. Gl. *Quartonus* 4

QUARTONNIER, La quatrième partie d'un boisseau. Gl *Quartanarium*.

*QUARZ (LI), LA QUARTE, Le quatrième, la quatrième. L. J. P. p. 228 et 227.

QUAS, Cas, fait, accident. Gloss. *Cretina*.

QUASSER, Battre, frapper. Glos. *Quassare*.

*QUATIR (SE), Se reposer, se blottir. F. Gl.

QUATRESMIER, Fermier du quatrième des vins vendus en détail. Gl. *Quartanerius*.

QUATRIN, Petite monnaie d'Italie Gl. *Quatrinus*.

QUAVE, Cave. Gl. *Cava*, 1.

QUEAGE, Droit qu'on paye pour l'entretien des quais, afin d'y pouvoir décharger et charger les marchandises. Gl. *Caiagium*, sous *Caya*.

QUE

QUECCE, Caisse, caque, baril. Gl. *Quæssia*.

*QUECONZ, Quelconque. L. J. page 238.

QUELONGNE, Quenouille et quenouillée. Gl. *Conucula*.

*QUEI, Quoi. Ch. R. v. 832.

QUEMANDER, Commander, ordonner, et *Quemandement*, pour Commandement. *Rapoostare*.

QUEMIN, Prononciation picarde, Chemin. Gl. *Queminum*.

QUEMINEL, Chenet. *Queminea*.

QUEMUGNE, Commune. Gl. *Forisfactum*, sous *Forisfacere*, 1.

QUENASNE, Terme injurieux, en anglais francisé, vilain. Gl. sous *Quenneya*.

QUENCH, Cuisinier. *Soliardus*.

QUENETTE, Canette, jeune cane. Gl. *Quaneta*.

*QUENEUZ, Allié, parent par alliance. L. J. P. p. 81.

QUENIEUX, Sorte de gâteau. Gl. *Coniada*.

QUENIVET, Canif, petit couteau ou poignard. Gl. *Quinivetus*.

QUENNE, Mesure ou vase contenant des liqueurs. Gl. *Quenna*.

QUENNETTE, Bobine. *Quaneta*.

*QUENOISSANCE, Quenoissence Connaissance, rapport. L. J. P. page 61.

QUENOISTRE, Connaître, s'instruire. Gl. *Mediare*, 1.

QUENS, Comte. *Quens-Palais*, Comte du palais. Gl. *Comes*, 2.

QUE

QUENTON, Coin, encoignure. Gl. *Quantonus*.

*QUE QUE, Tout ce que, pendant que ; *que qu'il desplese*, à qui qu'il déplaise. R. R. Gl. t. 3.

*QUE QUE, Quoique. Chans. R. vers 3827.

*QUER, Cœur. Ch. R. v. 2356.

QUERELENT, Instrument de labourage, p. e. le soc ou le coutre d'une charrue. Gl. *Querellus*

QUERELLE, Procès ; d'où *Querelleres*, Plaideur. Gl. *Querela*.

QUEREUX, Celui qui va cherchant ; du verbe *Querre*, Chercher. Gl. *Quæsitor*.

QUERIER, Juge des causes civiles, espèce d'échevin ou conseiller de ville. Gl. *Cora*.

QUERIMONIE, Plainte en justice. Gl. *Querimonia*.

QUERIR, Rechercher, faire une enquête. Gl. *Quærere*. — Lever une taille, un impôt et toute espèce de droit. Gl. *Quæstare*, sou *Quæsta*.

QUERNEAU, Creneau ; d'où *Querneler*, Creneler. Gl. *Quernellus*

*QUERNIAX, Créneaux. R. R. Gl. t. 3.

QUEROLE, pour Carole, Danse. Gl. *Carola*, 2.

*QUERONE, Queroné, Tonsure, tonsuré, clerc. L. J. P. p. 32.

*QUERRE, Querir, chercher. L. J. P. p. 304.

QUERROY, Chemin public, grand chemin. Gl. *Quarrum*.

QUE

QUERTINE, Crue d'eau, débordement. Gl. *Cretina*.

*__QUÉS__, Quex, Quelles, lesquelles. L. J. P. p. 106 et 37.

QUESNE, Prononciation picarde, chêne. Gl. *Casnus*.

QUESTABLE, Questau, Celui qui est sujet à la taille, appelée Queste. Gl. *Questales*, s. *Questa*.

QUESTE, Taille, sorte d'aide, demandée par les seigneurs dans certains cas ; d'où *Quester*, Lever cette taille. Gl. sous *Questa*. — Petit coffre où l'on met son argent et ce qu'on veut le mieux garder. Gl. *Quæstus*, 2.

QUESTEAU, Coffret ou la partie d'un grand coffre où l'on met son argent. Gl. *Quæstus*, 2.

QUESTION, Procès, différend. Gl. *Quæstio*, 2.

QUESTON, Coffret ou la partie d'un grand coffre et armoire où l'on met son argent. *Quæstus* 2.

QUESTRESSE, Quêteuse. Gloss. *Quæstrix*.

QUESTRON, Bâtard, le fils d'une prostituée. Gl. *Quæstuarius*, 2. —Coffret ou la partie d'un grand coffre et armoire où l'on met son argent. Gl. *Quæstus*, 2.

QUETAIGNE, Sorte de droit, p.e. Celui du cinquième dans les fruits d'une terre. *Quintana*, 2.

QUETIF, Captif. Gl. *Captivare*, 2

QUEVAGE, pour Chevage, Capitation, ou chef-cens. Gl. *Quevagium*.

QUEVAL, en Picardie, pour cheval. Gl. *Passiagiarius*.

QUI

QUEVALART, Cavalier. Gl. *Quavalgata*.

QUEUDRE, Coudre. Gl. *Digitabulum*.

QUEUE, Certain défaut dans la texture des draps. — Pierre à aiguiser couteaux et autres outils. Gl. *Quauria*.

QUEVERON, prononciation picarde, Chevron. Gl. *Quevro*.

QUEVÉS, pour Chevet. *Quevés d'un moulin*, L'écluse d'où part l'eau qui fait tourner le moulin. *Caput molendini*, s. *Caput*, 3.

QUEUGNIETE, Petite coignée ou hache. Gl. *Cugnieta*.

QUEULDRE, Coudre. Gl. *Digitarium*.

QUEVREFEU, Couvre-feu, le signal de la retraite pour le soir. Gl. *Ignitegium*.

QUEURIE, Espèce de bière. Glos. *Couta*, 1.

QUEUTILIER, Queutilier, Tisserand de coutis, qu'on appelait *Queutis*. Gl. *Quiltpoint*.

QUEUX, Cuisinier. *Grand Queux*, Ancien grand officier de la couronne. Gl. *Coquus*.

QUEUZ, Pierre à aiguiser couteaux et autres outils. Gl. *Quauria*.

QUIADE, Pot à l'eau, petite cruche. Gl. *Quiada*.

QUICAUDAINE, Quicaudanne, Certain ustensile de ménage. Gl. *Quicaudaina*.

QUIDEL, Sorte de filet, engin propre à la pêche. Gl. *Quidelus*.

*__QUIDIER__, Quidier, croire, pen-

QUI

ser ; AU MIEN QUIDIER, à mon avis. R. R. Gl. t. 3, p. 40.

*QUIEMENT, Tranquillement. Ch. R. v. 1644.

QUIEMEZ, Chef-lieu, principal manoir. Gl. *Caput mansi*, sous *Caput*, 3.

QUIERRE, Carne, angle, Gl. *Cornerium*.

QUIEUÇON, VIN DE LEUR QUEUÇON, De leur cru, de leur propre fonds. Gl. *Roagium*, sous *Rotaticum*.

QUIEVETAINE, Capitaine, chef. Gl. *Cheuptanus*.

QUIEUTE, Matelas, lit de plume. Gl. *Couta*, 1.

QUI-FERY, Jeu où l'on doit deviner celui qui a frappé, et qu'on appelle *Main-chaude*. *Palma* 4.

QUI-FUIT, Expression latine employée dans les chartes françaises, en parlant d'un mort. Gl. *Qui-fuit*.

QUIGNET, Coin, angle. *Cugnus* 2.

QUIGNON, Coin, angle, la partie de la tête appelée tempe. Gloss. *Cornetum*, 1, et *Cugnus*, 2.

QUILLIER, Jouer aux quilles. Gl. *Quillia*.

QUING, Coin, morceau de fer qui sert à frapper les monnaies. Gl. *Quonius*.

QUINIGUETE, Espèce de corde. Gl. *Quinale*.

*QUINGNIE, Cognée. F. Gl.

QUINQUART, Sorte de monnaie, valant p. e. cinq deniers. Glos. *Quinquarius*.

QUI

QUINQUE, Billard, mail. Gloss. *Quinque*.

QUINQUENELLE, Délai de cinq ans qu'on accorde quelquefois à un créancier. Gl. *Quinquenella*

QUINTAINE, Droit seigneurial, p. e. Celui qu'on payait pour vendre du vin pendant un certain temps. Gl. *Quintayna*. — Sorte de jeu et d'exercice militaire, qui consistait à frapper d'une lance assez adroitement une figure d'homme armé, pour éviter le coup qu'on en recevait quand on ne la frappait pas comme il faut ; la figure même. Gl. *Quintana*, 3.

QUINTARIEUX, Joueur de guitare. Gl. *Quinternizare*.

QUINTE, Banlieue, dont l'étendue était de cinq milles, ou qui était composée de cinq villages. Gl. Gl. *Quinta*, 1.

QUINTER, Donner la cinquième partie de quelque chose. Gloss. *Quintum*, 4.

QUINTERE, Terre, dont on rendait le quint des fruits au propriétaire. Gl. *Quinteria*.

QUINTIER, Celui qui administre les biens d'une église ou d'un hôpital. Gl. *Quinterius*, 2.

QUINTOIER, Disposer du quint d'un propre. — Payer le quint en sus du cens qui est dû. Gl. *Quintum*, 4. — Faire la quinte en musique. Gl. *Discantus*.

QUINZENIER, Officier qui commande quatorze hommes. Glos. *Quindenarius*.

QUIQUELIKIKE, Le cri du coq, pour désigner quelque personnage impertinent. Gl. *Archidiaconus*.

QUIRÉE, Sorte d'habillement militaire fait du cuir d'un buffle. Gl. *Quirée*.

QUIRIELLE, pour Kyrielle, Façon de parler pour désigner tous les Saints, et une longue suite de quelque chose. Gl. *Kyrieles*.

*QUIS, Cherché. F. Gl.

*QUITEDET, Liberté, tranquillité Ch. R. v. 907.

QUITIER, Donner quittance, exempter, céder, se désister. Gl. *Quietare*, sous *Quietus*.

*QUITTEMENT, Entièrement quitte. F. Gl.

*QUIVERS, Cruel, mauvais. R. R. Gl. t. 3.

QUOEZ, Qui a une queue. Gloss. *Caudatus*.

*QUOI, Tranquille. F. Gl.

*QUOIEMENT, Tranquillement. F. Gl.

QUOIFE, pour Coife, Bonnet, calotte. Gl. sous *Juramentum*.

*QUOINTOYER, Parer. F. Gl.

QUOIS. Estre au Quois, Être libre de faire ce qu'on veut. Gl. *Quietus*.

QUOITOUSEMENT, Secrètement, en cachette. Gl. *Coëtus*.

QUOITRON, Bâtard, le fils d'une femme prostituée. *Quæstuarius*

QUOQUBINAIGE, pour Concubinage. Gl. *Concubinarius*.

QUOQUE, Quoquet, Sorte de bateau ou vaisseau. Gl. *Coccha*.

QUOQUEBERS, Sot, nigaud, impertinent. Gl. *Coquibus*.

QUOQUILLE, pour Coquille. Gl. *Gambarus*.

QUOQUILLON, Certaine quantité de lin, p. e. une poignée. Glos. sous *Coquibus*.

QUOQUIN, pour Coquin, Mendiant, vagabond. Gl. *Coquinus*.

QUOREILLE, Verrou, barre; d'où *Quoreiller*, Fermer une porte d'un verrou ou d'une barre. Gl. *Vectare*.

QUORON, Coin, encoignure, angle. Gl. *Coronnus*.

QUOT. Droit de Quot, Taille qu'on impose pour payer les messiers qui gardent les moissons et les vignes, à raison de la quotité des terres que chacun a. Glos. *Cotus*, 1.

QUQUERMESSE, Dédicace ou la fête du patron d'une église. Gl. *Dedicatio*.

R

RAAINDRE, Racheter, payer la rançon. Gl. sous *Redimere*, 2.

RAAMBER, Racheter, faire le retrait d'une terre. Gl. sous *Redimere*, 1.

RAAMIR, Alléguer en justice une raison pour s'excuser de ne s'être pas rendu à un jour assigné. Gl. *Ratiocinare*, sous *Ratio*, 1.—Racheter. *Redimere*, 2.

RAANCLE, Râlement; d'où *Raancler*, Râler. Gl. *Ragalon*.

RAANÇON, Rachat, retrait d'une terre. Gl. sous *Redimere*, 1.

RAAQUE, Mare, amas d'eau bourbeuse. Gl. *Rachia*.

RABACE, Sorte d'instrument pour la pêche. Gl. sous *Rabacia*.

RABACHE, Vêtement qui couvre les jambes et les cuisses, haut-de-chausses. Gl. *Raba*.

RABALE, Sorte d'outil. *Rabala*.

RABAS, Rabais, diminution. Gl. *Rabatere*.

RABASSE, Gaude, plante pour teindre en jaune. Gl. *Rabacia*.

RABAT, Lutin, esprit follet. Gl. *Rabes*. — Relais, retraite d'un mur. — Sorte de jeu. — **RABAT JOUR**, Le jour tombant, sur le soir. Gl. sous *Rabatere*.

RABATEMENT, Rabais, déduction. Gl. *Rabatere*.

RABATER, Lutiner, faire un bruit extraordinaire. Gl. *Rabes*.

RABATTRE, Biffer, révoquer, abolir. Gl. *Rabatere*.

RABE, Le gras de la jambe, le mollet. — **RABBE**, Navet, espèce de rave. Gl. *Raba*.

RABET, Instrument de musique, p. e. Harpe, luth. Gl. s. *Rabes*.

RABETE, Navet, espèce de rave ; ou p. e. Gaude, plante pour teindre en jaune. Gl. *Rabea*.

RABIERE, Champ semé de *Rabes*, ou navets. Gl. *Rabina*.

RABINE, Espèce de bois qu'on n'a pas coutume d'émonder. Gl. *Raboinus*.

RABOLDERIE, p. e. la place où l'on jouait à la soule, appelée *Rabote*. Gl. *Rabolderia*.

RABOT, Fourgon. *Rotabulum*, 2.

RABOTE, Soule, espèce de jeu de ballon. Gl. *Rabolderia*.

RABRIVER, Se retirer fort vite, s'enfuir à bride abattue. Glos. *Abreviare*.

RABROUÉE. JOUER AUS RABROUÉES, C'est lorsqu'on ne joue point d'argent, et que celui qui perd en est quitte pour quelques injures qu'on lui dit en badinant. Gl. sous *Rabolderia*.

RABUQUIER, Faire beaucoup de bruit. Gl. sous *Rabes*.

RAC, Certain droit de la terre de Péquigny. Gl. *Quactum*.

RACACHER, Ramener. Gl. *Racachare*.

RACAMAZ, Etoffe brodée. Gl. *Racamas*.

*****RACATER**, Réunir, rassembler. Ch. R. v. 3194.

RAC

RACH, Souche. Gl. sous *Racha* 3

RACHACIER, Séparer l'or ou l'argent de l'alliage des monnaies. Gl. *Racachare*.

RACHAPLER, Recommencer le combat. Gl. sous *Capulare*.

*RACHAPTER, Racheter. F. Gl.

RACHASSIER, Séparer l'or ou l'argent de l'alliage des monnaies. Gl. *Racachare*.

RACHAT, Droit dû au seigneur à chaque mutation de propriétaire d'un fief ; d'où *Rachater*, payer ce droit. Gl. *Rachetum*.

RACHATEUR, Receleur. Gl. sous *Rachaciare*.

RACHE, Mesure de grain, la même que la rasière. Gl. *Rascia*, 1. — Gale, teigne. Gl. *Porrigium*.

RACHEAU, Souche. Gl. *Racha* 3.

RACHERON, Crachat tiré avec effort. Gl. *Sputaculum*.

RACHETEUR, Receleur. Gl. sous *Rachaciare*.

RACHIER, Cracher avec bruit et effort. Gl. *Rascare*.

RACIEN, Monnaie de Reims. Gl. *Remensium archiepiscorum denarii*, sous *Moneta baronum*.

RACIMAL, Cep, pied de vigne. Gl. sous *Racemus*.

RACION, Prébende ou bénéfice ecclésiastique; d'où *Racionnier*, Celui qui en est pourvu. Gl. *Rationarius*, 2.

RACLORE, Refermer.; il se dit d'une plaie qui se guérit. Glos. *Reclaudere*, 3.

RAD

RACLUTER, Racler. *Frustrare*.

RACOINTEMENT, p. e. pour RACOMTEMENT, Rapport d'experts, procès verbal. Gl. *Raportus*, 1.

*RACOINTER, Rapprocher. F. Gl.

RACOINTIER, S'est dit du commerce trop libre entre un homme et une femme ; terme obscène. Gl. *Cointises*.

RACOISER, Apaiser, rendre *coi* et tranquille. Gl. *Coëtus*.

RACOMPTE, Récit, histoire. Gl. *Recensere*.

RACONSSER, Cacher, dérober à la vue des autres. Gl. *Reconsus*

*RACONSUIR, Atteindre, poursuivre. F. Gl.

*RACONTEMANZ, Récit, narration.—Dialogues de S. Grégoire, ms. fol. 63 : « Ge ai apris par le « *racontement* del honorable « homme Fortunet.... Ce ke je « or raconterai. »

*RACONVOYER, Accompagner. F. Gl.

RACOUPPI, Le mari dont la femme a fait plus d'une infidélité. Gl. *Copaudus*.

RACROC, RACROQ, Repas de noce ou de la fête du patron d'une église. Gl. *Receptum*, 1.

RACROUPIR, Abaisser, humilier, rendre petit. Gl. *Acroupi*.

RACUSER, Rapporter. *Accusio*.

*RADANT, Rasant avec vitesse. F. Gl.

RADE, Vif, alerte, gai, ardent. Gl. *Rada*, 2.

RAF

RADEMENT, Avec roideur, avec violence. Gl. *Fracha.* [En rasant. F. Gl.]

RADIER, Espèce de madrier. Gl. *Dyaputa.*

RADOS, Ce qui pare du vent et d'autres injures du temps. Gl. *Redorsare.*

*RADRECIER, Redresser. F. Gl.

*RAECHIER, Devenir rêche, aigrir. — Le Livre des Métiers, p. 300 : « Et quex vins que ce soit, *reech* ou seurmere. »

RAEMBERES, Rédempteur. Gl. *Redimere,* 2.

RAEMBIER, Rançonner, exiger injustement de l'argent. Gl. *Redimere,* 2.

RAEMBRE, Racheter. Gl. *Redimere,* 2.

RAEMPLAGE, Addition, supplément. Gl. *Implagium,* 2.

RAEMPLANCE, Accomplissement, perfection. Gl. *Implementum.*

RAENCHON, Rançon. Gl. *Ranso.*

RAENSONEUR, Qui rançonne, pillard. Gl. *Ranso.*

RAENTION, Rançon. Gl. *Ranso.*

RAFAITIER, S'est dit du commerce trop libre entre un homme et une femme ; terme obscène. Gl. *Reffianus.* — [Réparer, raccommoder. R. R. Gl. tome 3.]

RAFFARDE, Raillerie, moquerie, dérision ; d'où *Raffarder,* railler, se moquer.

RAFFLE, Sorte de jeu de hasard.

RAI

— Gale, croûte d'une plaie. Gl. *Raffla.*

*RAFOS, Fouille, excavation. L. J. P. p. 322.

RAFOUR, Four à chaux. Gl. *Rafurnus.*

RAGENLIE, p. e. Terre dont on a fait les couvrailles. Gl. *Rengellagium.*

RAGER, p. e. pour RAYER, Couler. Gl. *Rigare,* sous *Riga,* 4. — Se dit d'un enfant qui remue dans le ventre de sa mère. Gl. *Ragunare.* — Être de mauvaise humeur, se fâcher. Gl. *Guerrigiare,* sous *Guerra.*

RAGIER, p. e. Celui qui arrache les souches des arbres abattus. Gl. sous *Racha,* 3.

RAGLORE, Prévôt. *Raglorium.*

RAGOTE, Injure, reproche offensant. Gl. sous *Ragazinus.*

RAGUOT, Cochon de lait. Gl. *Ragazinus.*

RAIEMBRE, Racheter, payer sa rançon. Gl. *Redimere,* 2.

RAIEN, Barreau de fer ou de bois. Gl. *Ericius,* 2.

RAIER, Couler. Gl. *Rigare,* sous *Riga,* 4.

RAIGNAUBLE, Raisonnable, équitable, juste. Gl. *Rationabilis* 2.

RAIGNER, Plaider, défendre en justice. Gl. *Ratiocinare,* sous *Ratio,* 1.

RAILLE, Raillerie, dérision. Gl. *Trufare.*

RAILLER, Badiner, folâtrer avec une fille. Gl. s. *Contemporare.*

RAI

RAILLON, Espèce de flèche; d'où *Raillonnade*, Le coup de cette flèche. Gl. *Raillo*.

RAIM, Branche d'arbre. *Rama* 1.

*****RAIMBORS,** Exacteur, concussionnaire. L. J. P. p. 338.

RAIMBRE, Racheter. Gl. *Redimere*, 2. — Faire faire la grosse d'un contrat ou d'un bail. Glos. *Redictare*.

RAIME, Ramée, fagot de branches d'arbre. Gl. sous *Rama*, 1.

RAIN, Branche d'arbre. — Bord d'un bois. Gl. *Rama*.

RAINCHE, Bâton. Gl. *Rama*, 1.

RAINDRE, Racheter. *Redimere* 2.

RAINNEL, Petite branche d'arbre ou d'arbrisseau. Gl. *Rama*, 1.

RAINSER, Battre, donner des coups de bâtons à quelqu'un. Gl. *Rama*, 1.

RAJOUVENIR, Rajeunir. Gl. *Rejuvenescere*.

RAIRE, Raturer, effacer. *Radiare*

RAIS, Capitaine, nom d'office et de dignité en Syrie. Gl. *Radiola*. —Rayon, bâton d'une roue. Gl. *Radiola*. Voyez Rai.

RAISE, Expédition militaire, incursion sur une terre ennemie. Gl. *Reisa*, 1.

RAISIAU, Réseau, filet. *Reticula*.

RAISINER, Boire du vin. Gloss. *Racemus*.

RAISNER, Plaider, défendre en justice. Gl. *Ratiocinare*, sous *Ratio*, 1.

RAM

RAISON, Compte. *Livres des Raisons*, Livre de compte. Gl. *Ratiocinium*.

RAISONNABLE, Ce qui est dans un juste milieu. *Cochon raisonnable*, qui n'est ni gras ni maigre. Gl. *Rationabilis*, 1.

*****RAISUN,** Discours, parole. Ch. R. v. 193.

RAITER, Accuser, appeler en justice. Gl. sous R*ectum*.

RAIZE, Fossé, canal, conduit d'eau. Gl. *Rasa*, 1.

RALER, Retourner, s'en aller. Gl. *Retornare*, 1.

RALER ARIERE, Manquer à un engagement. *Retrogracidare*.

RALIANCE, Association. *Ralliare*

RALIJER, Ralliement. Gl. *Fuga* 3

RALOUER, Remettre quelque chose en sa place, par exemple, un couteau dans sa gaîne. Gl. *Relocare*, 2.

RAM, pour Rapt, Le droit de connaître de ce crime. Gl. *Ratus*, sous *Raptus*, 1.

RAMAGE, Sauvage, qui n'est point apprivoisé; d'où *Fille Ramage*, qui fuit le monde et cherche la retraite. Gl. *Ramagii*. — Droit qu'on paye au seigneur pour pouvoir prendre ou ramasser les branches d'arbre dans ses bois. — Parenté, le parent même en ligne collatérale. Gl. *Ramagium*. — CERS RAMAGES, Qui a son bois. Gl. *Ramagius cervus*.

RAMAGEUR, Garde forestier, ou celui qui recevait le droit appelé *Ramage*. Gl. *Ramagium*.

RAMANTEVOIR, Ramantoir, Faire souvenir, rappeler à la mémoire. Gl. *Rementus.*

RAMASSIERES, Sorcières, qui s'imaginaient aller au sabbat sur un *ramon* ou balai. *Ramazuræ.*

RAMBRE, Faire faire la grosse d'un contrat ou d'un bail. Glos. *Redictare.*

RAMÉ, Qui a beaucoup de branches. Gl. *Ramatum.* — Cerfs Ramés, Jeune cerf à qui le bois commence à pousser. Gl. *Ramagius cervus.*

RAMÉE, Façon de prendre du poisson avec de la ramée. Glos. *Ramea,* 2.—Gort, pêcherie. Gl. *Rameda.*

RAMENBRER, Se ressouvenir, rappeler à sa mémoire. Gl. *Remembrantia.*

*****RAMENDER**, Amender. F. Gl.

*****RAMENDER**, Raccommoder, réparer. R. R. t. 3, p. 56.

RAMENDEUR, Ouvrier qui raccommode et répare les choses qui en ont besoin. Gl. *Remendator.*

RAMENDURE, Raccommodement l'action de réparer ce qui est en mauvais état. Gl. *Remendator.*

RAMENTEVOIR, Rappeler à la mémoire. Gl. *Rementus.*

RAMENTEUR, Celui qui donne un avis, qui fait souvenir. Glos. *Rementus.*

RAMEURE, Le châssis d'une herse. Gl. *Rameria.*

RAMEUX, Rempli de broussailles et de mauvaises herbes. Gloss. *Rameria.*

RAMIER, Terre inculte, pleine de broussailles. Gl. *Ramerius.*

RAMILLE, Petite branche d'arbre. Gl. *Ramilia.*

RAMIS, Le même. Gl. *Ramiculus*

RAMISSE, Clôture faite de petites branches d'arbre. Gl. *Ramilia.*

RAMOISIN, Sorte de monnaie romaine. Gl. *Romesina.*

RAMOISON, Branche d'arbre. Gl. *Ramiculus.*

RAMONCHELER, Relever un bâtiment qui était trop bas. Glos. *Amulgare.*

RAMONNURES, Balayures, immondices, ordures. Gl. *Ramazuræ.*

RAMPAILLE, Sorte de peau dont on garnissait les habits. *Rampa.*

RAMPAS, Pâques fleuries, le dimanche des Rameaux. Gl. sous *Ramus,* 4.

RAMPONE, Ramponne, Ramposne, Raillerie, moquerie, dérision ; d'où *Ramponier, Ramponner* et *Ramposner,* Railler, se moquer, rire de quelqu'un. Gl. *Rampognia.*

RAMPOS, comme Rampas. Gloss. sous *Ramus,* 4.

*****RAMPOSNER**, Défier par des bravades. F. Gl.

RAMSEL, Rameau, branche d'arbre. Gl. *Rama,* 1.

RAMYER, Jeune et menu bois qui repousse, taillis. *Ramerium,* 2.

RANCHE, Certain bâton d'une charrette, appelé levier. Gloss. *Ranchonum.*

RAN

RANCHEABLE, Qui peut retomber et récidiver aisément ; du verbe *Rancheoir*, Retomber, récidiver. Gl. sous *Recidiva*.

RANCHIER, comme RANCHE. Gl. *Ranchonum*.

RANCIEN, Monnaie de Reims. Gl. *Remensium archiepiscoporum denarii*, sous *Moneta Baronum*

RANCŒUR, Haine cachée et invétérée qu'on garde dans le cœur. Gl. *Rancor*.

RANÇONNER, Maltraiter quelqu'un, le battre. *Rancionnare*.

RANCOULLI, Eunuque. *Ramix* 1

RANCUER, Haine cachée et invétérée qu'on garde dans le cœur. Gl. *Rancor*.

RANCUREUSES PAROLES, Qui sentent la haine et la colère. Gl. *Rancor*.

RANDABLETÉ, L'obligation de rendre ou de remettre un château ou une forteresse à la volonté du seigneur suzerain. Gl. *Reddibilitas*.

RANDE, Rente, revenu annuel. Gl. *Renda*, 2.

RANDERES, Caution, répondant. Gl. *Reddens*.

RANDON, DE RANDON, Avec force et violence, impétueusement. d'où *Randonnée*, Impétuosité, et *Randonner*, Tomber avec impétuosité sur quelque chose. Gl. *Randum*.

*RANDONER, Galoper. R. R. Gl. t. 3, p. 279.

RANGIER, Renne, bête de somme

RAP

des pays septentrionaux. Gloss. *Rangifer*.

RANGUILLON, Ardillon. Gloss. *Rangerium*.

RANPREUVER, Réprouver, rejeter. Gl. *Reprovare*.

RANSOURE, Ressort, étendue de domaine ou de juridiction. Gl. *Ressortum*.

RAON, Blé méteil. Gl. *Rao*.

RAOUGNURE, Rognure, l'action de rogner ou couper. *Raonhare*

RAOULLE, Rôle, mémoire. Glos. *Rotulus*, 1.

RAPAIER, Rapaiser, radoucir. Gl. *Repacificare*.

RAPALER UN ENTREDIT, Lever un interdit. Gl. *Interdictum*.

RAPAREILLEMENT, Réparation ; du verbe *Raparelier*, Réparer, rétablir. Gl. *Reparamentum*.

RAPARELLIER, Rassembler, réunir, Gl. s. *Reparamentum*. — Réparer, raccommoder. Glo. *Relaxus*.

RAPARLER, Parler durement à quelqu'un, le maltraiter de paroles. Gl. *Arrationare*.

RAPARLIER, RAPARLLIER, Réparer, rétablir. Gl. *Reparamentum*

RAPEAU, Renvi au jeu. Gl. *Rapiarius*. — [Rappel, mention, révocation. L. J. P. p. 20.]

RAPELER, Redemander, réclamer. Gl. *Rapellum*.—[Annuler, révoquer ; *rapeler son mandement, ses lettres, son jugement*, révoquer son ordre, ses lettres, son jugement. L. J. P., p. 24.]

RAP

RAPENAL. Toise Rapenale, Celle dont on se-sert pour mesurer les terres. Gl. *Rapinalis.*

*RAPIAX, Ravisseur. R*apax*. R. R. Gl. t. 3, p. 39.

RAPIERE. Espée Rapiere, Sorte d'épée fort longue. *Rapperia.*

RAPINE, Certain droit seigneurial. Gl. *Rapina,* 3.

RAPLEGIER, Cautionner, répondre pour quelqu'un. Gl. *Replegiare,* sous *Plegius.*

RAPOESTIR, Rapoostir, Remettre un criminel en la puissance de son juge, pour être jugé sur le délit commis par lui dans son district; d'où *Rapoostissement*, L'action de le rendre. Gl. *Rapoostare.*

RAPORT, Cession, transport, abandon. Gl. *Raportatio.*

*RAPOYER, Appuyer, soutenir. F. Gl.

RAPPARELIER, Réparer, rétablir. Gl. *Reparamentum.*

RAPPEAU, Renvi au jeu. Gl. *Rapiarius.*

RAPPEAUX, pour Rappels. Glos. *Rapellum.*

RAPPEL, Révocation, abolition; d'où *Rappeler,* Révoquer, abolir. — Consentement, approbation. Gl. *Rapellum.*

RAPPORT, Droit consistant dans la moitié de la dîme des terres cultivées par les laboureurs de son territoire hors de son district. Gl. *Raportus,* 2.

RAPPROXIMATION, Retrait lignager, fait à titre de proximité;

RAS

d'où *Rapproximer,* Retraire à ce titre. Gl. *Reapproximare.*

RAPREPIER, s'Approprier. Glos. *Reapropriare.*

RAPROCHER, Faire un retrait à titre de proximité. Gl. *Reapproximare.*

RAQUE, Mare, fosse pleine d'eau bourbeuse. Gl. *Rachia.*

RARESCHIER, pour Rafreschir, Réparer, refaire. Gl. R*afredare*

RAS. Faire un Ras, Mettre le feu à un tas de bois. Gl. *Farassia.*

RASCASSE, Sorte de poisson de mer. Gl. *Scropeno.*

RASCHER, p. e. Ranger, mettre en ordre. Gl. *Rasare,* 2.

RASE, Fossé, canal, conduit d'eau. Gl. *Rasa,* 1. Voyez *Raque.*

RASEAU, Filet, Bourse. Gl. *Rasellus,* 2.

RASEAU de vigne, Plant de vigne long et étroit. Gl. *Rascia* 1.

RASENER, Refrapper, donner un second coup. Gl. *Reassignare.*

RASER, Se ranger, s'éloigner. — Donner des couleurs brillantes à des pierres fausses. Gl. *Rasare,* 2.

RASEUR. Rasoir. Gl. *Rasorium* 2

RASGLER, Railler, badiner. Gl. sous *Raffarde.*

RASIERE de Vigne, Plant de vigne long et étroit. Gl. *Rascia* 1.

RASINNÉ, Râpé, vin raccommodé avec des grappes de raisin Gl. *Racemus.*

RASOUR, Rasoir. *Rasorium*, 2.

RASPLEIT, Râpé. Gl. *Raspetum*.

RASQUER, Cracher avec bruit et force. Gl. *Rascare*.

RASSENER, Assigner en dédomagement. Gl. *Reassignare*.

RASSOLT, Absous; se dit de quelqu'un qui était excommunié. Gl. *Interdictum*.

*RASTELER, Ramasser avec un râteau. R. R. Gl. t. 3.

RASTELIN, Râteau ; ce qu'on ramasse au râteau. Gl. *Rastellum* 1

RASURE, L'action de raser. Glos. *Rasio*, 2. — Rature ; d'où *Rasurer*, Raturer, effacer. Gl. *Rasura*, 1.

RAT, Sorte de poisson. Gl. *Uranoscopus*. — [Rapt, viol. L. J. P. p. 292.]

RATALENTER, Chercher à plaire. Gl. *Talentum*, 2.

RATASSELER, Raccommoder, rapiéceter. Gl. *Rasunarius*.

RATCANU, Sorte d'étoffe. Glos. *Rastacius*.

RATE, Au *prorata*, à proportion. Gl. *Rata*, 3.

RATÉ, Rongé par les rats et les souris. Gl. *Panis aliz*, sous *Panis*, 2.

*RATEL, Herse placée aux portes. F. Gl.

RATELER, Traîner comme avec un râteau. Gl. *Rastellare*.

RATEPENADE, Chauve-souris de mer, poisson. Gl. *Erango*.

RATEPENNADE, Chauve-souris, oiseau. Gl. *Ratapennador*.

RATER, Raturer, effacer. *Rattare*

RATIER, Cachot, cul de basse fosse. — P. e. pour Ratière. Gl. *Raterium*.

RATOURNER, Raccommoder, refaire, réparer. Gl. *Ratornare*.

RATTE. A RATTE, Au *prorata*, à proportion. Gl. *Rata*, 3.

RATURE, Raclure. Gl. *Rasura* 5

RAVAGE, Ravine, inondation, torrent, ce que les eaux entraînent avec elles. Gl. *Raina*.

RAVAGER, Faire payer une amende. Gl. R*avale*.

RAVAILLE, Petits poissons. Gl. *Ravanna*.

RAVALER, L'heure de relevée, l'après-dînée. Gl. sous *Hora*, 3. — [Redescendre. F. Gl.].

RAVALOIR, Descendre. *Hoccus*.

RAVARAT, Sorte de bâton en Auvergne. Gl. *Ravale*.

RAUDE, p. e. Territoire, district. Gl *Rodium*.

RAUDER, Rire, badiner, railler ; d'où *Rauderie*, badinage, raillerie. Gl. *Rauderius*.

RAVERLON, Espèce de faucille. Gl. *Falcetus*.

RAVIESTIR, Revêtir, mettre en possession. Gl. *Revestire*, 1.

*RAVIGORER, Fortifier. F. Gl.

RAVINE, Vitesse, impétuosité, rapidité. Gl. Gl. *Raina*. — [Rapine. L. J. P. p. 309.]

REA

RAVIVRE, Faire revivre, rétablir. Gl. *Revivere.*

*R'AVOIE, Adopte une seconde fois, de nouveau. L. J. P. p. 62.

RAVOIER, Ramener, remettre dans la voie. Gl. *Reviare.*

RAVOILLE, Grenouille, ou espèce de crapaud. Gl. *Ravola.*

RAVOIR, Ravine, inondation, torrent, ce que les eaux entraînent avec elles. Gl. *Raina.*

RAUSE, Rausier, Roseau, glaïeul. Gl. *Rausea* et *Rusis.*

*RAY, Rayon. F. Gl.

RAYER, Rayonner, luire, rendre des rayons de lumière. Gl. *Radiascere.*

RAYERE, Ecluse. Gl. *Raeria.*

RAYME, Rame de papier. Glos. *Rama,* 3.

RAZAT, Mesure de grain, rasière. Gl. *Razus.*

RAZE, Fossé, canal, conduit d'eau Gl. *Rasa,* 1, et *Raza,* 2. Voyez *Rasque.*

RAZIS, Sorte de gâteau. *Razel.*

*RE, Cette syllabe, qui se trouve assez souvent devant quelques verbes, est l'*iterum* des Latins, et signifie derechef, encore une fois. R. R. Gl. t. 3.

REAGE, Raie, sillon. Gl. *Rega.*

REAGIER, pour Ravager, Lever une amende. Gl. *Ravale.*

*RÉAL, Royale. L. J. P. p. 335.

REALME, Royaume. Gl. *Moneta.*

REB

REALMENT, Réellement, en effet. Gl. *Realiter.*

*RÉAMBRE, Rembre, Renbre, Racheter ; Reimbent les causes, Rachètent les causes ; Reambre chetis, Racheter des captifs. L. J. P. p. 328.

REANTER, Se rappeler, se ressouvenir. Gl. *Reappellare.*

REAULX, Monnaie de France Gl. *Regales,* 2.

*RÉAUS, Royaus. R. R. Gl. t. 3.

REAUTÉ, Royauté, dignité de roi. Gl. *Regalitas,* 1.

REBAIS, Mépris, raillerie, dérision. Gl. *Rauderius.*

REBALCHE, Bascule, cabestan, machine pour élever des fardeaux Gl. *Rebalca.*

REBATRE, pour Rabattre, diminuer. Gl. *Rebatum.*

REBEBE, Rebec, sorte de violon. Gl. *Rebeca.*

*REBELLER, Révolter. F. Gl.

REBENIR, Rendre le salut. Glos. *Benedicite.*

REBERBE, Rebesbe, Rebec, sorte de violon. Gl. *Rebeca.*

REBINER, Donner un troisième labour à une terre. — Polir, retoucher un ouvrage. *Rebinare.*

REBLANDIR, Demander l'agrément du seigneur, ou des lettres de *pareatis,* pour faire un acte de justice dans sa terre Gl. *Reblandimentum.*

REBOIS, Opposition, empêchement. Gl. *Reburrus.*

REB

REBONT, Repas, festin d'un jour de fête ou du lendemain. Glos. R*eceptum,* 1.

***REBORS (A),** A rebours. R. R. Gl. t. 3.

REBORSER, Vider sa bourse. Gl. R*ebursare.*

***REBORSIER,** Rebrousser. R. R. Gl. t. 3.

REBOT, Qui est secret, sacré. Gl. R*epositus.*

REBOULE, Bâton à l'usage des bouviers et des pâtres. R*abdus.*

REBOUQUER, Émousser, affaiblir, diminuer. Gl. R*ebusare.*

REBOURCIÉ, Fâcheux, revêche, à qui rien ne plaît. Gl. R*eburrus*

REBOURER UN DRAP, Le nettoyer, en ôter les ordures. Gl. sous R*oboillium.*

REBOURS, Espèce de filet, instrument pour pêcher. Gl. *Saurarium.*

REBOUTER, Repousser. *Botare.*

REBOUTI, Rebuté, rejeté, refusé. Gl. *Panis aliz,* sous *Panis,* 2.

REBOUTURE, Raccommodage. Gl. R*ecauzare.*

REBRACHER, Retrousser, relever. Gl. R*ebrachiatorium.*

REBRACHIÉ, Disposé et prêt à agir. Gl. R*ebrachiatorium.*

***REBRACIER (SE),** Se retrousser. R. R. Gl. t, 3, p. 297.

REBRASSER, Retrousser, replier, relever. R*ebrachiatorium*

REBRICHE, REBRIQUE, Toute es-

REC

pèce d'écrit distingué par articles. Gl. R*ubricii.*

***REBROCHIER,** Piquer des éperons de nouveau. R. R. Gl. t. 3, page 268.

REBROCQUIER, Remettre des broquettes où il en manque. Gl. *Festissare,* sous *Festissura.*

REBULET, La farine dont on a ôté la fleur. Gl. R*ebuletum.*

RECALER. EN RECALER, En cachette, par des voies détournées. Gl. R*ecalcare,* 3.

RECAMER, Broder. Gl. R*acamas*

RECANCHE, Rachat ou restitution. Gl R*ecatum.*

RECANER, Braire, qui se dit du cri de l'âne. Gl. R*ecantus.*

RECANETÉ, Lieu secret et obscur. Gl. sous R*ecantus.*

RECAPTE, Ordre ; d'où *Femme de mal recapte,* Qui a une conduite désordonnée. *Aller à mal recapte,* Se déranger, mal administrer, mettre du désordre dans ses affaires. Gl. R*ecaptare.*

RECAVERONNER, Remettre des chevrons. Gl. *Quevro.*

RECAUPER, Retrancher de nouveau. Gl. *Discopare.*

RECEANT, Domicilié. Gl. *Resians* — Vassal qui est obligé à la résidence, et qui ne peut changer de domicile sans l'agrément de son seigneur. Gl. *Residentes.*

RECEIT, Droit de gîte qu'on payait quelquefois en argent. Gl. R*eceptum,* 1. — Terrier, retraite de lapins et d'autres animaux. Gl. R*eceptaculum,* 2.

REC

RECETER, Recevoir chez soi, donner retraite à quelqu'un. Gl. *Receptare.*

RECEIVER, Le même. *Receptare*

RECELÉE, A la Recelée, En cachette, à couvert. Gl. *Randum.*

RECELÉMENT, Secrètement, furtivement, en cachette. Gl. *Recelare,* 1.

RECELLOITE, Réception. Gloss. *Receptum,* 1.

RECEPT, Le droit qu'a un seigneur de loger et manger chez son vassal et qu'on payait quelquefois en argent. *Receptum,* 1.

RECEPTABLE, Arrière-faix. Gl. *Receptorium,* 1.

RECEPTE, Repas de noce. Gloss. *Receptum,* 1.

RECEPTER, Recevoir, donner retraite à quelqu'un. *Receptare.*

RECEPTION, Communion, l'action de recevoir la sainte Eucharistie. Gl. *Receptio,* 3.

*****RECERCELER,** Boucler, friser. Se dit des cheveux. Ch. Rol. vers 3161.

RECERCIER, Herser, et le temps où l'on herse. Gl. *Recalcare.*

RECET, Lieu de retraite et de défense, château, forteresse, tour. Gl. *Receptaculum,* 1. — Repas, le droit qu'a un seigneur de loger et manger chez son vassal, et qu'on payait quelquefois en argent. Gl. *Receptum,* 1.

RECETER, Recevoir chez soi quelqu'un pour le cacher, receler, retirer. Gl. *Recelare,* 1.

RECETEUR, Receleur. Gl. sous *Rechaciare.*

REC

RECUEILLIE, Accueil, réception. Gl. *Recolligere,* 2.

*****RECEVERRES, Receveor,** Receveur, percepteur. L. J. P. p. 241

RECH, Rude, raboteux, en Picardie. Gl. *Rechinus.*

RECHACIER, Séparer l'or ou l'argent de l'alliage des monnaies. Gl. *Rechaciare.*

RECHAITER, Cacher, receler. Gl. sous *Rechaciare.*

RECHATER, comme Rechacier. Gl. *Rechatare,* sous *Rechaciare*

RECHEF, Changement, retranchement. Gl. *Retractare,* 2.

*****RECHEIR,** Retomber. R. R. Gl. tome 3.

RECHERCEMENT, Le droit de faire la recherche et l'examen des mesures et des poids. Glos. *Recercatio.*

RECHET, Lieu de retraite et de défense, château, forteresse, tour. Gl. *Receptaculum,* 1.

RECHIGNER, Rendre un son rude et désagréable. Gl. *Rechinus.*

RECHIGNIER, Gronder, reprendre avec dureté et aigreur. Gl. *Rechinus.*

RECHIME, Le ciment le plus fort. Gl. *Cimentum,* 1.

RECHIN, Qui est dur et de mauvaise humeur. Gl. *Rechinus.*

RECHINOY, Le repas d'après-dînée, le goûté. Gl. *Recticinium.*

RECHISTRER, Délivrer de prison. Gl. *Recredere,* 1.

RECIE, Comme Rechinoy. Gloss. *Recticinium.*

RECINCER, Rincer, laver avec de l'eau nette. Gl. Recincerare.

RECINER, Goûter, faire collation. Gl. Recticinium.

RECLAIM, L'action par laquelle on réclame son bien. — Cri de guerre. Gl. Reclamium.

RECLINATION, Inclination, penchant qu'on a pour quelque chose. Gl. Reclinatio.

RECLINATOIRE, Lit, lieu de repos. Gl. Reclinatorium, 1.

*RECLORE, Refermer, fermer ; Reclousist, Refermât. R. R. Gl. t. 3, p. 13.

RECLUSAGE, Prison, retraite. — Reclusaige, Monastère, hermitage, cellule d'un reclus. Glos. Reclusagium.

RECLUSE, p. e. Ce qu'on paye pour un enclos ou pour une écluse. Gl. sous Reclusiana.

RECLUSIE, Hermitage, habitation d'un reclus. Gl. Reclusiana.

RECLUTER, Suppléer, ajouter : nous disons Recruter une compagnie. Gl. Reclutare.

RECOITER, Cacher, receler. Gl. Recelare, 1.

REÇOIVRE, Recevoir. Gl. Minagiator.

RECOLICE, Réglisse. Recalecia.

RECOLLER, Se ressouvenir, rappeler à sa mémoire. Recollatio.

RECOMANDEMENT, Recommandation. Gl. Recommendisia, 1.

RECOMMANDER, Confier, mettre en dépôt. Gl. Recommendare 1.

RECOMMANT, Le droit de protection qu'on payait pour être protégé par un seigneur. Gl. Recommendisia, 1.

RECOMPENSATION, Compensation, dédommagement. Gl. Recompensatio.

RECONGNOISSANT, Enquête juridique. Gl. sous Recognitio, 1.

*RECONUISANCE, Action de se faire reconnaître. Ch. R. 3619.

RECONSEILLER, Réconcilier une église, la rebénir. Reconciliari.

RECONSILIER, Se confesser et recevoir l'absolution. Gl. Reconciliari.

RECONSOLIDER, Réunir, rejoindre. Gl. Resolidare.

*RECONTER, Raconter. R. R. Gl. t. 3.

RECONVOYER, Reconduire. Gl. Reconvertere, 2.

RECOPEUR, Recoperesse, Regrattier, regrattière Regraterius

RECORD, Enquête juridique par témoins. — Sorte de jugement dont il n'y a point d'appel. — Cour de Record, Cour souveraine. Gl. sous Recordum, 1. — Estre Record, Se ressouvenir. Gl. Recors, 1. — [Récit. F. Gl.]

RECORDATION, Mémoire. Glos. Recordamen.

*RECORDÉE, Raccordée, raccommodée. L. J. P. p. 217.

RECORDER, Parler, conter. Gl. Recordari, 2.

*RECORRE, Recouvrer, délivrer, reprendre. L. J. P. p. 179.

RECORS, Permission de faiblage sur le poids de l'espèce. Gloss. R*ecursus*, 1.

*RECORT, Témoignage, enquête, jugement.—Le Conseil de Pierre de Fontaines, p. 133 : « Ne suefre jà de chose apesiée par concorde, dont escrit soit fet ou *recort* oï, que plez en soit. »

*RECORZ, Reconnaissant. L. J. P. p. 92.

RECOUPPE, Morceau d'une planche. Gl. *Axa*.

RECOURCER, Retrousser, relever. Gl. R*ebrachiatorium*.

RECOURRE, Affaiblir le poids des espèces monnayées. Gl. R*echaciare* et R*ecurrere*, 3.

RECOURS, Couvert, vêtu. Gl. R*ecouvortura*. — Permission de faiblage sur le poids de l'espèce. Gl. R*ecursus*, 1.

RECOUVRER, Réitérer, recommencer. Gl. R*ecuperare*, 8.

*RECOVRER, R*ecouvoir*, Être admis. L. J. P. p. 92.

*RECOVRER, Recouvrer, récupérer, R*ecuperare*. R. R. Gl. t. 3.

RECOY. E*n* R*ecoy*, Secrètement, en cachette. Gl. R*epositus*.

RECRAINTE, pour Récréance, Caution, restitution. R*ecredere*1.

*RECRANDESIR, S'affaiblir. F. Gloss.

RECRANDIS, Paresseux, sans cœur ni courage. Gl. sous R*ecredere*, 1.

*RECRÉAMMENT, Mollement. F. Gl.

RECREANCE, Caution, souvent Restitution. Gl. R*ecredere*, 1.— [Soumission, reddition. F. Gl.]

RECREANDISE, R*ecreantise*, Paresse timidité, poltronnerie. Gl. sous R*ecredere*, 1.

RECREANT, Celui qui, dans un combat particulier, se rend et s'avoue vaincu ; d'où il a signifié un lâche, un homme sans courage.—Se dit d'un cheval rendu de fatigue. Gl. sous R*ecredere* 1. — [Caution. F. Gl.]

RECREANTIR, Ralentir l'ardeur du combat. Gl. s. R*ecredere*, 1.

RECREANTISE. Voyez ci-dessus R*ecreandise*.

*RECUEUVRER, Renouveler ses forces. F. Gl.

RECRÉER, Renouveler, nommer de nouveaux échevins, etc. Gl. R*ecreare*. — Rendre, restituer. Gl. R*ecredere*, 1. — [Délivrer. F. Gl.]

*RECREIRE (SE), Se déclarer vaincu dans un duel ; fatiguer de. Ch. R. Gloss.

RECRÉU, Lâche, poltron. Gloss. sous R*ecredere*, 1.

RECROIRE, Donner caution, et souvent rendre, restituer. — Soupçonner, accuser. Gl. R*ecredere*, 1. — [Se lasser, se rebuter ; *recreira*, il se rebutera. R. R. Gl. t. 3.]

RECROIS, Raclure, ce qu'on ôte de quelque chose en le nettoyant. — R*ecoiz*, Enchère. Gl. R*ecrementum*.

RECROVER, Recouvrer ; d'où R*ecrovement*, Recouvrement. Gl. R*ecouare*.

RED

RECROYANCE, Élargissement de prison sous caution. *Recredere* 1.

RECTORIE. Cure. Gl. *Rector*, 1.

RECUEILLETE, Accueil, réception. Gl. *Recolligere*, 2.— [Lieu où l'on peut se retirer. F. Gl.]

*RECUEILLIR, Recevoir, *recipere* R. R. Gl. t. 3, p. 233.

RECUERRE, Affaiblir le poids des espèces monnayées. *Recursus* 1.

*RECUEUVRER, Renouveler ses forces. F. Gl.

*RECUIT, Fin, rusé. R. R Gl. t. 3, p. 221.

RECULET, Lieu retiré, enfoncement. Gl. *Reculare*.

*RECULLIS, Retraite. F. Gl.

RECYE, Le repas de l'après-dînée, le goûter. Gl. *Recticinium*.

REDESMENTIR, Rendre un démenti par un autre. *Dimentiri*.

REDEVABILITÉ, Redevance, impôt. Gl. *Redhibitio*, sous *Redhibere*.

REDEVABLE, Ce qui est de devoir. Gl. *Redevancia*.

REDEVAULETÉ, Redevance, impôt, taille. Gl. *Redevancia*.

REDEVOIR, Redevance. Gl. *Redhibentia*, sous *Redhibere*.

REDHIBENCE, Redevance. Glos. *Redhibentia*, sous *Redhibere*.

REDIESME, REDIME , REDISME , Le dixième du dixième ; d'où *Rediesmer*, Lever ce droit. Gl. *Redecima*.

REDOIS, Peuples de la Poméranie. Gl. *Redarii*.

REF

REDON, Parement, gros bâton de fagot. Gl. *Reddalle*.

REDONDER, Rebondir, rejaillir. Gl. *Resallire*.

*REDOR, Roideur, rigueur. L. J. P. p. 27.

*REDOR, Impétuosité, roideur. R. R. Gl. t. p. 101.

REDOS. SEOIR A REDOS, Être assis derrière le dos de quelqu'un, être dos à dos. Gl. *Redorsare*.

*REDOTER, Craindre, *redot*, je crains. R. R. Gl. t. 3.

REDOUBLE, Doublure. Gl. *Reduplicare*.

REDOUTABLE , Redoutable, à qui l'on doit du respect ; qualification donnée aux évêques. Gl. *Metuendus*.

REELENGHE, Domaine, et la juridiction qui en connaît, Chambre des comptes. Gl. *Relanga*.

REEMBEOR, Rédempteur. Glos. *Redimere*, 2.

REEMBRER, Racheter. *Redimere*

REENENGHE, Domaine, et la juridiction qui en connaît, Chambre des comptes. Gl. *Renengha* sous *Relanga*.

REER, Couler, verser. Gl. *Reigus*. Voyez *Raier*.

REETEIL, Petit filet, et sorte d'ornement de tête pour les femmes. Gl. *Reiculus*.

REEVE, Bailli, prévôt, juge. Gl. *Reva*, 1.

REFAICTURE, Le droit qu'on paye au seigneur pour prendre dans sa forêt le bois dont on a besoin pour les réparations qu'on a à faire. Gl. *Refacta.*

REFAIT, Sorte de poisson de mer, rouget, parce qu'il est gros et gras. Gl. *Circulus,* 2.

REFARDERIE, Raillerie, moquerie, dérision. Gl. *Raffarde.*

*REFECTION, Réparation. F. Gl.

REFECTURE, Le droit qu'on paye au seigneur pour prendre en sa forêt le bois dont on a besoin pour les réparations qu'on a à faire. Gl. *Refacta.*

REFELLON, Sorte de redevance. Gl. *Refello.*

REFERENDAIRE, Commissaire chargé de faire le rapport d'une affaire. Gl. *Referendarii.*

REFERMER, Refaire, rebâtir. Gl. *Refermare.*

*REFERMEZ, Rétabli, confirmé. L. J. P. p. 330.

REFESTIR, Recouvrir ou raccommoder la faîtière d'un toit. Gl. *Festissare,* sous *Festissura.*

*REFEZ, Réparation, entretien. L. J. P. p. 136.

*REFEZ, Gros et gras. R. R. Gl. tome 3.

REFFAITTER, S'est dit du commerce trop libre entre un homme et une femme ; terme obscène. Gl. *Reffianus.*

REFFECTURE, Repas, droit de gîte. Gl. *Refectio,* 3.

REFFEITONNER, Raccommoder, réparer. Gl. *Festissare,* sous *Festissura.*

REFFERIR, Frapper une seconde fois. Gl. *Rabula.*

REFFIN, Laine fine. Gl. *Reffin.*

REFFOUL, Décharge d'un étang ou d'un canal. Gl. *Refollum.*

REFFROIDOUER, Vase à mettre rafraîchir le vin. Gl. *Refrigidarium.*

REFIÉ, Arrière-fief. *Refeudum.*

REFLAISE, p. e. Revers d'un fossé. Gl. *Reflctum.*

*REFLAMBER, Reluire, briller. Ch. R. v. 2317.

REFLUBLER, Remettre sur la tête, recouvrir. Gl. *Refibulare.*

REFONDER, Rembourser, restituer. Gl. *Refundere.*

REFORMER, Changer d'avis ou de genre de vie, même en mal. Gl. *Refformare.*

REFOUL, Décharge d'un moulin ou d'un canal. Gl. *Refollum.*

REFOULÉ, Fatigué, excédé de lassitude. Gl. s. *Recredere,* 1.

REFRAINDRE, Réprimer, réfréner. Gl. *Refrangere.*

REFRAINGNER, s'Abstenir de faire quelque chose. Gl. *Refrangere.*

REFRAIT, Toute espèce de mets qu'on donne outre le pain. Gl. *Refretorium.*

REFRECHIR, Réparer, raccommoder. Gl. *Refieri.* — Répéter, redire. Gl. *Refricare.*

REFRESELER, Ondoyer, flotter. Caron. des ducs de Norm. Voyez *Freseler.*

*REFROIDIER, Apaiser, refroidir. R. R. Gl. t. 3.

REG

REFROISSIER, Se dit d'une terre quand on change la façon de la cultiver. Gl. sous *Refrangere*.

REFROITOUR, Réfectoire. Glos. *Refretorium*.

REFUI, Refuge, asile, appui. — Détour, subtilité, subterfuge. Gl. *Refugium*, 3.

REFUIR, Réfugier, mettre en sûreté, donner asile. *Refugium* 3.

REFUSCICÉ, Renforcé, qui est fort serré. Gl. *Hurdare*.

REGAGIER, Donner de nouveaux gages. Gl. *Rewadiare*.

REGAIRE, Régale. Gl. *Regarium*

REGAIRES, C'est le nom qu'on donne en Bretagne à la juridiction et aux fiefs des évêques. Gl. *Regarium*.

REGAL DE MARIAGE, Ce que le vassal qui se marie doit présenter à son seigneur, en viande, vin et pain. Gl. *Missus*, 1.

REGALE, Le fisc royal, les droits qui appartiennent à la couronne —Le droit du roi sur le temporel des églises vacantes. — L'investiture d'un évêché ou d'un abbaye. — Domaine, territoire, même de particuliers. Gl. *Regalia*.

REGALEUR, REGALIER, Administrateur ou économe pour le roi des biens d'une église pendant la vacance du siége. Gl. *Regaliarus* et *Regaliator*, sous *Regalia*, 2.

REGAR, Inspecteur. *Regardator*.

REGARD, Administrateur d'hôpitaux, celui qui est chargé de veiller à quelque chose. — [Gar-

REG

dien. F. Gl.]—Inspecteur, maître juré d'un métier. Gl. *Regardus*. — Accord, traité. Gl. *Regardum*, 1. — Volonté, jugement, ordonnance. Gl. *Regardum*, 5. — Festin du jour des noces ou du lendemain. Gloss. *Receptum*, 1. — Sorte de redevance annuelle. Gl. *Regardum* 4 — LETTRES DE REGARD, Placet, supplique. Gl. *Litera regardi*.

REGARDE, Celui qui est chargé de faire la ronde. *Regardator*.

REGARDER, Juger, décider, rendre une ordonnance. Gl. *Regardarium*.

REGARDEUR, Inspecteur, commissaire pour l'examen des denrées et marchandises. Gl. *Guardatores*, sous *Warda*.

REGARDEURE, Aspect, regard. Gl. *Esgardium*, 2.

REGART, Ronde, visite des gens de guerre. Gl. *Regardator*. — Défiance, crainte. Gl. *Regardum*, 3. — Festin du jour des noces ou du lendemain. Gloss. *Receptum*, 1.

REGAUST, Rebondissement, rejaillissement. Gl. *Resallire*.

REGE, Raie, sillon. Gl. *Rega*.

REGEHIR, REGEIR, Reconnaître, avouer, confesser ; d'où *Regehissement*, Aveu, confession. Gl. *Refiteri*.

REGELRISSELENT, pour RÈGE-HISSEMENT, Aveu, confession. Gl. *Fassio*.

REGENTATION, Régence. Gl. *Regentia*.

REGESTES, Annales, histoires. Gl. sous *Regestum*.

REG

REGETOORE, Machine propre à prendre des oiseaux. Gl. *Captensula*.

REGIBEIR, REGIBIER, Regimber, ruer. Gl. *Gibetum* et R*epedare*.

REGIE, Réglé. *Passet regie*, Un pas égal. Gl. R*egibilis*.

REGIET, Saillie, avance. *Rejectus*

REGIMENT, Conduite, façon d'agir. Gl. *Regimentum*, 1.

REGIPPER, Regimber, dans le sens figuré. Gl. *Repedare*.

REGISTEL, Sorte d'herbe. Gloss. *Rodorius*.

REGISTRE, Usage, coutume, règlement. — Injure, reproche, outrage. Gl. sous R*egestum*.

REGISTREUR, Celui qui inscrit dans les registres. Gl. *Registrator*, sous R*egestum*.

*****REGITER**, Jeter de nouveau. R. R. Gl. t. 3, p. 39.

REGNAUBLE, Raisonnable, équitable, juste. Gl. R*ationabilis* 2.

REGNE, Rêne. Gl. *Retina*, 2. — Certain droit féodal. Glos. sous R*egnum*, 2.

*****REGNÉ**, Royaume, R*egnum*. R. R. Gl. t. 3, p. 254.

REGNER, Plaider, défendre en justice. Gl. *Ratiocinare*, sous *Ratio*, 1.

REGNOIÉ, Renégat, qui a renié sa religion. Gl. R*enegatus*.

REGON. BLEIT DE REGON, p. e. Blé méteil. Gl. R*ao*.

REGONDE, pour Rad⬤onde. Gl. R*adegundis*.

REJ

REGORT, Lieu entouré d'eau, petit détroit, golfe. Gl. *Gordus* et R*igor*.

REGOUTER, Goûter, faire collation. Gl. R*ecticinium*.

REGRACIER, Remercier, et récompenser, donner des marques de reconnaissance ; d'où *Regraciation*, Remerciement, récompense. Gl. *Regratiatio*, sous *Regratiamentum*.

REGRETER, Invoquer, réclamer. Gl. sous R*egreta*.

*****REGRIGNER**, S'impatienter. F. Gloss.

REGUERREDONNER, Récompenser. Gl. *Reguardum*, 3.

REGUEST, REGUET, Garde pendant la nuit, guet. Gl. R*eguayta*

REGULER, Régler, arranger. Gl. *Regulare*.

REHAITER, REHETIER, Se réjouir, se refaire. Gl. *Alacrimonia*.

REHAVOIR, Ravoir, reprendre. Gl. R*ehabere*.

REHAUTON, Les secondes criblures. Gl. R*ehalto*.

REHORDER, Fortifier de nouveau, rétablir les fortifications d'une ville. Gl. *Hourdare*.

REJAULT, Rebondissement, rejaillissement. Gl. R*esallire*.

REJAUST, Le repas du lendemain d'une fête. Gl. sous R*esallire*.

REIDERIE, Délire, extravagance, de R*eide*, Extravagant. *Delirus*.

REJECTURE, Ruade, l'action de regimber. Gl. *Repedare*.

REL

REJEHIR, Reconnaître, avouer, confesser. Gl. *Refiteri*.

REILHE, Droit de relief. Gl. *Relevagium*, sous *Relevare feudum*. — Barre de fer. Gl. *Regula ferrea*

*REILLE, Raie, ornière. R. R. Gl. t. 3.

REILLIÉ, Réglé, ce qui se fait dans un temps marqué ; ou soulagement, secours. Gl. *Regulare*

REILLON, Sorte de flèche. Glos. *Relho*.

REIMBRER, Racheter. *Redimere*

REIME, Fagot de ramilles ou petites branches d'arbre. Gl. sous *Rama*, 1.

REINABLE, Raisonnable. Gl. *Rationabilis*, 2.

REINS, p. e. Bouquet. Gl. sous *Rama*, 1.

REIRETAULE, REIROTAULE, Rétable d'autel. Gl. *Retrotabulum*

REIS, Mesure de grain, rasière. Gl. *Resa*, 1. — Botte, paquet. Gl. sous *Festis*, 1. — [Roi, de *Rex*. Ch. R. v. 863.]

REISE, Mesure de grain, rasière. Gl. *Resa*, 1.

REIZ. LE REIZ DE LA NUIT, L'entrée de la nuit. Gl. s. *Rasum* 3.

REKE, Vivier. Gl. *Reketz*.

REKINGNÉ, Rechigné, fâcheux. Gl. *Gula*, 3.

RELAIS, Coude, angle. Gl. *Relassus*. — Ecluse, bonde. Gl. *Relaxus*. — Baliveau. Gl. *Relictum*

RELANQUER, RELANQUIR, Laisser, quitter, abandonner. Glos. sous *Juramentum* et *Reliquare* 2

REL

RELATER, Rapporter, raconter. Gl. *Relatare*, 1.

RELATION, Copie d'un exploit. Gl. *Relatio*, 1.

RELAXANCE, Rélaxation, en terme de palais, délivrance. Gl. *Relassare*.

RELAYS, Chose délaissée, abandonnée. Gl. *Relictum*.

*RELÈS, Retard, détour. R. R. Gl. t. 3.

RELÉS, Ecluse, bonde. *Relaxus*.

RELEVAGE, Droit de relief. Glos. *Relevagium*, sous *Relevare feudum*.

*RELEVAISONS, RELÉVESONS, RELEVOISONS, Relief, indemnité payée au seigneur à chaque mutation, rachat. L. J. P. p. 242, 239 et 243.

RELEVÉE, Relevailles. Gl. *Relevata*. — [Heure du soir. F. Gl.]

RELEVEMENT, Droit de relief. Gl. *Relevamentum*, sous *Relevare feudum*. — Certain usage dans la coutume de Metz. Glos. *Relevamentum*, 3.

RELEVER, Exempter, délivrer. Gl. *Rellevare*. — Se dit de la sage-femme qui conduit l'accouchée à l'église. Gl. *Relevata*. — [Restituer, remettre en l'état où l'on était avant la vente ou la donation. L. J. P. p. 239.]

RELEVOISON, Droit de relief. Gl. *Relevium ad misericordiam* et *Relevatio*, sous *Relevare feudum*

RELICTE, Veuve. Gl. *Relicta*.

RELIEF, Droit seigneurial de diverses espèces. Gl. sous *Relevare feudum*.

REM

RELIEF d'Home, Amende pécuniaire pour meurtre. Gl. *Releveyum*, sous *Relevare feudum*.

RELIER, Droit de relief. Gl. *Relevagium*, sous *Relevare feudum*. — Botteler le foin ; d'où *Relieur*, Botteleur. Gl. sous *Religare*, 2.

*RELIÉS, Droit de mutation prélevé sur les biens en roture. L. J. P. p. 242.

RELIEVEMENT, Soulagement. Gl. *Relevamentum*, 1.

RELIEUR, Tonnelier. — P. e. Ciseleur. Gl. sous *Religare*, 2.

RELIF, Relief. Gl. *Relevagium*, sous *Relevare feudum*.

RELIGE, Délié, libre ; d'où il a signifié une veuve. *Religare*, 1.

RELIGIER, Retirer, Retraire. Gl. *Relegere*.

RELIGION, Maison religieuse, couvent. Gl. *Religio*.

RELINQUIR, Laisser, abandonner Gl. *Relinquare*, 2.

RELLAIS, Ecluse, bonde Gl. *Relaxus*.

RELOGE, Horloge. Gl *Relogium*.

RELUMER, Rendre la vue, faire voir clair. Gl. *Reluminatio*.

REMÁGIER, Parent, proche, allié Gl. sous *Ramagium*.

REMAIGNER, Rester, demeurer. Gl. *Remanantum*.

REMAIN, Remaing, Le restant, le surplus. Gl. *Remanantum*.

*REMAINDRE, Rester sans être terminé, être délaissé. F. Gl.

REM

*REMAINDRE, Remanoir: rester, demeurer ; et au figuré, finir, cesser ; *remanere*. Remaing, Remein, Je demeure, je reste ; Remaigne, Qu'il reste ; Remaint, Remeist, il reste ; Remaindroiz, Demeurerez ; Remanez, Demeurez ; Remanant, Demeurant, gissant ; Remenoit, Restoit, cessoit, R. R. Gl. t. 3.

*REMAINDRE, Cesser, arrêter, abandonner, renoncer à, rester. — Rutebeuf, I, 84 : « S'il veut en pou d'eure fera Cest bruit *remaindre* : L'en a véu *remanoir* graindre. »

*REMAINT (IL), Remeinsit, Reste, demeure, survît, qu'il demeurât. L. J. P. p. 30.

REMAISANCE, Droit que payent au seigneur ceux qui font leur résidence sur sa terre. Gl. *Remasencia*, 1.

REMAISON, Le bois qui reste dans les forêts après qu'on en a tiré le bois de charpente et de corde. Gl. *Remasencia*, 2.

REMAISONNER, Bâtir ou rebâtir une maison, la faire à neuf ou la réparer. Gl. *Mansionare*.

REMAIZ, Saindoux, sorte de graisse. Gl. *Rema*, 2.

REMANANS, Biens délaissés, même par mort. *Remaisancia*.

REMANANT, Le restant, le surplus. Gl. *Remanantum*.

REMANANTISE, Les biens délaissés par mort. Gl. *Remanentia* 2

REMANBRANCE, Image, figure qui rappelle le souvenir de quelqu'un, portrait. Gl. *Remembrantia*.

REM

*REMANDÉ, Mandé, ordonné de nouveau. L. J. P. p. 11.

REMANENCE, Demeure, résidence. Gl. *Remanentia*, 2.

*REMANOIR, REMENOIR, REMANER, Demeurer, rester. — Le Conseil de Pierre de Fontaines, p. 363 : « Li crime ne doivent pas *remanoir* sanz estre espanéi. »

REMASON, REMASURS, Le bois qui reste dans les forêts après qu'on en a tiré le bois de charpente et de corde. Gl. *Remasencia*, 2.

REMAUX, Saindoux, sorte de graisse. Gl. *Rema*, 2.

REMBRE, Racheter. *Redimere* 2.

REMÉ, Resté, délaissé. Gl *Remaisancia*.

REMEDIER, Donner des remèdes, guérir. Gl. *Remediare*.

REMEIGNANT, Le restant, le surplus. Gl. *Remanantum*.

REMEMBRANCE, Mémoire, souvenir. Gl. *Remembrantium*. — Image, portrait. Glos. *Remembrantia*.

*REMEMBRER, Se souvenir. Ch. R. v. 2877.

REMENANT, Le restant, le surplus. Gl. *Remanantum*.

*REMENOIR, Être éloignés, évités, prévenus. L. J. P. p. 83.

REMERCHER, Marquer, désigner. Gl. sous *Remarcatus*.

REMERIR, Récompenser, rendre un service. Gl. *Remerire*.

REMES, Saindoux, sorte de graisse Gl. *Rema*, 2.

REM

*REMÈS, REMESE, Resté, abandonné, laissé. R. R. Gl. t. 3.

REMESSANCE, Le bois qui reste dans les forêts après qu'on en a tiré le bois de charpente et de corde. Gl. *Remasencia*, 2. — Le restant, le surplus. *Remansa*.

*REMESURE, Nouvelle mesure. L. J. P. p. 155.

*REMIRÉ, Pansé, De *mire*, médecin. F. Gl.

REMIRER, Regarder avec attention. Gl. *Mirare*, 1.

REMIS, Négligent, qui remet toujours à agir. Gl. *Remissus*, 1. — Fatigué, harrassé. *Frigorosus*.

REMOISON, Le bois qui reste dans les forêts après qu'on en a tiré le bois de charpente et de corde. Gl. *Remasencia*, 2.

REMOLLER, Remémorer, ou raconter. Gl. *Rememorare*.

REMONSTRATION, Remontrance représentation. *Remonstrare*.

REMONT, Enchère. Gl. *Recrementum*, 2.

REMONTÉE, L'après-dînée. Glos. *Releveia*.

REMORS, Les restes de chandelles qui ont été mouchées. Gl. *Remorsus*, 2.

REMOT, Eloigné, à l'écart. Gl. *Remotus*.

REMOURS, REMOUS, Dispute, débat, querelle. Gl. *Remonstrare*.

REMOUVOIR, Changer de place. Gl. *Amulgare*.

REMPLAGE, Supplément, addition, remplissage. Gl. *Remplagium*.

REMUAGE, Le droit dû au seigneur lorsque les fonds changent de propriétaire. Gl. *Mutagium*, sous *Muta*, 2.

REMUÉ DE GERMAIN, Cousin issu de germain. Gl. sous *Remutare*.

REMUEMENT, Le droit dû au seigneur lorsque les fonds changent de propriétaire. Gl. *Remuagium*.

REMUER, Changer, élire de nouveaux officiers à la place d'autres — Panser, traiter un blessé. Gl. *Remutare*.

REMULE, Espèce de bâton, rame, aviron. Gl. *Rema*, 1.

REMUNERER, Récompenser, dédommager. Gl. *Remunerare*.

REMUTIÉMENT, En cachette. Gl. *Remotus*.

REMYVAGE, Pèlerinage. Gloss. *Romeus*.

*RENABLE, Raisonnable.—Beaumanoir, Coutumes du Beauvoisis, I, p 158 : « Li autres le pot fere contraindre à ce que mariage se face, s'il n'i a *resnable* cause par laquelle li mariages ne se doivent pas faire. »

RENAIRE, Office ecclésiastique dans l'église de Laon. Gl. *Regnarius*.

RENATURER, Ressembler, être de la même nature. *Naturare*.

*RENC, Rang. Ch. R. v. 264.

*RENCESVALS, Roncevaux. Ch. R. v. 892.

RENCHE, Certain bâton d'une charrette, appelé aussi levier. Gl. *Ranchonum*.

RENCHEOIR, Retomber. Gl. *Reincidere*.

RENCHERIE, RENCHIERE, Enchère. Gl. *Incheria*.

RENCLAVE, Ce qui fait partie d'une autre chose, qui y est enclavé. Gl. *Inclausura*.

RENCLUS, Reclus, et son habitation. Cl. *Reclusagium*.

RENÇONEOUR, Qui rançonne les passants, voleur de grands chemins. Gl. *Renso*.

RENÇONNERIE, Pillerie, volerie. Gl. *Renso*.

*RENDABLE, Solvable. L. J. P. page 115.

RENDABLETÉ, L'obligation de rendre ou de remettre un château ou une forteresse à la volonté du seigneur suzerain. Gl. *Feudum jurabile*.

RENDAGE, RENDAIGE, Rente, revenu annuel, ce que rend une terre. Gl. *Renda*, 2. — [Reddition. F. Gl.]

RENDAIGE, Seigneuriage, le droit du seigneur sur la monnaie qu'il fait battre. Gl. *Renda*, 2.

RENDEU, RENDEUR, Caution, répondant. Gl. *Reddens et Reddentes*, 1.

RENDEUR. Celui qui récompense Gl. *Retributor*.

RENDRE, Suppléer, accomplir, exécuter. — Déclarer, prononcer. Gl. sous *Reddere*.

RENDU, Moine, frère convers. *Rendue*, Religieuse, sœur converse. Gl. *Redditus*, 1.

RENDUAL, De rente, ce qu'on paye chaque année. Gl. *Rendualis*.

RENÉÉ, Renégat, qui a renié sa religion. Gl. *Renegatus*.

RENENGHE, Chambre des Comptes ; d'où *Reneur*, Maître des Comptes, et *Renenghele*, Livre de compte et des revenus domaniaux. *Relangha* et *Renengha*.

RENFELONIR LA GUERRE, Faire la guerre avec plus d'acharnement qu'auparavant. *Felonice*.

RENFERGIER, Lier de nouveau, remettre dans les fers. Gl. *Disferriare*.

RENFORCIER, Assurer, confirmer. Gl. *Renfortium*.

RENFORSANS, Enchérisseur. Gl. *Renfortium*.

RENGE, Ce qui est rangé et mis en ordre. Gl. *Rengum*. — Baudrier, ceinturon. Gl. *Rinca*.

RENGELLAGE, Couvrailles. Gl. *Rengellagium*.

*RENGES, Les franges, les extrémités du gonfanon. Ch. R. 1158

RENGRANGIER, Réparer, raccommoder. Gl. *Refortiare*, 1.

RENILLÉ, Camard, qui a le nez plat ou coupé. Gl. *Denasatus*.

RENLUMINER, Rendre la vue, faire voir clair. *Reluminacio*.

RENMANTELLER, Raccommoder le manteau d'une cheminée. Gl. *Festissare*, sous *Festissura*.

RENOIÉ, Renégat, qui a renié sa religion. Gl. *Renegatus*.

*RENOIER, Renaître ; MANBRE BRISIÉ QUI NE POT RENOIER, membre brisé qui ne peut renaître. L. J. P. p. 291.

*RENOIF, Neuf, renouvelé. F. Gl.

RENOISIER, Recommencer à quereller. Gl. *Noisia*.

RENOUVELABLE, Qui peut se renouveler. Gl. *Recidivus*, sous *Recidiva*.

RENQUEIONNER, p. e. Remettre des chevilles. Gl. s. *Ouliare*.

RENS. FAIRE RENS ENTOUR SOY, Faire ranger, écarter. Gl. *Rengum*. Voyez *Renc*.

RENTAGE, Terrage, champart. Gl. *Rentagium*.

RENTAL, Qui est chargé d'une rente annuelle. Gl *Rentagium*.

RENTER, Payer le terrage ou champart, appelé *Rentage*. Gl. *Rentagium*.

RENTEUX. TERRE RENTEUSE, Qui est sujette au droit appelé *Rentage*, ou qui est chargé de rentes. Gl. *Rentagium*.

RENTIER, Fermier des rentes ou revenus d'une ville. — Celui qui doit une rente. Gl. *Rentarius* 1 — Terrier, livre où sont écrits les rentes et cens. Gl. *Rentale*.

RENTIERCER, Mettre en séquestre, en main tierce ; d'où *Rentiers*, La chose mise en séquestre. Gl. *Tertiare*, 1.

RENTOURTELLIER, Remettre en rouleaux. Gl. *Escrou*.

RENTREVESTISSEMENT, Don

mutuel entre mari et femme. Gl. *Revestimentum*, 1.

RENUEF, Renues, Renouvelé, nouveau. *L'an Reneuf*, ou *l'an Renues*, Le nouvel an. Gl. *Renovativus*.

*RENUISE, Nuise ; Renuise la vée, Nuise à la vue. L. J. P. page 138.

*RENUMÉE, Célèbre, illustre, nommé souvent. Ch. R. v. 3565

RENVERS, Revers de la main. Gl. *Retromanus*.

RENVOISÉMENT, Avec arrogance, insolemment. Gl. *Renusiator*.

RENVOISI, Injurieux, hautain ; d'où *Renvoisiément*, Insolemment. Gl. *Renusiator*.

RENVOISIER, Se réjouir, s'égayer ; d'où *Renvoisié*, Gai, plaisant, qui aime le plaisir. Gl. *Renusiator*.

RENVOISONS, Rogations, prières publiques pour les biens de la terre. Gl. *Rogationes*, 1.

REON, Certaine mesure ronde.— Bouton. Gl. *Rotu*, 7.

REONNER, Labourer une terre en jachère. Gl. *Veractare*.

*RÉONZ, Rond *Rotundus*. R. R. Gl. t. 3, p. 14.

REORTE, Hart, lien. Gl. *Reorta*.

REPAIRE, Repairier, Retour. Gl. *Reparare*, 1. — Foire, marché privilégié ; d'où *Repairer*, Fréquenter les foires. Gl. *Repairii* et *Reparium*.

REPAIRER, Voir souvent quelqu'un, vivre familièrement avec lui. Gl. *Reperere*.

REPAIRIER, Retour. Voyez ci-dessus Repaire, 1.

REPARON, Sorte de pain de la seconde qualité. *Reparum*, 1.

REPARRIER, Retourner, revenir. Gl. *Reparare*, 1.

REPARTAIGE, Sciage. *Bois de Repartaige*, Celui qui est fendu et équarri par des scieurs de long. Gl. *Columba*, 4.

REPAVE, Certaine mesure de terre Gl. *Repava*.

REPENTAILLES, Dédit, peine stipulée dans un marché ou un contrat, contre celui des contractants qui voudrait le rompre.—Sans Repentailles, Sans vouloir s'en dédire, sans changer d'avis. Gl. *Repentalia*.

REPENTIE, La décharge d'un moulin. Gl. *Repentia*. — Repentize, Dédit, peine stipulée dans un marché ou un contrat, contre celui des contractants qui voudrait s'en dédire. Gl. *Repentalia*.

REPENTIN, du latin *Repentinus*, Soudain, subit. Gl. s. *Frischus*.

*REPERE, Retourne, demeure. L. J. P. p. 112.

*REPERIER, Retraite, logis, habitation. R. R. Gl. t. 3, p. 132.

REPERLER, pour Repeller, Repousser. Gl. *Repellere*.

REPERRIER, Retourner, revenir. Gl. *Reparare*, 1.

REPEUPLE de Forestz, Repeuplement. Gl. *Popularis*, 2.

REPITER, Sauver, délivrer. Gl. Respectare, sous Respectus, 4.

REPLAINTE, Ce qui est dû au juge pour la permission de rendre une plainte ; ou l'amende pour un cas où il y a lieu à rendre plainte. Gl. Querela.

REPLAT, Vallée, lieu enfoncé. Gl. Replatum.

REPLEVISABLE, Qui peut être cautionné. Gl. Replegiabilis, sous Plegius.

*REPLICATION, Réplique. L. J. P. p. 127.

REPOINDRE, Piquer, continuer de piquer. Gl. Repunctare.

REPOINRE, Cacher, tenir caché. Gl. sous Repositus.

REPOISTAILLE, Lieu caché, retraite. Gl. sous Repositus.

REPONDRE, Cacher, mettre quelque chose en lieu secret. Glos. sous Repositus.

*REPONGE, Réponde. L. J. P. page 19.

REPONRE, Cacher, se tenir caché. Gl. Repositus.

REPONT, Caché, secret. Gl. sous Repositus. — [REPONT (SE), Se cache. — Rutebeuf, II, 114 : « Quel part se porra-il repondre, Qu'à Dieu ne l'estuise respondre ? »]

REPONTÉMENT, Secrètement, en cachette. Gl. sous Repositus

REPORTAGE, Droit consistant dans la moitié de la dîme des terres cultivées par les laboureurs de son territoire, hors de son district. Gl. Reportagium 1

REPOS, Berceau d'enfant. Gl. sous Repositorium, 2.

*REPOSÉES (A), Alternativement l'un après l'autre. R. R. Gl. t. 3

*REPOSEMENT, Repos. R. R. Gl. t. 3.

REPOSER, Se tenir caché. Gl. sous Repositus.

REPOSITOIRE, Ciboire, vase dans lequel repose la sainte Eucharistie. — Armoire. Gl. Repositorium, 2.

REPOST, Caché, secret ; d'où En repost, Secrètement, en cachette. Gl. Repositus.

REPOSTAIL, Refuge, asile. Glos. sous Repositus.

REPOSTAILLE, Lieu caché, retraite. Gl. Repositus.

*REPOSTE (ELECTION), Election secrète, cachée. L. J. P. 45

REPOSTÉMENT, Secrètement, en cachette. Gl. sous Repositus.

REPOTER, Mentir. Gl. sous Repositus.

REPOTISSER, Ravaler, déprimer, avilir. Gl. sous Repositus.

REPOURPENSER, Changer de pensée ; ou Réfléchir mûrement Gl. Recogitare.

REPOUS, Caché, mis dans un lieu secret. Gl. Reconsus.

REPOUSTAILLE, Lieu caché, retraite. Gl. sous Repositus.

REPOZ, Berceau d'enfant. Gloss. sous Repositorium, 2. — [REPOZ, REPOSTE, REPOTE, Caché, secret. L.J.P. p. 278, 293 et 292]

REPPAREIL, Réparation, raccommodage. Gl. R*eparamentum*.

REPPELLER, Repousser. Gloss. R*epellere*.

REPRENDRE, Relever un fief en en rendant l'hommage, ou en payant le droit de relief, pour en être mis en possession par le seigneur dominant. Gl. R*eprisio feudi*.

REPRINSE, Reprise, Droit de relief. Gl. R*eprisia*, 1.

REPROCER un compte, Le débattre, le contredire. R*eprochare*.

REPROUCHER, Répliquer, s'opposer, contredire. R*eprochare*.

REPROVER, Reprocher. Gl. R*eprobare*. — [Contredire. L. J. P. p. 346.]

REPROVIER, Action qu'on doit reprouver et condamner. — Réprouver, Proverbe. R*eprobare*.

*REPROUVENDER, Approvisionner. F. Gl.

*REPROUVER, Reprocher, blâmer. Gl. R*eprobare*.

REPUCER, Regimber. R*epedare*.

REPULSEMENT, L'action de repousser, de chasser, expulsion. Gl. R*epulsio*.

REPUNTÉMENT, Secrètement, en cachette. Gl. sous R*epositus*.

REPUS, Caché ; d'où le *Dimanche repus*, pour celui de la Passion ; la veille duquel, suivant le rite romain, on cache ou voile les croix et les images des saints. Gl. sous *Dominica* et *Repositus*.

REPUSÉMENT, Secrètement, en cachette. Gl. sous R*epositus*.

REPUTER, Retrancher, chasser quelqu'un d'un corps ou d'une société. Gl. R*eputare*.

REQUENOISTRE, Reconnaître, confesser, avouer. Gl. *Fortia* 2.

*REQUÉRIR, Attaquer. F. Gl.

*REQUÉRANCE, Requérence, requête, demande. L. J. P. 26.

*REQUEREORS, Requérants. L. J. P. p 94.

*REQUERRE, Requérir, demander. L. J. P. p. 203.

*REQUERRE, Prier, demander ; *requier*, je demande, je prie ; *requiert*, il recherche, il attaque. R. R. Gl. t. 3.

REQUEST, Le repas du jour ou du lendemain des noces. Glos. R*eceptum*, 1.

REQUESTE, Sorte de relief, droit seigneurial. Gl. R*equesta*, 2, et R*equestus*, 2. — Avoir Requeste, Être recherché. Gl. R*equisibilis*.

REQUEURE, Requeurre, Affaiblir le poids des espèces monnayées. Gl. R*echaciare*, R*ecurrere*, 3, et R*ecursus*, 1.

REQUOI. En Requoi, Secrètement, en cachette. Gl. sous R*epositus*.

RERE, Raser, faire la barbe. Gl. R*asare*, 3.

REREBIEZ, La partie du canal d'un moulin où est l'écluse. Gl. R*etrocursus*.

REREFIÉ, Arrière-fief. R*efeudum*

*REREGUARDE, Arrière-garde. Ch. R. v. 574.

REREGUET, Guet de nuit, patrouille, ronde. Gl. *Retroexcubiæ*

REREVASSEUR, Arrière-vassal. Gl. *Retrovassor*.

RERIGAL, Arsenic rouge. Gloss. *Resegale*.

*****RESACHER**, Retirer. F. Gl.

RESACQUER L'ANCRE, La retirer, lever l'ancre. Gl. *Saccare*.

RESAILLE-MOIS, Nom qu'on donnait aux mois de juin et de juillet, parce qu'on y coupe les foins Gl. sous *Mensis*.

RESAISINE, Restitution, remise en possession ; la façon dont elle se faisait. Gl. *Resaisitio*.

*****RESAISIZ**, Remis en possession. L. J. P. p. 21.

*****RESANÉ**, Guéri, de *sanus*, sain. F. Gl.

RESAUDER, Raccommoder, réparer, guérir. Gl. *Resaudare*.

RESAUL, Mesure de grain, rasière Gl. *Resale*.

*****RESBAUDIR**, Réjouir, égayer. R. R. Gl. t. 3.

RESCAFER, Chauffer. *Rescaldare*

RESTAIRE, Aide, secours. Glos. sous *Rescuere*.

RESCHAISONS. VIN EN RESCHAISONS, Vin reposé et tiré au clair. Gl. *Reschaisons*.

RESCINDRE, Abolir, annuler, casser. Gl. *Rescisio*.

RESCONSER, Se retirer, se cacher ; d'où *Resconsé*, se dit du soleil couché. Gl. *Reconsus*.

RESCORRE, Aider, secourir. Gl. *Rescuere*.

RESCOSSE, RESCOUSSE, L'action de délivrer un prisonnier que l'ennemi emmène. Gl. sous *Rescussa*. — RESCOUSSE D'HERITAGE, Retrait lignager. Gl. s. *Rescussa*

RESCOUCE, Résistance, rébellion à justice. Gl. *Rescoussa*.

RESCOURE, RESCOUIR, Recouvrer reprendre, délivrer. Gl. *Rescouare*.

*****RESCOUSER (SE)**, Se réunir. F. Gl.

RESCOUSSE, Résistance, rébellion à justice. Gl. *Rescoussa*.

RESCRIPTION, Exploit, ou copie de l'exploit d'un sergent Gloss. *Rescriptio*.

*****RESCUSSE**, Rescousse. R. R. Gl. t. 3.

RESE, Expédition militaire, incursion. Gl. *Reisa*, 1.

RESEANCE, Bourgeoisie. Gl. *Residentia*.

RESEANDISE, Domicile. Gl. *Reseantisia*, sous *Residentes*. — Sorte de redevance qui se payait tous les trois ans. *Residentia*.

RESEANT, Vassal obligé à la résidence. Gl. sous *Residentes*.

RESEANTISE, Bourgeoisie. Glos. *Residentia*. — Droit dû au seigneur pour le domicile ou le droit de bourgeoisie. Gl. *Reseantisia*, sous *Residentes*.

*****RESEANZ**, Résident. — Le Livre des Métiers, p. 258 : « Aucune personne qui vuele comencier le mestier devant dit qui ne soit pas *reseans* ne souffisable. »

RES

RESECATION, Retranchement d'un corps ou d'une société. Gl. R*eputare*.

RESECHABLE, Qui est riche, qui a des biens fonds. Gl. s. R*es* 2.

RESEQUER, RESEQUIER, Retrancher, ôter, effacer, chasser quelqu'un d'un corps ou d'une société. Gl. R*eputare*.

RESERIE, L'action de raser. Gl. R*asio*, 2.

RESEUL, Réseau, filet. Gl. R*ethiaculum*.

RESFEANTE, pour Resseance, Résidence. Gl. R*emasencia*, 1.

*RESGART, Attention. R. R. Gl. tome 3.

RESGNABLE, Raisonnable, équitable, juste. Gl. R*ationabilis* 2.

RESGNAULEMENT, Raisonnablement, suffisamment. Gl. R*ationabiliter*.

RESIDIER, Différer, remettre. Gl. R*esidere*, 1.

RESILUER, Résister, contrarier. Gl. R*eselire*.

*RESINÉ, Résigné, abandonné. L. J. P. p. 32.

RESITATION, Résistance, opposition. Gl. R*esistentia*.

RESLEESCHIER, Causer de la joie, en inspirer aux autres. Gl. L*ætifice*.

*RESLET, Rosée. F. Gl.

RESMAILLER, Réparer les mailles dérangées ou rompues d'une cotte d'arme. Gl. M*acula*, 2.

RES

RESNABLE, Raisonnable, juste. Gl. R*ationabilis*, 2.

RESNE. TENIR RESNE, Tenir compte, avoir égard. Gl. R*atiocinare*, sous R*atio*, 1.

RESOIGNIER, Craindre, appréhender. Gl. R*espectus*, 7.

RESON, pour Raison. *Mis à Reson*, Appelé en justice. Gl. sous R*atio*, 1.

RESONGNIER, Craindre, appréhender. Gl. R*espectus*, 7.

*RESORTIR, Rebondir. Ch. R. vers 2341.

RESOURDRE, Ressusciter, se relever. Gl. R*esurgendus*.

*RESPASSEMENT, Guérison. R. R. Gl. t. 3.

RESPASSER, Guérir, revenir en santé. Gl. R*epassare*.

RESPECT, Sorte de redevance annuelle. Gl. R*espectus*, 3.

RESPIS, Trêve, suspension de poursuites entre des parties. Gl. R*espectus*, 4.

RESPIT, Terme, délai. Gl. R*espectus*, 4.

RESPITER, RESPITIER, Différer, donner du *respit*, du délai. — —Sauver, tirer d'un danger. Gl. R*espectare*, sous R*espectus*, 4.

*RESPITEZ, Exempté, dispensé. L. J. P. p. 103.

RESPLEIT, Râpé. Gl. R*aspetum*.

RESPLOITIER, Terminer par jugement, décider une affaire. Gl. R*espicieare*.

RESPOINGNER, Répondre. Gl. R*espondere*, 4.

RES

RESPONCIER, Livre d'église contenant les *respons*. Gl. *Responsonarium*, sous *Responsorium*.

RESPONDS, Caution, répondant. Gl. *Responsalis*, 1.

RESPONNAUMENT, Secrètement, en cachette. *Repositus*.

RESPONS. PERDRE RESPONS EN COURT, Se dit de celui qui a perdu le droit de porter témoignage en justice, ou de qui la caution n'y est point admise. Gl. sous *Responsum*, 1. — Répondant, caution. *Responsalis* 1.

RESPONSABLE, Le même. Glos. *Responsalis*, 1.

RESPONSION, Redevance annuelle de chaque chevalier de Malte, pour le secours de la Terre-Sainte. Gl. *Responsio*, 2.

RESPONSOIRE, Livre d'église contenant les *Respons*. Gl. *Responsoriale*, sous *Responsorium*.

***RESPOUS, REPOUS**, Repos, sécurité. L. J. P. p. 335 et 344.

***RESPOUS**, Caché. F. Gl.

***RESPUNS**, Réponse. Ch. R. 420.

RESQUESSE, Récousse, rébellion à justice. Gl. *Rescoussa*.

RESQUEURE, Recouvrer, reprendre, recourre. Gl. *Rescouare*.

RESQUEUSSE, Rescousse, rébellion à justice. Gl. *Rescoussa*.

RESQUEZ, Le bois qui reste dans les forêts après qu'on en a tiré le bois de charpente et de corde. Gl. *Remasencia*, 2.

RESSARCHE, Recherche, perquisition. Gl. *Ressarchia*.

RES

RESSEANDISE, Lieu où l'on fait sa résidence. Gl. *Residentia*.

RESSEANT, Vassal obligé à la résidence, et qui ne peut changer de domicile sans l'agrément de son seigneur. Gl. *Residentes*.

RESSEANTIR, Faire sa résidence en un lieu, et ne le pouvoir quitter sans le consentement du seigneur. Gl. sous *Residentes*.

RESSEANTISE, Droit qu'a un seigneur d'obliger son vassal à résider dans l'étendue de son fief. Gl. *Residentia*.

RESSIE, RESSION, Goûter, le repas de l'après-dînée ; d'où *Ressiner* et *Ressionner*, Goûter, faire collation. Gl. *Recticinium*.

RESSOIGNEMENT, Crainte, appréhension. Gl. *Respectus*, 7.

RESSOLS, Ordures, balayures. Gl. *Ramazurœ*.

RESSON, Goûter, le repas de l'après-dînée. Gl. *Recticinium*.

RESSONGNAUMENT Avec crainte avec appréhension. *Respectus* 7.

RESSONGNER, Craindre, appréder. Gl. *Respectus*, 7.

RESSORT, Rebondissement, contrecoup. — Dédit, peine stipulée dans une convention contre celui des contractants qui voudrait la rompre. Gl. *Ressortire*, 2.

RESSOURDRE, Se relever, se remettre en pied ; d'où *Estre ressours*, Etre relevé et en pied. Gl. *Resurgendus*.

RESSOURTE, Rejaillissement, contrecoup. Gl. *Ressortire*.

RESSUER, Aiguiser, raccommo-

RES

der le tranchant d'un outil. Gl. *Recauzare.*

*RESSUITE, Poursuite. F. Gl.

RESTAINDRE, Ratteindre, rattraper. Gl. *Reattingere.*

RESTAIRE, p. e. pour Rescaire, Aide, secours. Gl. s. *Rescuere.*

RESTILE, Cultivé ; terre qui rapporte tous les ans. Gl. *Restitus.*

RESTOIER, Restituer, dédommager, suppléer ce qui manque. Gl. *Restaurare*, 2.

RESTONG, ou RESTOUG, Dédommagement, compensation. Gl. *Restaurum.*

RESTOR, Dédommagement, récompense. Gl. *Restaurum.*

RESTOUPER, Boucher. *Macula* 2

RESTOUR, Dédommagement, récompense. Gl. *Restaurum.*

RESTRAINTIF, Restringent. Gl. *Restringitor.*

RESTRIDISSE, Lieu étroit, resserré. Gl. *Restringitor.*

RESTRINCTION, Réduction, diminution. Gl. *Restringitor.*

RESTROIT, Détroit, passage étroit et serré. Gl. *Restringitor.*

RESTUYER, Remettre quelque chose dans son étui, l'épée dans le fourreau. Gl. *Estugium.*

RESVER. RESVER DE NUIT, Courir les rues pendant la nuit ; d'où *Resveur de nuit*, Coureur de nuit. Gl. *Reventare*, 1.

RESURE, p. e. Fossé, canal. Gl. *Rasa*, 1.

RET

RESUSCITEMENT, Résurrection. Gl. *Resurrectio*, 1.

RESWART, Jugement, sentence. Gl. *Resgardum*, 1.

RETAILLER, Circoncire, retrancher. Gl. *Recutitus.* — Se séparer en plusieurs pelotons. Gl. *Retaiare.*

RETAILLIER, Récompenser, rendre la pareille. Gl. *Retaliare.*

*RETARGIER, Retarder. F. Gl.

RETEL, Barrière, herse. *Restellus*

RETENAIL, Retenue, réserve, protestation. Gl. *Retentio*, 2.

RETENIR, Entretenir, réparer. Gl. *Retinere*, 2.

*RETENTIVE, Moyen de retenir. F. Gl.

RETENTION, Réserve. *Retenezo.*

RETENUE, Entretien, réparation. Gl. *Retinere*, 2. — Troupes à la solde d'un prince, garnison. Gl. *Retenuta*, 2.

RETENURE, Entretien, réparation. Gl. *Retentio*, 6.

RETER, Soupçonner, accuser, appeler en justice. Gl. sous *Rectum*, 1, et *Retare.*

RETOUR, Service que les bateliers se rendent mutuellement au passage des ponts. — DRAPS DE RETOUR, Espèce d'étoffe. — RETOUR DE COUR, Renvoi d'une cause à son propre juge. Gl. *Retornus*, 3.

RETOURNER, Remener, reconduire. Gl. *Retornare*, 1. — Reporter, rendre ce qu'on avait emprunté. Gl. *Retornare*, 1. — Rendre, restituer. — Détourner,

REU

écarter. — Changer, transporter un marché ou une foire d'un jour à un autre.— Payer le prix d'un marché, ou donner le retour convenu. Gl. *Retornare.*— RETOURNER CAROTTE, Changer de parti. Gl. *Caravisa.*

RETOURS. AVOIR RETOURS, Avoir droit de se retirer dans le château de son vassal. *Retornare* 3

RETRACTION, Retrait d'un héritage aliéné. Gl. *Retractio,* 2.

RETRAICTEMENT, Retranchement, restriction. *Retractare* 2.

*RETRAIER, Copier. F. Gl.

*RETRAIRE, *retrere*, Retirer, réciter, raconter, rapporter. *Retrahere.* R. R. Gl. t. 3.

RETRAIT, Retraite, refuge, asile. — Maison, demeure, logement. Gl. *Retractus,* 1.— Farine dont on a tiré la fleur, son. Gl. *Rebuletum.* — Copie ou communication d'un acte. Gl. sous *Retractus,* 1.— RETRAIT DE NONE, La fin de None, lorsqu'on se retire de l'église. *Retrahere,* 1.

RETRAITE, RETRAITE, Sorte d'amende. Gl. *Retractum.*

RETRAITTIER, Révoquer, annuler ; ou seulement Restreindre. Gl. *Retractare,* 2.

RETRET, Farine dont on a tiré la fleur, son. Gl. *Rebuletum.*

RETRIDISSE, Lieu étroit, resserré. Gl. *Restringitor.*

REU, Taxe, imposition portée dans un rôle. Gl. sous *Rotulus,* 1.

REVAIGIER, pour Ravager, Lever une amende. Gl. *Ravale.*

REUBE, Vol fait par surprise. Gl. *Duellariter.*

REV

REUBER, Voler, piller, ravager. Gl. *Robare,* sous *Roba.*

REVE, Droit d'entrée ou de sortie sur les marchandises qu'on transporte. Gl. *Reva,* 1.

REVEL, Badinage, plaisanterie. — Déroute, désordre.—Retard, délai. Gl. *Revelles.* — [Orgueil, fierté, hauteur. R. R. Gl. t. 3.]

REVELER, Se rebeller, se révolter ; d'où *Reveleux,* Rebelle, qui se révolte. Gl. *Revellare.*

REVENDAGE, Vente des gages qui n'ont point été retirés. Gl. *Revenderia.*

REVENDAIGE, Revente. Gl. *Revenditio,* sous *Revendere,* 1.

REVENDERIE, Séquestre des gages enlevés de justice. Gl. *Revenderia.*

REVENNES, Criblures. *Revania.*

REVENU, Jeune bois qui revient sur une coupe de taillis. Gloss. *Revenuta,* 2.

REVENUE, Le même. — L'heure où les bêtes fauves sortent du bois pour pâturer. *Revenuta,* 2.

*REVERAMMENT, Avec respect. F. Gl.

REVERCHER, Renverser, mettre en désordre.—REVERCHIER, Rechercher soigneusement, examiner. Gl. *Reversare,* 2.

REVERENDER, Honorer, marquer du respect. Gl. *Reverendus*

REVERIE, Bureau où l'on paye l'impôt appelé *Reve. Reverius.*

REVERS. Il paraît que ce terme ajouté à une injure l'augmentait beaucoup. Gl. *Reversatus,* 2.

REU

REVERSALES, Lettres de reconnaissance, aveu et dénombrement. Gl. *Reversale*.

REVERSE, Coup de revers. Glos. *Retromanus*.

REVERSER UN LIVRE, Le feuilleter. Gl. *Reversatus*, 2.

REVERSSER, REVERSER, Relever, trousser. Gl. *Reversatus*, 2. — Tourner de tous côtés une chose pour la mieux examiner. Glos. *Reversare*, 2.

REVERTIR, Retourner, retomber Gl. *Reverti*.

REVESTEURE, Le droit dû pour l'investiture. Gl. *Revestitura*.

REVESTIAIRE, Sacristie. Gl. *Revestiarium*, 1.

REVESTISSEMENT, Don mutuel entre mari et femme. Gl. *Revestimentum*, 1.

REVESTISSEMENT DE LIGNES, Droit du plus proche parent sur les biens qui proviennent de la ligne dont il descend. Gl. *Revestimentum*, 1.

REVEUR DE NUIT, Coureur de nuit. Gl. *Reventare*, 1.

REVIERE, Regain. Gl. *Reviore*.

REVINDER, Assister, donner de quoi vivre. Gl. *Carcer*, 2.

REVIORE, Regain. Gl. *Reviore*.

REVISITEUR, Visiteur, examinateur ; du verbe *Revisiter*, Examiner. Gl. *Revisitare*.

REVIVRE, Regain. Gl. *Reviore*.

REUL, Taxe, imposition portée dans un rôle. Gl. s. *Rotulus*, 1.

REZ

REULE, Règle, ordre, arrangement. Gl. *Regulare*.

REVOIN, Regain. Gl. *Reviore*.

REVOIRE, Sorte de distribution en argent dans l'église du Puy. Gl. sous *Revodum*.

REVOIS. ESTRE REVOIS, Être convaincu, après un mûr examen, du crime dont on est accusé. Gl. *Revisitare*.

REVOUAGE, REVOUIAU, Aide, taille, impôt, que le vassal payait à son seigneur, dans certains cas. Gl. *Roga*, 4.

*REUS, Accusé, défendeur. L. J. P. p. 98.

REUSER, Éloigner, écarter, faire retirer. Gl. *Rusare*.

REUVER, Chercher, désirer. — Recommander, prier quelqu'un de quelque chose. Gl. *Reva*, 1.

REWARDAGE, L'office d'inspecteur. Gl. *Regardus*.

REYEUR, Barbier, celui qui rase. Gl. *Rasio*, 2.

REYMBRE, Racheter, payer la rançon d'un prisonnier. Gl. *Redimere*, 1.

REZ. AU REZ, A l'exception, hormis. — LE REZ DE LA NUIT, L'entrée de la nuit. — A REZ, Entièrement, tout à fait. Gloss. *Rasum*, 3.

REZE, Expédition militaire, incursion sur une terre ennemie. Gl. *Reisa*, 1. — Sentier, chemin. Gl. *Resa*.

REZEAU, Mesure de grain, rasière Gl. *Rasellus*, sous *Raseria*.

RIB

RIAGAL, Riagas, Espèce d'arsenic rouge. Gl. *Resegale*.

RIBAUD, Ribaudeau, Sorte de petit chariot. Gl. sous *Ribaldi*.

RIBAUDAILLE, Terme de mépris, comme canaille. Gl. s. *Ribaldi*.

RIBAUDEQUIN, Petit chariot, comme affût, qui paraît avoir donné son nom au canon qu'il portait. Gl. *Ribaudequinus*.

RIBAUDERIE, Femmes publiques prostituées. Gl. sous *Ribaldi*.— [Libertinage, débauche. L. J. P. p. 331.]

RIBAUDIE. Vie débauchée. Glos. sous *Ribaldi*.

RIBAUS, Troupes légères, enfants perdus, valets d'armée, goujats, libertins, débauchés, hommes de néant. Gl. sous *Ribaldi*.

RIBAUSDESQUIN, comme Ribaudequin. Gl. *Ribaudequinus*.

*****RIBAUZ**, Ribaude, Crocheteur, libertin, mauvais sujet.—Roman de la Rose, v. 5062 : « Nus n'est chetis, s'il ne l' cuide estre, Soit rois, chevaliers ou *ribaus*. » — Proverbes et Dictons populaires, p. 64 : « Les *ribaudes* de Soissons. »

RIBER, Folâtrer, badiner indécemment avec une femme. Gl. *Ribaldisare*.

RIBLER, Débaucher une femme, vivre dans la débauche avec elle ; d'où *Riblerie*, Débauche, libertinage. Gl. *Ribaldisare*.

RIBLEUX, Débauché, adonné aux femmes. Gl. *Ribaldisare*.

RIBOULE, Sorte de bâton, plus gros par un bout que par l'autre.

RIE

—Instrument propre à la pêche. Gl. *Rabdus*.

RICHE-HOMME, Baron. Gl. *Rici homines*.

RICTEMENT, Justement, légitimement. Gl. *Rectum*, 2.

RIDDE, Riddre, Sorte de monnaie d'or. Gl. *Reyder*.

RIDE, Espèce de grosse toile. Gl. *Redo*.— Sorte de monnaie d'or. Gl. *Reyder*.

RIDEL, Rideau, petite éminence. Gl. *Hoga*.

RIDURE, Fuseau. Gl. *Colotrictatorium*.

RIEDELE, Gros bâton, sorte de levier. Gl. *Redellus*.

*****RIELÉ**, Relez, Réglé, régulier. L. J. P. p. 102.

RIEN, Nom général, chose. Gl. *Roela*.

RIEREBAN, Arrière-ban, convocation pour aller à la guerre. Gl. *Retrobanus*.

RIEREFIÉ, Rierefief, Arrière-fief. Gl. *Rerefeodum* et *Retrofeudum*.

RIEREGUET, Celui qui fait le guet pendant la nuit. Gl. *Retroexcubiæ*.

RIÉS, Terre en friche, et qui n'est pas labourée. Gl. *Riesa*.

RIEU, Ruisseau, petit bras d'une rivière. Gl. *Riale*.

RIEUGLER, Régler, gouverner, administrer. Gl. *Regulare*.

RIEULÉEMENT, Par ordre, de suite, par rang. *Regulariter*, 1.

RIEZ, Terre en friche, et qui n'est pas labourée. Gl R*iesa*.

RIFFLE, Baguette, houssine. Gl. R*iffletum*. — [Pillage. F. Gl.]

RIFFLEURE, Éraflure, plaie légère sur la peau. Gl. R*ifflura*.

RIFFLART, Sergent qui a commission d'arrêter quelqu'un. Gl. R*ieflare*.

*RIFLIS, Mêlée, confusion. F. Gl.

*RIGLE, Relles, Règle. L. J. P. p. 5 et 183.

RIGMERIE, Rime. Gl. R*igmatice*

RIGOLAGE, Rigolement, Plaisanterie, risée, raillerie, moquerie. Gl. R*igolamentum*.

RIGOLER, Plaisanter, railler, se moquer. Gl. R*igolamentum*.

RIGOLET, Repas du jour ou du lendemain de noce. R*eceptum* 1

RIGOLLE, Canal, conduit pour l'écoulement des eaux. R*igola*.

RIGUER, Traiter quelqu'un durement, avec rigueur. Gl. R*igorosus*. — Arroser de l'eau d'un ruisseau. Gl. R*iguus*.

RIHOTER, Quereller, disputer. Gl. R*iotta*.

RILLE, Morceau de porc ou de lard. Gl. R*ielle*. — Règle à l'usage d'un maçon. R*egula*, 10.

RILLER, Couler, glisser. Gl. sous R*illonus*.

RILLIE, Droit de relief. Gl. R*eleyum*, sous R*elevare feudum*.

RILLON, Rideau, petite éminence. Gl. sous R*oya*.

RIMAIRIE, Rime. Gl. R*igmatice*.

RIME, Grand bruit, criaillerie, tintamarre. Gl. R*ima*, 2.

RIMER, Gronder, se plaindre, criailler. Gl. R*ima*, 2.

*RIMUR, Bruit. Ch. R. v. 817.

RINÉ, p. e. Tour, façon d'agir. Gl. R*inna*.

RINVÉ, Espèce de poisson. Glos. sous R*inna*.

RIOT, Riote, Querelle, dispute, contestation. Gl. R*iotta*.

RIOTE, Combat, duel. Gl. R*iotare* — Heure de Riote, Heure du goûter. Gl. sous H*ora*, 3.

RIOTEUX, Querelleur ; d'où *Parole Rioteuse*, injure, outrage. Gl. R*iotosus*, sous R*iotare*.

RIPILLONS, Restes de poissons. Gl. *Spinaticus*.

RIPOISE, Instrument à prendre des oiseaux. Gl. R*ipoissa*.

RIQUECHE, Richesse. R*iquiza*.

RISCONSSER, Cacher ; d'où *Soleil Risconssant*, Soleil couchant. Gl. R*econsus*.

RISSEUR, Querelleur. Gl. R*issa*.

RISSIE, Goûter, l'heure de ce repas. Gl. R*eleveia*.

RISSIR, Sortir, se retirer. Gl. sous R*issa*.

RISSUE, Goûter, collation. Glos. sous H*ora*, 3.

RISTER, Presser, forcer à faire quelque chose. Gl. sous R*ista*.

RISTIBILLE, Terme injurieux ; p. e. Fainéant, qui est sans cœur. Gl. sous R*ista*.

ROB

RIVAGE, Droit qu'on paye pour les marchandises ou denrées qui arrivent par eau. Gl. *Rivagium*, sous *Ripaticum*, 2.

RIVAIGE, Tout espace qui est entre une rivière et les terres voisines. Gl. *Rivagium*.

RIVAL, Morceau d'or ou d'argent. Gl. *Rivellus*.

RIVERETTE, Petite rivière, ruisseau. Gl. *Riveria*.

RIVES, RIVIERS, Les peuples en deçà du Rhin. Gl. *Ripuarii*.

RIULE, RIULLE, Nécrologe, règle monastique. Gl. sous *Regula*.

RIULER, Régulier. *Canones Riulers*, Chanoines Réguliers. Gl. *Regulares*, 3.

RIZELLE, Gros bâton, espèce de levier. Gl. *Redellus*. — Filet ou machine propre à la pêche. Gl. *Resellus*, 2.

ROABLE, Instrument pour tirer ou ranger la braise dans un four, fourgon. Gl. *Rotabulum*, 2.

ROAGE, Droit seigneurial que doivent les voitures qui passent sur le grand chemin. Gl. *Roaigium* et *Rotaticum*.

ROAIGE. TERRE EN ROAIGE, Celle dont la culture est divisée par roies. Gl. *Roya*.

ROAISONS, Rogations, prières publiques pour les biens de la terre. Gl. *Rogationes*, 1.

ROBARDEL, Curieux d'ajustements, recherché dans ses habits Gl. *Scema*, 1.

ROBATURE, Vol, larcin. Gl. *Robaria*, 1.

ROB

ROBBE-LINGE, Chemise. *Roba*.

ROBE. Couper la robe à une femme au-dessus du cul, c'était la traiter comme une prostituée. Gl. sous *Roba*.

ROBE DE CORPS, Habit de deuil. Gl. sous *Roba*.

ROBE DE SOYE, Y renvoyer quelqu'un, c'était lui reprocher sa naissance. Gl. sous *Roba*.

ROBE-HARDIE, comme Cottehardie, Sorte de vêtement commun aux hommes et aux femmes. Gl. *Hardiota tunica*.

ROBE-LINGE, Chemise. *Roba*.

ROBEMENT, Vol, larcin, pillerie. Gl. *Robaria*, 1.

****ROBEOR**, Voleur. — Rutebeuf, I, 220 : « Et desrobent les *robeors*. »

ROBER, Dérober, voler. Gl. *Robare*, sous *Roba*.

ROBERIE, Vol, larcin. Gl. *Roberia*, sous *Roba*.

ROBES, Habits que les rois et princes donnaient à leurs officiers aux grandes fêtes de l'année. Gl. *Roba*.

ROBES DE COMPAIGNIE, Habits que le roi et la reine donnaient aux personnes les plus distinguées de leur cour. Gl. *Roba*.

ROBEUR, Voleur, larron, pillard. Gl. *Robator*, sous *Roba*.

ROBIN ET MARION, Sorte de mascarade. Gl. sous *Robinetus*.

ROBINE, Canal, bras d'une rivière. Gl. *Robina*.

ROD

ROBINES, Ceps, entraves. Gl. sous *Robina*.

ROBOOUR, Robour, Voleur, larron, pillard. Gl. *Roboria* et *Roberator*, sous *Roba*.

ROC, Pièce des échecs, la tour. Gl. *Fercia*.

ROCE, Tour, fortification. Gloss. *Rocca*. — Rosse, espèce de petit poisson. Gl. *Tramallum*.

ROCELLE, Sorte de pâtisserie, p. e. Rissole. Gl. *Rochab*.

ROCHAL, Cristal de roche. Glos. *Rohanlum*.

ROCHAUT, Sorte de poisson. Gl. *Cynœdus*.

ROCHE, Château, forteresse. Gl. *Rupes*. — Cave taillée dans le roc. Gl. *Roca*, 2. — Sorte de petit poisson, rosse. Gl. *Rocca*.

ROCHET, Habillement de toile à l'usage des hommes et des femmes, sarrau, capotte. *Rochetum*

*****ROCIN**, Cheval de service. — Beaumanoir, Coutumes du Beauvoisis, I, 392 : « Se me sires a pris de moi un *rocin* de service et il ait tenu le *rocin* quarante jors continuels sans renvoyer le moi, je suis quites de mon service. »

ROCQUE, Motte de terre. *Rocha* 2

RODAGE, Droit seigneurial que payent les voitures qui passent par le grand chemin. Gl. sous *Rotaticum*.

RODAS, Bâton, rondin. *Reddalle*.

RODE. Jeu au rodes de fer, Jeu de palet. Gl. *Rodella*.

RODETE, Éperon. *Blanc de la*

ROG

Ro*dete*, Monnaie d'Allemagne, marquée à un éperon. *Rodella*.

RODIER, L'artisan qui fait des roues, charron. Gl. *Roderius* 1

RODONDON, Espèce de manteau, ainsi nommé à cause de sa rondeur. Gl. *Rodondellus*.

ROE, Pupitre tournant. Gl. *Rota*, 9. — Palet. *Jeu res Roes*, Jeu de palet. Gl. *Rota*, 12. — [Roue, F. Gl.]

ROÉ, Orné de ronds ou roues. Gl. *Rota*, 3.

ROEIGNIER, pour Rogner, tondre, raser. Gl. *Roignare*.

ROELER, Rouler, précipiter du haut en bas. — Tourner. Glos. *Rotulare*.

ROELLE, Bouclier. Gl. *Roela*.

ROER, Aller autour, rôder, tournoyer. Gl. *Rotulare*.

ROERTRE, Hart, lien de menu bois tortillé. Gl. *Roorta*.

*****ROET**, Se dit d'une étoffe brochée ornée de rosaces. Ch. R. vers 3151.

*****ROEVER**, Demander, de *Rogare* Ch. R. v. 1792.

ROFFÉE, Gale, croûte de lèpre. Gl. *Rufia*.

ROGAT, Rogaton, Semonce, assignation en cour ecclésiastique. Gl. *Rogatum*, 2.

ROGE, Sorte de navire. p. e. Rempart. Gl. *Roga*, 5.

ROGECEUR, Sergent de cour ecclésiastique, porteur de *Rogats*. Gl. *Rogatum*, 2.

ROGUE des Ribaus, pour Roi des Ribaus, Bourreau. Gl. *Ribaldi*.

ROHAL, Cristal de roche. Gl. *Rohanlum*.

ROIAGE, Droit sur les vins qu'on transporte par charroi. Gl. *Rotaticum*.

ROIAUX, Nom d'une monnaie de France. Gl. sous *Moneta*.

ROICHE, Cave taillée dans le roc. Gl. *Roca*, 2.

ROIDOÏER, Rudoyer, traiter durement quelqu'un. Gl. *Magrus*.

*ROIE, Raie d'un champ, sillon, séparation. R. R. Gl. t. 3.

ROIÉ, Rayé, qui a des raies ou bandes de différentes couleurs. Gl. *Radiatus*.

ROIER, Voyer. Gl. *Ruarius*.

ROIERIERE, Juridiction sur les fonds de terre, justice foncière. Gl. *Roya*.

*ROIGES, Orge. L. J. P. p. 116.

*ROIGNEURE, Rognure, coupe des cheveux. — Méon, Nouv. Recueil, II, 356 : « Et après seroiz atornez Se la *roignéure* d'entor. »

*ROIL, Rouille. R. R. Gl. t. 3.

ROILLIC, Barrière. Gl. *Roya*.

*ROILLIER, Frapper d'un bâton. *Rondellum*. R. R. Gl. t. 3.

ROINGNER, Couper, tondre, raser. Gl. *Roignare*.

ROIS, Filets pour pêcher. Gl. *Resellus*, 2.

ROISE, Rouissoir, le lieu où l'on fait rouir le lin et le chanvre. Gl. *Roissia*.

ROISSEULE, Roissole, Sorte de gâteau ou gaufre. Gl. *Roisola*.

ROLLER, p. e. pour Rosser, Bâtonner. Gl. *Roilla*.

ROMAN, Histoire fabuleuse. Gl. sous *Romanus*.

ROMANCIER, Traduire en langage vulgaire. Gl. *Romanus*.

ROMANIE, L'empire d'Orient. Gl. *Romania*.

ROMANT, Langage vulgaire des Français. Gl. *Romanus*.

ROMER, Ecrire ou conter des histoires ou des fables en langue vulgaire. Gl. *Romanizare*, 2.

ROMESIN, Sorte de monnaie romaine. Gl. *Romesina*.

ROMIEUX, Pèlerin. Gl. *Romeus*.

ROMMAN, Romaine, sorte de balance. Gl. *Romana*.

ROMMESIN, Sorte de monnaie romaine. Gl. *Romesina*.

ROMONEOU, Pèlerin. *Romeus*.

ROMPEIS, Terre nouvellement cultivée. Gl. *Rupticium*, sous *Rumpere*.

ROMPRE, Labourer une terre en friche. Gl. *Rumpere*.

ROMPTE, Route dans une forêt. Gl. *Rupta*, 4.

ROMPURE, Rupture, fracture. — Morceau, pièce de quelque chose. Gl. *Rumpere*.

RONCHERAI, Lieu rempli de ronces. Gl. *Runcalis*.

ROO

RONCHI, Ronci, Roussin, cheval de service. Gl. *Ronchinus*, sous *Runcinus* et *Runchinus*.

RONCIE, Sorte d'arme, espèce de faux. Gl. *Runco*.

RONCINE, Jument de service. Gl. *Runchinus*.

RONCINER, Exiger le service d'un roussin. Gl. *Runchinus*.

RONDEAU, Rouleau pour briser les mottes de terre. Gl. *Rondellum*, 1. — Certaine mesure de terre ou de vigne. Gl. *Rondellus*, 4.

RONDELE, Sorte de poisson. Gl. *Rondela*.

RONDELLE, Espèce de bouclier rond à l'usage de l'infanterie. — La garde d'une épée, à cause de sa forme ronde. Gl. *Rondellus*, 3. — Petit tonneau, baril. Gl. *Rondella*.

RONFLÉE, Le bruit que fait un cheval par les narines, quand il est en colère ou qu'il a peur. Gl. *Ronflare*.

RONFLER, Renvier; d'où *Jouer à la Ronfle*. Gl. *Ronflare*.

RONSCHER, Arracher les ronces d'un champ pour le mettre en valeur. Gl. *Runcare*, 1.

RONSGE, Épieu. Gl. *Ronsge*.

RONSSINAGE, Service de *roncin* ou *roucin* que doit un vassal à son seigneur. Gl. *Ronzinata*.

ROOIGNER, Couper, tondre, raser. Gl. *Roignare*.

ROOITE, Roorte, Hart, lien de menu bois tortillé. Gl. *Roorta*.

***ROOLER**, Rouler. R. R. Gl. t. 3.

ROS

ROOLLON, Hart, lien de menu bois tortillé. Gl. *Roorta*.

ROONDE, Manteau, ainsi nommé à cause de sa forme ronde. Gl. *Rondellus*, 1.

ROORTE, comme Rooite. *Roorta*

ROQUE, Motte de terre. *Rocha* 2.

ROQUET, Habillement de toile à l'usage des hommes et des femmes, sarrau, capote. *Rochetum*

RORTE, Hart, lien de menu bois tortillé. Gl. *Roorta*.

ROS, Certaine mesure de drap. — P. e. Espèce de clou, Gl. *Ros* 3. — [Roux. R. R. Gl. t. 3, p. 205.]

ROSE, Feste de la Rose, Gl. sous *Festum*, 1.

ROSEL, Roseau. Gl. *Rosellus*.

ROSES Nostre Dame, Taches scorbutiques ou érésipélateuses. Gl. *Morbus B. Mariæ*.

ROSEUL, Sorte de manteau, capote; ou p. e. Coiffe. Gl. *Rondellus*, 1.

ROSIEL, Roseau. Gl. *Rosellus*.

ROSIERE, Lieu rempli de roseaux Gl. *Roseria*.

ROSLE, Livre, histoire écrite. Gl. *Rotulus*, 1.

ROSOL, Sorte d'habillement de tête. Gl. *Retiolum*.

ROSSIÉE, Rouge ou couleur de rose. Gl. *Rossus*, 1.

ROSTE, Terme de la Coutume de Liége. Gl. *Rostum*.

ROSTI, Terme de dérision. Glos. *Rostum*.

ROU

ROSTIER, Gril. Gl. *Rostum*. — Terre inculte qu'on défriche. Gl. *Rosticum*.

ROSTIR, Se chauffer. Gl. *Rostum*.

ROTAGE, Toute espèce de redevance. Gl. *Rotagium*.

ROTE, Instrument de musique, guitare. Gl. *Rocta*. — [Route, chemin, troupe, compagnie. R. R. Gl. t. 3, p. 104.]

ROTEIL, Gril. Gl. *Rotherium*.

ROTEMENT, Rudement, fortement. Gl. sous *Rotella*, 2.

ROTEOR, Joueur de *Rote* ou guitare. Gl. *Rocta*.

ROTERIE, Chanson, air propre à jouer sur la *Rote* ou guitare. Gl. *Rocta*.

ROTHEUR, Rouissoir, lieu où l'on fait rouir le lin et le chanvre. Gl. *Rothorium*.

ROTIAUS, Rotier, Gril. Gl. *Rotherium*.

ROTRUHENGE, pour Rottuhence, Air, chanson à jouer sur la *Rote* ou guitare. *Rocta*.

ROTTE, Compagnie, troupe de gens de guerre. Gl. *Routa*, sous *Rumpere*.

ROTUENGE, Instrument de musique, guitare, un air ou une chanson à jouer sur cet instrument. Gl. *Rocta*.

ROTURIER, Regrattier; ou celui qui voiture du blé au marché. Gl. *Rotulare*.

ROUABLE, Instrument pour tirer ou ranger la braise dans le four, fourgon. Gl. *Rotabulum*, 2.

ROUAGE, Rouaige, Droit seigneurial sur les voitures qui passent par le grand chemin, et particulièrement sur celles qui transportent du vin. Gl. s. *Rotaticum*

ROUAIN, Ornière. Gl. *Roueria*.

ROUBEUR, Voleur, larron. Glos. *Robator*, sous *Roba*.

ROUCHIER, Ronfler. *Runcare* 2.

ROUE, Rôle, état des bornes et des revenus d'une terre. Gloss. *Rotulus*, 1.

ROUELLE, La partie arrondie d'une lance. Gl. *Rostellus*.

ROUENEURE, p. e. Couleur de cheval rouan. Gl. *Rutina*.

ROUGE, Garance. Gl. *Roja*, 2.

ROUGEGOUTE, Certaine couleur. Gl. *Piscis*, 1.

ROUGE-MUSEL, Lépreux. *Ruber*

ROUGESYEUX, Sorte de vêtement ou de bonnet. Gl. *Ruber*.

ROUGET, Espèce de poisson. Gl. *Circulus*, 2.

ROUILLER, Rouler, briser les mottes d'un champ avec un rouleau. Gl. *Rondellum*, 1.

ROUILZ, Droit seigneurial sur l'aunage des toiles. *Rotulus*, 2.

ROUIN, Rouge, vermeil. Gl. *Rubricans*.

ROUL, Rouleau avec lequel on brise les mottes d'un champ. Gl. *Rondellum*, 1.

ROULE, Rôle, livre, volume. Gl. sous *Rotulus*, 1.

ROULLIÉE, Étable à cochons. Gl. sous *Roulletta*.

ROU

*ROULLEIS, Fortifications faites avec de gros rouleaux d'arbres. F. Gl.

ROUMAINEMENT, A la romaine, à la façon des Romains ; de *Roumain*, Romain. Gl. *Romanizare*, 1.

ROUMANCER, Écrire ou conter des histoires ou des fables en langue vulgaire. *Romanizare* 2.

ROUMANCH, ROUMANCHE, Langage vulgaire des Français. Gl. *Romancia* et *Romanus*.

ROUMANT, Le même. Gl. *Romanus*.—Murmure, plainte. Gl. *Romancia*.

ROUMESIN, Sorte de monnaie romaine. Gl. *Romesina*.

ROUMIEUX, Pèlerin. Gl. *Romeus*

ROUOIGNIER, Regner, couper, tondre. Gl. *Berta*, 3.

ROUOISONS, Rogations, prières publiques pour les biens de la terre. Gl. *Rogationes*, 1.

ROUPIOUS, Qui a la roupie au nez. Gl. *Ropida*.

ROUPTE, Troupe de gens de guerre, compagnie. Gl. *Rupta*, sous *Rumpere*. — Rot, vent de la bouche. Gl. *Ructamen*.

ROUPTURE, Fracture, rupture. Gl. *Ruptura*, 2.

ROUS, Cheval bai. Gl. *Runcinus*.

ROUSEAU, Partie de l'épaule. Gl. *Rosellus*.

ROUSINE, Résine. Gl. *Gema*.

ROUSSAILLE, Rosse, espèce de petit poisson. Gl. *Rocea*.

ROU

ROUSSE-GAIGNE, Fille débauchée. Gl. *Rufiana*.

ROUSSEL, Sorte de bâton. Glos. *Rossellum*.

ROUSSET, Sorte d'étoffe de couleur rousse. Gl. *Rousetum*.

ROUSSIERE, Lieu rempli de roseaux. Gl. *Roseria*.

ROUSSOLLÉE, Sorte de gâteau ou gaufre. Gl. *Roisola*.

ROUT, Compagnie, corps de troupes. Gl. *Routa*, sous *Rumpere*.

ROUTE, Instrument de musique, guitare. Gl. *Rocta*.—Troupe de gens de guerre, compagnie. Gl. *Routa*, sous *Rumpere*.

ROUTER, Rompre, briser, casser. Gl. *Rumpere*.

ROUTICHER, Gronder, murmurer, disputer, quereller. *Riotare*

ROUTIERS, Pillards, soldats adonnés au pillage, quelquefois troupes légères, enfants perdus. Gl. *Rutarii*, sous *Rumpere*.

ROUTURE, Rupture, ouverture. Gl. *Ruptura*, 2.

ROUVART, Égard, considération. Gl. *Regardum*, 1.

ROUVENT, Rouge, vermeil. Gl. *Rubricans*.

ROUVER, Demander, prier. Gl. *Roga*, 4.

ROUVIANT, p. e. Revenu ; ou Remboursement. Gl. *Crampa*.

ROUVISON, Le temps des Rogations. Gl. sous *Rogationes*, 1.

ROUVOISONS, Rogations, prières publiques pour les biens de la terre. Gl. *Rogationes*, 1.

ROY

*ROVER, Prier, demander, *rogare*. R. R. Gl. t. 3, p. 51.

ROVYBRE, Regain. Gl. *Rovoria*, sous *Rover*.

ROX, Cheval bai. Gl. *Runcinus*.

ROY, Le premier ou le chef d'une société ou confrérie, le seigneur d'une terre. — Huissier d'église, bedeau. Gl. sous *Rex*. — Roy DES RIBAUS, Officier chez le roi, chargé d'une espèce de police ; Prévôt d'une armée ; Bourreau. Gl. sous *Ribaldi*.—ROY DE L'ESPINETTE, Le chef d'une association célèbre à Lille. Gl. *Spinetum*.—ROY D'YVETOT, Les droits et prérogatives de cette seigneurie.—ROY DE TORELORE, Terme de dérision, pour signifier un roi imaginaire, ou un homme qui croit que tout lui doit céder. Gl. sous *Rex*.

ROYALTIE, Royauté, la dignité de roi. Gl. *Regalitas*, 1.

ROYAN, Chemin qui sépare deux seigneuries. Gl. *Roya*.

ROYAS, Navet. Gl. *Rabea*.

ROYAULTÉ, Le repas de la veille des Rois. Gl. *Regalitas*, 1.

ROYAUMENT, Réellement, en effet. Gl. *Realiter*.

ROYAUX, Les princes de la famille royale. — Monnaie de France. Gl. *Regales*, 2.

ROYCHE, Cellier, cave taillée dans le roc. Gl. *Roca*, 2.

ROYELLE, Petite roue. *Rotella* 1

ROYER, Voisin, contigu. *Roya*. — L'artisan qui fait les roues, charron ; d'où *Royerie*, Le métier de Royer. Gl. *Rotarius*.

RUD

ROYNE, Divertissement des jeunes filles qui s'élisaient une reine. Gl. sous *Regina*, 2.

ROYON, Certaine mesure de terre — Rideau, éminence, petite colline. Gl. *Roya*.

ROYS, Filets pour prendre des oiseaux. Gl. *Resellus*, 2.

*ROYTIAULT, Roitelet. F. Gl.

ROZ, Roseau. Gl. *Rausea*. — Certaine mesure de drap. Gl. Ros 3 — [Rompu, cassé, annulé. L. J. P. p. 146.]

ROZEAU, Partie de l'épaule. Gl. *Rosellus*.

RU, Ruisseau, petit bras d'une rivière. Gl. *Riale*.

RU DU BASTON, Redevance qui se payait en poules. Gl. *Rova* 1.

RUABLE, Pelle dont on jette ou avec laquelle on met dans un tas le blé qui a été battu. *Ruere*.

RUAU, Ruisseau, petit bras d'une rivière. Gl. *Riale*.

RUAUX, Pailles qu'on jette dans une cour ou dans les chemins pour en faire du fumier. *Ruere*

RUBINE, Canal à porter bateaux. Gl. *Rubina*.

RUBRICHE, Vermillon, cinabre. Gl. *Rubrica*.

RUCHE, Certaine mesure de grain Gl. *Russellata*.

RUCQUE, Ruche d'abeilles. Glos. *Rusca*, 2.

RUDE, Ignorant, malhabile. Gl. *Ruditas*.

RUDELLE, Sorte de gros bâton de charrette, levier. *Redellus*.

RUI

RUDERIE, Rudesse, impolitesse, grossièreté. Gl. *Pertinacia*, 1.

RUDIMENT, Enseignement, instruction. Gl. *Rudire*.

RUE FORAINE, Rue détournée, peu passante. Gl. *Foraneus*, 4.

RUEVER, Prier, demander, chercher, désirer. Gl. *Reva*, 1.

RUFFIAN, Recors, aide de sergent. Gl. *Ruffiani*.

RUFFIEN, Débauché, libertin, homme adonné aux femmes. Gl. *Ruffiani*.

RUIERS, Les peuples en deçà du Rhin. Gl. *Ripuarii*.

RUIL, Rouille. Gl. *Rubiginare*.

RUILE, Règle ; d'où *Vie Ruilée*, Vie réglée. Gl. *Regula*, 2.

RUILLER, Rouler, briser les mottes d'un champ avec un rouleau. Gl. *Rondellum*, 1.

RUILLON, Tertre, petite éminence, rideau. Gl. sous *Roya*.

*RUIN, Méchant, mauvais ; d'où *ruine*. F. Gl.

*RUINE, Querelle. F. Gl.

RUIOT, Ruisseau d'une rue. Gl. *Ruissellus*.

*RUIRE, Crier. F. Gl.

*RUISEL, Ruisseau. R. R. Gl. t. 3, p. 470.

RUISER, s'Eloigner, se retirer, se ranger. Gl. *Rusare*.

RUISSELLÉE, Ruisseau. Glos. *Russellus*.

RUISSOLE, Sorte de gâteau ou gaufre. Gl. *Roisola*.

RUS

RUISTE, Impétueux, violent. Gl. *Ruere*.

RUIZ, Taille, impôt. Gl. *Rova*, 1.

RULE, RULLE, Boule. *Jeu de la Rule* ou *Rulle*, Jeu de boule. Gl. *Rulla*.

RUMATIQUE, Se dit d'un lieu humide, propre à donner des rhumatismes. Gl. *Reumaticus*.

RUMOREUX, Querelleur, qui aime le trouble, séditeux. Gl. *Rumorizator*.

*RUMPÉURE, Rupture. L. J. P. p. 206.

RUN, Rang, ordre. Gl. *Tremata*.

RUNGIER, Naziller, parler du nez. Gl. *Runcare*, 2.

RUPPE, Outil de menuisier, espèce de rabot. Gl. *Ruppa*.

RUPTICE, Terre nouvellement cultivée. Gl. *Rupticium*, sous *Rumpere*.

RUPTURIERE, Terre en roture. Gl. *Rupturalia bona*.

RURAL. DE RURALE CONDITION, Roturier. Gl. *Ruralitas*.

RURALITÉ, Grossièreté, ignorance. Gl. *Ruralitas*.

RURER, s'Eloigner, se retirer. Gl. *Rusare*.

RUSCHE, Certaine mesure de grain. Gl. *Russellata*.

RUSE, Jeu, badinerie. *Rusare*.

*RUSÉE, Rosée. Ch. R. v. 981.

RUSER, Eloigner, écarter, faire retirer. — Fréquenter, voir familièrement quelqu'un. *Rusare*

SAC

RUSQUE, Ruche d'abeilles. Glos. Rusca, 2.

RUY DU BASTON, Redevance qui se payait en poules. Gl. Rova 1.

RUYER, Voyer. Gl. Ruarius.

RUYERS, Les peuples en deçà du Rhin. Gl. Ripuarii.

RUYLLE, Règle à l'usage d'un maçon. Gl. sous Regula, 10.

RUYME, Rhume, catharre, fluxion Gl. Reumaticus.

SAC

RUYNEUX, Qui cause la ruine des autres. Gl. Ruinosus.

RUYOT, Ruisseau, canal pour l'écoulement des eaux. Ruissellus

RUYOTE. HEURE DE RUYOTE, L'heure du goûter. Gl. Hora 3.

RUYOTER, Quereller, disputer. Gl. Riotare.

RUZÉ, Chanson plaisante, air gai. Gl. Rusare

S

SAAD, Sas, tamis. Gl. Setaciare.

SABBAT, Lieu ainsi appelé à Soissons. Gl. Sabbatum, 2.

SABELINE, SABLE, Marte zibeline. Gl. Sabelum.

*SABLON, Terrain sablonneux. F. Gl.

SAC, p. e. Certaine mesure des liquides. Gl. sous Sacculus.

*SACHÉE, Sac plein. F. Gl.

SAC. FAIRE LE SAC A UNE FILLE, L'envelopper dans un drap de son lit, en badinant trop librement avec elle. Gl. Saccus, 1.

SACARDS, Ceux qui, sous le prétexte d'ensevelir les pestiférés, volent leurs maisons ; gens de sac et de corde Gl. s. Saccarii.

SACER, Tirer, tirailler. Saccare

SACHANRE, Sorte de bâton de défense, espèce d'arme ou d'épée.

SACHE, Fourreau. Gl. Seditia.

SACHEBOUTE, Sorte de lance pour combattre à cheval. Glos. Sacabuta.

SACHER, Tirer, mettre dehors. — Secouer, tirailler, agiter. Glos. Saccare.

SACHETEZ, SACHEZ, Certains religieux, ainsi nommés à cause qu'ils étaient vêtus d'un habit grossier, comme un sac. Sacci.

SACHEUR DE DENS, Dentiste, arracheur de dents. Gl. Saccare.

SACHIER, Tirer, mettre dehors. Gl. Saccare.

SACIER, Sasser, passer par le sas ou tamis. Gl. Setaciare.

SACOUHADE, Saignée copieuse des quatre membres. Succusatio

SACQUAGE, Droit sur les denrées qui se mettent en sac. Gl. Saccagium, sous Saccare

SACQUELET, SACQUIAU, Petit sac, sachet. Gl. Saccellus.

SAG

SACQUIER, Porte-sac. *Saccarii.*

SACRAMENTAGE, Le droit que paye celui qui prête serment. Gl. *Sacramentagium.*

SACRE, La fête du Saint-Sacrement. Gl. *Sacrum*, 3.

SACRÉ, Evêque. Gl. *Sacer*, 2.

SACREMENT, Le sacrifice de la messe. — La partie de la messe qu'on appelle la consécration et l'élévation. Gl. sous *Sacramentum* 1. — La fête du Saint-Sacrement. Gl. *Sacrum*, 3. — Relique, chose qu'on regarde comme sacrée. *Sacramentum.*

SACS, Certains religieux, ainsi nommés à cause qu'ils étaient vêtus d'un habit grossier, comme un sac. Gl. *Sacci.*

SACURBE, Sorte de robe, ou habillement de toile. Gl. *Sacurba*

SADE, Agréable, charmant, doux. Gl. *Sadonare.*

SAEL, Sceau. Gl. *Sigillum*, 1.

*__SAETTE__, Flèche. F. Gl.

SAFFRANE, Un champ semé de safran. Gl. *Saffranare.*

SAFRE, Orfroi, broderie d'or ou de soie ; d'où *Safré*, Couvert d'orfroi. Gl. *Saffium.*

SAGE, Savant, instruit, habile Gl. *Sagaculus.*

SAGE-HOM DE LOIX, Jurisconsulte. Gl. *Sapientes.*

SAGE-HOMME, Juge, homme de loi. Gl. *Sagibarones.*

SAGEIS, Breuvage de sauge. Gl. *Salviatum*, 2.

SAI

SAGERIE, p. e. pour *Sagnie*, Lieu rempli de joncs ou de roseaux, et p. e. Marais. Gl. *Sageria.*

SAGETTIE, SAGITTAIRE, Sorte de vaisseau fort léger. Gl. *Sagetia* et *Sagittaria*, sous *Sagitta*, 1.

SAGITE, Flèche, trait d'arbalète. Gl. *Sagitta*, 2.

SAHIN, Espèce de faucon. Glos. *Sahinus.*

SAICHANCE, Science, expérience Gl. *Scientialis.*

SAICHEMENT, Secousse, tiraillement. Gl. *Saccare.*

SAICHER, Tirer, mettre dehors. Gl. *Saccare.*

SAIELE, L'action de scier ou couper les blé. Gl. *Secatura.*

SAIELLE, Billet, mandement, écrit scellé. Gl. *Sigillum*, 1.

SAIEN, Sain, graisse. Gl. *Sainum*

SAIERE, Echarpe à l'usage d'église, ainsi appelée parce qu'elle est d'étoffe de soie. Gl. *Saia.*

SAIETEUR, Fabriquant d'une étoffe appelée *Saie*. *Sagum*, 2.

SAJETTE ou SAIETTE, Flèche, trait d'arbalète. Gl. *Sagitta*, 2.

SAIGE, Savant, instruit, habile. Gl. *Sagaculus.*

SAIGNE, Ravine, marais. — Moelle du sureau. Gl. *Saignia.*

SAIGNÉE, La partie du bras où l'on a coutume de saigner. Gl. *Sanguinare*, 3.

SAIGNOR, Seigneur. Gl. *Sella*, 2.

SAIJEL, Ecrit où l'on a mis son sceau. Gl. *Movere*, 1.

SAI

SAILLARESSE, Danseuse. Glos. *Saltatrices.*

*SAILLETANT, Sautillant. R. R. Gl. t. 3.

SAILLEUR, Sauteur, danseur. Gl. *Saltatrices.*

SAILLIR, Sortir. Gl. *Saillire.* — [Sauter, paroître, avancer; *Saillir en piez,* Soulever. R. R. Gl. tome 3.]

SAIN, Graisse des animaux. Glos. *Sagimen.*

SAINE, Lieu où l'on peut pêcher avec le filet appelé *Seine.* Glos. *Seyna.*

SAINER, Saigner, tirer du sang. Gl. *Ensigne.*

SAING, Seing, marque. Gl. *Signator,* 1.

SAINGLEMENT, Entièrement. Gl. *Simpliciter,* 1.

SAINGNER, Faire le signe de la croix. Gl. *Signare.*

SAIGNIER, Saigner, tirer du sang. Gl. *Sanguinare,* 1.

SAINIÉ, Ce qui était accordé à ceux qui avaient été saignés. Gl. *Ensigne.*

SAINS, Sorte de vêtement, espèce de tunique. Gl. *Semicinctium.* — Sans, préposition. *Sella,* 2.

SAINSINE, Sorte de filet à pêcher p. e. Seine. Gl. *Sagena,* 1.

SAINT, Cloche. Gl. *Signum,* 8.

SAINTEE, Sainteté, titre d'honneur, terme de respect. Gloss. *Sanctitas,* 1.

SAINTEURS, SAINTIERS, SAIN-

SAL

TIEUX, Serfs qui doivent service ou cens à une église. Gl. *Sanctuarii,* sous *Sanctuarius.*

SAINTIBLE, Sain, qui est en bonne santé. Gl. *Sanitas.*

SAINTIR, Se sanctifier, devenir saint. Gl. *Sanctificare.*

SAINTISME, Saint, très saint. Gl. *Santitas,* 1.

SAINTS, Serfs qui doivent service ou cens à une église. Gl. *Sanctuarii,* sous *Sanctuarius.*

SAINTUAIRES, Reliques, châsse qui les contient, reliquaire. Gl. *Sanctuarium,* 5.

SAINTUAUX, Clercs, gens d'église. Gl. *Sanctuarii,* s. *Sanctuarius.*

SAINTURIER, Ceinturier, faiseur de ceintures. *Santurerius.*

*SAINZ, Cloches. R. R. Gl. t. 3.

*SAINZ, Signes, insignes. L. J. P. p. 331.

SAIREMENT, Serment. Gl. *Vestitura,* 1.

*SAIROU, Mauvaise lecture du scribe. Ch. R. v. 2966.

SAISINE, Saisie. Gl. *Saisina.* — [Possession féodale. F. Gl.]

SAISINEUR, Gardien des effets saisis par justice. Gl. *Saisina.*

SAITIE, Sorte de vaisseau fort léger. Gl. *Saettia,* s. *Sagitta* 1.

SAKER, Secouer, tirailler, agiter. Gl. *Saccare.*

SAKEUR, Porte-sac. Gl. *Saccarii*

SAL, Sauf, excepté. Gl. *Salvo,* 1.

SAL

SAL Grant, Gros sel. Gl. *Sal amplum.*

SALAGE, Gabelle, impôt sur le sel. — Salaige, Droit sur les bateaux de sel. Gl. *Salagium* 1

SALANDRE, Sorte de vaisseau pour porter des provisions. Gl. *Salandra.*

SALARIER, Donner à quelqu'un le salaire qui lui est dû. Gl. *Salariare.*

SALE, Maison considérable, palais, hôtel. Gl. *Sala*, 1. — Salade, espèce de casque. Gl. *Salada.*

SALECOQUE, Salicoque, crevette. Gl. *Squilla.*

SALEIGNON, Botte de saulx. Gl. *Salneritia.*

SALER, Sceller, apposer le sceau. Gl. *Rasura*, 1.

SALERON, Salière. *Salerium* 1.

SALIGNON, Pain de sel blanc. Gl. *Saligium.*

SALINE, Charge de sel, estimée un quintal et demi. *Salina*, 3.

SALINER, Sauner, faire du sel. Gl. *Salinare.*

SALINIER, Marchand de sel. Gl. *Salinerius*, 1.

SALLE, Cour, tribunal, juridiction Gl. *Sala*, 1.

SALMOIER, Psalmodier, chanter des psaumes. Gl. *Salmus.*

SALOIGNON, Botte de saulx. Gl. *Salneritia.*

SALPESTREUR, Salpêtrier. Glos. *Salpetra.*

SAM

*SALSE, Salé. Ch. R. v. 3/2.

*SALT, Saut. Ch. R. v. 7310.

SALTERION, Psalterion, instrument musical. — P. e. pour Sartelion, Ceps, entraves. Gl. *Salmus.*

SALVAGE, Lettre de Salvage, Sauve-garde. Gl. *Salvagardia.* — Salvaige, Ce qui est dû à ceux qui sauvent les marchandises d'un vaisseau échoué. Gl. *Salvagium*, 1.

SALVANCE, Sauvegarde, protection. Gl. *Salvamentum*, 1.

SALVE, Sauf, excepté. *Salvo*, 1.

*SALVEMENT, Salut, sauvegarde, *salvamentum*. Ch. R. v. 786.

SALVETÉ, Bourg. village, canton juridiction, district. *Salvitas.*

*SALVETEZ, Salut, *Salvitatem.* Ch. R. v. 126.

SALUYT, Salut, nom d'une monnaie. Gl. *Salus*, 3.

SALYNON, pour Salignon, Pain de sel blanc. Gl. *Saligium.*

*SALZ, Sauts, *Saltus.* Ch. R. 731

SAMBLANT, Air du visage, mine Gl. *Simulatio*, sous *Similare.*

SAMBRE, pour Samble, Face, visage. *Par le Sambre Dieu*, Sorte de jurement. Gl. *Similare* — pour Sombre, La saison où l'on donne le premier labour aux terres. Gl. *Sombrum*, 2.

*SAMBUC, Harnois. F. Gl.

SAMBUE, Sorte de char à l'usage principalement des dames, litière. Gl. *Sabuta.*

SAN

SAMBUY. Par le Sambuy, Sorte de jurement. Gl. *Similare.*

SAME, Sureau. Gl. *Sambussus.*

SAMET, Etoffe de soie. Gl. *Samitium.*

SAMGNIE, Etoffe de soie. Gl. *Samitium.*

SAMIER, Sorte de filet. Gl. *Samitium.*

SAMIT, Etoffe de soie. *Exametum*

***SAMPRES**, Aussitôt, sur le champ. R. R. Gl. t. 3, p. 102.

SAN, Foin ; d'où *Sanail,* Lieu où l'on serre le foin, et *Sanic,* Menu foin. Gl. *Senecia.* — [Sens, sentiment, opinion. — Chanson des Saxons, II, 162 : « Qant Karles li cria : Saisne, que panses-tu ? Cuide-me-tu sorvaincre ? Tu as le *san* perdu. »

SANCHEZ, Monnaie du royaume de Navarre. Gl. *Sancetti.*

***SANCS,** Sang. Ch. R. v. 1614.

SANCTUAIRES, Reliques et reliquaires. Gl. *Sanctuarium,* 5.

SANCTUARIE, Franchise, droit d'asile accordé particulièrement aux églises. Gl. *Sanctuarium* 3

SANE, Synode, assemblée ecclésiastique. Gl. *Synodus,* 2.

SANER, Panser, guérir. *Sanare* 1

SANG. Faire sang, Blesser jusqu'au sang. Gl. *Sanguis,* 2.

SANG VOLAGE, Blessure légère. Gl. *Sanguis,* 2.

SANGLANT, Terme injurieux et blasphématoire ; d'où *Sanglan-*

SAN

ter, Appeler quelqu'un *Sanglant.* Gl. *Sangulentus.*

SANGLER, Ensanglanter, remplir de sang. Gl. *Sanguinare,* 2.

SANGLONNÉE, Caillot de sang. Gl. *Sanguinare,* 1.

SANGMERLÉ, Sangmeslé, Qui a le sang agité et troublé, qui n'est pas de sang froid ; d'où *Sangmerleure,* Agitation du sang, colère. Gl. *Sanguinare,* 2.

SANGO-FEGIE, Masse informe de sang figé, mole. *Sanguifluus.*

SANGUIN, Sanguine, Sorte d'étoffe de couleur sanguine. Glos. *Sanguinus,* 2.

SANGUINITÉ, Consanguinité, parenté. Gl. *Sanguinitas.*

SANIC, Menu foin. Gl. *Senecia.*

SANLER, Sembler, penser, croire Gl. *Similare.*

***SANMELLER,** Troubler, agiter le sang. R. R. Gl. t. 3.

SANNEMENT, Santé, guérison. Gl. *Sanitas.*

SANQUEUE, Jeune dorade, poisson. Gl. *Aurata.*

***SANSON,** Echanson. F. Gl.

SANT, p. e. Ceinture Gl. *Sinta.*

SANTE, Sentier, chemin. Gl. *Senterium.*

SANTINE, Sorte de petit bateau ou nacelle sur la Loire. *Sentina*

SANTISME, Saint, très saint ; qualification donnée aux papes et aux évêques. Gl. *Sanctitas,* 2.

SANTON, Sorte de bâton de défense, espèce d'arme. *Sapellata*

SANTUAILLES, Reliques et reliquaires. Gl. *Sanctuale*, sous *Sanctuarium*, 5.

*SAOLER, Rassasier. R. R. Gl. tome 3.

SAON, SAONNEMENT, Reproche contre un témoin ; d'où *Saonner*, Le reprocher. Gl. *Sonare* 3 et *Sonatio*.

SAONNOIS, Qui est de Savonne. Gl. *Souderarius*, sous *Solidata*

SAP, Sapin. Gl. *Sappus*, 2.

SAPEIL, Baguette, petite branche d'arbre. Gl. *Sapellata*.

SAPHISTRIN, Saphir d'Allemagne. Gl. *Saphirinus*.

*SAPIENCE, Science, connaissance, sagesse, espérance. — La Discipline de Clergie, p. 31 : « Silence est signe de *sapience*, et moult parler est signe de sotise. »

SAPIR, Savoir, connaître. *Sapere* 1

SAPITEUR, Sage et expert estimateur. Gl. *Sapitor*.

SAPMISTE, David, auteur des psaumes. Gl. *Salmus*.

SAPPE, Bâton ferré par un bout, sorte d'arme. Gl. *Sapellata*.

SAQUEBOUTE, Sorte de lance pour combattre à cheval, espèce d'épée. Gl. *Sacabuta*.

SAQUÉE, Sachée, plein un sac. Gl. *Sachata*.

SAQUELET, Petit sac, sachet. Gl. *Saqueta*.

SAQUEMENS, Pillards, voleurs, gens de sac et de corde. Gloss. *Saccomani*.

SAQUIER L'IAUE, Tirer de l'eau. Gl. *Saccare*.

SARAGOCIEN, SARAGOSSAN, De Saragosse, ville d'Espagne. Gl. *Cultellus Saragossanus*.

SARCEL, Aiguillon, dont on pique les bœufs. Gl. sous *Sarcilis*.

SARCENET, Etoffe fabriquée chez les Sarrasins. Gl. *Saracenicum*

SARCHELLE, Espèce d'arbre, p. e. dont on fait les cerceaux. Gl. *Serchellum*.

SARCHEU, Cercueil. Gl. *Platonœ*

SARCHIES, Agrès, cordages d'un vaisseau. Gl. *Sarcia*, 1.

SARCU, Cercueil. *Sarcophagus*.

SARDINAU, Filet pour la pêche des sardines. Gl. *Sardinalis*.

SARERE, p. e. Serrurier. Gl. *Sarratherius*.

SARGE, Serge et le meuble fait de cette étoffe. Gl. *Sarga*.

SARGER, Serge, pièce de serge. Gl. *Sarga*.

SARGIL, Pièce de serge ; d'où *Sargiller*, Sergier, ouvrier ou marchand de serge. Gl. *Sarga*.

SAROHT, Rochet, habit d'église. Gl. *Sarrotus*.

SARPEL, Serpe ; d'où *Sarpillon*, Serpette. Gl. *Sarpia*.

SARQUEU, Cercueil, tombeau, sépulcre. Gl. *Sarcophagus*.

SARRANS, Les cordons d'une bourse. Gl. *Serare*.

SAT

SARRAS, Sarrasson, Sorte de fromage. Gl. *Rassius.*

SARRASINESME, Sarrazinorsin, Le pays des Sarrasins. Gl. *Sarracenia,* sous *Saraceni.*

SARRAZINS, Gueux qui courent le pays, qu'on appelle plus ordinairement Bohémiens. *Saraceni*

SARAZIONOIS. Jeu Sarrazionois Combat sanglant. Gl. *Saraceni.*

SARRE. Tenir en Sarre, Gêner, tenir en contrainte. Gl. *Serare.*

SARREUR. Moulin à scier du bois. Gl. *Sarritorium.*

SARRIE, Sorte de panier ou vaisseau qu'on met sur les bêtes de somme. Gl. *Saria.*

SARROT, Rochet, habit d'église. Gl. *Surrotus.*

SARRUZE, Serrure. *Sarreuria.*

SARTELION, Ceps, entraves. Gl. sous *Salmus.*

*****SARTER**, Sarcler, nettoyer, ratisser. R. R. Gl. t. 3, p. 3.

SARTIEL, Petit champ nouvellement défriché. Gl. *Sartellulum*

SARTIES, Agrès, cordages d'un vaisseau. Gl. *Sarcia,* 1.

SARTRE, Couturier, tailleur. Gl. *Sartor.*

SARTRERIE, Boutique d'un tailleur. Gl. *Sartorium,* 1.

SASOAGE, p. e. Sûr, assuré. Gl. *Sassus.*

SATALLIN, p. e. pour Satanin, Satin. Gl. *Satallin.*

SATEFFIÉ, Satisfait, content. Gl. *Satisfacere.*

SAV

*****SATENIE**, Saternie, Satan ; *le goufre de Satenie,* l'enfer. R. R. Gl. t. 3.

SATERIE, Sergenterie, espèce de fief. Gl. *Satelles,* 3.

SATHANIN, Satin. Gl. *Satallin.*

SATIFFIER, Satisfaire, payer. Gl. *Satisfacere.*

SATOIR, Etrier pour aider à sauter à cheval. Gl. *Saltatoria.*

SATON, Sorte de bâton de défense, espèce d'arme. *Sapellata*

SAVARRET, p. e. Réservoir de poissons. Gl. *Savarretum.*

SAUBUE, Sorte de char, à l'usage principalement des dames, litière. Gl. *Saubua,* sous *Subuta*

SAUCERIEL, Petite saussaie. Gl. *Sallicium.*

SAUCHOIE, Sauchois, Saussaie. Gl. *Saucea* et *Saucetum.*

SAUCIER, Saucière. Gl. *Saucer.* — Officier de cuisine chez le roi, qui a soin des sauces et des épices. Gl. *Salsarius.* — Saussaie ; si ce n'est pas une faute pour sentier. Gl. *Saucetum.*

SAUCIZ, Sauçour, Sauçoy, Saussaie. Gl. *Saucia, Saucetum* et *Salceium.*

SAUDÉE de Terre, Fonds qui rapporte un sol de rente. Glos. *Solidata terræ.*

SAUDENIER, Saudoier, Soldat, homme de guerre, qui est à la solde de quelqu'un. Gl. *Soldenarius,* sous *Solidata,* et *Souderarius,* sous *Solidata.*

SAVELON, Savon — Sablon. Gl. *Sabonus.*

SAU

SAVENE, Espèce de nappe. Gl. *Savena*.

SAVETONNIER, Savetier. Gl. *Savaterius*.

SAVEUR, Assaisonnement, sauce. Gl. *Sapor*.

SAUF. Remettre une espée en Sauf, La remettre dans son fourreau. Gl. *Salvosa*.

SAUF-ALANT, Sauf-conduit, sûreté pour aller. Gl. s. *Salvum* 3

SAUFVEMENT, Ce qui est dû à ceux qui sauvent les marchandises d'un vaisseau échoué. Gl. *Salvagium*, 1.

SAUF-VENANT, Sauf-conduit, sûreté pour venir. *Salvum*, 3.

SAUGÉ. Vin Saugé, Dans lequel on a fait infuser de la sauge. Gl. *Salviatum*, 2.

SAUGIE, Breuvage de sauge. Gl. *Salviatum*, 2.

SAUGIÉE, p. e. Certaine quantité de petits poissons. *Sauguinarius*

SAVIR, Savoir. Gl. *Savirum*.

SAULAIE, Saussaie. Gl. *Sauleia*.

SAULCIER, Officier de cuisine chez le roi qui a soin des sauces et des épices, dont la charge s'appelle *Saulcerie*. *Salsarius*.

SAULIE, Saussaie. Gl. *Saulia*.

SAULNAIE, Saussaie. *Salnaria*.

SAULSERON, Saucier, vase où l'on sert les sauces sur la table. Gl. *Salsarolium*.

*****SAULX**, Solde. F. Gl.

SAUMANCH, Sorte de filet ou toile pour la chasse. *Saumanch*

SAU

SAUME, Psaume; d'où *Saumistre* pour désigner David, auteur des psaumes ; et *Saumoier*, Psalmodier, chanter des psaumes. Gl. *Salmus*.

SAUNARIE, Boucherie, tuerie. Gl. *Saunaria*, sous *Salinaria*.

SAUNELAGE, Gabelle, impôt sur le sel. *Saunaria*, s. *Salinaria*.

SAUNIER, Marchand de sel. Gl. *Saunarius*, sous *Salinaria*.

SAVOUER, Réservoir pour le poisson. Gl. *Salvarium*.

SAUOUR, pour Sauçour, Saussaie. Gl. *Saucetum*.

SAURAL, Espèce de maquereau. Gl. *Saurus*, 2.

SAURE, Instrument pour pêcher, sorte de filet. Gl. *Saurarium*.

*****SAUS**, Sauf, entier, complet. L. J. P. p. 82.

*****SAUS**, Saule.—Sauvé. *Salvatus*. R. R. Gl. t. 3.

SAUSERON, Saucier, vase où l'on sert les sauces sur la table. Gl. *Acetabulum*.

SAUSIF, Saussaie. Gl. *Sauzaium*

SAUSSE Cameline, etc. Différentes espèces de sauces en usage autrefois, et dont quelques-unes sont encore connues. *Salsa*, 1.

SAUSSERON, Saucier, vase où l'on sert les sauces sur la table, Gl. *Salsarolium*.

SAUSSIER, Officier de cuisine chez le roi, qui a soin des sauces et des épices, dont la charge s'appelle *Sausserie*. Gl. *Salsaria*, 2, et *Salsarius*. — Mar-

SAU

chand de sauces préparées, cuisinier. Gl. *Salsa*, 1.

SAUSSIZ, Saussaie. *Sallicium*.

SAUSTIER, Psautier, les sept psaumes pénitentiaux. Gl. sous *Psalterium*.

*SAUT, Sauve, conserve ; *Dex vos saut*, Dieu vous sauve. R. R. t. 3, p. 208.

SAUT A MOULIN, Tout le cours d'eau qui fait tourner un moulin Gl. *Saltus molendini*.

SAUTELER, Tressaillir. *Salisatio*

SAUTIER, Psautier, livre qui contient les psaumes. Gl. *Missale* 2

SAUTIF, Sain, qui se porte bien. Gl. *Subtiliare*, 2.

SAUTOIR, SAUTOUER, Étrier pour aider à sauter à cheval. Gloss. *Staffa*, 2, et *Saltatoria*.

SAUVAGE, Incivil, impoli, peu gracieux. Gl. *Sylvaticus*.

SAUVAGIN, Sauvage, qui habite les forêts. *Chasse Sauvagine*, Chasse aux bêtes fauves. Gloss. *Salvasina*.

SAUVARGON, Sauvageon. Glos. sous *Sylvaticus*.

SAUVATIER, Habitant d'un lieu qui est sous la protection d'un seigneur, ou qui est sujet au droit qu'exige le seigneur pour cette protection. Gl. *Salvitas*.

*SAUVE, Sûre ; *sauve main*, main sûre, main tierce, séquestre. — Le Conseil de Pierre de Fontaines, p. 468 : « Sera la chose mise en *sauve mein*. »

SAUVECHINE, Terre inculte, pleine de ronces et d'épines. Gl. sous *Sylvaticus*.

SAY

SAUVEDROIT, L'amende, qu'on fait payer à ceux qui fraudent les droits d'un seigneur. Gloss. *Salvaria*.

SAUVECINE, Toute espèce de bêtes fauves. Gl. *Salvasina* et *Sylvaticus*.

SAUVELAGE, Ce qui est dû à ceux qui sauvent les marchandises d'un vaisseau échoué. Glos. *Salvagium*, 1.

SAUVEMANT, Ce qu'un vassal paye à son seigneur pour être protégé par lui. *Salvamentum* 1

SAUVEMENT, Sauvegarde, protection. — Le droit que fait payer un seigneur pour l'entretien des murs d'une ville ou d'un château. Gl. *Salvamentum*, 1. — Salut. Gl. *Salvatio*, 1. — Sûrement. Gl. *Salve*.

SAUVENIEZ, Ce qu'un vassal paye à son seigneur pour être protégé par lui. Gl. *Salvamentum*, 1.

SAUVEOUR, Réservoir pour le poisson. Gl. *Salvarium*.

SAUVER, Excepter, réserver. Gl. *Salvare*, 6.

SAUVETÉ, Sûreté. Gl. *Salvitas*.

SAUVETERRE, Sorte d'épée, cimeterre. Gl *Salvaterra*, 2.

SAUVEUR. LE SAINCT SAUVEUR, La fête du Saint-Sacrement Gl. *Sacrum*, 3.

SAUVOIR, Réservoir pour le poisson. Gl. *Salvarium*.

SAWIN, Sciure de bois. *Barbiarius*

SAYE, Cheville. Gl. *Sayus*.

SAYLE, Seigle. Gl. *Tercellum*.

SCE

SAYN, Graisse des animaux. Gl. *Sagimen*.

SAYNIERE, Instrument de fer ou de bois propre à ôter les ordures et immondices. *Fanare*, 1.

SAYRIE, Le lieu où les femmes et les filles s'assemblent le soir pour filer ; les Picards appellent *Serie* cette assemblée. Gl. *Gynœceum*.

SCABINALE. Maison Scabinale, Hôtel de ville où s'assemblent les échevins. Gl. *Scabipalis*, sous *Scabini*.

SCACLOISON, p. e. pour Sarcloison, Le temps du sarclage des terres. Gl. *Saclare*.

SCANDALER, Scandaliser, Publier, divulguer, surtout quand il s'agit de mal. *Scandalizare*.

SCANDALH, Sorte de mesure des liquides. Gl. *Scandalium*, 1.

SCANDALISER, Scandalisier, Diffamer, déshonorer. Gl. *Scandalizare*.

SCANDALISEUX, Offensant, choquant, qui révolte. Gl. *Scandalizator*.

SCARAMPS, Nom d'une ancienne compagnie de négociants. Glos. *Societas*, 4.

SCAVANCE, Science, savoir, expérience. Gl. *Savirum* et *Scientialis*.

SCELERAGE, pour Stellerage ou Sceserage, Droit de mesurage des blés. Gl. *Sestairagium*.

SCERIE, Assemblée du soir, où les femmes et les filles s'occupent à filer. Gl. *Sera*, 1.

SCO

SCHACHIER, Schaquir, Echiquier. *Scacarium*, s. *Scacci*, 1.

SCHARSETÉ, Epargne sordide, avarice. Gl. *Escharsellus*.

SCHENAPAN, Vaurien, coquin, voleur. Gl. *Snaphtanus*.

SCHILLING, Schelling, monnaie anglaise. Gl. *Schillingus*.

SCHOLARITÉ, Priviléges des écoliers dans les universités. Glos. *Scholaritas*.

SCIENTEMENT, Sciemment, avec connaissance de cause. Gloss. *Scientiose*.

SCIENTEUX, Sage, prudent, avisé. Gl. *Scientiatus*.

SCINTERELLE, Sorte d'insecte ailé, moucheron. Gl. *Scinifes*.

SCINTILE, Petite quantité de quelque chose. Gl. *Scintilla*, 2.

SCIRURGIEN, Chirurgien. Glos. *Sirurgia*.

SCISAILLER, pour Cisailler, couper, rogner avec des cisailles. Gl. *Scisalhæ*.

SICTIVE DE PRÉ, Autant qu'un homme en peut faucher dans un jour. Gl. *Scitivata*.

SCLOUDAGE, p. e. Ce qu'on payait pour le droit d'écluse ; ou bien une redevance des marchands de clous. Gl. *Sclusia*.

SCOHERIE, Le marché aux cuirs et des ouvrages de cuirs. Glos. *Scorium*.

SCOLARITÉ, Priviléges des écoliers dans les universités. Glos. *Scholaritas*.

SCORION, Escourgeon, espèce d'orge. Gl. *Scario*, 2.

SCOT, pour Soc, espèce de chappe, manteau. Gl. *Secca*, 1. — Soc de charrue. Gl. *Soccus*, 2.

SCOTE, Sorte de monnaie. Gloss. *Scotus*, 1.

SCOURION, Escourgeon, espèce d'orge. Gl. *Scario*, 2.

SCOUS, Sentinelle, celui qui fait le guet. Gl. *Scubiæ*.

SCOUZ, Sorte de jeu. *Scotus*, 2.

SCRIBANIE, Greffe. *Scribania*.

SCRUTINE, Recherche, examen, perquisition. Gl. *Scrutinium*.

SCUCHON, Écusson. Gl. *Scuchea*.

SCULIER, Officier qui a soin de la vaisselle, des plats ou des assiettes. *Scutelarius*, s. *Scutella* 1

SCUPIR, Cracher. Gl. *Scupienha*.

SCURE, Grange. Gl. *Scura*.

SCURÉ, Couvert, protégé. Gl *Scurolum*.

SEAGE, Le droit de station dans un port. Gl. *Sedes navium*, sous *Sedes*, 4.

SEAILLES, Moisson et les fruits de la terre qu'on scie et qu'on coupe. Gl. *Secatura*, 1.

SEAUPME, Psaume. Gl. *Salmus*.

SEBELIN, SEBELINE, Marte zibeline. Gl. *Sabelum*.

SEBOLTURE, Sépulture. Gl. *Sepultura*.

SECHAL, pour Sénéchal, Celui qui ordonne d'une fête. Gl. sous *Senescalcus*.

SÉCHEUR, Sécheresse, aridité. Gl. *Sicagium*.

SECONDAIRE, Second, celui qui a la seconde place. Gl. *Secundarius*.

SECONT, Selon, suivant. Gl. *Segundus*.

SECORION, SECOURION, Escourgeon, espèce d'orge. *Securionus*

SECOURCI, Retroussé. Gl. *Rebrachiatorium*.

SECOURS, Poche, ou doublure d'un habit. Gl. s. *Succursus*.

SECRESTAIN, Sacristain. Gl. *Secretarius*, 1.

SECRET, pour Sceau secret. Gl. sous *Sigillum*.

SECRET DE LA MESSE, Le canon, parce qu'il se dit à voix basse. Gl. sous *Secretum*, 1.

SECRETAIN, Sacristain. Gl. *Secretarius*, 1, et *Sacrista*.

SECRETE ROYALE, Le trésor royal Gl. *Secreta*, 2.

SECRETERE. LIEU SECRETERE, Salle où s'assemblent des juges ou des échevins de ville. Gl. *Secretum*, 1.

SECTES, Gens habillés de la même façon. Gl. *Secta*, 5.

SECULARE, Séculier, laïque. Gl. *Sæcularis*.

SÉE, Fauchée, autant de foin qu'en peut scier un homme dans un jour. Gl. *Secatura*. — Espèce de cheville de fer. Gl. sous *Sayus* — Scie ou hache. Gl. *Seccare*.

SEEILLÉE, SEELLÉE, Autant que contient une *Seille* ou seau. Gl. *Selha* et *Situla*.

SEG

SEEL, Sceau. Gl. s. *Sigillum*.

SEELLEUR, Garde du sceau d'une juridiction. Gl. *Sigillarius*, 1.

*SÉENZ, Séant, décent, qui a bonne mine. R. R. Gl. t. 3.

SEER, Couper, scier. Gl. *Treffa*.

SEERRES, Scieur, celui qui scie ou coupe les blés, le foin, etc. Gl. *Secatura*, 2.

SEETE, Seette, Flèche, javelot, trait d'arbalète. Gl. *Sagitta*, 2.

SEGANCIER, Héritier, descendant. Gl. *Sequaces*.

SEGANZ, Suivant, qui suit. Glos. *Segundus*.

SEGLOUT, Morceau qu'on avale tout d'un coup. Gl. *Glotonus*.

SEGNE, Enceinte, lieu renfermé entre certaines bornes. Gloss. *Signum*, 9.

SEGNER, Faire le signe de la croix. Gl. *Signare*.

SEGNORAGE, Seigneurie. Gl. *Signoraticum*, sous *Senior*.

SEGNORIR, Faire chevalier, revêtir des marques de la chevalerie. Gl. sous *Miles*.

SEGON, Selon, suivant. *Segundus*

SEGORAGE, Droit qui est dû au *segraier*. Gl. sous *Secretarius* 3

SEGRAIER, Segrayer, Gruyer, sergent ou officier forestier. Gl. *Secretarius*, 3.

SEGRAIERIE, Segrairie, Droit qui est dû au *segraier*. Gl. sous *Secretarius*, 3.

SEGRAL, Segrayerie, Le même. Gl. *Segreeria*.

SEI

SEGRE, Suivre. Gl. *Sequi*.

SEGREAGE, Segreaige, Droit qui est dû au *segraier*. Gl. sous *Secretarius*, 3.

SEGREER, Garde ou sergent forestier. Gl. *Segreerius*.

SEGRETAIN, Sacristain. Gl. *Segrestanus*, sous *Sacrista*.

SEGRETE, Cour fiscale, chambre des Comptes. Gl. *Secreta*, 2.

SEGUENCE. Se dit des jeunes animaux qui suivent leurs mères. Gl. *Sequela*, 7.

*SEGUR, Sûr. F. Gl.

*SEGUR, Segure, Sûr, certain, sûre, certaine. L. J. P. p. 87.

*SEGUREMENT, En sécurité. F. Gloss.

SEGURTÉ, Sûreté, assurance. Gl. *Securatio*.

SEHAGE, Sciage. Gl. *Seccare*.

SEHUR, Exempt, privilégié. Glos. *Securus*, 3.

SEICTURE, Mesure de pré, autant qu'un homme en peut faucher dans un jour. Gl. *Sectura*, 2.

SEIGLE, Siècle. Gl. *Sœcularis*. — Seau. Gl. *Situla*.

SEIGLON, Mesure de terre contenant environ vingt perches. Gl. *Selio*.

SEIGNAU, Seing, signature. Gl. *Signaculum*.

*SEIGNAUS, Signes, insignes, marques. L. J. P. p. 330.

SEIGNE, Seine, sorte de filet pour pêcher. Gl. *Seyna*.

SEI

*SEIGNÉES, Consignées. L. J. P. page 121.

SEIGNEMENT, Signe, l'action de représenter par signes, pantomine. Gl. *Signare*, 3.

SEIGNER, Marquer, mettre un seing. Gl. *Signator*, 1.

SEIGNEUR, Mari. Gl. sous *Senior*. — Beau-père. Gl. *Senior*. SEIGNEUR PAR AMONT, PAR DESSUS, Seigneur dominant. Gloss. sous *Dominus*, 6. — SEIGNEUR DES CHETIFS, DE GRANT, Nom du chef d'une société de jeunes gens. Gl. sous *Captivare*, 2. — SEIGNEUR DROITURIER, Vrai et légitime seigneur. Gl. sous *Dominus*, 11. — SEIGNEUR DE L'EGLISE OU DE L'ORDRE, Principal officier d'un monastère et ancien religieux Gl. sous *Dominus*, 11. — SEIGNEUR ENTREMOIEN, Qui est entre le dominant et le subalterne. Gl. sous *Dominus*, 6. — SEIGNEUR EN LOIX, Docteur en droit. Gl. sous *Dominus* 11. — SEIGNEUR. ETRE MIS A SEIGNEUR, Etre mis en possession d'une terre ou d'une seigneurie. Gl. *Senior*.

SEIGNORAGE, Seigneurie, domaine. Gl. *Segniorivum*.

SEIGNEURIABLE, Seigneurial. Gl. *Complanatum*.

SEIGNEURIER, Gouverner, administrer. Gl. *Segnorare*.

*SEIGNEZ, Marqué d'un signe. L. J. P. p. 279.

SEIGNIE, Le droit de loger et de manger chez son vassal ; ou ce qu'il donne en argent pour se rédimer de ce droit. *Sonneia*.

SEIGNIER, Marquer, mettre un seing. Gl. *Signator*, 1. — [Faire

SEJ

le signe de la croix, *Signare*. R. R. Gl. t. 3.]

SEIGNOURIR, Dominer, commander. Gl. *Segnorare*.

SEILLE, Faucille pour scier ou couper les blés. Gl. *Secatura* 1. — Seau, baquet. Gl. *Selha*.

SEILLETTE DE VOIRRE, Bouteille de verre. Gl. *Situla*.

SEILLIE, Mesure des liquides. Gl. *Situla*.

SEILLIER, Le lieu où l'on met les seilles ou seaux. Gl. *Selha*.

SEILLON, Mesure de terre contenant environ vingt perches. Gl. *Selio*.

SEINE, Lieu où l'on peut pêcher avec le filet appelé *Seine*. Gl. *Seyna*.

SEINGNIÉ, Seing ou paraphe. Gl. *Signetum*, 2.

SEINE, Les saintes Reliques. Gl. *Sancta*, 2.

SEINT, Cloche. Gl. *Signum*, 8.

SEINTURES, Reliques et Reliquaires. Gl. *Sanctuarium*, 5.

*SEINZ, Sans, *sine*. Ch. R. v. 511

SEJOR. AVOIR SEJOR, Avoir du repos. Gl. s. *Sejornum Regis*.

SEJORNÉ, Cheval frais, reposé. Gl. *Sejornum Regis*.

SEJOUR, Maison, hôtel où l'on demeure. Gl. *Sejornum*, sous *Sejornare*. — SEJOUR DU ROY, Ecurie des chevaux du roi. Gl. *Sejornum Regis*. — BESTE DE SEJOUR, Cavale ou vache qui a mis bas, et qu'il faut laisser reposer. Gl. *Sejornare*. — ESTRE

SEJOUR, Être bien traité et reposé. Gl. s. *Sejornum Regis*.

SEJOURNER, Demeurer, s'arrêter, rester un moment.—Mettre des chevaux à l'écurie pour les rafraîchir et les faire reposer. Gl. *Sejornare*.

SEIPS, Haie, cloison. Gl. *Septum*.

*SEIR, Soir. Ch. R. v. 3412.

SEL, L'usage de mettre du sel auprès des enfants qu'on expose pour marquer qu'ils n'ont point été baptisés. Gl. *Sal*. — Sceau. Gl. sous *Sigillum*.

SELIÉE, Autant que contient une seille ou seau. Gl. *Selha*.

SELLE, Porter la Selle, Punition infamante. Gl. sous *Sella* 2 —Mense, revenu d'un prélat ou d'une communauté. Gl. *Sella* 6.

SELLETE. Estre mis a la Sellete, y manger, Sorte de pénitence chez les moines et dans l'ordre de Malte. Gl. *Sella*, 5.

SELON, Le long. Gl. *Segundus*.

SELVE, Bois, forêt. Gl. *Sylva*.

SEMAINE Grasse, Celle qui précède le dimanche gras. Gl. sous *Hebdomada*.

SEMAISE, Mesure de vin à Lyon, contenant deux pots. *Semaisia*.

SEMALE, Semale, Espèce de vaisseau propre à porter la vendange et à d'autres usages. Gl. *Semalis*.

SEMBLABLEMENT, Ensemble. Gl. *Simultim*.

SEMBLER, Ressembler, être semblable. Gl. *Similare*.

SEMBUE, Sorte de char, à l'usage principalement des dames, litière. Gl. *Sabuta*.

SEME, Office ou service pour les morts, qui se disait le septième jour après la mort, ou pendant les sept jours qui la suivaient. Gl. *Seme*.

SEMEIGNE, Semaine. *Pascha*.

SEMELIER, Cordonnier, savetier. Gl. *Semellator*.

SEMELIN, Semelle de soulier. Gl. *Semellator*.

SEMENTER, Semer, ensemencer. Gl. *Sementare*.

SEMETTAIRE, Cimeterre, épée de Turquie. Gl. *Sparus*.

SEMEUR, Semoir. — Terre Semeure, Qui a coutume d'être ensemencée, propre à recevoir la semence. Gl. *Semeurus*.

SEMEURE, Semence. *Semeura*.

SEMIE, faute pour Senne, Synode, assemblée ecclésiastique. Gloss. *Synodus*, 2.

SEMILLE, Niche, petite malice, tour de gaieté. Gl. s. *Gamba* 1.

SEMINEL, Pain ou gâteau de fleur de farine. Gl. *Simenellus*.

SEMITARGE, Demi-targe, cimeterre, épée de Turquie. *Targa*.

SEMOERE, Semoire, Semoir, ce qui sert à mettre le grain que le laboureur sème. Gl. *Semeurus*.

SEMOINER, Semondre, avertir, inviter. Gl. *Submonere*.

SEMOISONS, Le temps des semailles. Gl. *Seminatura*, 2.

SEN

SEMON, pour Se ay mon, en sous-entendant compte. Gl. *Semo 2.*

SEMONCE. ESTRE EN SEMONCE, Se dit à Auxerre du chanoine qui est en tour, de donner à dîner aux enfants de chœur, l'une des grandes fêtes de l'année.Gl. *Semoncia.*

SEMONCHE, Semonce, avertissement. Gl. *Semonere.*

SEMONDEUSE, Femme qui invite les parents ou amis d'un mort à son enterrement Gl. *Semoncia.*

SEMONDRE, Appeler en justice, donner assignation. *Submonere*

SEMONNER, Semondre, avertir, inviter. Gl. *Submonere.*

SEMONNOIR, SEMONNEUR, Celui qui semonce, sergent. Gl. *Submonitor,* sous *Submonere.*

*****SEMONS**, SOMONS, SOMONSES, ajournés, appelés, assignés. — Roman de Mahomet, v. 1376 : « *Semons* furent, tuit sont venu Au jour, au liu, grant et menu. »

*****SEMONSES**, Citations, assignations, ajournements. — Assises de Jérusalem, I, 339 : « Il est encheu come de défailli de *semonce* et de dreit faire. »

SEMONUS, Semoncé, averti. Gl. *Semonere.*

SEMOSSE. BESTES ET SEMOSSES, p. e. pour *Bestes de somme.*Gl. *Semossa.*

SEMPRE, Toujours. Gl. *Semper.*

SENAGE, p. e. Le droit qu'on payait au seigneur pour pouvoir mettre une enseigne. *Senale 2.*

SEN

SENAILLE, Semaille, semence. Gl. *Senaillia.*

SENCH, Étable à pourceaux. Gl. *Sencha, 2.*

SENDIER, Sentier, chemin. Gl. *Senterium.*

SENÉ, Sain, qui se porte bien.Gl. *Sanitas.*—Sensé, plein de sens. Gl. *Sensatus.*

*****SENÉEMENT**, Sagement, prudemment. R. R. Gl. t. 3, p. 9.

SENEFIANCHE, Signification. Gl. *Significantia, 2.*

SENELÉE, Haie. Gl. s. *Senellus.*

SENER, Panser une plaie. Gl. *Sanare, 1.*

SENESCALISSE, Sénéchale. Gl. *Senescalissa,* sous *Senescalcus.*

SENESCHAL, Économe, maître d'hôtel. Celui qui est chargé du recouvrement des deniers d'une seigneurie. Gl. s. *Senescalcus.*

SENESCHAL D'UNE ÉGLISE, Celui qui en régit et administre les biens. Gl. sous *Senescalcus.*

*****SENESTRE.** Gauche. F. Gl.

*****SENESTRE**, Gauche.—Les Quatre Livres des Rois, p. 21 : « A destre ne à *senestre* ne turnèrent. »

SENESTREMENT, Mal, d'une façon désavantageuse. *Sinistrum*

*****SENEZ**, Sensé, sage, prudent, *sensatus.* R. R. Gl. t. 3, p. 239.

SENGLER, Sanglier. *Singularis.*

*****SENGLES**, Seul, singulier, particulier, unique. — Anc. trad.

SEN

du Digeste, folio 6 v°, col. 1 :
« *Sengles* droiz est qui est establiz contre la forme de reson por aucun proufit. »

SENGNIELLER, Faire le signe de la Croix. Gl. *Signare*, 1.

SENHOR, Seigneur. Gl. *Senhoria*

SENNE, Synode, assemblée ecclésiastique. Gl. *Synodus*, 2. — Le livre qui contient les statuts synodaux. Gl. *Senne*.

*SENNEFIANCE, Senefiance, Signe, marque, indice. L. J. P. p. 8.

SENONCHE, p. e. Cours d'eau ou étang. Gl. *Senonchia*.

SENS, Gens sensés et prudents. Gl. *Sensatus*.

SENSCHALE, Sénéchale. Gl. *Senescalissa*, sous *Senescalcus*.

SENSIBLE, Sensé, qui a du sens. Gl. *Sensibilis*, 2.

SENSUALITÉ, Sens, intelligence. Gl. *Sensualitas*, 3.

*SENT, Seint, Saint, sacré, consacré. L. J. P. p. 64.

SENTAINE, Sorte de petit bateau ou nacelle sur la Loire. *Sentina*

SENTE, Fond de cale. Gl. *Sibulus* — Sentier ; d'où *Senteleite* et *Sentelotte*, Petit sentier. Gloss. *Senterium*.

*SENTENCE, Sens, sentiment, opinion, avis. — Le Conseil de Pierre de Fontaines, p. 496 : « Cil fet boisdie à la loi qui garde les paroles de la loi et en mue la *sentence*. »

SENTENCHIER, Celui qui rédige les sentences des juges, greffier. Gl. *Sententiarius*, 2.

SEP

SENTENE, Sentine, Sorte de petit bateau ou nacelle sur la Loire. Gl. *Sentina*.

SENTERET, Sentier, chemin. Gl. *Senterium*.

SENTIR, Penser, juger, être d'un sentiment. — Pressentir, sonder le sentiment de quelqu'un. — Se dit d'un enfant qui remue dans le ventre de sa mère. *Sentire* 2.

SEOIRS, Manière de s'asseoir et de se tenir assis. Gl. *Demorari*.

SEONNEUR, Moissonneur, celui qui scie les blés. Gl. *Secatura* 2.

SEPAÉS, pour Sachiez, du verbe *Sapir*, Savoir. Gl. *Sapere*, 1.

SEPMAINE Double, Celle qui suit le dimanche de la Trinité. Gl. *Hebdomada Trinitatis*.

SEPMAINE. C'est une faute pour Fenestre, Boutique, lieu où l'on expose la marchandise à vendre. Gl. *Septimana*, 2.

SEPME, Office ou service pour les morts, qui se disait le septième jour après la mort, ou pendant les sept jours qui la suivaient. Gl. *Septimale*.

SEPOURE, Sépulcre, tombeau. Gl. *Buxtum*.

SEPOUTURE, Sépulture, enterrement, funérailles. — Sépulcre, tombeau. Gl. *Sepultura*.

SEPT, Haie, cloison, clôture. Gl. *Septum*.

SEPTEMBRAICHE, Septembrate Septembresce, Septembresche, La fête de la Nativité de la Vierge, qui se célèbre en septembre. Gl. *Festum Nativitatis B. M.* sous *Festum*, 1.

SER

SEPTENE, La banlieue de Bourges. Gl. *Septena*, 4.

SEPT-TIRES, Septentrional. Gl. *Septemtirius*.

SEPUIT, Enterrement; p. e. faut-il lire *Sepme*, Service pour un mort. *Sepellicio* et *Septimale*.

SEPULTURER, Donner la sépulture, enterrer. Gl. *Sepultare*.

SEQUANNIE, Souquenille, vêtement de grosse toile. *Soscania*.

SEQUELLE, Suite, dépendance. Gl. *Sequela*, 8.

SEQUEUER, Secouer, s'agiter, se tirailler. Gl. *Succusatio*.

SEQUILLON, Une petite branche d'arbre qu'on a coupée. *Sequia*

SERCEL, Cerceau, enseigne ordinaire des cabarets. *Serchellum*.

SERCELIER, Cerclier, faiseur de cerceaux, tonnelier. *Serchellum*

*****SERCHER**, Chercher. F. Gl.

SEREMENTER, Faire serment, s'engager par serment. Gl. *Sacramentare*.

SERENS, Serans, outil pour préparer le chanvre ou le lin. Gl. *Brustia*, 2.

SERF COUSTUMIER, Celui qui paye argent, avoine et poule. Gl. *Servi consuetudinarii*, sous *Servus*.

SERF PISSENÉ, Le bâtard d'un serf. Gl. *Servus*.

SERGANT, Serviteur, valet. Gl. *Serviens*.

SERGE, Couverture, tapis. *Serga*.

SERGENS D'ARMES ou **A MASSE**.

SER

Ils gardaient le roi et les châteaux des frontières. Gl. *Servientes armorum*.

SERGENT BARRIER, Qui lève les impôts aux barrières des villes. Gl. *Serviens barrarius*.

SERGENT CHAMPESTRE, Messier, garde des champs. Gl. *Serviens camparius*.

SERGENT DANGEREUX, Celui qui veille aux délits des champs ou des forêts, et surtout au droit du roi dans les bois, appelé *Dangier* Gl. *Damnum* 2 et *Dangerium* 2

SERGENT DE LA DOUZAINE, Garde du prévôt de Paris. Gl. *Serviens duodenæ*.

SERGENT DES EAUES, Sergent de la juridiction des eaux et forêts. Gl. *Serviens aquarum*.

SERGENT DE L'ESPÉE, Gl. *Servientes spathæ*, sous *Serviens*.

SERGENT FEODÉ, Celui dont le fief était sujet à différents services et qu'on appelait *Sergenterie fieffée*. Gl. sous *Serviens*.

SERGENT FERMIER, Qui a pris à ferme l'office de sergent. Gloss. *Serviens firmarius*.

SERGENT DE NUICT, Celui qui fait le guet pendant la nuit. Gl. *Serviens de nocte*.

SERGENT DE PIEDS, Piéton, fantassin. Gl. sous *Serviens*.

SERGENT PRAIRIER, Qui garde les prairies. Gl. *Serviens pratarius*.

SERGENT DE LA QUERELLE, Qui servait au fait des duels, ou pour le différend et la querelle des parties. Gl. *Servientes querelæ*, sous *Serviens*.

SERGENT Volant, Messier, qui pour la garde des champs, court çà et là. Gl. *Serviens camparius*

SERGENTERIE, Sergentie, Fief de sergent sujet à divers services. *Sergantaria*, s. *Serviens*.

SERGENTISE, Office de sergent. Gl. *Sergentaria*, sous *Serviens*.

SERGEON, Petite serge. *Serga*.

SERI, Le soir. Gl. *Sera*, 1. — [Doux, mélodieux; modérément, gravement. R. R. Gl. t. 3, p. 60.]

*SERJANT, Serviteur, valet. Glos. *Serviens*.

SERJANT a Cheval, Cavalier. Gl. sous *Serviens*.

SERIE, Assemblée du soir, où les femmes et filles s'occupent à filer. Gl. *Sera*, 1.

SERJEANTIE, Fief de sergent, sujet à divers services. *Serviens*

SERIETÉ, Sérénité, tranquillité. Gl. *Serenatio*.

SERLEX, Sellier. Gl. *Selarius*.

SERMEAU, Serpe; peut-être faut-il lire *Fermeau*. *Ferramentum*

SERMENT. Villain Serment, Blasphème contre Dieu, la Vierge et les saints. *Juramentum vile*.

SERMENTÉ, Qui a prêté serment. Gl. *Sermentatus*.

SERMONEMENT, Sermon, exhortation. Gl. *Sermo*, 2.

SEROIGNIE, Seigneurie. Gl. *Segnhoria*.

*SEROR, Son, Suer, Sœur. — Benoît, Chroniques des ducs de Norm. v. 35715 : « L'ante Herbert, *seror* Hugun. » — Arch. adm. de la ville de Reims, I, 746 : « Teneure vaut de frère contre *suer*. »

SERORGE, Seroun, Serourge, Beau-frère. Gl. *Sororgius*.

SERPAULT, Serpaut, Serpe. Gl. *Sarpia*.

SERPELIERE, Balle de laine d'un certain poids. Gl. *Serpeillera*.

SERPENTELLE, Petit serpent. Gl. *Serpentella*.

SERPENTINE, Gros canon, couleuvrine. Gl. *Serpentina*, 2.

SERPIER, Serpe. Gl. *Sarpia*.

SERPOL, Trousseau qu'on donne aux filles en les mariant. Gl. *Serpol*.

SERQUEU, Serqueul, Cercueil, tombeau, sépulchre Gl. *Sandapila*, sous *Sandapela*, et *Sarcophagus*.

SERRAIS, Valet de chambre. Gl. *Sarrachorides*.

SERRER, Enfermer, mettre sous la clef. Gl. *Serare*.

SERRER un Bateau, Le tenir droit au moyen d'une corde. Gl. *Serare*.

SERREUSE, Serrure. — Ceinture ou boucle. Gl. *Sarreuria*.

SERRI, Montagne, colline. Glos. *Serrarium*.

*SERS, Serf, Serve, Colon attaché à la terre. L. J. P. p. 294.

SERTE, Le temps du service d'un

SER

valet ou d'un apprenti. Gl. *Servitium*.

SERTÉE, Barrière, clôture. Gl. *Sertura*.

SERVAGE, Service, obéissance. Gl. *Servagium*.

SERVAIGE, Cens ou redevance que doivent les serfs à leur seigneur. Gl. *Servagium*.

SERVANT AU BASSIN, Celui qui tient le bassin à la cérémonie du lavement des pieds. Gl. *Serviens ad cupam et ad pelvim*.

SERVANT DE L'ESCUELLE, Officier de la table du roi. Gl. *Serviens scutellæ*.

SERVANT DE VIN, Officier de la table du roi. Gl. *Serviens vini*.

SERVE, Boutique, huche, ou réservoir où l'on conserve le poisson et autre chose. Gl. *Salvarium* et *Servatorium*. — Service Gl. *Servitium*.

SERVEL, La tête. Gl. *Cervella* 2.

SERVENTAGE, Service ou redevance d'un fief. *Serventagium*.

SERVEUR, Boutique, huche, où l'on conserve le poisson. Gloss. *Servatorium*.

SERVICE, Prières, office de la Vierge. — Main d'œuvre, ce qu'on paye pour la façon d'un ouvrage. Gl. *Servitium*. — SERVICE DE LA CHAMBRE DU PAPE, Ce qu'un nouvel évêque paye à la chambre apostolique. Gl. *Servitium cameræ Papæ*. — SERVICE DE COMPAGNON, Service militaire que fait un vassal accompagné d'autres. Gl. *Servitium socii*.— SERVICE DE CORPS, Celui qu'un vassal doit faire en personne. Gl.

SES

Servitium corporis. — SERVICE DE COURT, L'obligation d'assister à la cour ou aux plaids de son seigneur. Gl. *Servitium curiæ*. —SERVICE HAINEUX, Taille, corvée, etc. Gl. *Servitium servile*. — SERVICE D'OST, Service militaire. Gl. *Servitium militare*.— SERVICE TRESPASSÉ, Le service des années passées. *Servitium*.

SERVICHE, Service que doit un vassal à son seigneur. Gl. *Servitium*.

SERVICIOU, Servante, garde de femme en couches. *Servitialis*.

SERVIGE, Service pour un mort, anniversaire. Gl. s. *Servitium*.

SERVIR DEVANT AUTRUI, Être au service de quelqu'un. *Servire* 1.

SERVIR SON JOUR, Comparaître à une assignation. Gl. *Servire* 1.

SERVIR NE DE TANT NE DE QUANT, Ne servir en aucune manière. Gl. *Servire*, 1.

*SERVISE, SERVISES, Servitudes. L. J. P. p. 294.

SERVITERESSE, SERVITERRESSE, Servante. Gl. *Serventa*.

SERVOISE, pour Cervoise, lieu où l'on vend de la bière, ou brasserie. Gl. *Cerevisia*.

SERURGE, Beau-frère. *Sororinus*

SERY, Serein, en parlant du temps. Gl. *Serenificare*. Voyez *Seri*, 2.

SESCHAL, pour Sénéchal, Celui qui ordonne d'une fête. Gl. sous *Senescalcus*.

SESINE, Saisie. Gl. *Saisina*.

SESNE, Synode, assemblée ecclésiastique. Gl. *Synodus*, 2.

SEU

SESTER, Septier, mesure de vin. Gl. *Sextarium.*

SESTERAGE, Droit de mesurage. Gl. *Sesteragium,* sous *Sextariaticum.*

SESTERÉE, Mesure de terre contenant un *sestier* de semence ou qui doit un *sestier* de rente. Gl. *Sextarata.*

SESTEROT, Septier, mesure de grain. Gl. *Sextarium.*

SESTRÉE, Certaine mesure de terre. Gl. *Sestra.*

*****SETE,** Bête extrêmement puante. R. R. Gl. t. 3.

SETERLAGE, Droit de mesurage. Gl. *Sestairagium.*

SETRELLAGE, Le même. Gloss. *Sexterlagium,* s. *Sextariaticum*

SEU, Sureau. Gl. *Sambussus.* — Étable à pourceaux. Gl. *Sudis.*

SEUAGE, p. e. Le droit de station dans un port. Gl. *Sedes navium* sous *Sedes,* 4.

*****SEUE (Commune),** Connaissance générale, notoriété publique. L. J. P. p. 25.

SEVELIR, Enterrer, inhumer. Gl. *Sepeliatio.*

SEVERAL, Qui est séparé. Gloss. sous *Separale.*

SEUERONDE, La partie du toit qui avance sur le mur. *Superundare*

SEUF, Haie, palissade, clôture. Gl. *Sotum,* 1.

SEUIGRE, Suivre. Gl. *Sequi.*

SEULE, Solive. Gl. *Seullura.* — Cellier, cave. Gl. *Sola,* 5.

SEU

SEULE-ERAUZ, Le fond d'un canal, qui est en pente pour donner de l'écoulement à l'eau. Gl. *Solum aquaticum.*

SEULLE, Solive. Gl. *Seullura.* — Le fond d'un navire ou d'un bateau. Gl. *Sola,* 5.

SEULT, Il est accoutumé, il est d'usage ; du verbe *Seuldre* ou *Sieuldre.* Gl. *Nuptiaticum.*

SEUR, Sureau, Gl. sous *Maium.* — Pour Sœur, Qui a les mêmes sentiments et la même conduite. Gl. *Soror.*

SEURAGE, Sûreté, assurance. Gl. *Securatio.*

SEURANNÉ, Suranné, qui a plus d'un an. Gl. *Superannatus.*

SEURATTENDRE, Attendre. Gl. *Subexspectare.*

SEURCORS, Seurcot, Sorte de robe ou d'habit commun aux hommes et aux femmes. Gloss. *Surcotium.*

*****SEURDUIT,** Insulté, malmené. R. R. Gl. t. 3, p. 277.

SEURE, Certain droit, p. e. pour la faculté d'arroser ses prés en y introduisant l'eau par différents canaux. Gl. *Seware.*

SEVRER, Séparer, diviser en perçant. Gl. *Seperalitas.*

SEURESTAT, Sûreté qu'on donne à son ennemi de ne lui pas nuire pendant un certain temps. Gl. *Status,* 12.

SEURESTIN, p. e. Sureau. Glos. *Sambussus.*

SEURFAIT, Les fruits de la terre, soit arbres, plantes, blés, etc. Gl. *Superficies.*

SEURFET, Coupe d'un taillls, le taillis même. Gl. *Superficies*.

SEURNOMMER, Donner à quelqu'un un autre surnom que celui qu'il porte. Gl. *Supernomen*

SEURONDE, La partie du toit qui avance sur le mur, auvent. Gl. *Superundare*.

SEURONDER, Déborder, se répandre par dessus. Gl. *Superundare*.

*****SEURPRANDRE**, Usurper L.J.P page 279.

SEURPRENDRE, Gagner, se glisser, faire des progrès. Gl. *Surprendere*, 2.

SEURSAILLANT, Officier en second, surnuméraire, celui qui doit remplacer. *Supersalientes*.

SEURSELIERE, Cotte d'armes faite de laine ou de coton. Glos. *Superpunctum*.

SEURTONTURE, Les extrémités les moins fines des toisons. Gl. *Gratus*, 4.

SEURVENDEUGIER, Cueillir des raisins dans la vigne d'un autre. Gl. *Roya*.

SEUWIERE, SEUWYERE, SEWIRE, Canal qui conduit l'eau à un moulin, ou par lequel on décharge un étang. Gl. *Seweria*.

*****SÉUZ**, Sureau, arbrisseau. R.R. Gl. t. 3.

SEXE, Partie du corps humain qui fait la différence du mâle et de la femelle. Gl. *Sexus*, 2.

SEXTELAGE, Droit de mesurage des blés. Gl. *Sextellagium*, sous *Sextariaticum*.

SEXTERADE, Mesure de terre contenant un septier de semence ou qui doit un septier de rente. Gl. *Sextaratą*.

SEXTERAGE, Redevance d'un septier de vin. *Sextayragium*.

SEYETE, Petite scie ; du verbe *Seyer*, Scier. Gl. *Seyatus*.

SEYM, Graisse, suif, saindoux. Gl. *Seupum*.

SEYNNE, Lieu où l'on peut pêcher avec le filet, appelé Seine. Gl. *Seyna*.

SEYTURE, Mesure de pré, autant qu'un homme en peut faucher dans un jour. Gl. *Setura*, 2.

SEZAILLE, Rognures, ce qu'on a rogné avec des ciseaux. Gl. *Scisalhæ*.

SEZILE, pour Sicile. *Siciliani*.

SI, Condition, réserve, exception. *Par si*, A condition. Gl. *Si* et *Commendationes*.

SIBLET, Siflet, d'où *Sibler*, sifler Gl. *Sibulus* et *Sibulare*.

SIBOINGNE, pour Ciboire, Tabernacle, armoire sur l'autel où l'on garde l'Eucharistie. Gl. *Ciborium*.

SIECLE, Monde, lieux, climats. Gl. *Sæculum*. — HOMME DE SIECLE, Séculier, laïque — FILLETTE, CHANÇON DE SIECLE, Fille du monde, chanson mondaine. Gl. *Sæcularis*.

SIECLER, Plaire au monde. Glos. *Sæcularis*.

*****SIED**, Ville, plus spécialement lieu où séjourne le roi, c'est-à-dire capitale. Ch. R. v. 3706.

SIEGE, Assemblée, repas de confrérie. Gl. *Sedes*, 6.

SIEGE DE NEFS, Le droit qu'on paye pour un vaisseau qui reste quelque temps dans le port. Gl. *Sedes navium*, sous *Sedes*, 4.

SIELE, Selle de cheval. Gl. *Strepa*

SIENCE, C'est une faute pour Sieute, Suite, dépendance. Gl. *Secta*, 12.

SIETTANS, Soixante. Gl. *Sexagenarii*.

SIEU, Suif. Gl. *Seupum*.

*SIEULTE, Secte, parti. F. Gl.

SIEUREL, Espèce de maquereau, poisson. Gl. *Saurus*, 2.

SIEURIE, Seigneurie, domaine. Gl. *Signoria*, 1.

SIEUTE, Suite, juridiction, droit. Gl. *Secta*, 12. — S'est dit des différentes pièces d'une parure lorsqu'elles sont de la même étoffe et façon. Gl. *Secta*, 5.

SIEVYR, Suivre. Gl. *Sequi*.

SIGANT, Poulain, veau ou autre animal qui suit encore sa mère. Gl. *Sequela*, 7.

SIGE, pour Siege, Emplacement. Gl. *Sedes*, 4.

SIGILLIER, Greffier, notaire. Gl. sous *Sigillarius*, 1.

SIGLE, Voile ; d'où *Sigler*, Aller à la voile, naviguer. Gl. *Sigla* 1

*SIGLER, Cingler, de *sigla*, voile. Ch. R. v. 2631.

SIGLETON, Sorte de vêtement d'étoffe précieuse. Gl. *Cyclas*.

SIGNACE, SIGNANCE, Les suites et dépendances d'un droit. Gl. *Sequela*, 8.

*SIGNACLE, Bénédiction avec le signe de la croix. Ch. R. 2848.

SIGNAL, Partie d'un moulin. Gl. *Signale*, 2.

SIGNANCE, Poulain, veau, ou autre animal qui suit encore sa mère. Gl. *Sequela*, 7.

SIGNE DE JUSTICE, Fourches patibulaires. Gl. *Furça*, 1.

SIGNER, Faire signe, appeler par signe. Gl. *Signare*, 3.

SIGNET, Billet signé ou paraphé. — Signe, représentation. Glos. *Signetum*, 2.

SIGNOR, Seigneur. Gl. *Senior*.

SIGNORER, Dominer, commander. Gl. *Segnorare*.

SIGRE, Suivre. Gl. *Sequi*.

SILENCE. ESTRE MIS EN SILENCE, Sorte de pénitence monastique. Gl. sous *Silentium*.

SILLEUR, Moissonneur, celui qui scie ou coupe les blés. *Selio*.

SILVINIENS, Monnaie du prieuré de Souvigni. Gl. *Sauviniacensis moneta*, sous *Moneta Baronum*

SIMENEL, Pain ou gâteau de fleur de farine. Gl. *Simenellus*.

SIMONNEL, pour Simenel. Glos. *Simenellus*.

SIMPLOIANT, Simple, doux, tranquille. Gl. *Simplex*.

SINACLE, Signe de croix. Gloss. *Signum*, 1.

SINAL, Le dessus d'une étable ou d'une bergerie. Gl. *Solarium* 1

SINAULT, SINAUST, Chambre haute, le dessus d'une bergerie. Gl. *Solarium*, 1.

SINCOPER LES PAROLES, Couper, diviser les mots, pour leur donner un autre sens que celui qu'ils ont. Gl. *Syncopa*, 1.

*SINDÉES, Libéré de la reddition de compte. L. J. P. p. 350.

SINGLATON, SINGLETON, Sorte de vêtement d'étoffe précieuse. Gl. *Cyclas*.

SINGLE, Voile de navire. *Sigla* 1

SINGNANCE, Suite, dépendance. Gl. *Sequela*, 8.

SINGOIEMENT, Singerie, tromperie. Gl. *Simiaticus*

SINGULIER, Un particulier, celui qui est de condition privée. Gl. *Singulares*, 2.

SINSENIER, Custode, ce qui couvre le saint Ciboire suspendu au dessus de l'autel. Gl. *Sinsenier*.

SINT, Cloche. Gl. *Signum*, 8.

SIOSTE, Tranquille. Gl. *Maionus*

SIOU, Terme de dérision et de moquerie. Gl. *Siou*.

SIRE, Seigneur, Terme appliqué à Dieu. — Seigneur ou dame d'une terre. — Père, beau-père, parâtre. — Seigneur, titre donné aux évêques, abbés et prêtres. Gl. *Siriaticus*. — SIRE DE LOIS, Docteur en droit, habile jurisconsulte Gl. sous *Dominus* 11. — SIRE, Terme injurieux, en y ajoutant celui de — *Beau* ou d'*Homme* ; ce qui alors signifiait un mari dont la femme est infidèle. Gl. *Siriaticus*.

SIREAU, Geste de mépris, coup de la main sous le menton. Gl. sous *Barba*, 1.

SIRET, diminutif de *Sire*, Seigneur. Gl. *Domnus*.

SIRREURGIE, Chirurgie ; d'où *Sirreurgien*, pour Chirurgien. Gl. *Sirurgia*.

SIRURGIER, Panser, traiter un malade ou un blessé ; d'où *Sirurgiée*, Pansement ; remède qu'applique un chirurgien. Gl. *Sirurgia*.

SISAINME, Sixième. Gl. *Sezana*.

SISEL, Ciseau. Gl. *Sciselum*.

SISIAU, Geste de mépris, coup de la main sous le menton. Gl. sous *Barba*, 1.

SISTE, Le sixième de quelque chose. Gl. *Sezana*.

SISTIER, Septier, mesure de vin. Gl. *Sextarium*.

SIVADE, Avoine. Gl. *Sivada*.

SIVRE, Suivre, poursuivre. Gl. *Sequi*.

SIXTE, Le sixième de quelque chose. Gl. *Sezana*.

SIZEAU, Geste de mépris, coup de la main sous le menton. Gl. sous *Barba*, 1.

SIZEAUL, Sorte de trait d'arbalète. Gl. *Sciselum*.

SKERMUCHE, Escarmouche. Gl. *Scaramutia*.

*SOAVET, Doucement. R. R. Gl. t. 3, p. 185.

SOBRE, Sur, dessus. Gl. *Sobra*.

SOBREVERS, Se dit de l'eau qui passe par dessus ce qui la contient. Gl. *Sobreversum*.

SOBSTE, Ce qu'on donne en retour dans les échanges. Gl. *Solta* 2.

SOC, Espèce de chappe, manteau. Gl. *Socca*, 1.

SOCAGE, Service de charrue, ou le rachat en argent de ce service Gl. *Socagium*, 1.

SOCE, Qui est en société de quelque chose avec un autre. Gl. sous *Socius*. — Sorte de redevance. Gl. sous *Soca*, 4.

SOCHE, Souche, tronc d'arbre. Gl. *Stoc*.

SOCHON, Compagnon, camarade, ami. Gl. *Sodes*. — Bâton, morceau de bois. Gl. *Socus*, 1.

SOCIENE, Servante ; ou femme qui est en société pour quelque chose avec une autre. *Socia*, 3.

SOCINE, Société, association. Gl. *Socina*.

SOÇON, Compagnon, camarade, ami. Gl. *Sodes*.

SODÉE, Solde, paye d'un homme de guerre. *Soldada*, s. *Solidata*.

SODÉE DE TERRE, Fonds qui rend un sol de rente. *Solidata terræ*

SODEER, Soldat, homme de guerre qui est à la solde de quelqu'un. Gl. *Souderarius*, sous *Solidata*.

*SODINEMENT, Soudainement, subitement. L. J. P. p. 224.

SODOIER, Soldat, homme de guerre. *Solidarii*, s. *Solidata*.

SODOMYE, Péché contre nature, qui se commet avec des bêtes, bestialité. Gl. *Hæreticus*.

*SODRE, Solder, payer, acquitter. L. J. P. p. 275.

*SOE, SOIE, SOUE, Sienne. — Le Conseil de Pierre de Fontaines, p. 94 : « Et s'aucuns veut la *soue* chose propre. »

*SOÉ, SOEF, Doucement. R. R. Gl. t. 3, p. 286.

*SOEF, Doux, agréable, *suavis*. R. R. t. 3, p. 301.

*SOEF, Doux, doucement, avec douceur.— De Leesse et le contraire, dans Romwart, p. 368 : « Il n'est riens qui n'ait son contraire.... Les espines sont près des roses. Aussi est l'ortie poingnant Jouxte l'erbe *souef* joignant. »

*SOENS, Sien (*suus*) Ch. R. 389.

*SOER, Sœur, *soror*. Ch. R. 3713

SOETURE, Mesure de pré, autant qu'un homme en peut faucher dans un jour. Gl. *Soitura*.

*SOFFIME, Sophisme. R. R. Gl. t. 3, p. 51.

SOFFRAITE, Disette, indigence. Gl. *Soffrata*.

*SOFFRIR, SE SOFFRIR, Attendre L. J. P. p. 311.

*SOFRIR (SE), Se priver, s'abstenir. R. R. Gl. t. 3.

SOGRE, Beau-père. Gl. *Senior*.

*SOIAX, Sceau. R. R. Gl. t. 3, 227

SOICH, Soc de charrue. *Soccus* 2.

SOI

SOIEF, Haie, palissade, clôture. Gl. *Sotum*, 1.

SOIER, Scier, couper le blé. Gl. *Secare*, 2.

SOIESTÉE, Société. Il se dit des terres dont les fruits se partagent entre le propriétaire et le fermier. Gl. *Soistura*.

SOIF, Haie, palissade, clôture. Gl. *Sotum*, 1.

SOIGAN ou **SOIGAU**, Chirurgien. Gl. *Soniare*.

*****SOIGN**, Besoin. Ch. R. v. 3,250.

SOIGNANT, Concubine, femme illégitime. Gl. sous *Sogneia*.

SOIGNANTAGE, Concubinage, commerce illicite avec une femme libre. Gl. sous *Sogneia*.

SOIGNE, **SOIGNÉE**, Bougie, chandelle. Gl. *Sogneia*.

SOIGNÉE, Droit seigneurial, service que doit un vassal, et le rachat en argent de ce service. Gl. *Sogneia*.

SOIGNEMENT, Frais, dépense qu'on fait pour quelqu'un. Gl. *Sonneia*.

SOIGNIE, Droit seigneurial, service que doit un vassal, et le rachat en argent de ce service. Gl. *Sogneia*.

SOIGNIER, Aider, fournir. Gl. *Soniare*.

SOIGNOLE DE PUIS, Machine pour tirer de l'eau d'un puits. *Ciconia*

SOIHESTÉS, Société. Il se dit des terres dont les fruits se partagent entre le propriétaire et le fermier. Gl. *Soistura*.

SOL

*****SOIL**, Seuil. R. R. Gl. t. 3.

SOILE, Champ, fonds de terre. Gl. *Ordelfe*. — **SOILLE**, Seigle. Gl. *Francarium* et *Sigalum*.

SOILLART, Souillon, valet de cuisine. Gl. *Soliardus*.

SOINGNIER, **SOINNIER**, Exposer en justice les raisons qui ont empêché de comparaître à l'assignation. Gl. *Essonniare*, sous *Sunnis*.

SOIPTURE, Mesure de pré, autant qu'un homme en peut faucher dans un jour. Gl. *Soitura*.

SOIREMENT, Serment. Gl. *Sacramentare*.

SOIS, Haie, palissade, clôture. Gl. *Sotum*, 1.

SOISON, Quartier de service. Gl. sous *Stagium*.

SOISTE, Société. Il se dit des terres dont les fruits se partagent entre le propriétaire et le fermier. Gl. *Soistura*.

SOITURE, Mesure de pré, autant qu'un homme en peut faucher dans un jour. Gl. *Soitura*.

SOKEMANRIE, Terre tenue en *Socage*, ou sous la condition du service de charrue. Gl. *Socmanaria*, sous *Socagium*, 1.

SOKET, diminutif de soc de charrue. Gl. *Soket*.

SOL, Solive, poutre. Gl. *Sola*, 6.

SOLABLE, Solvable, qui a de quoi payer. Gl. *Solubilis*, 2.—Quitte, libre, absous. Gl. *Solus*, 2.

*****SOLACIER**, Prendre des plaisirs. F. Gl.

SOL

SOLAGE, Droit sur le sol ou fonds des terres. Gl. *Solagge.*

SOLAIN, La portion ordinaire qu'on sert à un religieux. Glos. *Solacium,* 5.

SOLAS, Pièce de la monnaie des évêques de Cambrai. Gl. *Solarus.* — [Plaisirs. F. Gl.]

SOLATGE, Droit sur le sol ou fonds des terres. Gl. *Solatge.*

SOLATIER, Soulager, aider. Gl. *Solatiari.*

SOLAZ, Soulagement, consolation Gl. *Solagiamentum.* — [Plaisir, avantage. — Chanson des Saxons, II, 94 : « Grant *solaz* et grant joie i éust et baudor. »]

SOLDAR, Soldat, homme de guerre, qui est à la solde de quelqu'un. *Soldarius* s. *Solidata.*

SOLDÉE, Solde, paye d'un homme de guerre. Gl. *Soldada,* sous *Solidata.*

*SOLDEIERS, Soldats. Ch. R. 34

SOLE, La plante des pieds, ou la peau de dessous le pied. Gloss. *Sola,* 1. — Le fond plat et large d'un navire ou d'un bateau. Gl. *Sola,* 5. — Libre, quitte, qui ne doit rien. Gl. *Solus,* 2.

SOLEAU, Soliveau, bois de charpente. Gl. *Soliva.*

SOLÉE DE TERRE, Fonds qui rend un sol de rente. Gl. *Solidata terræ.*

SOLEMENT, Pavé. *Solamentum.*

SOLEMPNE, Célèbre, un homme d'une grande réputation. — Solemnel, authentique. *Solempnis*

SOL

SOLEMPNEUMENT, Solemnellement. Gl. *Mansionarii.*

SOLENNEL, Célèbre, illustre, de grande réputation. *Solemnis.*

SOLER, Soulier. Gl. *Sotulares excolati*, sous *Subtalares.* — Jouer à la *soule* ou au mail. Gl. *Solere,* 1. — Paver. *Solere,* 2.

*SOLET (NE), SIAUT, SIOT, NE SOULOIT. N'avait coutume. L. J. P. p. 59, 138, et 170. — Le Chastoiement, cont. XI, V, 24 : « La dame revint en maison, Qui n'aveit pensé si bien non : Contint sei si comme el *soleit*, Et mielz encor se mielz poeit. »

SOLEURE, Pavé. Gl. *Solere,* 2.

SOLIER, Etage de maison, chambre haute. Gl. *Solarium,* 1. — Soulier. Gl. *Soliarus,* 1.

SOLIN, Sol, rez-de-chaussée. Gl. *Solinum,* 3.

SOLITABLEMENT, Sagement, avec prudence. Gl. *Solidus,* 3.

SOLIVURE, Solive et tout ce qui regarde l'emploi qu'on en fait. Gl. *Solivare.*

SOLLE, Solive, poutre. *Sola,* 6.

*SOLLEMPNEMENT, Solennellement. L. J. P. p. 45.

SOLLICITEUR, Exécuteur testamentaire. Gl. *Sollicitator.*

SOLLIER, Etage de maison, chambre haute. Gl. *Solarium,* 1.

SOLLIN, Sol, rez-de-chaussée. Gl. *Solinum,* 3.

SOLLIVURE, Solive et tout ce qui regarde l'emploi qu'on en fait. Gl. *Solivare.*

SOM

SOLOIE, Saussaie. Gl. *Silicia*.

SOLOIRE, Le jeu de la *soule* ou du mail. Gl. *Solere*, 1.

SOLU, Libre, qui n'est pas marié. Gl. *Solutus*, 1.

*****SOLUE**, Résolue, décidée. L. J. P. p. 216.

SOMAS. PEAU DE SOMAS. C'est une faute pour *de Damas*. Gl. *Soma*, 2.

SOMATIER, Celui qui a soin des bêtes de somme. Gl. *Saumaterius*, sous *Sagma*.

SOMBRE, SOMBRER, La saison où l'on donne le premier labour aux terres ; ce qu'on appelait *Sombrer*. Gl. *Sombrum*, 2.

SOMBRIER, Témoigner son chagrin par des plaintes et des gémissements. Gl. s. *Sombrum* 2.

SOMBRIN, Certaine mesure de grain. Gl. *Sumberinus*.

SOMEY, Le service qu'un vassal doit à son seigneur avec ses bêtes de somme. Gl. *Sometum*, sous *Sagma*.

SOMMAGE, Le droit qu'on paye pour la charge d'une bête de somme. — Le service que doit un vassal à son seigneur avec ses bêtes de somme. Gl. *Summagium*, sous *Sagma*.

SOMMAICHE, L'obligation de porter les lettres de son seigneur, et de faire les autres commissions qu'il donne. Gl. *Summagium*, sous *Sagma*.

SOMMAIGE, La charge d'une bête de somme, ballot. Gl. *Somilagium*, sous *Sagma*.

SON

SOMMÉE, Le même. Gl. *Somata*, sous *Sagma*.

SOMMELIER, Officier de cour, qui est chargé de faire porter tout ce qui est à son usage — SOMMELLIER, Nom de différents officiers chez le roi. Gl. *Somarii* sous *Sagma*.

SOMMER, Faire la somme d'un compte. Gl. *Summare*, 5.

SOMMETIER, Celui qui conduit les bêtes de somme. Gl. *Somarii* sous *Sagma*.

SOMMIER, Bête de somme, cheval. Gl. *Somarii*, sous *Sagma*.

SOMMIERE. JUSTICE SOMMIERE, Sommaire. Gl. *Summarietas*.

*****SON**, Chanson, air, *sonus*; sommet, hauteur, *summus*; sien, *suus*. R. R. Gl. t. 3, p. 253.

SONAYS, p. e. Cureur de privés. Gl. *Soniare*.

SONE, p. e. L'action de curer un puits ou de le réparer. *Soniare*.

SONER, Payer, satisfaire à une dette. Gl. *Sonare*, 4.

SONGNANTAGE, SONGNENTAGE, SONGNIANTAGE, Concubinage, commerce illicite avec une femme libre. Gl. *Sogneia*.

SONGNIER, Aider, fournir. Gl. *Soniare*.

SONGNOLLE, Une partie de l'épaule du corps humain. *Sonella*

SONGNOLLE, Certain instrument p. e. une flèche, un trait d'arbalète. Gl. sous *Sonella*.

SONNAU, Sonnette. Gl. *Sonailla*

SONNER, Parler, dire, déclarer,

SOR

— Équipoller, être de même valeur. Gl. *Sonare*, 2.

SONNET, Petit bruit, un pet. Gl. *Sonitus*.

SONNETTE DE FESTE, p. e. Tambour de basque. Gl. *Sonella*.

SONNEUR DE BESTES, Celui qui élève des animaux. Gl. *Soniarc*.

SONREIS, Administrateur, économe. Gl. *Soniarc*.

SONTISE, Biens propres, domaine Gl. *Signoria*, 1.

SOPE, Échoppe, boutique, étau. Gl. *Sopa*, 1.

*SOPECENEUS, SOPECENOS, SOPECENOUS, SOSPECENEUSE, SOUPECENEUS, SOUPECENEUSES, Suspect, suspectes. — Beaumanoir, Coutumes du Beauvoisis, I, 460 : « Le justise doit penre toz les *souspeçonne.* s. » — Proverbes, Seneke le philosophe : « Trop grant loenge est *souspeceneuse*, et grans blastenge est signes de haine. »

SOPIR, Arrêter, supprimer. Gl. *Sopitivus*.

SOPPER, Chopper, faire un faux pas. Gl. *Assopire*.

SOPPIR, Abolir, supprimer. Gl. *Sopitivus*.

SOQUET, Impôt sur le vin et autres denrées accordé en forme d'octroi. Gl. *Soquetum*, 1. — Sabot. Gl. *Soqua*.

SOR, Se dit du faucon qui n'a qu'un an et qui n'a point encore mué, qui est de couleur jaune et roussâtre. Gl. *Saurus*, 1. — [Sur, *super*. R. R. Gl. t. 3, 202]

SOR

*SORBIR, Supprimer, absorber, usurper. L. J. P. p. 66.

SORBITER, Engloutir, absorber. Gl. *Subitare*, 1.

SORCEMÉ, Gâté, taché de marques de pourriture. *Pessarius*.

SORCERIE, SORCHERIE, Sortilège, maléfice. Gl. *Sorceria*.

SORCERON, Breuvages faits par sortilèges. Gl. *Sorceria*.

SORCIL, Sourcil. Gl. *Superciliose*

*SORCOT, Sorte de vêtement de dessus. — Rutebeuf, II, 472 : « Cote en ot, *sorcot* et mantel Afublé un poi en chatel. »

*SORDEIREZ, Troublé, empiré. L. J. P. p. 35.

*SORDRE, Arriver, survenir, venir, *surgere* ; sordroit, arriveroit, surviendroit. R. R. Gl. t. 3, p. 305.

SORESTIN, p. e. Sureau. Gloss. *Sambussus*.

SORFONDRE, Verser dessus. Gl. *Superfundere*, 2.

SORFRONGNER, Accuser, faire des reproches hautement. Gl. *Superdicere*.

SORGONS, Source, fontaine, ruisseau. Gl. *Sursa*, s. *Surgere*, 1.

SORIER, p. e. Folâtrer, badiner. Gl. *Sorcire*.

SORIR, Dessécher. Gl. *Sorrus*.

*SORMISE, SORMISES, SURMISE, SEURMISE, Allégation, surprise, abus, excès. L. J. P. p. 62, 86, 154 et 299.

SORNER, Railler, se moquer Gl. *Subsannare*.

SOS

SOROGE, Beau-frère. *Sororinus* 1

SORONDER, Abonder, regorger. Gl, *Superundare*.

SORORGE, Beau-frère. *Sororgius*

*SOROUR, Sœur. F. Gl.

SORPOIS, Les fruits de la terre, soit arbres, plantes, blés, etc. Gl. *Superficies*.

SORS, Sorcier ou bourreau. Gl. *Sortiarius*.

SORSAILLIR, Sauter par dessus, contrevenir à une convention. Gl. *Supersalientes*.

*SORT, Sourd, *surdus*. R. R. Gl. tome 3.

*SORT, Sourd. — Anc. trad. du Digeste, fol. 72 : « Aucun sont empesschié par loi que il ne soient juge, si come li *sorz* et li muz, et cil qui est forsenez par durablement. »

SORTIR, Essayer, éprouver. Gl. *Sortiare*.

SORTISSER, Secouer, ébranler. Gl. *Sorcire*. — Prédire, deviner. Gl. *Sortissare*.

SORTRAIRE, Voyez *Surtraire*.

*SORUR, Sœur, *sororem*. Ch. R. v. 1720.

*SORZ, Sorcellerie. Ch. R. 3665.

SOS, Solde, frais, dépens. Gloss. *Servitium socii*. — Solde, paye d'un homme de guerre. Gl. *Soldada*, sous *Solidata*.

SOSÇAINGLE, Sous-sangle de cheval. Gl. *Subcingulum*.

SOSPIRAL, Soupirail, tuyau d'une cheminée. Gl. *Spiraculum*.

SOSSON, Compagnon, camarade, ami. Gl. *Sodes*.

SOU

SOSTE, Massue, bâton à grosse tête. Gl. sous *Solta*, 2.

*SOSTIF, Sotif, Sotive, Engin, moyen subtil. — Le Livre des Métiers, p. 88 : « Nulle ouvrière de tissuz de soie ne puet estre mestresse ou mestier devant ce qu'elle aura esté un an et un jour à lui, puis qu'elle aura fet son terme, por ce qu'elle soit plus *soutive* de son mestier garder et fère. »

SOT, Massue, bâton à grosse tête. Gl. *Sotus*, 2. — Jeu des Sots, Espèce de joûte. Gl. *Jocus*.

SOTE, Massue, bâton à grosse tête. Gl. sous *Solta*, 2.

SOTELETTE, Simple, crédule. Gl. *Soltus*.

SOTIE, Société de jeunes gens, dont le chef se nommait *Prince des Sots*. Gl. sous *Princeps*. — Imbécillité, folie, extravagance. Gl. *Soltus*.

SOTIGE, Sorte de redevance. Gl. *Sonneia*.

SOTOUL, Rez-de-chaussée, le bas d'une maison. Gl. *Sotulum*.

SOTUART, Qui a une grosse tête et peu de sens. Gl. *Sotus*, 2.

SOU, Étable à pourceaux. *Sudis*.

SOUAGE, Aide, secours, soulagement. Gl. *Solatium*, 3. — Souaige, Forme, façon. Gl. *Sors* 1.

SOUAVET, Doucement. *Suaviter* 1

*SOUBHAYDER, Souhaiter. F. Gl.

SOUBITER. Faire Soubiter, Irriter, faire enrager. Gl. *Desubitare*. — P. e. pour Sorbiter, engloutir, absorber. *Subitare* 1

SOU

SOUBKEU, Sous-cuisinier, aide de cuisine. Gl. sous *Serviens*.

SOUBOURNER, Inviter, engager, attirer à soi. Gl. *Subornare*, 2.

***SOUBPRIS**, Surpris. F. Gl.

SOUBRAI, Sorte de filet ou d'instrument pour pêcher, et p. e. Cord. Gl. *Subricula*.

SOUBRIQUET, Geste de mépris, coup de la main sous le menton. Gl. sous *Barba*, 1.

SOUBSHOSTE, Manant, qui ne possède aucun héritage en propre. Gl. *Subhospes*.

SOUBSIER, Se soucier, avoir de l'inquiétude. Gl. *Sollicitatus*.

SOUBSLEVER, Enlever par violence, faire un rapt. *Sublevare*.

SOUBSMANANT, Habitant Gl. *Submanentes*, sous *Manentes*.

SOUBSOMOSNIER, pour Sous-Aumônier. *Subeleemosynarius*.

***SOUBSTERINE**, Souterrain. F. Gloss.

***SOUBTIEUX**, Subtil. F. Gl.

***SOUBTIVEMENT**, Avec subtilité F. Gl.

SOUBZAAGÉ, Soubzaagié, Mineur. Gl. *Subœtas*.

SOUBZBRIQUET, Geste de mépris, coup de la main sous le menton. Gl. sous *Barba*, 1.

SOUBZDÉE, Solde, paye d'un homme de guerre. Gl. *Solidata*, *Stipendium*.

SOUBZDIC, Nom de dignité dans le Bourdelois. Gl. s. *Syndicus*.

SOUBZELEVER, Enlever par violence, faire un rapt. *Sublevare*.

SOUBSAINTE, Espèce de large ceinture. Gl. *Subcinctorium*.

SOUBZTOITEUR, Celui qui loge et donne retraite à quelqu'un dans sa maison. Gl. *Tegorium*.

SOUBZTRAIRE, Séduire, engager adroitement. Gl. *Subtrahere*.

SOUBZTRAIT, Hôte, celui à qui l'on donne retraite dans sa maison. Gl. *Subtrahere*.

SOUCANIE, Vêtement de toile à l'usage des femmes. *Soscania*.

SOUCHAGE, Droit des sergents forestiers sur chaque arbre donné à quelqu'un. Gl. *Socagium*, 2.

SOUCHE, Souci, chagrin, inquiétude. Gl. *Sochire*.

SOUCICLE, Souci, plante. Gl. *Solsequium*. 2.

SOUCLAVE, Fausse clef. Gl. *Subclavarius*.

SOUCRETAIN, Sacristain; d'où *Soucretainerie*, Sacristie. Gl. *Secrestanus*.

SOUDAN, Nom de dignité dans le Bordelais. Gl. sous *Syndicus*.

SOUDÉE, Solde, paye d'un homme de guerre. Gl. *Soldada*, sous *Solidata*.

SOUDÉE DE TERRE, Fonds qui rend un sol de rente. Gl. *Solidata terræ*.

SOUDENIER, Soldat, homme de guerre qui est à la solde de quelqu'un. Gl. *Souderarius*, sous *Solidata*.

SOU

*SOUDER, Solder, payer. L. J. P. p. 343.

SOUDIC. SOUDICH, Nom de dignité dans le Bordelais. Gl. sous *Syndicus*.

SOUDOYER, Soldat qui est à la solde de quelqu'un. Gl. *Solidarii*, sous *Solidata*.

SOUDRE, pour Soude, Sorte de plante. Gl. *Sodanum*.

SOUE, Solde, paye d'un homme de guerre. Gl. *Soldada*, sous *Solidata*. — Aide, secours, soulagement. Gl. *Solatium*, 3.

*SOUEF, Doux, de *suavis*. F. Gl.

*SOUEF, Doucement. R. R. Gl. 3

SOVERAIN, Souverain, supérieur. Gl. *Supranus*.

*SOUFACHIER, Soulever, soupeser. R. R. Gl. t. 3.

SOUFFÉE, Botte de lin. Gl. *Suffaciatus*.

SOUFFERE. A SOUFFERE, A volonté. Gl. *Sufficiens*.

OUFFERTE, Dépendance, soumission. Gl. *Sufferta*, 1.

SOUFFIRE, Contenter, satisfaire, plaire. Gl. *Sufficiens*.

SOUFFIS, SOUFFISANT, Sujet, vassal. Gl. *Soufferta*, 1.

SOUFFLACE, Soufflet bien appliqué. Gl. *Sufflatorium*.

SOUFFLET, pour Sifflet, l'action de siffler. Gl. *Suffletus*. — METTRE SA TESTE EN UN SOUFLET, Se dit d'un sot qui en parlant beaucoup ne rend que du vent. Gl. *Sufflatorium*.

SOU

SOUFFLETIER, Faiseur de soufflets. Gl. *Sufflatorium*.

SOUFFLEUR, Officier de cuisine chez le roi. Gl. *Sufflator*.

SOUFFRAITE, Disette, indigence. Gl. *Soffrata* et *Sufferta*, 1.

SOUFFRANCE, Patience, tolérance. Gloss. *Sufferentia*, 1. — [Trêve. F. Gl.]

SOUFFRETÉ, Disette, pauvreté. Gl. *Sufferta*, 1.

SOUFFRIR. SE SOUFFRIR, Se contenir, se modérer. *Sufferentia* 1

SOUFLACE, Soufflet bien appliqué. Gl. *Sufflatorium*.

SOUFRAITE, SOUFRETE, Disette, nécessité, indigence, besoin. Gl. *Soffrata*.

SOUGIE, Inférieur; il se dit d'une juridiction subalterne. Gl. *Subdictus*.

SOUGITER, Soumettre, subjuguer. Gl. *Subjectare*.

SOUGNANT, Concubine, *Sogneia*

SOUGNIE, Droit seigneurial, service qu'un vassal doit à son seigneur, et le rachat en argent de ce service. Gl. *Sogneia*. — Le droit de loger et de manger chez son vassal, ou ce qu'on paye pour ce droit ; toute espèce de redevance. Gl. *Sonneia*.

SOUGNIER, Donner, fournir, livrer. Gl. *Soniare*.

SOUGRETAIN, Sacristain. Gl. *Secrestanus*.

SOUHAIDIER, Souhaiter, désirer. Gl. *Pipa*, 2.

SOU

SOUHAUCIER, Accroître, augmenter. Gl. *Superaugmentare*.

SOUJOURNER, Faire son séjour, habiter. Gl. *Subjurnare*.

*SOUL, Seul, *solus*. R. R. Gl. t. 3

SOULAGIER, Se divertir, se récréer. Gl. *Solatiari*.

SOULAS, Bande, compagnie. Gl. *Solatiari*. — Pièce de monnaie des évêques de Cambrai. Gloss. *Solarus*. — [Plaisirs, divertissements, fêtes, festins, consolations. F. Gl.]

SOULASSER, SOULASSIER, Se divertir, s'amuser, badiner. Glos. *Solatiari*.

SOULAZ, Aide, celui qui soulage un autre dans son office. Gloss. *Solagiamentum*.

SOULDE, Ce qu'on donne en retour dans les échanges. *Solta* 2.

SOULDÉE, Valeur et équivalent d'un sol ou douze deniers. Gl. *Solidata*. — Solde, paye d'un homme de guerre. Gl. *Soldada*, sous *Solidata*.

*SOULDRE, Payer, de *solvere*. F. Gl.

SOULE, Espèce de cellier. *Sola* 5. —D'où Souler, Jouer à la balle, à la boule ou au ballon. *Soula*.

SOULEGE, Allége. Gl. *Alegium*.

SOULIER, Etage de maison, chambre haute. Gl. *Solulum*.

SOULIERS A TROIS NOYAUX, etc. Gl. *Subtalares*.

SOULIN, Solive, poutre. *Sola*, 6.

SOULINE, Certain vaisseau d'une capacité réglée, dont on se sert dans les vendanges. Gl. *Semalis*

SOULLARDAILLE, Terme de mépris, canaille ; de *Soullart*, Homme de néant. Gl. *Soliardus*

SOULLART, Souillon, valet de cuisine. Gl. *Soliardus*.

SOULLE ; d'où Souller, Jouer à la balle, à la boule, ou au ballon. Gl. *Soula*.

SOULLÉ, Soulier. Gl. *Subtalares*

*SOULOIR, SOULER, Avoir coutume. F. Gl.

SOULPTE. AVOIR SOULPTE, Être frappé de quelque chose, en être effrayé. Gl. *Subitare*, 1.

SOULTE, Ce qu'on donne en retour dans les échanges. — Massue, bâton à grosse tête. *Solta* 2

SOULU. MARIAGE SOULU, Qui est rompu, qui est dissous par mort ou autrement. Gl. *Solutus*, 1.

SOUMER, Bête de somme, cheval ; d'où *Soumatier*, Celui qui en a soin. *Somarii*, s. *Sagma*.

SOUPE. MENGEUR DE SOUPES, Terme de mépris. Gl. *Sopa*, 8.

SOUPE CROTÉE, Espèce de potage ou de ragoût. Gl. *Crotatus*.

SOUPE DORÉE, p. e. Espèce de gâteau. Gl. *Sopa*, 3.

SOUPE EN EAUE GRASSE, Brouet. Gl. *Adipatu*.

SOUPE DE PRIME, Déjeûner avec du vin. Gl. *Sopa*, 3.

SOUPELLETIER, pour Soupletier Gl. *Suppletarius*.

SOUPER, Choper, faire un faux pas. Gl. *Assopire*.

SOU

SOUPESSONNEUS, Suspect, accusé. Gl. S*uspiciosus.*

SOUPLETIER, Celui qui supplée à l'office d'un autre. Gl. S*uppletarius.*

SOUPLOIER, Souplesse, complaisance, soumission. *Mitificare.*

SOUPPLIR, Suppléer. *Aagiatus.*

SOUPRESURE, Surprise, tromperie. Gl. *Souspressura.*

SOUPTIU, Ingénieux, qui a beaucoup d'industrie, adroit. Gloss. S*ubtiliare*, 2.

SOUQUET, Impôt sur le vin et autres denrées, accordé en forme d'octroi. Gl. S*oquetum*, 1.

SOURAIN, Souverain, supérieur. Gl. S*upranus*

SOURBÉE, Gerbe ou tas des fruits de la moisson. *Gagnagium*, 1.

SOURCERIE, Sortilége, maléfice. Gl. S*orceria.*

SOURCHAIN, Espèce de large ceinture. Gl. S*ubcinctorium.*

SOURCLAVE, Fausse-clef. Gloss. S*ubclavarius.*

SOURDITTE, Femme débauchée, concubine. Gl. S*ubtrahere.*

SOURDOIS, Qui parle à l'oreille pour ne point être entendu des autres. Gl. S*urdare.*

SOURDRE, Lever, soulever. Gl. *Surgere*, 2.

*****SOURDRE**, S'élever, naître, sortir. F. Gl.

SOURE, Troupeau de porcs. Gl. S*urex.*

SOURGETER, S*ourgieter*, Donner retraite à quelqu'un dans sa maison, lui fournir tout ce dont il a besoin. Gl. S*urgere* 2.

SOURHAUCHIER, Accroître, augmenter. Gl. S*uperaugmentare.*

SOURIZ, Mollet, le gras de la jambe. — BRUSLER LES SOURIZ, Mettre le feu à une maison. Gl. S*arilegus.*

SOURMONTANT, Ce qui est au dessus, l'excédant. Gl. S*uperexcrementum.*

SOURNETE, Jeu, badinerie, tour plaisant. Gl. S*ubsannare.*

SOUROLLE, Espèce de lampe. Gl. *Suriscula.*

SOUROSTE, Manant, qui ne possède aucun héritage en propre. Gl. S*ubhospes.*

SOURPELIS, Surplis, habit d'église. Gl. S*upera*, 2.

SOURRONDE, La partie du toit qui avance sur le mur, auvent. Gl. S*uperundare.*

*****SOURS**, Tranquille, en sécurité, *securus.* Ch. R. v. 549.

SOURSAILLÉ, Soucieux chagrin, qui fronce les sourcils. *Inrisus.*

SOURSEMÉ, Sursemé. *Char soursemée,* Qui a des taches de pourriture. Gl. S*uscematæ carnes.*

SOUS, Solde, paye d'un homme de guerre. Gl. sous *Solidata.* — Qui est payé, à qui il n'est rien dû. Gl. S*olus*, 2.

SOUSAGÉ, S*ousagié*, Mineur. Gl. S*ubannis.*

SOUSCELER, Cacher sous, couvrir. Gl. S*ubcellatus.*

SOUSPEÇON, Soupçon. *Sonare* 3

SOUSPEÇONNER, SOUSPECTIONNER, Soupçonner. Gl. *Suspectus*, 1, et *Suspicare*. Voyez *Sopeçon*.

SOUSPETE, Soupçon. *Suspectus* 1

*SOUS-PRENDRE, Surprendre. F. Gl.

SOUSPRESURE, Surprise, tromperie. Gl. *Souspressura*.

SOUQUENIE, Vêtement de toile à l'usage des femmes. *Soscania*.

SOUSSALOUS, Successeur. Glos. *Successorie*.

*SOUSSIDES, Subsides. F. Gl.

SOUSSIER, Être soucieux, se donner bien des soins. *Montare* 3

SOUSTE, Massue, bâton à grosse tête. Gl. sous *Solta*, 2.

SOUSTECTIER, Mettre à couvert sous un toit, loger. *Tegorium*.

SOUSTENAGE, Entretien. Gl. *Sustinentia*, 2.

SOUSTENAL, Soutien, appui. Gl. *Apodiamentum*.

SOUSTENANCE, Entretien. Gl. *Sustinentia* 2. — SOUSTENANCHE, Subsistance, ce qui est nécessaire pour le soutien de la vie. *Substantia* 1 et *Sustentativum*.

SOUSTENEMENT, Entretien. Gl. *Pavagium*, 2.

SOUSTENTEUR, Celui qui soutient et favorise un parti. Glos. *Sustentatio*, 2.

SOUSTENU, Entretien. Gl. *Sustinentia*, 2.

SOUSTENUE, Subside, aide. Gl. *Subsidium*.

SOUSTERRER, Enterrer, mettre sous terre. Gl. *Subterrare*.

SOUSTILLIER, Imaginer, s'efforcer, s'étudier. Gl. *Subtiliare* 2.

SOUSTIVETÉ, Subtilité, détour. Gl. *Subtilitas*, s. *Subtiliare*, 2.

SOUSTOITER, SOUSTOITIER, Loger, retirer chez soi, cacher dans sa maison. Gl. *Tegorium*.

SOUSTRE, Litière. Gl. *Sostrale*.

SOUTAIN, p. e. Soutiré, vin tiré au clair. Gl. *Subtraher*.

SOUTE, Massue, bâton à grosse tête. Gl. sous *Solta*, 2.

SOUTECTE, Toit, couverture de maison. Gl. *Tegorium*.

*SOUTEMENT, Sottement, follement. L. J. P. p. 49.

SOUTE-MOLOIRE, Espèce de massue, bâton à grosse tête. *Solta* 2

SOUTENANCE, Subsistance, ce qui est nécessaire pour le soutien de la vie. *Apanamentum*.

SOUTIEVESMENT, Subtilement, finement. Gl. *Subtilitas*, 1.

SOUTIEVETÉ, Subtilité, finesse. Gl. *Subtilitas*, 1.

SOUTIF, Subtil, fin, délicat. Gl. *Subtilis*.

SOUTIFFART, Secrètement, sous main, en cachette. Gl. *Subtilitas* sous *Subtiliare*, 2.

SOUTIL, Retiré, écarté, secret. Gl. *Subtulum*. — Subtil, fin, délicat. Gl. *Subtilis*.

SOY

SOUTIMENT, Ingénieusement, adroitement, avec art. Gl. *Subtiliare*, 2.

*__SOUTIS__, Subtil, avisé, fin, *subtilis*. R. R. Gl. t. 3, p. 4.

SOUTIVE PRATIQUE, Secrète menée. *Subtilitas* s. *Subtiliare* 2.

SOUTIVETÉ, Subtilité, finesse. Gl. *Subtilitas* sous *Subtiliare* 2

SOUTOUL, Rez-de-chaussée, le bas d'une maison. Gl. *Sotulum*.

SOUTRERE, Transporter des tonneaux de vin du cellier à la cave et de la cave au cellier. Gl. *Subtrahere*.

SOUVAUDRER, Remuer le feu, l'attiser. Gl. *Subvectare*.

SOUVER, Souffler, inspirer. Gl. *Sufflare*, 2.

SOUVERAIN, Supérieur général d'un ordre, même celui d'une maison religieuse, Président. Gl. *Supranus*.

SOUVERAINNITÉ, Souveraineté, juridiction supérieure. Gl. *Supranus*.

SOUVIN, Couché sur le dos Gl. *Supes*.

SOUVRAIN, Supérieur général d'un ordre, même celui d'une maison religieuse. Gl. *Supranus*

SOUZAAGIÉ, Mineur. *Subætas*.

SOUZJUGERIE, Charge et office d'un juge subalterne. Gl. *Subjustitiare*.

SOUZOEIN, Qui est élevé au dessus, supérieur. Gl. *Solarium* 1.

SOYÉE, Cheville de fer, d'où le diminutif *Soyette*. Gl. *Sayus*.

SPU

*__SOYER__, Scier, couper. F. Gl.

SOYESTE, Société. Il se dit des terres dont les fruits se partagent entre le propriétaire et le fermier. Gl. *Soistura*.

SOYSSES, Suisses. Gl. *Soyssi*.

*__SOZ__, Sous, *sub*. R. R. Gl. t 3.

SOZAIN, Qui est élevé au dessus, supérieur. Gl. *Solarium*, 1.

SPARALLON, Sorte de poisson de mer. Gl. *Spargus*.

SPARDILE, Soulier de corde à l'usage des miquelets. *Spartea*.

SPÉ, C'est le nom qu'on donne au premier enfant de chœur de l'église de Paris. Gl. *Speces*.

SPEC, Inspecteur. Gl. *Speces*.

SPECIER, Mettre en pièces. Gl. *Peria*.—Epicier. Gl. *Speciator*, sous *Species*, 6.

SPECTABLE, Illustre, titre d'honneur. Gl. *Spectabilis*.

SPERE, Sphère, machine ronde. Gl. *Spera*, 1.

SPONGE, Volontaire, libre, de bon gré. Gl. *Expontaneus*.

SPORTULE, Droit de relief dû au seigneur de fief à chaque mutation. — Présent qu'on faisait aux juges, épices. Gl. *Sportula*, sous *Sportula*, 2.

SPOURE, Éperon. Gl. *Spourones*.

SPRINGALLE, Espringale, instrument de guerre, qui servait à jeter des pierres. Gl. *Muschetta*

SPURIEN, Méprisable. Gl. *Emphyteosis*.

STI

SQUNILZEWIN, Sorte de vaisseau à La Rochelle. *Squnilzewinum*

STABLEMENT, Établissement, maison. Gl. *Imperegre*.

STAFIER, Étrier. Gl. S*taffa*, 2.

STAICHE, Pieu. Gl. S*taca*, 2.

STAKETTE, Vis, tout ce qui sert à attacher. Gl. *Stacha*.

STALAIGE, Étalage, le droit qu'on paye pour la place où l'on étale. Gl. *Stallagium*, 3.

STALAIZE, Sorte de cens ou redevance ; p. e. Le droit d'étalage. Gl. *Stallagium*, 3.

STAMPE, p. e. Trou, l'action de percer, de faire un trou. Glos. *Stampus*.

STANCHE, Écluse, chaussée soutenue par des pieux. Gl. *Stuncarium*.

STANDART, Étendard. Gl. *Standardum*, 1.

STER EN DROIT, Comparaître devant un juge. Gl. s. *Stare*, 1.

STERSHOMME, Séditieux, perturbateur Gl. *Motivus*, 2.

STEU, en Languedoc, Souche, tronc d'arbre. Gl. *Stoc*.

STICHER, p. e. Battre avec un baton. Gl. *Sticcare*.

STIER, Septier, mesure. Gl. sous *Stara* et *Stera*, 2.

STIPAL, Ce qui appartient à la souche. *Biens stipaux*, Ceux qui viennent du grand-père ou de la grand'mère. Gl. *Stipalia bona*.

STIPENDE, Ce qu'on donne à quelqu'un pour son entretien. Gl. *Stipendium*, 1.

STR

STIPENDIER, Qui est aux gages ou à la solde d'un autre. Gl. *Stipendiarius*, 1.

STIPES, Droit de la chambre des comptes sur chaque bail à ferme ou vente du domaine muable. Gl. *Stilus*, 2.

STIVELÉ, Sorte de chaussure, bottine. Gl. *Stivale*.

STOFFÉEMENT, Se dit de quelqu'un qui est bien accompagné d'hommes et d'équipages. Glos. *Stuffare*.

STOFFEY, Qui est bien garni, à qui rien ne manque. *Stuffare*.

STOKAIGE, Droit seigneurial sur les maisons. Gl. *Stocagium*.

STOPEIR, Fermier, boucher. Gl. *Stupare*.

STORDOIER, STORDOIR, Moulin à huile. Gl. sous *Stordatus*.

STRADIOT, Sorte de milice. Gl. sous *Strategus* et *Stratiolæ*.

*STRANGÉES (A) ET LEUVAT, Étrangère et éloignée. L. J. P. page 239.

STRÉE, Mesure de terre, la seizième partie d'un arpent. *Sestra*

STRELAGE, Droit de mesurage des blés. Gl. *Strelagium*, sous *Sextariaticum*.

STREPITE, Formalités de justice. Gl. *Strepitus*.

STRETE, Embarras, obstacle, difficulté. Gl. *Stretta*.

STREUB, Étrier pour monter à cheval. Gl. *Streva*, sous *Strepa*

STRICHER, Râcler, ôter d'une me-

SUB

sure de blé ce qu'il y a de trop. Gl. *Stricturator.*

STRIPIT, pour Strepite. Formalités de justice. Gl. *Strepitus.*

STUPRE, Concubinage, débauche. Gl. *Strupum.*

STURGEON, Esturgeon. *Sturgio*

SUBBOIS, Bois taillis. *Subboscus*

SUBELINE, Marte zibeline. Gl. *Sabelum.*

SUBESTABLIR, pour Sous-établir, Se dit d'un procureur qui en constitue un autre. Gl. *Stabilire,* 2.

SUBHASTER, Mettre et vendre à l'encan. Gl. *Subhastare.*

SUBHAUTON, Les secondes criblures. Gl. *Subhauto.*

SUBJECTION. Droit de Subjection, Celui qu'a un seigneur de faire porter ses lettres par ses sujets. *Summagium,* s. *Sagma*

SUBLER, Siffler. Gl. *Sibulare.*

SUBRECAP, Couvercle. *Subrecap*

SUBREDAURADE, Grande dorade poisson. Gl. *Aurata.*

SUBTIF, Ingénieux, plein d'industrie, adroit. Gl. *Subtiliare,* 2.

SUBTILIER, Subtiller, Imaginer, inventer, s'étudier. Gloss. *Subtiliare,* 2.

SUBTILLATZ, p. e. Jeune tilleul. Gl. *Tilliolus.*

SUBVAINCRE, Vaincre, surmonter. Gl. sous *Subvincta.*

SUBURBE, Faubourg d'une ville. Gl. *Suburbium.*

SUF

SUC, Le sommet d'une montagne. Gl. *Succus.*

SUCHIER, Rendre doux comme sucre, sucrer. Gl. *Sucarium.*

SUCRION, Espèce d'orge, escourgeon. Gl. *Soucrio* et *Sucrio.*

*SUDUIANT, Mercenaire. Ch. R. v. 942.

*SUE, Sienne, *sua.* Ch. R. v. 2232

SUEC, Le soc de la charrue. Gl. *Soccus,* 2.

*SUEF, Doux, *suavem* Ch. R. v. 1165.

SUEL, L'aire d'une grange, place publique Gl. *Suellium.*

SUER, Payer chèrement une sottise. Gl. *Suare.* — SUERE, Cordonnier. Gl. *Sucor.*

SUERFAIS, La coupe d'un taillis, le taillis même. *Superpositum* 1

SUERPLUS, Surplus, excédant. Gl. *Superplus.*

SUERRERIE, Boutique de tailleur ou de couturier. Gl. *Sutrium.*

SUEUR, Cordonnier. Gl. *Sucor.*

SUFFRAGANT, Coadjuteur d'un évêque dans ses fonctions épiscopales. Gl. *Suffraganei.* — L'équivalent. Gl. *Suffragium* 1.

*SUFFRAITE, Souffrance. Gloss. *Sufferta.*

SUFFRANCE, Suspension d'armes, trève. Gl. *Sufferentia,* 3.

SUFFRIR. Se Suffrir, Se contenir, s'abstenir de poursuivre en justice une action commencée. Gl. *Sufferentia,* 1.

SUM

SUIANCE, Se dit d'un vêtement dont les ornements sont d'une étoffe de la même espèce. Glos. Secta, 5. — Sorte de redevance. Gl. Suiancia.

SUICHERIE, p.e. Le lieu du marché où se vendent les ouvrages des sueurs ou cordonniers. Sueor.

SUIR, Suivre, poursuivre. Sequi.

SUIT, L'obligation de suivre les plaids de son seigneur. Secta 3.

SUITE. Droit de Suite, par lequel un seigneur suit son serf et peut le réclamer. — Faire suite. Poursuivre en justice. Gl. Secta, 4. — Prendre Suite de quelqu'un, s'Attacher à lui, se mettre à sa suite. Gl. Sequela 2

SUIVANT, Poulain, veau ou autre animal qui suit encore sa mère. Gl. Sequela 7.

***SUJURN**, Séjour. Ch. R. v. 3690

***SUL**, Seul, solus ; seulement, solum. Ch. R. v. 359 et 3672.

***SULENZ**, Qui est en sueur. R R. Gl. t. 3, p. 99.

SULIE, pour Surie et Syrie ; d'où Sulient, pour Surien et Syrien. Gl. Suria.

***SUM**, En haut de, in summo. Ch. R. v. 1157.

SUMENOUR, Celui qui fait une semonce. Gl. Submonitor, sous Submonere.

***SUMER**, Cheval de somme, summarium. Ch. R. v. 758.

SUMIAL, Grande mesure de vin. Gl. sous Sumella.

SUMMATGE, Service qu'un vassal

SUR

doit à son seigneur avec ses bêtes de somme. — Equipage, bagage. Summagium, s. Sagma.

SUMPTUEUX, Dispendieux, qui coûte beaucoup. Sumptuositas 2

***SUMUNDRE**, Inviter, convoquer Ch. R. v. 251.

***SUNER**, Sonner, sonare, résonner, retentir. Ch. R. Gl.

SUNS. Estre Suns, Être réputé coupable. Gl. Sonare, 2.

SUPERCEDER, Surseoir, suspendre. Gl. Supercedere, 2.

SUPPEDITER, Mettre sous les pieds, vouloir dominer et être le maître. Gl. Suppeditare.

SUPPLICATION, Sorte d'oublie, gaufre. Gl. Supplicatio.

SUPPOISIER, Soupeser, examiner le poids de quelque chose. Gl. Supponere, 2.

SUPPORTER, Remettre une dette, en décharger. Gl. Supportari.

SUPPOSER, Terme obscène. Gl. Supponere, 2.

SUPPOSTE, Maladie de cheval. Gl. Superposita.

SUPS, Soudain, tout à coup. Gl. Subitare, 1.

SUQUE, Le sommet de la tête. Gl. Succus.

SUR, Contre, malgré, nonobstant. — Venir Sur quelqu'un, pour Chez quelqu'un. Gl. Super, 1.

SURACASER, Donner en arrière-fief. Gl. Subacasare.

SURATTENDRE, Attendre. Gl. Subexspectare.

SUR

SURBEU, Qui a trop bu, qui est ivre. Gl. *Sorbillator*.

SUR-BOUT, Debout, sur les pieds. Gl. *Super*, 4.

SURCEINT, Surceinte, Espèce de ceinture fort large. Gl. *Succinctorium*.

SURCILIERE, Sourcil, l'endroit où sont les sourcils. Gl. *Superciliose*.

SURCOT, Sorte de robe ou d'habit commun aux hommes et aux femmes. Gl. *Surcotium*.

*__SURCROITRE__, Arriver. F. Gl.

SURDITE, Femme débauchée, concubine. Gl. *Subtrahere*.

*__SURDRE__, Se dresser. Ch. R. 1448

SURDUIRE, Séduire, débaucher une femme. Gl. *Subtrahere*.

SUREFAIT, Les fruits de la terre, soit arbres, plantes, blés, etc. Gl. *Superficies*.

SURESCHEUR, Mari qui est cohéritier avec les frères de sa femme. Gl. *Sororgius*.

SURFAIS, La coupe d'un taillis, le taillis même. *Superpositum* 1

SURGARDE, Le premier garde, le capitaine des gardes-chasses. Gl. *Superguardare*.

SURGEON, Source, fontaine, ruisseau. Gl. *Sursa*, s. *Surgere*, 1.

SURGESEUR, Incube, qui couche dessus. Gl. *Incubi*.

SURGIEN, Surgier, Chirurgien. *Surgienne*, femme qui exerce la chirurgie. Gl. *Surgicus*.

SURGOIRE, Sorte de vase, p. e. Soucoupe. Gl. *Suriscula*.

SUR

SURGUET, Guet, garde de nuit. Gl. *Surta*.

SURMARCHER, Dominer, être le maître. Gl. *Supergredi*.

SURMENER, Différer, ou refuser de rendre justice, de faire droit. — Malmener, maltraiter. Gloss. *Superducere*.

SURMETTRE, Imposer, charger, accuser ; d'où *Surmise*, Accusation. Gl. *Supramittere*.

SURMONTEEMENT, Impulsion, qui surmonte la répugnance qu'on a à faire quelque chose, ascendant. Gl. *Superatio*.

SUROGUER, pour Subroger. Gl. *Surrogare*.

SURORER, Surdorer, couvrir d'or. Gl. *Superaurare*.

SURPELIZ, Chemise. Gl. *Superpellicium*.

SURPELLIS, Le grand habit de chœur des religieuses Bénédictines. Gl. *Superpellicium*.

SURPLIER, Suppléer, augmenter, agrandir. Gl. *Superaugmentare*

SURPLUSAGE, Surplus, excédant. Gl. *Superplus*.

SURPOIDS, Les fruits de la terre, soit arbres, plantes, blés, etc. Gl. *Superficies*.

SURPOST, La coupe d'un taillis, le taillis même. *Superpositum* 1

SURPRIEUX, Sous-prieur d'un monastère. Gl. *Supprior*, 1.

SURPRISE, Impôt extraordinaire Gl. *Surprisia*.

SURQUERIR Debas, Chercher à exciter des querelles. Gl. *Surreclare*.

SURRIN, p. e. Sureau. *Sambussus*

SURSAINTE, Espèce de ceinture fort large. Gl. *Subcinctorium*.

SURSEL, Sarment, bois de la vigne. Gl. *Surus*.

SURSELLE, Couverture d'une selle de cheval. *Supersellium*.

SURSIELLE, SURSILLE; Sourcil. Gl. *Superciliose*.

SURTAIL. CHAMBRE DE SURTAIL, p. e. Chambre du lit. *Surtaria*.

SURTRAIRE, Séduire, corrompre, débaucher une femme. Gl. *Subtrahere*.

SURVIERE, Lanière qui sert à attacher le joug des bœufs. Gl. *Attelatus*.

SURURGIE, Chirurgie *Sururgicus*

SUS, Sorte de vase ou tonneau. Gl. sous *Sus fera*. — [METTRE SUS, attribuer, accuser, avouer, alléguer, opposer. L. J. P. p. 25.]

*SUS ET JUS, Haut et bas. R. R. Gl. t. 3.

SUSAYEUL, SUSELLE, Bisaïeul. Gl. *Superavus*.

SUSPEÇON, Soupçon. *Sonare*, 3.

SUSPIZ, Suspect ou soupçonné. Gl. *Suspiciosus*.

SUSSOIR, Sursoir, différer. Glos. *Supersedere*.

*SUST, Sud. F. Gl.

SUSTANCE, Subsistance, ce qui est nécessaire pour le soutien de la vie. Gl. *Sustantia*. — Maintien, conservation, soutien. Gl. *Sustinentia*, 2.

SUTER, Sectateur, qui est attaché à quelqu'un. Gl. sous *Curia*, 4.

SUYANT, Poulain, veau, ou autre animal qui suit encore sa mère. Gl. *Sequela*, 7.

SUYRIN, Friperie, le lieu où l'on vend des habits ou des souliers. Gl. *Sutorium*.

*SUZ, Sous, ou dessous de... (*subtus*). Ch. R. v. 11.

SUZESLE, Bisaïeule. *Heriotum*.

SYDOINE, Suaire. Gl. *Sindon*.

SYGLATON, Sorte de vêtement d'étoffe précieuse. Gl. *Cyclas*.

SYLLABER, SYLLABIFIER, Écrire, spécifier par écrit. *Syllabicare*.

SYMENEL, Pain ou gâteau de fleur de farine. Gl. *Simenellus*.

SYMPHONIE, Sorte d'instrument musical. Gl. *Symphonia*.

SYNAU, Le dessus d'une bergerie, espèce de grenier. *Solarium* 1.

SYOU, Terme de dérision et de moquerie. Gl. *Siou*.

T

TAACHE. Frapper en Taache, Frapper au hasard et sans savoir où portent les coups. *Taschua* 3

*TABAR, Cotte d'armes. F. Gl.

TABARDE, Sorte de vêtement, manteau. Gl. *Tabardum.*

TABARDIAUS, Se dit de gens peu sages, étourdis, imprudents. Gl. *Tabardum.*

TABART, Sorte de vêtement, manteau. Gl. *Tabardum.*

TABELLIONAGE, Office et charge de *tabellion* ou notaire. — Le droit d'instituer un *tabellion* ou notaire. Gl. *Tabellionatus* sous *Tabellio.*

TABELLIONER, Rédiger un acte dans la forme qu'il doit avoir, le mettre au net. Gl. *Tabellionare*, sous *Tabellio.*

TABLATE, pour Tablette, Balle de marchandises. Gl. *Tabuleta.*

TABLE, Espèce de crécelle. Glos. *Tabula*, 4. — Jeu de trictrac ou de dames. Gl. *Tabula*, 9. — Domaine, biens. Gl. *Tabula* 13. — Change. Glos. *Tabulam tenere cambii*, sous *Tabula* 15. — Table Ronde, Tournois, joûte. Gl. *Tabula rotunda* sous *Tabula* 15 — Table Secque, Breland, académie de jeu. Gl. *Tabula sicca*, sous *Tabula*, 19.

TABLEAU, Image, portrait ; ou Reliquaire qu'on donne à baiser pendant la messe, paix. Gl. *Tabuleta*, sous *Tabula*, 2, et *Tabuleta.*

TABLEL, Tablette où l'on écrit. — Petite table. — Petit coffre ou armoire. Gl. *Tablettus.*

TABLER, Planchéier. *Tabulare* 1

TABLET, Reliquaire, à cause des images ou figures qui y sont ordinairement gravées. Gl. *Tabletum.*

TABLETIER, Porte-balle, petit marchand. Gl. *Tabuleta.*

TABLETTE, Balle de marchandises. Gl. *Tabuleta.* — Manger a la Tablette, Sorte de pénitence ou de punition dans les monastères. Gl. sous *Tabula*, 19.

TABLIAU, Tablette où l'on écrit, l'endroit secret de ces tablettes. Gl. *Tablettus.*

TABLIER, Échoppe, petite boutique. Gl. *Tabularium*, 1. — Office ou étude de notaire, greffe Gl. *Tabularium* 3. — Échiquier, damier. Gl. *Tabularium*, 6.

TABOR, Tambour. Gl. s. *Tabur.*

*TABORER, Battre le tambour, le tambourin. R. R. Gl. t. 3.

TABOULER, Faire beaucoup de bruit, frapper à une porte. Gl. *Tabollare.*

TABOUR, Tambour. Gl. s. *Tabur*

TABOURDER, Tabourer, Faire beaucoup de bruit, frapper à une porte. Gl. *Tabollare.*

TABOURET, Sorte de parure à l'usage des femmes. *Taborellus*

TABOUREUR, Tambourin, joueur de tambourin. Gl. *Taborinus.*

TAC

TABOURIN, Espèce de petite monnaie, valant deux deniers. Glos. sous *Taborellus*.

TABULAIRE, La religieuse qui marque à la *tablette* les noms de celles qui ont quelques offices à remplir pendant la semaine. Gl. *Tabularia*.

TABUR, Tambour. Gl. s. *Tabur*.

TABUST, Querelle, débat, contestation. Gl. *Tabussare*.

TABUSTER, Faire beaucoup de bruit en frappant à coups redoublés sur quelque chose. Gl. *Tabussare*.

TABUT, Toute espèce de bruit un peu fort. Gl. *Tabussare*.

TABUTER, Crier fort haut en querellant, disputer avec chaleur. Gl. *Tabussare*.

TAC, Maladie contagieuse, qui régnait à Paris dans les commencements du quinzième siècle. Gl. *Tac*, 2.

TACAAN, Assemblée illicite, émeute, sédition, monopole. Gl. *Tanqhanum*.

TACAIN, Séditieux, mutin, brouillon. Gl. *Tanqhanum*.

TACHE, Certaine quantité de cuirs, dix cuirs ensemble. Gl. *Tachia* 3 — Instrument pour pêcher ; p. e. faut-il lire *Cache*. Gl. *Tacha* 4. — Terrage, champart. Gl. *Tasca*, 2. — Qualité, disposition. — Entreprise, dessein hardi, grand projet. Gl. sous *Tasca*, 2. — FERIR EN TACHE, Frapper au hasard et sans savoir où portent les coups. Gl. sous *Taschia*, 3.

*TACHER, Blesser. F. Gl.

TAI

TACHIBLE, Se dit d'une terre sujette au droit de champart, appelé *Tache*. Gl. *Tachiabilis*.

TACLE, Sorte d'arme défensive, espèce de bouclier. Gl. *Tacla*.

TACON, Le jeu de mail, la boule qu'on frappe avec le mail. Gl. *Tudatus*. — Pièce qu'on met à un soulier ; d'où *Taconner*, Raccommoder, rapetacer un soulier. Gl. *Pictatium*.

TACONNIER, Ravaudeur, celui qui met des pièces à un habit, qui le raccommode. Gl. *Supplantarium*.

TACQUE, Certaine quantité de cuirs, dix cuirs ensemble. Gl. *Tachia*, 3.

TACRE, Le même. Gl. *Tachra* et *Tacru*.

TAFFURIER, p. e. Appliquer, accomoder, ajuster. *Tafuranea*.

TAHIBLE, pour TACHIBLE, qui se dit d'une terre sujette au droit de champart, appelé *Tache*. Gl. *Tachiabilis*.

TAHUC, p. e. pour Tahut, Bière, cercueil. Gl. *Tahutis*.

TAI, Boue limon, bourbier. *Ten*.

TAIGNON, Essette, outil de tonnelier et d'autres artisans. Gl. *Taratrum*.

TAIL, Taille, l'action de tailler. Gl. *Talliare*, 1.

TAILADE, Sorte d'épée pour frapper de taille, sabre. *Taillada*.

TAILHE, Faux. Gl. *Talliare*, 1.

TAILLABLIER, Taillable, celui qui est sujet à la taille. Gl. *Talliabilis*, sous *Tallia*, 8.

TAI

TAILLAIRE, Collecteur ou receveur des tailles. Gl. *Tailliarius*

TAILLANDIER, Tailleur, faiseur d'habits, dont le métier s'appelait *Taillanderie. Taillanderius*

TAILLANS, Ciseaux de tailleur. Gl. *Talliare*, 1.

TAILLE, District, juridiction, territoire d'une ville. Gl. *Tallia*, 6.

TAILLE Franche, Celle qui est due par des personnes de condition libre. Gl. sous *Tallia*, 8.

TAILLE Haut et Bas, Redevance que le seigneur augmente ou diminue à sa volonté. *Tallia*, 8.

TAILLE du Pain et du Vin, Impôt, redevance payée d'abord en pain et en vin, ensuite évaluée en argent. Gl. sous *Tallia* 8.

TAILLE Personnelle, Celle que doit la personne et qu'on paye par tête. Gl. sous *Tallia*, 8.

TAILLE de la Reine, Certain impôt, appelé *Ceinture de la Reine* Gl. sous *Tallia*, 8.

TAILLE Serve, Celle que doivent les mainmortables ou serfs. Gl. sous *Tallia*, 8.

TAILLE-BUSSON, Instrument propre à tailler ou couper les buissons, serpe. Gl. *Talliare* 1.

TAILLÉE, Taille, droit seigneurial sur les biens des vassaux. Glos. *Tallea*, sous *Tallia*, 8.

TAILLEMELLERIE, Le métier de boulanger et de pâtissier. Glos. *Talemarii*.

TAILLENDIER, Tailleur, faiseur d'habits ; dont le métier s'appelait *Taillenderie. Taillanderius*

TAI

TAILLER, Imposer une taille, en faire la répartition. Gl. *Talliare* sous *Tallia*, 8. — Estre Taillé, Être fait, avoir de la disposition pour quelque chose. *Talliare* 2.

TAILLERIE, Le métier de tailleur, sa boutique. Gl. *Taillanderius*.

TAILLETE, Bois taillis. *Tailleta*.

TAILLEVACIER, Fourrageur, soldat pillard. Gl. *Talutor*.

TAILLEUR, Tranchoir, sorte d'assiette sur laquelle on coupe les viandes. Gl. *Talliatorium*.

TAILLIER, Établi sur lequel travaille un tailleur. Gl. *Taillanderius*.—Espée a haut Taillier Sabre. Gl. sous *Taillada*.— Estre Taillié, Être en disposition, en état, pouvoir. Gl. *Talliare*, sous *Tallia*, 8, et *Talliare*, 2.

TAILLIF, Taillable, celui qui est sujet à la taille. Gl. *Talliabilis*, sous *Tallia*, 8.

TAILLOER, Tranchoir, sorte d'assiette sur laquelle on coupe les viandes. Gl. *Talliatorium*.

TAILLOT, Instrument propre à tailler ou couper, serpe. Gl. *Talliare*, 1.

TAILLOUER, Bassin, plat, ou tranchoir, sorte d'assiette sur laquelle on coupe les viandes et qui sert aussi de palet. Gl. *Talliatorium*.

TAINCTURE, Boutique d'un teinturier, l'endroit où il fait ses teintures. Gl. *Tainturarius*.

TAINT, Lame d'étain fort mince, tain. Gl. *Tinctum*, 1.

TAIRELLE, Tarière, outil de plusieurs artisans. Gl. *Taratrum*.

TAL

TAISER, Taire; d'où *Taisible*, Tacite, non exprimé, et *Taisiblement*, Tacitement. *Taciturire*.

TAISON, Vase creux en forme de tasse. Gl. *Tassa*, 2. — **TAISSON**, Blaireau. Gl. *Tassus*, 2.

TAKHEANS, Convention, accord. Gl. *Tanghanum*.

TALAIGE, Sorte de redevance. Gl. *Talagium*.

TALAIRE, Sorte de soulier. Glos. *Talaria*.

TALART, Endroit élevé et qui va en talus. *Talutum*, s. *Taludare*

TALEBART, Espèce de bouclier. Gl. *Talaucha*.

TALEBOT, Terme injurieux ; p. e. Pillard, voleur. Gl. *Talator*.

TALEMELIER, **TALEMELLIER**, Boulanger, pâtissier. Gl. *Talemarii*

TALEMESTERIE , Le métier de boulanger et de pâtissier. Glos. *Talemarii*.

TALEMETIER, Boulanger, pâtissier. Gl. *Talemarii*.

TALEMOUSE ou **TALMOUSE**, Sorte de pâtisserie. Gl. s. *Talemarii*.

TALENT, Volonté, désir, résolution. Gl. *Talentum*, 2.

TALER, Froisser, faire des contusions. Gl. *Talare*, 2.

TALERALE, pour Tarelare, Monnaie de Flandre. *Tarelares*.

TALEVAS, Espèce de bouclier ; d'où *Talevassier*, le soldat qui s'en sert. Gl *Talavacius* et *Tallavacius*.

TALIERE, Tarière, outil à l'usage de plusieurs artisans. *Taratrum*

TAN

TALLANT, Volonté, désir, résolution. Gl. *Talentum*, 2.

TALLEMOUZE, Pièce de terre en forme de *Talemouse*, ou de figure triangulaire. *Talemarii*.

*****TALLES**, **TUALES**, Tailles, impositions. L. J. P. p. 240.

TALLURE , Entaille, plaie faite d'un coup de taille. *Talium*, 6.

TALOCHE, Espèce de bouclier. Gl. *Talochia*.

TALOS, Morceau de bois, billot. Gl. *Talus*, 1.

TALVASSIER, Le soldat qui est armé du bouclier appelé *talvas*. Gl. *Talavacius*.

TANANIE, pour Tavernier. Glos. *Tanium*.

TANCER , Disputer , quereller ; d'où *Tançon*, Disputé, querelle. Gl. *Intentio*, sous *Intendere*, 7.

TANCERESSE, Femme d'humeur acariâtre et querelleuse. Gloss. *Tensare*, 3.

*****TANÇON**, Querelle, dispute. R. R. Gl. t. 3, p. 5.

TANCRIT, Transcrit, copie. Gl. *Transcriptum*.

TANDE, Place vide, terrain qui n'est ni bâti ni cultivé. *Tenda* 3

TANDEIS, Espèce de rempart , pour se mettre à couvert des traits de l'ennemi. Gl. *Tendare*.

TANDEUR, Teinturier. *Tendarius*

*****TANISON**, Fatigue. F. Gl.

TANNER, Faire de la peine, tourmenter. Gl. *Tannare*.

TAQ

TANNIERE, Taverne, cabaret. Gl. sous *Tanium*.

TANSER, Défendre, protéger, garantir. Gl. *Tensare*, 1.

TANTABLE, Se dit d'une plaie qui est assez grande pour recevoir une tente. Gl. *Tenta* 4.

TANTANT, Autant. *Tantum*, 2.

*TANTE, Sorte de cierge. Gloss. *Tante*. — Tant, autant, grand nombre. R. R. Gl. t. 3.

TANTER, Panser une plaie, y mettre une tente. Gl. *Tenta*, 4.

*TANTES, Un peu. F. Gl.

TANT-MOINS, En déduction. Gl. *Tantum*, 2.

*TANT NE QUANT, Nullement, en aucune façon. R. R. Gl. t. 3.

TANTOST, Aussitôt, au plus tôt, promptement. Gl. *Muriglerius*.

TAPECUL, La bascule d'un pont-levis, et le pont-levis lui-même. Gl. *Tapare*.

TAPINAGE. En TAPINAGE, Secrètement, en cachette. Gl. *Tapinagium* et *Tapinatio*.

TAPPIGNER, Maltraiter, houspiller. Gl. *Tapponare*.

TAPPINAGE. En TAPPINAGE, Secrètement, en cachette. Gloss. *Tapinatio*.

TAPPIR, Boucher, fermer avec un tapon. Gl. *Tapare*.

TAPYNAGE, comme ci-dessus *Tapinage*. Gl. *Tapinatio*.

TAQUEHAM, TAQUEHAN, TAQUEHEN, Assemblée illicite, émeute, conspiration, monopole. Gloss. *Tanghanum*.

TAR

TAQUENIER, Savetier qui met des *tacons* ou pièces aux souliers, et celui qui en fait autant aux habits. Gl. *Piçtatium*.

TARD. HEURE TARDE, Le soir. Gl. *Tardus*.

TARDITEZ, Retardement, délai. Gl. *Seritas*.

TAREFRANKE, Espèce de poisson. Gl. *Erungo*.

TARELARE, Sorte de monnaie de Flandre. Gl. *Tarelares*.

TARGE, Bouclier ; ses différentes formes. — Tout ce qui sert à couvrir et à défendre des coups qu'on vous porte. — Epée de Turquie, sabre. Gl. s. *Targa* 1. — Monnaie des ducs de Bretagne ci d'autres pays. Gl. *Targa* 2. — Sorte de vaisseau de mer. Gl. *Targia*, 1.

TARGER, Combattre vec une *targe* ou un bouclier, s'en servir. — TARGIER, Se couvrir comme d'une *targe* ou d'un bouclier. Gl. *Targa*, 1.

TARGIER, Tarder, différer. Gl. sous *Targa*, 1.

*TARIER, Irriter, contrarier. R. R. Gl. t. 3, p. 122.

TARJEMENT, Dérision, moquerie, air avantageux ; du verbe

TARJER, Se moquer, se targuer. — Tarder, différer. Gl. s. *Targo*

TARIN, Sorte de monnaie d'or. Gl. *Tarenus*.

TARINLIER, mot douteux. Gl. *Carena*, 1.

TARLETTE, Sorte de vaisseau de bois. Gl. *Tarita*.

*TAROUER, Terroir. F. Gl.

TARRER, Remplir de terre. Gl. *Terrare.*

TARSE, pour Tartarie ; d'où Tarsien pour Tartare. Gl. *Tarsicus.*

TARSENAL, Arsenal. *Tarsenatus*

TART. A TART, Jamais. *Tardius.*

TARTAIRE, Sorte d'étoffe de Tartarie. Gl. *Tartara,* 2, et *Tarturinus.*

TARTARINS, Peuples qui habitent la Tartarie. Gl. *Tartarini.*

TARTAVELE, Instrument de bois propre à faire du bruit, espèce de cresselle. Gl. *Tartavella.*

TARTE, Sorte de monnaie. Gloss. *Tartaron.*

TARTEVELLE, Lépreux ; parce qu'il était obligé de faire du bruit avec une *tartavelle,* pour avertir qu'on s'éloignât de lui ; ce qu'on appelait *tarteveler.* Gl. *Tartavella.*

TARTIER, Celui qui vend des tartes par les rues. Gl. *Tarta,* 1.

TASCHE. FRAPPER EN TASCHE, Frapper au hasard et sans savoir où portent les coups. *Taschia* 3

TASQUE, pour Tâche, ouvrage entrepris à forfait. Gl. *Taschia,* 3.

TASSE, Sorte de bourse, poche. Gl. *Taschia,* 1. — Assemblage de quelques arbres, petit bois touffu, touffe d'arbres. *Tassia* 2

TASSEAU, Toute espèce de chose de forme carrée —TASSEL, Pièce d'étoffe de forme carrée, dont les femmes se paraient. Gl. *Tassellus.*

TASSEMENT, p. e. Palissade. Gl. *Tesura.*

TASSEOUR, Celui qui entasse le foin. Gl. *Tassagium.*

TASSETIER, L'ouvrier qui faisait les bourses appelées *Tasses* ; et *Tasseterie,* son métier. Gloss. *Taschia,* 1.

TASTART, Sorte de monnaie, p. e. *Teston.* Gl. *Tastart.*

TATEMON, Homme de peu de sens et de peu de courage. Gl. *Tata.*

TATIN, Coup. — Homme de peu de sens et de peu de courage ; d'où *Tatinoire,* lorsqu'il s'agit d'une femme. Gl. *Tata.*

TAUCER, Estimer, apprécier, taxer Gl. *Taxare,* 1.

TAUDISSER, Se dit d'une fortification faite à la hâte et qui n'est pas régulière. Gl. *Tuldum.*

TAVEL, Sorte de bouclier. Gl. *Tavolacius.*

TAVELÉ, Semé de taches, tacheté. Gl. *Tavella.*

TAVELLE, Bâton long d'une demi-brassée. Gl. *Tavella.*

TAVERNAGE, L'amende que paye le cabaretier pour avoir vendu du vin au dessus du taux fixé par le seigneur. *Tabernagium* 1

TAVERNER, Fréquenter souvent les tavernes. Gl. *Tabernare.*

TAVERNERIE, Droit seigneurial sur ceux qui vendent du vin en détail. Gl. *Tabernaria,* 2.

TAVERNIER, Celui qui fréquente les tavernes. Gl. *Tabernio.*

TEI

TAULDIS, pour Taudis, qui se dit pour tout ce qui est mal en ordre. Gl. *Tuldum*.

TAULETTE, Balle de marchandises. Gl. *Tabuleta*.

TAULIER, Tablette, sur laquelle on présente les portions aux religieux dans le réfectoire. Glos. *Tabularius*, 1. — Etabli, table sur laquelle travaillent les tailleurs et autres ouvriers. Gloss. *Tabulum*.

TAUPAINÉ, Quelque chose qui a rapport à un moulin. *Taupia*.

TAUSSER, Estimer, apprécier, taxer. Gl. *Taxare*, 1.

TAUTE, Exaction, impôt. Gl. *Duellariter*.

TAX, Sentence, jugement qui taxe une amende. Gl. s. *Taxure*, 1.

TAXEMENT, Droit seigneurial à titre de la protection qu'accorde le seigneur. Gl. *Taussumentum*

TAXETIER, L'ouvrier qui faisait les bourses appelées Tasses. Gl. *Taschia*, 1.

TAY, Boue, bourbier. Gl. *Ten*.

TAYE, Grand'mère, aïeule. Gl. s. *Tayetum*.

TAYEUL, Taillis. Gl. *Tailleta*.

TAYON, Grand'père, aïeul. Gl. s. *Tayetum*

TECHE, Qualité, disposition. Gl. sous *Tasca*, 2.

TECON, Le jeu de mail, la boule qu'on frappe avec le mail. Gl. *Tudatus*.

TEGNONS, Teigneux. *Tenä*, 2.

TEM

TEIGNERESSE, Teinturière. Gl. *Tinctrix*.

TEIL, Écorce de tilleul. *Telhonus*

*TEILLE**, Toile. L. J. P. p. 146.

TEILLER, Oter, enlever. *Tollere*.

TEILLIER, Le lieu où travaille le tisserand. Gl. *Telarium*, 2.

TEKE, Qualité, disposition. Gl. s. *Tasca*, 2.

TELERIE, Métier de tisserand, de faiseur de toiles. Gl. *Telarius*.

TELERONS, Tisserand ou marchand de toile. Gl. *Telarius*.

TELIER, Tisserand, faiseur de toile. Gl. *Telarius*.

TELLE, Toile. Gl. *Telarius*.

TELLEMAN, Sorte de jeu. Gl. s. *Telhonus*.

TELLEVACIER, Fourrageur, soldat pillard. Gl. *Talator* et *Foragium*, 2.

TELLIER, Tisserand, faiseur de toiles. Gl. *Telarius*.

TELTRE, Tertre, monticule. Gl. *Tertrum*, 1.

TEMER, Craindre, appréhender. Gl. *Temerare*.

TEMOUTE, Tumulte, grand bruit, émeute. Gl. *Tumultuare*.

TEMPESTATIF, Qui cause du trouble, perturbateur. *Tempestive*

TEMPESTE, Temps, saison. Gl. *Tempesta*.

TEMPESTÉ, Qui est hors de lui-même, qui ne se possède plus. Gl. *Tempestare*.

TEMPESTER. Estre Tempesté,

Être ravagé par une tempête, par la grêle, la pluie et le vent. Gl. *Tempestare.*

TEMPLE du ventre, Le bas ventre. Gl. *Tempe,* 2.

TEMPLÉ, Se dit d'un porc attaqué de maladie. Gl. *Tempe,* 2.

TEMPLÉE, Soufflet ou coup de poing sur la tempe. *Templatura.*

TEMPLES, L'ordre des Templiers. Gl. *Templum.*

TEMPOIRE, Temps, saison. Gl. *Tempesta.*

TEMPORALITÉ, Toute espèce de biens temporels, particulièrement ceux des églises. Gl. *Temporalitas,* 2.

TEMPORIAL, Le premier foin. Gl. *Temporivus.*

TEMPRANCE, Ordre, arrangement, disposition. Gl. *Implementum.*

TEMPRE, De bonne heure, du matin, promptement. Gl. *Temperius.*

TEMPRÉMENT, Promptement, en diligence. Gl. *Temperius.*

TEMPROIR, Vaisseau à boire, tasse coupe. Gl. *Temptorium.*

TEMPS Moiens, Qui est entre deux. Gl. *Tempus medium.*

TEMPTATION, Effort, tentative. Gl. *Disferriare.*

TENANCE, Tenanche, Fief, héritage, terre. Gl. *Tenentia,* sous *Tenere,* 1.

*TENANT (En un), Ensemble, à la fois. R. R. Gl. t. 3, p. 224.

TENCE, Tençon, Dispute, querelle, procès. Gl. *Intentio,* sous *Intendere,* 7, et *Tensare,* 3.

TENCER, Défendre, protéger. Gl. *Tensare,* 1.

TENCERRESSE, Femme d'humeur acariâtre et querelleuse. Gl. *Tensare,* 3.

*TENCIER, Quereller, disputer. R. R. Gl. t. 3.

*TENÇON, Dispute. F. Gl.

TENDABLE, Qui peut être tendu. Gl. *Tensibilis.*

TENDE, Place vide, terrain qui n'est ni bâti, ni cultivé. *Tenda* 3

TENDERIE, La faculté de tendre des filets aux oiseaux et ce qu'on paye pour ce droit. Gl. *Tendare.*

*TENDIS, Temps. F. Gl.

TENDREFFLE, Fronde. *Tendicula*

TENDRESSE, Jeunesse. Gl. *Tencritudo.*

*TENDRUR, Émotion vive. Ch. R. v. 842.

TENEBREUR, Ténèbres, obscurité. Gl. *Tenebrositas.*

TENEMENT, Fief, héritage, terre. Gl. *Tenementum,* s. *Tenere,* 1.

TENEMENTIER, Tenancier, celui qui tient à ferme ou à cens. Gl. *Tenementarius,* s. *Tenere,* 1.

TENEUR, Taille, espèce de voix, appelée *Tencure.* Gl. *Tenor,* 4.

TENEURE, Terre, héritage, biens qu'on possède. — Condition sous laquelle on tient un fief, une terre. — Possession, jouissance. Gl. sous *Tenere,* 1.

TEQ

TENIAU, Instrument propre à la pêche. Gl. *Tenellus*, 3.

TENOUR, Taille, espèce de voix appelée *Teneure*. Gl. *Tenor*, 4.

TENSEMENT, Droit seigneurial à titre de la protection qu'accorde le seigneur. Gl. *Taussamentum* et *Tensumentum*, s. *Tensare*, 1.

*****TENS Novel**, Le printemps. R. R. Gl. t. 3.

TENSER, Défendre, protéger, garantir. Gl. *Tensare*, 1.

TENSERIE, Vol, pillage. *Tensaria*

TENSON, Dispute, querelle, procès. Gl. *Intentio*, s. *Intendere* 7

*****TENTE**, Petit morceau de linge ou de charpie qu'on met dans les plaies qui ont besoin de suppurer. R. R. Gl. t. 3. p. 210.

TENTER, Panser une plaie, y mettre une tente. Gl. *Tenta*, 4.

TENUE DE DUCHAINNE, Se disait en Normandie d'un fief relevant immédiatement du duc. Gl. sous *Tenere*, 1.

TENUE MOIENNE, Se dit d'un arrière-fief. Gl. sous *Tenere*, 1.

TENUERE, Possession, jouissance. Gl. *Tenitura*, sous *Tenere*, 1.

TENUITÉ, Pauvreté, indigence. Gl. *Tenuitas*.

TENURE, Condition sous laquelle on tient et on possède un fief, une terre.—Saisine, possession. Gl. *Tenere*, 1.

*****TENURIER**, Affaiblir. F. Gl.

TEOLLERIE, Tuilerie. *Teolicœ*.

TEQUE, Qualité, disposition. Gl. sous *Tasca*, 2.

TER

TERCEL, Certaine mesure de terre, la troisième partie d'un arpent. Gl. *Tercellum*.

TERCELÉE, Certaine mesure de grain, la troisième partie du septier. Gl. *Tercellum*.

TERCEUIL, Droit seigneurial sur les vignes. Gl. *Terciolagium*.

TERCHIER, Lever le terrage, appelé *Tierce*. Gl. *Tertia*.

TERCHOIS, Carquois, étui à mettre les flèches. *Tercerium*, 1.

TERCIAUBLE, Qui est sujet au droit de terrage, appelé *Tierce*. Gl. *Tiertiabilis*.

TERCIERE, Terre sujette au droit de terrage. Gl. *Tertiarium*.

TERÇOEUL, Ce qui reste de la farine après qu'on l'a passée au tamis, son. Gl. sous *Tercolium*.

TERÇUEL, Certaine mesure de terre, la troisième partie d'un arpent. Gl. *Tercolium*.

TERDRE, Essuyer. Gl. *Terdrum*.

TERGON, Sorte de grand bouclier. Gl. *Targo*.

TERME, Assise, audience. Gloss. *Terminus*, 5.

TERMENAL, Domaine, héritage, terre. Gl. *Terminale*.

TERMINE, Terme, temps marqué pour quelque chose. *Terminus* 3

TERMINER. ESTRE TERMINÉ, Se dit d'un enfant qui après avoir fait plusieurs efforts pour naître cesse de faire aucun mouvement. Gl. *Terminare*, 4.

TERMOIEUR, Celui qui vend à

terme, afin de vendre plus cher. Gl. *Terminarius*, 1.

TERQUE, Goudron. Gl. *Intrire*.

TERRAGE, Terrasse. Gloss. *Terragium*, 5.

TERRAGÉ, TERRAGEAU, Terre sujette au droit de terrage. Gl. s. *Terragium*, 1.

TERRAGENS, Le même. Gloss. *Terrageria*.

TERRAGERIE, Le droit de terrage et l'endroit où on le lève. Gl. *Terrageria*.

TERRAGIER, Celui qui lève le droit de terrage. Gl. *Terragiator*, sous *Terragium*, 1.

TERRAIGE, Le droit d'étalage aux foires et aux marchés. Gl. *Terragium*, 6.

TERRAIL, Rempart, retranchement, fossé. Gl. *Terrale*, 2.

TERRAILLE, Terreau, fumier. Gl. *Terracium*, 1.

TERRAILLON, Pionnier, celui qui remue la terre. Gl. s. *Terrale* 2.

TERRAL, Fossé. Gl. *Terrale*, 2.

TERRASSE, Torchis, espèce de mortier fait de terre et de paille. Gl. *Terratia*, 2.

TERRE MORTE, Terreau, fumier. Gl. sous *Terra*.

TERREASSE, Petite métairie. Gl. *Terratia*, 2.

TERRECHE DE LIN, Botte de lin d'un poids réglé. Gl. *Toppus*.

TERRÉE, Certain ornement d'une selle. Gl. *Terrata*, 2.

TERRELLIER, Creuser la terre, faire un fossé. Gl. s. *Terrale*, 2.

TERRE-MOT, TERRE-MOTE, Tremblement de terre. Gl. *Termotio*.

TERREUR, Terrain, champ, pré. Gl. *Territoria*.

TERRIAU, Vassal ou Fermier, celui qui tient une terre d'un autre. Gl. *Terrarius*.

*TERRIBOURIS, Tapage. F. Gl.

*TERRIENS DROIT, Droit humain, opposé à droit divin. L. J. P. 63

TERRIER, Seigneur de beaucoup de terres. — Le juge d'un territoire. Gl. sous *Terrarius*. — Le religieux qui est chargé du recouvrement des cens et autres droits des terres. Gl. *Terrerius* 2 — CHIEN TERRIER, Qui est propre à la chasse des lapins, renards, etc. Gl. *Canis terrarius*.

TERRIÈRE, Lieu d'où l'on tire de la terre. Gl. *Terrarium*.

TERRIERS, Cloison, paroi de terre. Gl. *Terrarium*.

TERRIN, pour Tarin, Monnaie d'or de Sicile. Gl. *Taranus*. — Godet, vase de terre pour boire. Gl. *Terrineus*.

TERRIZ, Chaumière, cabane couverte de terre. Gl. *Terracia*.

TERRUERE, Territoire. Gl. *Territoria*.

TERSEL, Certaine mesure de terre, la troisième partie d'un arpent. Gl. *Tercellum*.

TERSENET, Sorte d'étoffe. Glos. *Tersonum*, 1.

TERSER, Essuyer, frotter. Gl. *Reluminacio*.

TERTONEZ, p. e. Batteur en grange. Gl. *Terturator.*

TERTRE, Territoire. *Tertrum*, 2.

TESAIGE, Toisée, mesurage à la toise. Gl. *Tesiata.*

TESCHE, Qualité, disposition. Gl. sous *Tasca*, 2.

TESÉE, La longueur d'une toise. Gl. *Teisia.*

TESER, Tendre, bander un arc. Gl. *Intendere*, 9.

*TESIR, Taire, *tacere. Se test, tacet.* R. R. Gl. t. 3, p. 1.

TESIER, p. e. pour Terier, Paroi, cloison de terre. Gl. *Tesiata.*

*TESIR, Taire, passer sous silence, cacher. — Garin le Loherain, I, 233 : « Dit tel parole que bien déust *taisir.* »

TESMOIGNER, Réputer, tenir quelqu'un pour bon ou méchant. —TESMOIGNER QUELQU'UN, Rendre bon témoignage d'une personne. Gl. *Testimoniare.*

TESMOING, Montre, échantillon d'une marchandise. *Testis*, 3.

TESMOUTE, Tumulte, grand bruit. Gl. *Tumultuare.*

*TESNIERE, Tanière. R. R. Gl. 3

TESSU, Tissu, étoffe ou ruban fait de fils entrelacés. Gl. *Tessutus.*

*TEST, Tête, crâne. R. R. Gl. t. 3.

TESTAMENTEUR, Exécuteur testamentaire. Gl. *Testamentarius*

TESTART, Certaine pièce de bois. Gl. *Testardia.*— Monnaie d'Angleterre valant dix-huit deniers. Gl. *Teston.*

TESTATERESSE, Testatrice. Gl. *Francharium.*

TESTÉE, Projet qu'on a en tête. Gl. *Testa*, 3.

TESTEMOIGNER, Témoigner, assurer, certifier. *Testimoniare.*

TESTEMOINE, TESTEMONIE, Témoignage, preuve, approbation. Gl. *Testimonium.*

TESTIÈRE, Armure qui couvrait la tête du cheval dans les combats. Gl. *Testinia.*

TESTMOIGNANCE, TESTMOIGNE, Témoignage, preuve, approbation. Gl. sous *Testimonium.*

TESTMOIGNIER, Témoigner, attester. Gl. *Testimoniare.*

TESTMOINANCE, Témoignage, preuve. Gl. sous *Testimonium.*

TESTUT, Ceinture faite de tissus. Gl. *Testor.*

TESURE, Filet, panneau ; d'où Tésurer, Tendre des filets. Gl. *Tensura*, 2, et *Tesura*, 2.

TEUEMENT, Tacitement. Gl. *Taciturire.*

TEULAGIE, Théologie. Gl. *Theodoctus.*

TEURTRE, Tordre. *Torculare.*

TEUX, pour Tel. Gl. *Theuma.*

TEXEUR, Tisserand. *Textator.*

TEXU, Tissu, ceinture tressée. Gl. *Texus.*

TEXUTIER, Tisserand. *Textator.*

TEZOIRE, Ciseaux, forces. Gloss. *Tezoyra.*

THABIT, pour Tabis, Taffetas qui a passé par la calendre. *Thabit.*

THABOURIN, Thaburin, Sorte de petite monnaie valant deux deniers. Gl. sous *Taborellus.*

THALAMELIER, Boulanger, pâtissier. Gl. *Talemarii.*

THEILLE, Certaine mesure de terre. Gl. *Telia.*

THELOUZAIN, Thelouzin, Monnaie des comtes de Toulouse. Gl. *Tolosani*, s. *Moneta Baronum.*

THENÇON, Maillet, espèce de massue. Gl. *Tudatus.*

THÉOLOGIZER, Parler de matières théologiques. *Theologari.*

THÉORIQUE, Vie contemplative. Gl. *Theoricus.*

THESAURIER, Trésorier, celui qui a la garde du trésor d'une église. Gl. *Thesaurarius.*

THESME, Demande libellée. Gl. *Thema*, 2.

THESMOIGNIER, pour Témoigner, déclarer, faire connaître. Gl. *Testimoniare.*

THESURER, Tendre des filets. Gl. *Tensura*, 2.

TEUDRIER, Étranger ; p. e. Allemand. Gl. *Theotonisi.*

THEUTES, Teneur, texte. *Theuma*

THIERAISSE, Thieresse, Tiérache, contrée de la Picardie. Gl. *Escrinium* et *Theraschia.*

THIERCELIN, Sorte d'étoffe ; p. e. parce qu'elle était tissue de trois espèces de fils. Gl. *Tiercellus.*

THIERRE, Partie du harnois d'un cheval. Gl. *Tingula.*

THIGNEL, Gros bâton dont on se sert pour porter des seaux. Gl. *Tinellus*, 2.

THIOIS, Teutons, Allemands. Gl. *Theotisci.*

THIPHAINE, Thiphanie, La fête de l'Epiphanie ou des Rois. Gl. *Theophania.*

THIRETIER, Ouvrier ou marchand de *Thiretaines.* Gl. *Tirctanius.*

THIROUERE, Outil de tonnelier, pour tirer et allonger les cercles. Gl. sous *Tiratorium*, 1.

THOI, Boue, limon. Gl. *Teu.*

THOLOSAINS, Monnaie des comtes de Toulouse. Gl. *Tolosani*, sous *Moneta Baronum.*

THONNEU, Tonlieu, droit seigneurial. Gl. *Tonagium.*

THORE, Génisse, jeune vache. Gl. *Thora.*

THORIN, Jeune taureau. *Thora.*

THORON, Éminence, colline. Gl. *Toro.*

THOU, Voûte. Gl. *Tholus.*

THOUÉE, Gros cordage, hansière, Gl. sous *Thouma.*

THOUELLE, Toile. Gl. *Toacula.*

THOULAIS, Monnaie de l'évêque de Toul. Gl. *Moneta Tullensis*, sous *Moneta Baronum.*

THOUNIER, Droit seigneurial sur les marchandises. Gl. s. *Telon.*

THOUREAU, pour Taureau. Gl. sous *Thora.*

THOURIER, Gardien de la tour ou

de la prison, geôlier. *Turrarius*

THROSNE, Le poids public et les émoluments qui en proviennent. Gl. *Thronum*.

THUILLERYE, Le lieu où l'on fait les tuiles. Gl. *Tegularia*, 2.

THUMBER, THUMER, Danser, sauter, bondir. Gl. *Tombare*.

TIBLETE, Sorte de jeu. Gl. *Tibla*.

TIEFANE, La fête de l'Épiphanie ou des Rois. Gl. *Theophania*.

TIELERIE, Tuilerie, lieu où l'on fait les tuiles. Gl. *Teulis*.

TIEN-MAIN, Les montants d'une échelle. Gl. *Teneria*.

TIEPHANE, TIEPHAIGNE, TIEPHANIE, La fête de l'Épiphanie ou des Rois. Gl. *Theophania*.

TIERAGE, Terrage, champart. Gl. *Desteglare*.

TIERÇAIN, Certaine mesure des liquides. Gl. *Terceneria*.

TIERCE, Terrage, droit seigneurial sur les fruits de la terre. Glos. *Tertia*, 4.

TIERCE DE NUIT, La troisième heure après le coucher du soleil. Gl. *Tertia*, 1.

TIERCEINNE, La fièvre tierce. Gl. *Tertiarius*, 5.

TIERCELIN, Sorte d'étoffe ; p. e. parce qu'elle était tissue de trois espèces de fils. Gl. *Tiercellus*.

TIERCENAL, Arsenal. *Tarsenatus*

TIERCERAIN, TIERCEREN, BLÉ TIERCERAIN, et TIERCEREN, Qui est mêlé de trois espèces de blés. Gl. *Bladum tertianum* et *Tertionarium blatum*.

TIERCHENERIE, La redevance du tiers des fruits d'une terre. Gl. *Tertiara*, 3.

TIERÇOIER, Payer le tiers en sus du cens qui est dû. *Tertiare*, 4.

TIERÇOYER, Enchérir, mettre l'enchère. Gl. *Tertiare*, 4.

TIERDE, L'action d'essuyer. Gl. *Tersorium*.

TIEROIR, Terroir, territoire. Gl. *Territoria*.

TIERS, Droit qui se lève en Normandie sur les deniers provenant de la coupe des forêts. Gl. *Tertium*, 4. — Sorte de jeu, espèce de colin-maillard. Gl. sous *Tertium*, 1.

TIERSAUBLE, Qui est sujet au droit de terrage appelé Tierce. Gl. *Tiertiabilis*.

TIERSONNIER, Le tiers du septier, mesure de blé. *Tertiolum*.

TIESCHE, La langue teutonique ou allemande. Gl. s. *Romanus*.

TIEULERIE, Tuilerie, lieu où l'on fait les tuiles ; d'où *Tieulier*, Le marchand qui les vend ou l'ouvrier qui les fait. Gl. *Teulis*.

TIEULETTE, Petite tuile. *Tegella*.

TIEULLE, Tuile ; d'où *Tieuller*, Tuilier, l'ouvrier qui fait les tuiles, et *Tieullerie*, Le lieu où on les fait. Gl. *Tegularia* 2, *Tegularius* et *Teulis*.

*TIEX, Tel. — Roman du Renart, v. 27950 : « Et *tiex* ne puet aidier qui nuist. »

TIEXTE, pour Texte, Le livre des Evangiles. Gl. *Textus*, 1.

TIGEAU ou Tigel, Tige, canon. Gl. *Tigellum*.

TIGNE, Sorte de gros bâton. Gl. *Tigellum*.

TIHAYS, Sorte d'arme ou de bâton de défense. Gl. *Tihunus*.

TIL, Tilleul. Gl. *Tilium*.

TILLE, p. e. Échinée de porc. Gl. *Tilia*, 2. — Bardeau, douve. Gl. *Tilla*. — Chènevotte. R. R. Gl. 3.

TILLETAIGE, Droit qu'on payait au roi au renouvellement des charges et des offices. *Tilla*.

TILLEUL, Lance faite de tilleul, dont on se servait dans les joûtes. Gl. *Bohordicum*. — Bardeau, douve. Gl. *Tiliatus*.

TILLOEL, Tilleul, arbre. *Tilium*.

TIMBRE, Paquet de pelleteries attachées ensemble. Gl. *Timbrium*. — Tambour ; d'où *Timbrer*, Jouer du tambour. Gloss. *Tymbris*.

*TIMOINE, Encens. Ch. R. 2958.

TIN, Temple, partie de la tête. Gl. *Timpus*.

TINARDAILLE, Terme de mépris, p. e. le même que *Valetaille*. Gl. *Tinellus*, 2.

➤ TINE, Gros bâton dont on se sert pour porter des seaux. Gloss. *Tinellus*, 2.

TINÉE, Ce que contient une *Tine*, vaisseau qui sert à porter la vendange. Gl. *Tineta*.

TINEIL, Le droit qu'on paye pour la place qu'on occupe à un marché ou à une foire. *Tinnulus*.

TINEL, Cour, la suite du prince. Gl. *Tinnulus*. — Salle du grand commun. Gl. *Tinellus*, 1. — Sorte de bâton dont on se sert pour porter des seaux. Gloss. *Tinellus*, 2.

TINEUL, Gros bâton, levier, espèce d'arme. Gl. *Tinellus*, 2.

TINTENER, Tinter. *Clingere*, 2.

TINTIRECE, Son clair et aigu des armes qui s'entrechoquent. Gl. *Tinnulus*.

TIOIS, La langue teutonique, l'ancien allemand. Gl. *Theotisci*.

TIPHAGNE, Tiphaine, Tiphaingne, La fête de l'Epiphanie ou des Rois. Gl. *Theophania*.

TIRE, p. e. pour Timbre, Paquet de pelleteries attachées ensemble. Gl. *Tira*. — A Tire et de Tire, Tout droit. Gl. *Tyra*.

TIREBOUTE, Certain bâton ferré. Gl. sous *Tiratorium*, 1.

TIREMENT, L'action de tirer. Gl. *Tiratorium*, 1.

TIREMENT, L'action de tirer. Gl. *Tirator*.

TIREPENDIÈRE, p. e. Femme dont la gorge est fort pendante, ou femme de mauvaise vie. Gl. *Trahere*, 5.

TIRETANIER, Tiretenier, Ouvrier d'étoffes appelées *Tiretaines*. Gl. *Tiretanius*.

TIRIACLE, Thériaque. *Thiriaca*.

TIROT, La partie de la charrue à laquelle sont attachés les chevaux pour la tirer. *Magister*.

TIROUER, La Croix Tirouer, Quartier de Paris. *Tiratorium* 1

TIROUERE, Le lieu où l'on donne la question aux criminels. — Outil de tonnelier pour tirer et allonger les cercles. Gl. sous *Tiratorium*, 1.

*TIS, Tis Fiz, Tes, ton fils. L. J. P. p. 59.

TISER, Dénoncer publier, faire savoir. Gl. sous *Tisica*.

TISOIR, Instrument pour attiser le feu. Gl. *Tissio*.

TISON, Pièce de bois et quille de vaisseau. Gl. *Tiso*.

TISSU, Ceinture tressée. *Texus*.

TISTRE, Faire un tissu de fil, de laine, de soie, etc. *Telarius*.

TIXERAND, pour Tisserand. Gl. *Tisserandus*.

TIXIER, Tisseur, tisserand. Gl. *Tixator*.

TIXTRE, Faire un tissu de fil, de laine, de soie, etc. Gl. *Telarium*, 2, et *Tixator*.

TOAILLE, Serviette, essuie-main. Gl. *Toalia*, sous *Toacula*.

TOAILLOLE, Turban, à cause qu'il est fait de toile. *Toacula*.

TOCADOIÈRE, Tocadoire, Aiguillon dont on touche les bœufs pour les faire aller. Glos. sous *Touquassen*.

*TOCHIER, Toucher. R. R. Gl. t. 3, p. 213.

TOFFEL, Touffe d'herbes ou d'autres choses. Gl. *Tufa*.

TOILLE, Largeur de la toile, lé. Gl. *Tela*, 2.

TOILLIER, Tisserand ou marchand de toiles. Gl. *Telarius*.

TOISE de Chandoille, Certaine quantité de chandelle, p. e. une livre de cire divisée en six chandelles. Gl. *Tesa candelœ*.

TOLAGE, L'action de prendre quelque chose par force. Gloss. *Tollagium*.

TOLDRE, Oter, arracher. *Tollere*

*TOLEOR, Escroc, pillard, maraudeur. L. J. P. p. 104.

TOLERRES, Celui qui ôte ou veut ôter quelque chose à un autre. Gl. *Tollere*.

TOLLIR, Oter, enlever. *Tollire*.

TOLOISON, Cens, redevance annuelle qu'on est en droit d'exiger. Gl. *Tolagium*.

TOLOIZ, Monnaie de l'évêque de Toul. Gl. *Moneta Tullensis*, sous *Moneta Baronum*.

TOLTE, Taille, impôt, exaction. Gl. *Tolta*, 1.

TOMBE, Sépulchre, tombeau. Gl. *Tumba*, 1. — Châsse qui renferme les reliques et ossements d'un saint. Gl. *Tumba*, 1.

TOMBEL, Tombeau, sépulchre. Gl. *Tumba*, 1.

TOMBEREL, Sorte de supplice. Gl. *Tumbrellum*.

TOMBIER, Orfèvre, ouvrier qui fait les châsses pour les reliques. Gl. *Tumba*, 1.

TOMBISSEMENT, Bruit, fracas. Gl. *Tombare*.

TOMBLIAU, Tombeau. Glos. *Tumullulus*.

TOMNEU, pour Tonlieu, Impôt. Gl. *Teonnium*, sous *Telon*.

TONAIGE, Droit que des particuliers exigeaient de ceux qui ramassaient des paillettes d'or dans les rivières et les montagnes du Languedoc. Gl. *Tonagium*.

TONAIRE, Thonnaire, filet pour la pêche du thon. Gl. *Tonaira*.

TONBEL, Tombe, pierre sépulcrale. Gl. *Tombellum*.

TONDE, pour Tende, Gl. *Tondeia* et *Tenda*, 3.

TONDENTE, Coupe de bois. Gl. *Tonsura nemorum*.

TONDISON, Tonte, le temps où l'on tond les brebis. *Tondero*.

*TONEL, Tonneau. R. R. Gl. t. 3.

TONLIN, pour Tonlieu, Impôt. Gl. *Tonlium*, sous *Telon*.

TONLOIER, Celui à qui appartient le *Tonlieu*, et celui qui perçoit cet impôt. Gl. s. *Telon*.

TONNEAU, Mesure de grain. Gl. *Doliata*.

TONNEL, Tonnelet, Tonnellet, Petit tonneau. Glos. *Tonnellus*, sous *Tunna*.

TONNELIEU, Tonlieu, impôt, droit seigneurial sur les marchandises. *Tonlium*, sous *Telon*.

TONNENS, pour Tonneus, Tonlieu, impôt, taille. *Tonneurs*.

TONNEU, pour Tonlieu. Gl. *Teonnium*, sous *Telon*.

TONNEUR, Tonlieu, impôt, ou celui qui lève ce droit. Gl. *Tonleum*, sous *Telon*.

TONNY, Tonlieu, impôt, taille. Gl. *Tonneurs*.

TONOLLET, Sorte d'habillement, pourpoint. Gl. *Tonacella*.

TONRE, Instrument pour tondre, ciseaux, forces. Gl. *Tondero*.

TONSEAU, Tonsiau, Peau garnie de sa laine. Gl. *Tonsona*.

TONSER, Tondre, couper les cheveux. Gl. *Tonsona*.

TONSIAU, Toison, et le droit sur les toisons. Gl. *Tonsona*.

*TOOILLIER, Mêler confusément avec saleté et ordure, dit Nicot. *Patouiller* se dit encore dans quelques provinces, R. R. Gl. 3.

TOPE, Terre inculte, pâture. Gl. *Topa*.

TOPENNE, Tertre, pente. *Toppus*

TOPPE, Terre inculte, pâture. Gl. *Topa*.

TOQUASSEN, Tumulte, émeute au son du tocsin. *Touquassen*.

TOQUON, Le jeu de mail, l'instrument avec lequel on frappe la boule. Gl. *Tudatus*.

TOR, Taureau. Gl. *Torosus*. — [Tour, *turris*. R. R. Gloss. t. 3, p. 273.]

TORAILLE, L'endroit où l'on fait sécher les grains pour faire la bière, et le droit du seigneur sur ce lieu. Gl. sous *Torra*.

TORBE, Troupe, multitude. Gl. *Torba*, 2.

TORCHE, Sorte d'ornement plissé ; p. e. Espèce de fraise ; d'où le diminutif *Torchète*. Gl. sous *Torcha*, 3.—TORCHE, pour Tro-

che, Troc, échange. Gl. *Trocare*.
—TORCHE, pour Troche, Troupe, multitude. Gl. *Trocha*, 1.

TORCHIEZ, p. e. Terre marécageuse. Gl. *Torcia*, 2.

TORCHONNIÈREMENT, Injustement, à tort. Gl. *Tortionarie*.

TORCOEUL, Ce qui reste de la farine, après qu'on l'a passée au tamis, son. Gl. sous *Tercolium*.

TORÇONNÈRE, Tortionnaire, injuste. Gl. *Torçonnerie*.

TORDOIR, Pressoir, moulin à huile. Gl. sous *Torculare*.

TORELLAGE, Droit seigneurial sur les *Torailles*. Gl. s. *Torra*.

TORFAIRE, Se détourner de son chemin, s'égarer. Gl. *Tortuus*.

TORFAIT, TORFET, Injustice, dommage, violence. *Tortus*, 1.

TORGERIE, TORGOIR, Moulin à huile ; d'où *Torgerres* et *Torgeur*, Celui qui en a soin. Gl. sous *Torculare*.

TORGOIR, Instrument pour tordre la cire. Gl. sous *Torculare*.

*TORMENT, TORMENTE, Tourmente, tempête. L. J. P. p. 160.

TORMENTABLEMENT, Avec tourment. Gl. *Tortiliter*.

TORNACE. p. e. Tranchée, fossé. Gl. *Torna*, 4.

TORNAILLE, Tourniquet, ou bâton, qui sert à serrer la corde d'un chariot. Gl. *Tornaglium*.

TORNE, Creux pour recevoir les eaux qui tombent des montagnes. Gl. *Torna*, 4.

TORNER, Changer de place, de position. Gl. *Tornare*, 2.— TORNER QUELQU'UN DANS SON HOSTEL, Le ramener, le rétablir dans sa maison. Gl. *Retornare* 1.
— Appeler en duel ; de *Tornes*, duel. Gl. *Torna*.

*TORNÈS A, Avec retour ; A TORNÈS OU SANS TORNÈS, Avec retour ou sans retour. L. J. P. p. 173.

TORNICLE, Tunique, cotte d'armes. Gl. *Torniclum* et *Tunica* 2.

TORNOI, Rang, ligne. *Tornare* 2.

TORNOIEMENT, Tournoi, joûte. Gl. *Torneamentum*.

*TORNOIER, Joûter, tourmenter. R. R. Gl. t. 3.

TORON, Éminence, colline. *Toro*.

*TORP, Aveugle. L. J. P. p. 60.

TORPIÉ, Croc-en-jambe. *Gamba* 1

TORQUELON, Torchon, bouchon de paille. Gl. sous *Torqua*.

TORSE DE CHAMBRE, pour Torche, grosse chandelle de cire. *Torsa*.

TORSER, Faire un trousseau, mettre en paquet. Gl. *Trussare*, sous *Trossa*, 3.

TORSIN, Le marc de la bière, dresche. Gl. sous *Torculare*. — Torche, chandelle de cire. Glos. *Tortisius*.

TORSONNIER, Injuste, fait à tort et sans cause. Gl. *Tortionarius*

TORSONNIÈREMENT, Injustement, à tort. Gl. *Tortionarie*.

TORTE, Pain de seigle, gros pain. Gl. *Panis tornatus*.

TOT

TORTEAU, Sorte de maladie, vertiges. Gl. *Tornutio.*

TORTE-LANGUE, Voyez ci-dessus *Corte-langue.*

TORTICIÉ, Tortillé. Gl. *Tortosus.*

TORTIL, Torche, flambeau. Glos. *Tortisius.*

TORTOER, Tortoir, Tortouer, Bâton avec lequel on tord une corde ou un autre lien qui doit assurer et tenir ferme quelque chose. Gl. *Tortor,* 2.

*TORTOILLER, Tortiller. R. R. Gl. t. 3, p. 76.

TORTRE, Tourterelle. *Tordera.*

*TORZFESORS, Fripons, malfaiteurs. L. J. P. p. 336.

*TORZFEZ, Torfet, Méfaits, injustice, dommage, outrage. L. J. P. p. 4 et 32.

TOSICHE, Potion empoisonnée. Gl. *Toxicum,* sous *Toxicare.*

TOST ET TARD, Le matin et le soir. Gl. *Tardus.*

*TOST, Tot, Toust, Tout, Quoique, puisque. — Rutebeuf, I, 119 : « Vos faites vos justices Sens jugement aucune fois, Tot i soit sairemens ou foiz. »

*TOST, Tot, Tout (Doné et), Enlève, ôte (donne et). L. J. P. p. 139 et 21.

TOSTÉE, Oublie, chose de nulle considération. Gl. *Tosta.*—Sorte de ragoût et de fricassée, rôtie. — Soufflet, coup de la main sur la joue. Gl. *Tostea.*

TOSTER, Rôtir, se bien chauffer. Gl. *Tostea.*

*TOT A, Avec. R. R. Gl. t. 3.

TOU

TOTAGE, Total, toute une somme. Gl. *Totagium.*

TOTDIS, Toujours, aussi, pareillement. Gl. *Planta,* 2.

TOTE, Impôt, exaction. *Tota,* 1.

*TOTE VOIE, Totes voies, Toutefois, cependant. R. R. Gl. t. 3, p. 6.

TOUAILLE, Étoffe, de soie, parement d'autel. Gl. *Toaillia,* sous *Toacula.* — Touaillon, Nappe, serviette, essuie-main. *Toacula.*

*TOUAILLEMENT, Trouble. F. Gl.

TOUCHE, Plant d'arbres, petit bois. — Éperon, ce qui sert à toucher ou à piquer un cheval. Gl. *Touchia.*

TOUCHEAU, Morceau d'or éprouvé à la pierre de touche. *Touchus.*

TOUCHIEN, Terme injurieux. Gl. *Tuchinus.*

TOUCHIN, Touchis, Pillard, voleur, rebelle, traître. *Tuchinus.*

TOUCHINER, Se révolter ; d'où *Touchinage,* et *Touchinerie,* Rebellion, sédition. Gl. *Tuchinare,* sous *Tuchinus.*

TOUCQUET, Coin, angle. *Tusca.*

TOUDIS, Toudiz, Toujours, sans interruption. Gl. *Totaliter.*

TOUDRE, Oter, enlever. *Tollere.*

TOUÉE, Gros cordage, hansière. Gl. sous *Thouma.*

TOUELLER, Souiller, gâter, rouler dans un bourbier Gl. *Compiegnium.*

TOUILLÉ DE BOE, DE SANG, Tout couvert de boue, de sang. Gl. *Sordulentus.*

TOU

TOULAIER, Celui qui lève le droit de *Tonlieu*. Gl. sous *Telon*.

TOULDRE, Oter, emporter, enlever. Gl. *Tollere*.

TOULÉ, Tonlieu, impôt, droit seigneurial sur les marchandises. Gl. sous *Telon*.

TOULLOIS, Monnaie de l'évêque de Toul. Gl. *Moneta Tullensis*, sous *Moneta Baronum*.

*****TOUILLIS**, Touillement, Embarras. F. Gl.

TOULLON, Torchon. Gl. *Torsorium*. — Toulon, Petit tonneau. Gl. *Tonnellus*, sous *Tunna*.

TOULOURER, Tolérer, souffrir. Gl. *Tolerare*.

TOULSAS, Monnaie des comtes de Toulouse. Gl. *Tolosani*, sous *Moneta Baronum*.

TOUPIN, Toupie, sabot. *Trocus*.

TOUQUESAIN, Tumulte, émeute au son du tocsin. *Touquassen*.

TOUQUESAINT, Tocsin. Gl. *Touquassen*.

TOUQUESCHES, Triquoises, tenailles à l'usage des maréchaux. Gl. sous *Tousquata*.

TOUQUET, Coin, angle. *Tusca*.

TOUQUON, Le jeu de mail. Glos. *Tudatus*

TOUR D'ESCRIPT, Billet par lequel on tire sur un fonds destiné à un autre emploi. Gl. s. *Tornare* 4.

TOUR DE PAPIER, Tour de rôle. Gl. *Turnus*, 1.

TOURAGE, Géolage, ce que payent les prisonniers au geôlier. Gl.

TOU

Touragium, et *Toragium*, sous *Turris*.

TOURBEL, Mêlée, troupe de combattants. Gl. *Turbatia*.

TOURBER, Faire des tourbes. Gl. *Turbare*, sous *Turba*, 1.

TOURBERIE, Tourbourie, Terrain propre à faire des tourbes, le lieu où on les fait. Gl. *Torba* 2 et *Turbariæ*, sous *Turba*, 1.

TOURD, Sorte de poisson. Gloss. *Turdus*.

TOURECLE, Tourelle. Gl. *Turella*

*****TOUREILLE**, Serviette. R. R. Gl. t. 3, p. 62.

TOURET, Rouet à filer. *Tornum*.

TOURIER, Gardien de la tour, ou de la prison, geôlier. Gl. *Turrarius*.

TOURMENTE, Tournoi, joûte. Gl. *Tormentum*, 2.

TOURNAGE, Sorte de redevance annuelle. Gl. *Turnus*, 2.

TOURNANT, Courbure. Gl. sous *Tornatura*, 3.

TOURNE, Retour qu'on donne dans un échange. Gl. *Torna*, 2, et *Turna*, 1.— Dédommagement accordé par le juge à celui qui a été blessé ; ou l'Amende due au seigneur par celui qui a blessé. Gl. sous *Torna*, 3.

TOURNÉE, Échange. Gl. *Tornare*, 2. — Houe, instrument pour remuer et retourner la terre. Gl. *Tornaglium*.

TOURNER, Donner du retour dans un échange.—Changer une pièce contre de la monnaie. — Changer de lieu. — Tourner

CÉDULLE, Tirer une lettre de change sur un fonds destiné à un autre emploi. Gl. *Tornare.*

TOURNETTE, Rouet à filer ; ou Devidoir. Gl. *Tornum.*

TOURNEURE, L'action de tourner. Gl. *Torneura.*

TOURNEURRE, Tonnerre, ville. Gl. *Torneura.*

TOURNICHE, Qui est sujet à des vertiges. Gl. *Tornutio.*

TOURNICLE, Tunique, cotte d'armes. Gl. *Torniclum* et *Tunica* 2

TOURNIÈRE, p. e. Fossé qui entoure une terre. Gl. *Torna,* 4.

TOURNIQUIAU, Sorte de vêtement qui entoure le cou ; ou tunique à l'usage des enfants de chœur. Gl. *Torniclum.*

TOURNOERIE, Sorte de redevance annuelle. Gl. *Turnus,* 2.

TOURNOT, Gros bâton, levier. Gl. *Tornus,* 1.

TOURNOYEMENT, Tournoi, joûte. Gl. *Torneamentum.*

TOUROIT, Rouet à filer. *Tornum*

TOUROUL, Petit tourniquet de bois qui sert à fermer une porte ou une fenêtre. Gl. *Turnus,* 3.

TOURRIER, Gardien de la tour ou de la prison, geôlier. Gl. *Turrarius.*

TOURS DE VISCONTE, Plaids généraux d'un comté tenus par le vicomte. Gl. sous *Turnus,* 1.

TOURSE, Trousse, faisceau, paquet. Gl. *Torsellus,* 1.

TOURSÉE, Le même. *Torsata.*

TOURSEL, Le même ; d'où le diminutif *Tourselet,* Petit paquet. Gl. *Torsellus,* 1.

TOURSER, Charger, porter un fardeau, *une tourse. Torsata.*

TOURT, Tronc d'église. Gl. *Turriculus.*

TOURTE, Gros pain, pain bis, et le seigle ou le blé dont on fait ce pain. Gl. *Panis tornatus.*

TOURTE, Certaine partie d'un moulin. Gl. sous *Torta,* 2.

TOURTEAU, Redevance seigneuriale, qui s'est payée d'abord en gâteaux et ensuite en argent. Gl. *Torta,* 1.

TOURTELAGE, Espèce de droit seigneurial, différent de la redevance des *tourteaux.* Gl. *Tourtelagium.*

TOURTERIE, Pâtisserie. *Torta* 1.

TOURTIS DE CIRE, Pain de bougie. Gl. *Tortinus.*

TOURTRE, Tordre. Gl. sous *Torculare.*— Tourterelle. *Tordera.*

TOURUIQUIAUX, p. e. Les Térouanois. Gl. *Tarvisii.*

TOUSCHE, Plant d'arbres, petit bois. Gl. *Touschia.*

TOUSE, Troupe, multitude. Gl. *Trocha,* 1.

TOUSEAU, TOUSIAU, Peau de brebis garnie de sa laine. *Tonsona.*

TOUSER, Tondre, couper les cheveux. Gl. *Tonsona.*

TOUSIAU, Toison et le droit sur les toisons. Gl. *Tonsona.*

TRA

TOUSSEMENT, Toux, l'action de tousser. Gl. *Tussitus.*

TOUSTÉE, Rôtie. Gl. *Tostea.*

TOUTE, Cens, redevance qu'on a droit d'exiger. *Touta* s. *Tolta* 1.

*TOUTES-VOIES, Toutefois F. Gl.

TOUZER, Tondre, couper les cheveux. Gl. *Tonsona.*

*TOZ, Tout. L. J. P. p. 9.

*TOZTENZ, En tout temps, toujours. — Partonopeus, v. 93 : « S'en porra l'on traire *tos tens* Et grant exemple et grant sens. »

TRABATEL, Solive, soliveau. Gl. *Trabetus.*

TRABUCHER, Renverser, détruire, démolir. Gl. *Trabucare* 2.

TRABUCHET, Machine de guerre pour jeter de grosses pierres. Gl. *Trebuchetum.* — FAIRE LE TRABUCHET, Donner le croc en jambe. Gl. *Trebuchare,* 2.

TRABUQUET, Machine de guerre pour jeter de grosses pierres. Gl. *Trabucha,* s. *Trebuchetum.*

TRAC, Bagages, équipages. *Traca*

TRACER, TRACHER, Chercher avec soin, suivre la trace ; de *Trache,* pour trace, vestige. Gl. *Peda,* 1, et *Tracea.*

TRAFIENS, Fourche ou instrument à tirer le fumier hors des écuries. Gl. sous *Trahanderius.*

TRAGELAPHE, Animal qui tient du cerf et du bouc. *Tragelaphus*

TRAGIER, Dragier, vase dans lequel on servait des dragées ou des confitures. Gl. *Trageria.*

TRA

TRAHANDIER, Ouvrier qui tire la soie. Gl. *Trahanderius.*

TRAHANT, Fourche ou instrument à tirer le fumier hors des écuries. Gl. sous *Trahanderius*

TRAHIDOSE, Traîtresse, perfide. Gl. *Traditor,* 1.

TRAHITES, TRAHITOR, Traître. Gl. *Traditor,* 1.

TRAHU, Tribut, impôt, tonlieu. Gl. *Truagium.*

TRAHYNE, Sorte de charrette ou voiture. Gl. *Trainare.*

TRAIANS, Mamelle, pis, mamelon. Gl. *Trahere,* 5.

TRAICT, Tout ce qui est propre à être tiré, trait, flèche, javelot, Gl. *Tractus,* 4. — AU TRAICT DE LA MORT, A l'article de la mort. Gl. *Tractus,* 5.

TRAICTE, Compte de l'argent d'une caisse commune. *Tracta* 3

TRAICTEUR, Juge par commission, ou arbitre. Gl. *Tractator* 5

*TRAICTIERRE, Traiteur. F. Gl.

*TRAIERIE, Action de lancer. F. Gloss.

TRAILLE, Treillis, jalousie, grille. Gl. *Trelea.*

TRAINCHÉMENT, Décisivement, absolument. Gl. *Trencator.*

TRAINE, Gros bâton, soliveau. Gl. *Traina.*

TRAINEL, Celui qui conduit un traîneau. Gl. *Trahale.* — Chausse-pied. Gl. *Trainellum.* — Voyez ci-dessous *Tramel.*

TRA

*TRAINER, Sorte de supplice. R. R. Gl. t. 3, p. 259.

TRAINIEL, Traîneau. *Trahale.*

*TRAIRE, TRERE, Traduire, appeler, tirer; TRAIRE EN PLET, EN CAUSE, Traduire en justice, appeler en cause. — Le Conseil de Pierre de Fontaines, p. 353 : « En puet bien *traire en cause* le fill qui est en baill por les marchiez qu'il a faiz, et por ses forfez. »

*TRAIRE, Tirer, réclamer, approcher, attirer, de *trahere*. TRAIENT, ils tirent ; TRAIONS, Tirons ; TRAITE, Tirée ; MAL TRAIRE, Souffrir. R. R. Gl. t. 3.

*TRAIRE, Retirer. F. Gl.

TRAIS, FAIRE TRAIS, Faire la répartition d'une taille ou imposition. Gl. *Cita.*

TRAISNAGE, Ce qu'on paye au seigneur pour les marchandises, qu'on mène sur un traineau. Gl. *Vineragium.*

TRAIT. GENS DE TRAIT, Archers. — TRAIT D'EUFZ, Blanc d'œuf. Gl. *Tractus*, 4. — ESTRE TRAIT, Etre atteint, être blessé d'une flèche. Gl. *Trahere*, 3.

TRAITE DE MESSES, Certain nombre de messes dites de suite. Gl. *Tractus*, 1.

TRAITEL, Tréteau. *Tradellus.*

TRAITER. SE TRAITER, Se pourvoir par devant un juge. Gloss. *Tractare*, 10.

TRAITEUR, Député pour traiter une affaire. —TRAITEUR MOYEN, Médiateur, arbitre. Gl. *Tractator*, 5. — Traître ; d'où Trai-

TRA

trement, Par trahison. Gl. *Traditor*, 1.

TRAITIF. SOUSPIR TRAITIF, Souspir tiré du fond du cœur. Gl. *Tractus*, 1.

TRAMAILLE, Lieu où l'on peut pêcher au tramail. *Tramallum.*

TRAMAIRE, Tramail, sorte de filet à pêcher. Gl. *Tramallum.*

TRAMBLABLE, Tremblant, qui branle. Gl. *Toda.*

TRAMEL, ou TRAINEL, Sorte de filet à prendre des oiseaux. Gl. *Tramallum.*

TRAMETTRE, Envoyer quelqu'un vers un lieu. Gl. *Transmissus.*

TRAMIOTEAU, Jeune tremble, arbre. Gl. *Tramblus.*

*TRAMIS, Envoyé, transmis. F. Gloss.

TRAMMEUR, Tremie du moulin. Gl. *Tremodium.*

TRAMOIS, Menus blés qui ne sont que trois mois en terre, et la saison où on les sème. Gl. *Tremesium* et *Tremisium.*

TRAMPOIS, pour Trempis, Eau dans laquelle on a fait dessaler de la morue ou autre saline. Gl. *Trampesius.*

TRANC, Fourche ou instrument pour tirer le fumier des étables ou des écuries. *Trahanderius.*

TRANCHE, Instrument qui sert à couper la terre, bêche. Glos. *Trancheia* 1. —TRANCHET, Sorte de couteau. Gl. *Tranchetus.*

TRANCHELART, Grand couteau de cuisine. Gl. *Tranchetus.*

TRANCHEUR, Tranchoir, assiette sur laquelle on coupe les viandes. Gl. *Trencheator.*

TRANCHOER, Palet. Gl. *Trencheator.*

TRANCHOISON, Tranchée, colique, douleur de ventre. Gloss. *Trencatæ.*

TRANCHOUOIR, Tranchoir, assiette sur laquelle on coupe les viandes. Gl. *Trencheator.*

TRANKIS, TRANQUIS, Tranchée, fossé. Gl. *Trencatum.*

TRANSAIGE, Le droit de passage. Gl. *Transitorium,* 1.

TRANSCHERESSE, p. e. Sorte de plante ou de fleur. Gl. *Aurica.*

TRANSCHEUR, TRANSCHOUER, Palet. Gl. *Trencheator.*

TRANSGLOUTIR, Avaler, engloutir. Gl. *Transgulare,* 1.

TRANSIGÉ, Transaction, convention. Gl. *Mareare.*

TRANSIGIER, Transgresser. Gl. *Transgredare.*

TRANSLAT, Transcript, copie. Gl. *Translatum.*

TRANSLUISANT, Transparent, diaphane. Gl. *Translucidum.*

TRANTIS, Troupeau de moutons, de chèvres ou d'autres animaux, composé de trente bêtes. Gl. *Trentanea.*

TRAPANT, TRAPEN, Trappe, espèce de porte ou de fenêtre dans un plancher. Gl. *Trappa.*

TRAPPAN, p. e. Piége pour attraper des animaux. Gl. *Trappa.*

TRAPPE, Vaisseau à mettre du lait. Gl. *Trappa.*

TRASSE, Fosse, cul de basse fosse ; ou ceps, entraves. Gloss. *Trassa,* 2.

TRASSER, Chercher avec soin, suivre à la trace. Gl. *Tracca.* — En vouloir à quelqu'un, le tracasser. — Passer légèrement. — Effacer en râclant ou en raturant. Gl. *Trassa,* 2.

TRASTE, Poutre traversante. Gl. *Trastrum.*

*TRAU, Gage, caution. F. Gl.

*TRAVAILLIER, TRAVAILLER, TRAVELLER, TRAVALLER, TRAVALER, Tourmenter, vexer, chagriner. — Le Conseil de Pierre de Fontaines, p. 485 : « Pour *travaillier* son adversaire. »

*TRAVAL, Vexation, tracasserie. L. J. P. p. 22.

*TRAVALLEORS, TRAVAILLEORS, qui vexent, tourmentent. L. J. P. p. 104 et 323.

TRAVAYSON, Travée. *Travayso.*

TRAVEILLAN, Mot générique pour signifier tous les instruments d'un art ou d'un métier. Gl. *Travallus.*

*TRAVELLER, Voyager. F. Gl.

TRAVERS, pour Trèves, Sûreté donnée en justice. Gl. *Treva.*

TRAVERSAIN, Sorte de tonneau en Anjou, demi-pipe, demi-queue. Gl. *Traversenum.*

TRAVERSER, Parier contre quelqu'un pour un des joueurs. Gl. *Transversare,* 2.

TRAVERSIER, Celui qui lève le droit de *Travers.* Gl. sous *Traversum* 1. — Traversin de lit. Gl. *Traverserium.* — Sorte de tonneau en Anjou, demi-pipe, demi-queue. Gl. *Transversariæ.*

TRAVERSIN, Le même. Gl. *Traversenum.*

TRAVERSSIER, Le même. Glos. *Traversenum.* — TRAVESSIER, Celui qui lève le droit de *Travers.* Gl. sous *Traversum,* 1.

TRAVETE, Soliveau. *Trabetus.*

TRAVEURE, Partie d'un bateau appelée plus ordinairement *Traversin.* Gl. *Traveya.*

TRAVULSE, Trouble, désordre. Gl. *Travoltus.*

TRAY-LE-BASTON, Commissaires nommés par Edouard Ier, roi d'Angleterre, à la recherche de toute espèce de malfaiteurs ; la juridiction de ces juges. Gloss. *Tray-le-baston.*

TRAYME, Trame. Gl. *Trama.*

TRAYMEL, Chausse-pied. Gloss. *Parcopollex.*

TRAYN, Train, bagages, équipages. Gl. *Traca.*

TRAYNE, Poutre, soliveau. — Pièce de bois dont on se sert pour enrayer. Gl. *Traina.*

TRAYNEAU, Filet qu'on traîne pour prendre des perdrix et autres oiseaux. Gl. *Tragum.*

TRAYNNE, Sorte de charrette ou de voiture. Gl. *Trainare.*

*TRE, Poutre, solive. L. J. P. 139

*TRÉ, *Tref,* Tente, pavillon. R. R. Gl. t. 3.

TREANT, Houe, instrument à remuer la terre. Gl. s. *Treaga.*

TREBLE, Triple, trois fois autant. — Trompette. Gl. s. *Trebium.*

*TRÉBUCHÉIZ, Trébuchement, renversement, bris, destruction. — Proverbes et Dictons populaires : « *Tresbuchéiz de charretes.* »

TREBUCHER, Renverser, détruire, ruiner. Gl. *Trabucare,* 2.

TREBUCHET, Machine de guerre pour jeter de grosses pierres. Gl. *Trebuchetum.* — FAIRE LE TREBUCHET, Donner le croc en jambe. Gl. *Trebuchare,* 2.

TREBUKIER, Renverser, abattre. Gl. *Trebuchetum.*

TREBUKIET, TREBUS, Machine de guerre pour jeter de grosses pierres. Gl. *Trebuchetum.*

*TREBUS, Trébuchet. F. Gl.

TRECEAU, Espèce de raisin. Gl. sous *Treccamentum.*

TRECHANT, Fourche, instrument pour tirer le fumier des écuries ou des étables. *Trahanderius.*

TRECHOUOIR, TRECOUER, Tressoir, ornement de tête pour les femmes. *Tressorium* s. *Trica.*

TREDOULX, Traître. *Traditor* 1.

TREF, Pièce de bois, poutre, plafond. — Tente, pavillon. — Voile de vaisseau. Gl. *Treffa.*

TREFEU, Trépied, ou Siége soutenu sur trois pieds. *Treffus.*

TREFFILIER, TREFFILLIER, Ouvrier qui fait les chaînons d'une chaîne où les macles d'une cuirasse. Gl. *Trifilum.*

TREFFOND, Sorte d'habillement,

TRE

culotte. — Tire-fond, outil de tonnelier. Gl. sous *Treffus*.

TREFFONS, Cens foncier, seigneurie foncière ; d'où *Treffoncier*, Seigneur foncier. Gl. *Treffundus*.

TREFFORER, Percer, faire un trou. Gl. *Transforatus*.

TREFFOUEL, Trépied, ou Siège soutenu sur trois pieds. Gloss. *Treffus*.

TREFOUEL, Garde-feu, ou Plaque de cheminée. Gl. *Repofocilium*. — Grosse bûche, ou souche pour tenir le feu. Gl. *Torres*.

TREGENIER, Voiturier. Gl. *Treginerius*.

TREGET, Fronde, tout ce qui sert à lancer de loin contre quelqu'un. Gl. *Trajectorium*.

TREHANT, Fourche, instrument pour tirer le fumier des écuries ou des étables. *Trahanderius*.

TREHEU, TREHU, Tribut, redevance, impôt, tonlieu, toute espèce de droit seigneurial. Glos. *Truagium*.

TREIDOULX, Traître. *Traditor* 1.

TREILLEIS, Se dit d'une armure travaillée en treillis ou chaînons. Gl. *Trilices loricæ*.

TREIZIÉME, Sorte d'impôt. Glos. *Tredecima*, sous *Trezenum*.

TRELICE, Se dit d'une armure travaillée en treillis ou chaînons. Gl. *Trilices loricæ*.

TRELICIÉ, Travaillé en treillis ou chaînons. Gl. *Tralicium*.

TREMATER, Changer l'ordre, prévenir son rang. *Tremaclum*.

TRE

TREMBLAY, Tremblaie, lieu planté de trembles. *Trembleia*.

TREMBLE-TERRE, Tremblement de terre. Gl. *Termotio*.

TREMELÈRE, Querelleur, qui aime à disputer ; ou Celui qui joue volontiers au jeu appelé *Tremerel*. Gl. *Tremerellum*.

TREMÉS, TREMIS, TREMOIS, Menus blés, qui ne sont que trois mois en terre, et la saison où on les sème. Gloss. *Tremesium* et *Tremisium*.

TRÉMONTAIN, Ultramontain, qui est d'Italie. Gl. *Tramontana*.

TREMOURE, Trémie. Gl. *Faricarpstia*.

TREMPANCE, Délai, prolongation. Gl. *Sufferentia*, 3.

TREMPE, Vin mêlé d'eau à l'usage des domestiques. *Trempa*.

TREMPOIR, p. e. Saucière. Gl. *Temperare*, 1.

TREMPOIRE, Trempure, poids qui sert à faire moudre d'une certaine manière. Gl. s. *Trempa*.

TREMREAL, Sorte de jeu de hasard. Gl. *Tremerellum*

TREMUÉE, TREMUYE, Trémie. Gl. *Faricarpstia* et *Tremnia*.

TRENCHE, Instrument propre à couper la terre, bêche. — Eclat de bois. Gl. *Trenchia*.

TRENCHÉEMENT, Décisivement, absolument, sans retour. Gloss. *Trencator*.

TRENCHEOR, Sapeur. *Trenchia*.

TRENCHEPLUME, Canif, petit couteau à tailler les plumes. Gl. *Tranchetus*.

TRENCHER les Esperons, Dégrader un chevalier. *Calcar*, 1.

TRENCHET, Petit couteau à pain. Gl. *Tranchetus*.

TRENCHIÉMENT, Décisivement, absolument, sans retour. Gloss. *Trencator*.

TRENCHIER, Saper. *Trenchia*.

TRENCHIS, Coupe de ' .s. Glos. *Trenchis*.

TRENCHIZ, Tranchée, fossé. Gl. *Trencatum*.

TRENCHOIR de Pain, Tranche, morceau de pain. Gl. *Trenchia*.

TRENET, Ustensile de cuisine, trépied. Gl. *Triparium*.

TRENQUADOR, Arbitre. qui départage les avis, qui décide et tranche la difficulté. *Trencator*.

TRENQUE, Tranchée, fossé. Gl. *Trencatum*.

TRENSONNER, Couper avec les dents. Gl. *Troncire*.

TRENTEL, Trente messes célébrées pour un mort. *Trentale*.

TRENTISMES, Trentième. Gloss. *Trigenarius*.

TREPANT, Trappe, espèce de fenêtre. Gl. *Trappa*.

TREPEIL, Agitation, inquiétude, tourment. Gl. *Trepalium*.

TREPEIS, Trépignement de chevaux. Gl. sous *Trepidare*.

TREPER, Trepper, Sauter, bondir, gambader, tressaillir de joie. Gl. *Trepare*.

TREQUE, Toque, sorte de bonnet. Gl. *Trescia*. — Sorte de danse, p. e. Branle. Gl. *Triscare*.

*__TRERE__, Traîner, tirer. L. J. P. p. 144.

TRÉS, Tente, pavillon. — Voile de navire. Gl. *Treffa*. — Proche, auprès. — Dès, depuis Gl. *Tres*.

TRESALÉ, Qui est passé, qui est presque corrompu. *Tressalitus*.

TRESBUCHET, pour Trebuchet, Sorte de petite balance. *Binden*

TRESCENSEUR, Celui qui doit le *Trescens*; ou Fermier. Gl. *Trecensarius*, et *Trecensus*.

TRESCES, Ceps, entraves. Gloss. *Trassa*, 2.

*__TRESCHANGIE Personne__, Personne interposée, tiers. L. J. P. p. 20.

TRESCHE, Sorte de danse, p. e. Branle; d'où *Trescher*, Danser. Gl. *Triscare*.

TRESCHIER, Embarrasser, tromper. Gl. *Tricare*.

TRES-CI-QUE, Jusque. Gl. *Très*.

TRESCOPER, Couper, passer devant. Gl. *Trepassus*.

TRESEL, Sorte de tonneau. — Certaine quantité de toile ou d'étoffe. Gl. *Tresellus*.

TRESELER, Carillonner. Gloss. *Trasellum*, 2.

TRESFONCIER, Seigneur foncier; de *Tresfond*, Fonds de terre, le cens foncier. Gl. *Treffundus*.

TRESLICÉ, Se dit d'une armure travaillée en treillis ou chaînons. Gl. *Trilices loricæ*.

TRE

TRESLISSER, Treillisser, mettre une grille. Gl. *Treilliare*.

*TRESLUE, Ruse, finesse. R. R. Gl. t. 3.

TRESNOER, Passer une rivière à la nage. Gl. *Transnadare*.

TRESPAS, Passage dangereux et étroit, gorge de montagne. Gl. *Passus*, 3. — Droit de passage, tribut. — P. e. Ardillon d'une boucle. Gl. *Trepassus*.

TRESPASSÉ, Se dit de ce qui est passé il y a longtemps. Gl. *Trepassus*.

*TRESPASSEMANT, Ce qui passe la mesure, les bornes, qui va au delà. L. J. P. p. 8.

*TRESPASSER, Contrevenir, transgresser. R. R. Gl. t. 3.

*TRESPERCER, Percer à travers. F. Gloss.

TRESPESSAULES, Les biens passagers de ce monde. *Trepassus*.

*TRESPORTEMENT, Transport, mutation, changement. L. J. P. p. 50.

TRESPOU, p. e. Sorte d'ornement et de parure. Gl. s. *Trespes*.

TRESQUE, Monnaie de Flandre, valant huit deniers. *Trescia*.

TRESQUE, Jusque. Gl. *Très*.

TRESSAILLIR, Sauter par dessus, passer. Gl. *Tressalitus*.

TRESSALIT, Renégat, qui a quitté sa religion. Gl. *Tressalitus*.

TRESSAULT, L'action de sauter et d'enjamber. Gl. *Tressalitus*.

TRESSILLIER, pour TREFFILLIER, Gl. *Trifilum*.

TRE

TRESSIR, Faire un tissu. *Tricare*

TRESSON, Tressoir, ornement de tête pour les femmes. Gl. *Tressorium*, sous *Trica*.

TRESSOURIER, Garde du trésor royal. Gl. *Thesaurarius*.

*TRESSUER, Suer abondamment, R. R. Gl. t. 3, p. 41.

*TRESTOT, Tout; *Trestuit*, tous. R. R. Gl. t. 3, p. 129.

TRESTOUR, Détour, adresse, finesse. Gl. *Trestornatus*.

TRESTOURNER, Détourner, écarter. — Retourner, faire tourner. Gl. *Trestornatus*.

*TRES-TOUS, Presque tous, tout à fait. F. Gl.

*TRESTURNER, Retourner. Ch. R. v. 1287.

*TRESTUT, Tout. Ch. R. v. 323.

*TRET, A TREIT, A point, justement. R. R. Gl. t. 3.

*TRET EN PLET, Traduit en justice. L. J. P. p. 15.

TRETEAU, p. e. pour Terceau, Tiercelet, le faucon mâle. Glos. *Trestellus*.

TREU, Tribut, redevance, impôt, tonlieu. Gl. sous *Trutanus*. — Bluteau ou Blutoir. Gl. *Treu*, 2. — [Ravage, désastre. F. Gl.]

TREUAGE, TREUAIGE, Tribut, redevance, impôt, tonlieu. Gloss. *Truagium*, et sous *Trutanus*.

TREVAL. PAR LE TREVAL DES CHAMPS, A travers les champs. Gl. *Traversia*, 1.

TREUBLEUR, Truble, instrument pour pêcher. Gl. *Tribla*.

TRI

TRÈVE, Sûreté donnée en justice entre les parties. Gl. *Treva*.

TREVEURE, L'action de trouver. Gl. *Troef*.

TREUIL, Treul, Pressoir. Gloss. *Trolium* et *Trullare*.

TREULAGE, Tribut, impôt. Glos. sous *Trutanus*.

TREULLE, Treuil, gros cylindre de bois autour duquel tourne la corde d'un puits. Gl. *Treu*.

TREULLOUR, Celui qui gouverne le pressoir, et qui en reçoit les droits. Gl. *Trullare*.

TREUSAIGE, Tribut, impôt, tonlieu. Gl. *Truagium*.

TREUTAGE, Le même. *Truagium*

TREYVE, Carrefour. Gl. *Trebium*.

TREZ, Grosse pièce de bois, poutre. Gl. *Treffa*.

TREZAIN, Le treizième. Gl. *Trezenum*.

TRIACLE, Thériaque ; d'où *Triacleur* et *Triaclier*, Celui qui la vend ou la débite. *Triaculum*.

TRIAGE, p. e. pour Terrage ou Tierçage. Gl. sous *Triare* 1.

TRIAL, Preuve par témoins ou autrement, jugement rendu sur enquête et preuves. Gl. *Triallum* sous *Triare*, 2.

TRIANT. Mamelle ou Mamelon. Gl. *Truhere*, 5.

TRIATEL, p. e. Le nom d'une métairie. Gl. *Triatel*.

TRIBART, pour Tabart, Sorte de vêtement. Gl. *Tabardum*.

TRI

TRIBERT, Celui qui cause du trouble, perturbateur ; ou Débauché. Gl. *Tribulare*, 2.

*****TRIBLER**, Piller, broyer. R. R. Gl. t. 3, p. 194.

TRIBOL, Tribou, Peine, affliction. Gl. *Tribulare*, 1.

TRIBOU, Commotion, secousse. Gl. *Tribulare*, 2.

TRIBOUIL, Trouble, tumulte, querelle. Gl. *Tribulare*, 2.

TRIBOULER, Vexer, faire injustice à quelqu'un. — Se donner bien des mouvements, s'intriguer ; il se prend en mauvaise part. Gl. *Tribulare*, 2.

TRIBOULLERRES, Tribouleur, Celui qui vexe, qui fait des injustices. Gl. *Tribulare*, 1.

TRIBULAGE, Sorte de tribut en Angleterre. Gl. *Tribulagium*.

TRIBULER, Se démener, agir avec vivacité. Gl. *Tribulare*, 2.

TRIBUNES, Celui qui commande trente hommes ; ou celui qui reçoit les impôts. Gl. *Tribunus*.

TRICHART, Édifice à trois étages. Gl. *Trichorus*.

TRICHERESSEMENT, Avec fourberie. Gl. *Tricator*.

TRICHERRES, Trompeur adroit, escamoteur. Gl. *Tricator*.

TRICHEUR, Chicaneur, homme à mauvaises difficultés. *Tricator*.

TRICHOT, d'où Trichotoier, Appeler quelqu'un *Trichot*, terme très injurieux en Bigorre. Glos. *Tricator*.

TRI

TRICOPLIER, Sorte de domestique. Gl. *Trotarius* s. *Trotare*.

TRICOTE, Espèce de billard. Gl. *Tricolus*.

TRIDOR, Traître, perfide. Gloss. *Traditor*, 1.

TRIE, Espèce de colombier. *Tria*.

TRIEGE, Territoire. Gl. *Triare* 1.

TRIEL, Preuve par témoins ; du verbe *Trier*, Discuter ou prouver un fait. Gl. *Triare*, 2.

TRIEPIÉ, Personnat dans l'église cathédrale d'Avranches. Gloss. *Triparius*.

TRIEVE, Trêve, sûreté donnée en justice entre les parties. Gloss. *Treugarc*.

TRIFFILIER, Ouvrier qui fait les chaînons d'une chaîne, ou les macles d'une cuirasse. *Trifilium*

TRIFOIRE. ŒVRE TRIFOIRE, L'art de mettre en œuvre ; pierre montée. Gl. *Triforium*.

TRIGALLE, Cabaret, auberge, lieu où l'on donne à boire et à manger. Gl. *Triculus*.

TRIGOT, Tricot, gros bâton. Gl. sous *Trigum*.

TRIKEEUR, Trompeur adroit et rusé. Gl. *Tricator*.

TRIMBLET, Espèce de jeu de hasard, p. e. le Trictrac. Gl. *Trinquetum*.

TRIMESSE, Sorte de pelleterie. Gl. *Trimenstruum*.

TRINGLET, Espèce de jeu de hasard, p. e. le trictrac. Gl. *Trinquetum*.

TRINGUEL, Le même Gl. *Trinquetum*.

TRINQUEBASSON, p. e. pour Trinquebuisson, Serpe, instrument propre à trancher ou à couper les buissons et les broussailles. Gl. *Besogium*.

TRINQUET, Espèce de jeu de hasard, p. e. le Trictrac. Gl. *Trinquetum*.

TRIOUER. LA CROIX DU TRIOUER, Quartier de Paris. Gl. *Tiratorium*, 1.

TRIPER, Parier au jeu. Gl. *Transversare*, 1. — TRIPETER, Danser, sauter, bondir. Gl. *Tripare*.

TRIPHOIRE. ŒVRE TRIPHOIRE, L'art de mettre en œuvre ; pierre montée. Gl. *Triforium*.

TRIPLIQUIER, Donner des troisièmes défenses, terme de pratique. Gl. *Triplicatio*.

TRIPOT, Halle au blé. Gl. *Triporticus*.

TRIQUE, Endroit où peuvent mouiller les vaisseaux ; si ce n'est pas un nom de lieu. *Triquetum*

TRIQUEHOUSE, Guêtre, chaussure qu'on met par dessus les bas. Gl. *Housellus*.

TRIQUET, Espèce de jeu de hasard, p. e. le trictrac. Gl. *Triquetum*.

TRIQUOTONET, p. e. Palette ou rouleau de bois. Gl. *Triquetum*.

TRISTEUR, Tristesse, chagrin, mélancolie, fâcherie. *Tristatio*.

TRIUMPLE, Jeu de cartes, la Triomphe. Gl. *Triumphus*, 1.

TRIUWE, Trêve, suspension d'armes. Gl. *Treuvia*, s. *Treva*.

TROCHE, Bouquet, assemblage de fleurs ou de pierres précieuses, branche qui a plusieurs rameaux. — Troupe, multitude. Gl. *Trocha*, 1. —Troc, échange; d'où *Trocher*, Troquer. *Trocare*

TROEF, Sorte de droit seigneurial. Gl. *Troef*.

TRŒVE, Essaim d'abeilles trouvé dans un bois. Gl. s. *Abollagium*

TROICHE, Bouquet de fleurs ou de perles et d'autres pierres précieuses. Gl. *Trocha*, 1.

TROIGE, Étable à pourceaux. Gl. *Troga*.

TROIL, Pressoir. Gl. *Troilum*.

TROINSAILLE, p. e. Morceau de bois, échalas. *Tronçonnus*.

TROMPE, Trompette ou guimbarde. Gl. *Trompa*.

TROMPER, Trompetter. Gloss. *Trompare*. — SE TROMPER, Se moquer, railler. Gl. *Trompator*.

TROMPETTE, Celui qui lance les pots à feu, qu'on appelle aussi *Trompe*. Gl. *Trumpettis*.

TROMPEUR, L'ouvrier qui fait les trompettes. —// Celui qui sonne de la trompette. Gloss. *Trompare*.

TROMPILLE, Trompette et celui qui en sonne, crieur public. Gl. *Trompillator*.

TRON, Tronçon, morceau. *Trosso*

TRONCER, Couper par morceaux, tailler. Gl. *Troncire*.

*****TRONCHE**, Tronc d'arbre. F. Gl.

TRONCHET, Billot, morceau de bois. Gl. *Tronchetus*.

TRONCHONNER, Briser, rompre, mettre en pièces. Gl. *Troncire*.

TRONCHONNEUS, Chicaneur, rusé, faux. Gl. *Troncire*.

TRONÇONNER, Couper le cou, décapiter. Gl. *Troncire*.

TRONEAU, TRONEL, Balance romaine, peson. Gl. *Trona*.

TRONNE, Sorte d'arbre; ou Buisson. Gl. *Tronus*.

TRONNEAU, Balance romaine, peson. Gl. *Trona*.

TRONQUET, Tronc d'église. Gl. *Troncus*.

TRONSONNER, Briser, rompre, mettre en pièces. Gl. *Troncire*.

TROP, Beaucoup, fort, extrêmement. *Tropplus*, Beaucoup plus. Gl. *Tropus*, 2.

*****TROPÉ**, Troupe, de *turba*. R.R. Gl. t. 3, p. 247.

TROPHEREUX, Hautain, insolent, arrogant. *Triumphosus*.

TROPIER, Livre d'église, qui contient les proses *Troparium*.

TRORTE, Croc, perche ferrée par un bout. Gl. *Truda*.

TROSE, Troupe, multitude. Glos. *Trocha*, 1.

TROSER, Charger d'une trousse un cheval. Gl. *Trussare*, sous *Trossa*, 3.

TROSNE, Poids public et les émoluments qui en proviennent. Gl. *Thronum*.

TROSSE, L'obligation de botteler

le foin de son seigneur. Gloss. *Trossa*, 1.

TROSSER, Plier bagages, charger. Gl. *Trussare*, sous *Trossa* 3.

*TROSSÉURE, Charge. R. R. Gl. t. 3, p. 44.

TROTE-A-PIÉ, Valet qu'on envoie en commission, messager. Gl. *Trotarius*.

TROTIER, Le même. Gl. *Trotarius*. — Cheval qui va le trot, troteux. Gl. *Trotare*.

*TROTON, Pas précipité. R. R. Gl. t. 3, p. 29.

TROTURER, Marcher à pas précipités. Gl. *Trotare*.

TROUBLE, Troupe, multitude. Gl. *Triba*.

TROUBLEUR, Celui qui cause du trouble, perturbateur, querelleur. Gl. *Tribulare*, 2.

TROUCEAU, Trousseau ; ce qui s'entend tant des meubles du mari que de ceux de sa femme. Gl. *Trosellus*.

TROUCHE, pour Trenche, Morceau, éclat de bois. *Trenchia*.

TROVEURE, L'action de trouver ; ou Chose trouvée. Gl. *Troef*.

TROUSER, Faire un trousseau, mettre en paquet. Gl. *Trussare*, sous *Trossa*, 3. — Enfler, gonfler. Gl. *Trucinare*.

TROUSSE, Droit seigneurial sur les bêtes à laine. Gl. *Trossa*, 1. — Certain ouvrage de charpentier. Gl. *Trossa*, 2. — Carquois garni de flèches. Gl. *Trossa*, 3.

TROUSSELET, Trousseau qu'on donne à une fille qu'on marie. Gl. *Trossellus*.

*TROUSSER, Dépouiller. F. Gl.

TROUSSER, Charger un cheval d'une trousse, mettre en paquet. Gl. *Trussare*, sous *Trossa*, 3.

TROUSSOIRE, Trousseau, paquet. Gl. *Trossarius*, sous *Trossa*, 3.

TROUSSOUERE, Ceinture, parce qu'elle sert à trousser les habits. Gl. *Trossellus*.

TROUTE, Truite, poisson. *Truta*.

TROUVAIGE, Chose trouvée. Gl. *Troef*.

TROUVÉE DE FOURCHE, Corvée due au seigneur dans la fenaison ; p. e. faut-il lire *Courvée*, pour Corvée. Gl. *Trossa*, 1.

TROUVEMENT DE MER, Droit seigneurial sur les choses qui arrivent et qu'on trouve sur le rivage. Gl. *Troef*.

TROUVEUR, Celui qui trouve. Gl. *Troef*.

TROUVEURE, Chose trouvée, essaim d'abeilles trouvé dans un bois. Gl. *Troef*.

TROYE, Truie. Gl. *Troia*, 1.

TROYNE, p. e. Clos, verger. Gl. *Tronus*.

TRUAGE, Tribut, impôt, tonlieu. — Ce qu'on paye pour sa bienvenue. Gl. *Truagium*.

TRUAND, Mot générique pour signifier un mauvais sujet. Glos. *Trutanus*.

TRUANDAILLE, Troupe de mendiants, de coquins. *Trutanus*.

TRUANDER, Mendier, faire le

TRU

métier de *Truant*, ce qu'on appelait *Truandise*. Gl. *Trutanus*

TRUANT, Mendiant, coquin, imposteur. Gl. *Trutanus*.

TRUBART, TRUBERT, Débauché, adonné aux plaisirs de la chair ; ou Perturbateur, qui met le trouble partout. Gl. *Tribulare* 2

TRUBLE, Petit filet attaché au bout d'une perche. Gl. *Trubla*. — Bêche ou pioche. *Trenchia*.

TRUE, Tribut, impôt, tonlieu. Gl. *Truagium*.

TRUEF, Sorte de droit seigneurial. Gl. *Troef*.

TRUEIL, TRUEL, Pressoir. Gloss. *Trolium*.

TRUENDERIE, Fausseté, mensonge. Gl. *Truttanum*, sous *Trutannare*.

TRUEVE, Tribut, impôt, redevance. Gl. sous *Trutanus*.

TRUEVER, Trouver Gl. *Trutanus*

TRUFE, Plaisanterie, badinerie, bagatelle. Gl. *Trufa*.

TRUFER, Moquer, railler. Gloss. *Trufare*, sous *Trufa*.

TRUFFE, Ornement de tête pour les femmes. — Plaisanterie, badinerie, bagatelle. Gl. *Trufa*.

TRUFFEUR, Celui qui ne débite que des bagatelles, plaisant. Gl. *Trufator*, sous *Trufa*.

TRUFFLER, s'Amuser, se réjouir. Gl. *Trufare*.

TRUFFLET, Coup sur la joue, soufflet. Gl. *Trufare*.

TRUFLE, Plaisanterie, raillerie, moquerie. Gl. *Trufa*.

TRU

TRUHANDER, Mendier, faire le métier de *Truant*. *Trutanus*.

TRUIE, Machine de guerre pour jeter de grosses pierres, suivant Froissart ; ou plutôt, pour couvrir ceux qui approchaient des murs pour les renverser. Gloss. *Troia*, 1. — Espèce de poisson. Gl. *Citula*.

TRUIETTE, Redevance annuelle, rente seigneuriale. *Truagium*.

TRUIFLET, p. e. Quelque chose qui servait à la parure des femmes. Gl. *Trufa*.

TRUILLAIGE, Pressurage, le droit du pressoir banal. Gl. *Trullare*.

TRUILLER, Pressurer. *Trullare*.

TRULLE, Plaisanterie ; ou Ruse, finesse. Gl. *Trufa*.

TRUMEL, Gigot de mouton. Gl. *Trumulieres*.

TRUMELEUR, p. e. Débauché, adonné aux plaisirs de la chair. Gl. *Trumelator*.

TRUMELIERE, Armure des cuisses, cuissart. Gl. *Trumulieres*.

TRUMIAU, Jambe. *Trumulieres*.

TRUPERIE, Tour d'adresse, de passe-passe. Gl. s. *Trahere*, 5.

TRUPPENDIERE, Fille ou femme débauchée. Gl. sous *Trahere* 5.

TRUQUAISE, TRUQUOISE, Triquoise, tenaille à l'usage des maréchaux. Gl. sous *Tousquata*.

*TRUSQUE, Jusque. R. R. Gl. 3.

*TRUSSER, Charger. Ch. R. v. 3154.

TRUT, Tour, ruse, finesse. *Trufa*.

TUM

TRUTIN, Menteur, imposteur, calomniateur. Gl. *Trutanus.*

TRUY, Carrefour. Gl. *Trebium.*

TRYANT, Sorte de filet pour pêcher. Gl. *Tragum.*

TUAINGNE, Vigne sauvage, p. e. Lambrusque. Gl. *Tuayna.*

TUCHIN, Pillard, voleur, rebelle, traître ; d'où *Tuchinerie*, Rébellion, révolte. Gl. *Tuchinare*, sous *Tuchinus.*

TUDIELLE, Nom de lieu, p. e. Tudèle, ville de la Navarre. Gl. *Tudela.*

TUEL, Tuyau, canal, conduit, le canon d'une serrure. *Tuellus* 2.

TUERDOIR, Bâton avec lequel on tord une corde ou autre lien pour assurer quelque chose. Gl. *Tortor*, 2.

TUFFE, Touffe ou assemblage de plumes. Gl. *Tufa.* — [Homme à pied mal armé. F. Gl.]

TUFFIER, Carrière de tuf. Glos. *Tuffosus.*

TUICION, Garde, défense. Gloss. *Tuitio*, 1.

TUIERS, p. e. pour Ecuyers. Gl. sous *Tutor*, 2.

TUIRIAX, Sorte de vêtement, pourpoint. Gl. s. *Fermeilletum.*

*TUIT, Tous. R. R. Gl. t. 3, p. 40.

TUITION, Tutelle. Gl. *Tuitio* 2.

TULIEU, Certain ustensile de ménage. Gl. sous *Tuleria.*

TUMBÉE, Chute, l'action de tomber. Gl. *Tombare.*

TUMBER, Faire tomber, jeter par terre. Gl. *Tombare.*

TUR

TUMBERIEL, Chute, l'action de tomber. Gl. *Tumbrellum.*

TUMBLE, Le même. *Tombare.*

TUMER, Danser, sauter, bondir, faire des tours de farceur. Glos. *Tombare.*

TUMEREAU, Tumerel, Tombereau. Gl. *Tumbrellum.*

TUMERIAU, Machine de guerre pour jeter de grosses pierres. Gl. *Tumbrellum.*

TUNE, Certaine partie d'une charrue. Gl. *Tuna.*

TUNGLET, pour Tringlet, Jeu de hasard, p. e. le Trictrac. Glos. *Trinquetum.*

TUNICLE, pour Tunique, Cotte d'armes. Gl. *Tunica*, 2.

TUOISON, L'action de tuer, d'égorger les animaux. Gl. *Battitura*, sous *Battere*, 1.

TUORTONOIR, Pressoir. Gl. sous *Torculare.*

TUPIN, Tuppin, Pot de terre ; d'où *Tuppinier*, Celui qui les fait, ou qui les vend, potier. Gl. *Tupina*, 2.

TUPINEIZ, Tupyneis, Joûte, sorte d'exercice militaire. *Tupina*, 1.

TURAUT, Toral, élévation de terre, tertre. Gl. *Turella*, 2.

TURBARIE, Terrain propre à faire des tourbes. Gl. *Turbariæ* sous *Turba*, 1.

TURBE, Enqueste par Turbe, Terme de pratique. *Turba*, 2.

TURBIL, Trouble, confusion, dissension, dispute. Gl. *Turbatia.*

TURCOPLES, Troupes légères des

TUT

Turcs ; *Turcupler*, celui qui les commande. Gl. *Turcopuli.*

TURÉE, Turcie, levée, digue. Gl. *Turella*, 2.

TUREL, Tourelle. Gl. *Turellus.*

TURELUPINS, Certaine secte des Vaudois. Gl. *Turlupini.*

TURELURE, Sorte de fortification, p. e. Herse. Gl. *Turella* 3.

TURET, But que l'on place sur une élévation de terre. Gl. *Turella* 2

TURGEAULT, Toral, élévation de terre, tertre. Gl. *Turella*, 2.

TURLUPINS, Certaine secte des Vaudois. Gl. *Turlupini.*

TURQUEMANS, Nation sauvage. Gl. *Turcomanus.*

TURQUOIS, Turquin, bleu foncé. Gl. *Pannus Turquinus*, sous *Pannus*, 2.

TURQUOISE, Triquoise, tenaille à l'usage des maréchaux. Glos. sous *Tousquata.*

TURS, pour Turcs, Sarrasins. Gl. *Turcomanus.*

TURTRE, Tourterelle. *Turturella*

TUSTER, Heurter, frapper à une porte. Gl. *Tustare.*

*TUT, Tout (*totum*). Ch. R. 2484.

TUTELE, Tutelle, Pension où l'on élève des jeunes gens et des écoliers. Gl. *Tutella.*

TUTERIE, Tutelle. Gl. *Tutella.*

TYS

TUTERRESSE, Tutrice. *Tutella.*

TUTEUR, Maître de pension où l'on élève des jeunes gens et des écoliers. Gl. sous *Tutella.*

TUTION, Tutelle. Gl. *Tuitio*, 2.

TUTIRIE, Tutelle. Gl. *Tutella.*

TUTOIER un homme marié était regardé comme une injure atroce Gl. *Tuisare.*

TUTRIE, Tutelle ; d'où *Tutreisse*, pour Tutrice. Gl. *Tutella.*

TUYAU, Couronne, la partie qui est au dessus du sabot d'un cheval. Gl. *Tuellus*, 1.

TYEPHAINE, La fête de l'Epiphanie ou des rois. Gl. *Theophania*

TYMBRE, Tambour. — TIMBRE, Casque. Gl. *Tymbris.* — [Timbale. F. Gl.]

TYMPANISER, Timbrer, imprimer. Gl. *Tympanizare.*

TYNAU, Gros bâton dont on se sert pour porter des seaux. Gl. *Tinellus*, 2.

TYOIS, La langue teutonique, l'ancien allemand. Gl. *Theotisci.*

TYOLLE, Morceau, éclat de bois. Gl. sous *Tilla.*

TYPHAGNE, La fête de l'Epiphanie ou des Rois. *Theophania.*

TYRETEINNE, Tiretaine, sorte d'étoffe de laine. Gl. *Tiretanius.*

TYSON, Pièce de bois et quille de vaisseau. Gl. *Tyso.*

U-V

V, pour G. VAUDIR, pour Gaudir, Gauchir, se détourner. Gl. sous *Gaudiose.*

U, pour le datif *Au.* Gl. *Usuatus,* sous *Usuare,* 2.

U, pour Avec, dans une Charte de 1309 : *Et U ce nous est requis humblement,* etc.

VAARIS, Vagabond, ou Étranger, inconnu. Gl. s. *Vagabunditer.*

VACABONDER, Mener la vie d'un vagabond. Gl. *Vagabunditer.*

VACANS, Toute espèce de choses dont le maître n'est pas connu, épaves. Gl. *Vacantia,* 3.

VACANT, Absent. Gl. *Vacantes.*

VACCANS, dans l'ordre de Malte, se dit des revenus échus depuis le 1er mai après la mort d'un titulaire, jusqu'au même jour de l'année suivante. *Vacantia,* 2.

VACHE. JOUER AUX VACHES, Sorte de jeu. Gl. s. *Vacca muscula.*

VACHERIE, Droit sur les troupeaux de vaches qu'on mène paître quelque part. Gl. *Vaccaticum.*

VACHETTE. JEU DE LA VACHETTE. Gl. sous *Vacca muscula.*

VACHIN, Cuir de jeune vache. Gl. *Vaccinia.*

VACQUANT, Le revenu d'un bénéfice, qui est devenu vacant. Gl. *Vacans.*

VACQUE. HOSTEL VACQUE, Maison qui n'est point habitée. Gl. *Vacantes terræ.*

*VAERIE, Voierie ; *office de vaerie,* office, règlement de ce qui concerne la voie publique. L. J. P. p. 69.

VAFOLART, Sorte de grand couteau en Dauphiné, poignard. Gl. sous *Vafa.*

VAGANT, Vagabond, qui n'a point de domicile. Gl. *Vagabundus.*

VAGE, VACHE, Certain officier municipal. Gl. *Vacui.*

VAGUE, Se dit d'une terre inculte. Gl. *Vacantes terræ.*

VAGUE de la foire, p. e. Fin, clôture d'une foire. Gl. s. *Vagus* 1.

VAGUE. LAISSIER VAGUE, Ne point user de quelque chose, l'abandonner. Gl. sous *Vacuus.*

VAGUETTE, p. e. La façon de regarder une femme qu'on trouve jolie. Gl. *Vagisare.*

VAICHIN, Cuir de jeune vache. Gl. *Vaccinia.*

VAIERIE, Voirie, juridiction d'un voyer. Gl. *Vaieria.*

VAILLANCE, Valeur, prix. Glos. *Valentia,* 2.

VAILLANT, Sorte de monnaie étrangère, denier d'argent. Gl. *Valens,* 3.

VAILLART, p. e. L'opposé de vaillant ; ou Vieillard. *Valens* 2.

*VAILLE, Valeur. F. Gl.

VAILLENT, Sorte de monnaie étrangère, denier d'argent. Gl. *Valens,* 3.

VAL

VAIN, Se dit d'une terre inculte. Gl. *Vaccantes terræ*. — Abattu, faible, languissant, sans courage. Gl. *Vanitas*, 2. — L'automne, la saison où l'on cueille les fruits appelés *vains* ou *gains* ; et une espèce de grain ou d'orge. Gl. *Gagnagium*, 1.

VAIR, Se dit de ce qui est de plusieurs couleurs. Gl. *Varius*, 1.

VAIRE, Vaire, sorte de pelleterie. Gl. *Vares*.

VAIRÉ, Émaillé, qui est de diverses couleurs. Gl. *Varius*, 3.

VAIRON, Se dit de ce qui est de plusieurs couleurs. *Varius*, 1.

VAISSELET, Certaine petite mesure. Gl. sous *Vaissellus*.

*VAISSIALS, Vaisseaux. F. Gl.

VALAIS, Sorte d'instrument propre à la pêche. Gl. *Varlognia*.

VALANCE, Valeur, prix. Gloss. *Valentia*, 2.

VALCHEIRE, Dot assignée sur un fonds de terre. Gl. *Vercheria*.

VALENCHENOIS, Certaine mesure de terre en usage dans le territoire de Valenciennes. Gl. *Valenchenæ*.

VALER, Aider, donner du secours. Gl. *Valere*.

VALET, pour Balet, Galerie, espèce de portique. Gl. *Baletum*. — Nom qu'on donnait aux jeunes gens de la première qualité, avant qu'ils eussent été faits chevaliers ; Ecuyer ; Jeune homme qui n'est pas marié. Gl. *Valeti*.

VALETERIE, La jeunesse ou les gens non mariés qu'on appelait *Valets*. Gl. *Valleteria*.

VAN

VALEUEIRS, Velours. Gl. *Valludellum*.

VALLANT, Petite monnaie des évêques de Cambrai. *Valens*, 3.

VALLER, Valoir. Gl. *Valentia*, 2. — [Rendre valide. F. Gl.]

VALLET, Valleton, Nom qu'on donnait aux jeunes gens de la première qualité, avant qu'ils eussent été faits chevaliers ; Ecuyers ; Jeune homme qui n'est pas marié. Gl. sous *Valeti*.

VALLOIS, Sorte d'instrument propre à la pêche. Gl. *Varlognia*.

VALOYS, Monnaie des comtes de Valois. Gl. *Valozius*.

VALVASSEUR, Vassal, celui qui tient un fief d'un autre. Gloss. *Vavassores*.

VALUE, Valeur, prix. *Valutare*.

VA-LUI-DIRE, Terme injurieux. Gl. *Vaditur*.

VAMON, Sorte de maladie, abcès ou goître. Gl. *Vammum*.

VAN, Mesure de charbon. Gloss. *Vannus*.

VANDAGE, Vente. *Vendagium* 1.

VANDER ou Vandre pour Bander, tendre, allonger. *Vendere*.

VANDUE, Vente. Gl. *Vendicia*.

VANÉE, Botte de paille. *Vanata*.

VANNAGE, L'action de vanner le blé. Gl. *Vannatio*.

VANNER, Berner, faire sauter en l'air quelqu'un dans une couverture appelée *vanne*. *Vanna* 1

VANS, p. e. pour Vaus, Sorte de

petit vaisseau ou navire. Gl. sous *Vacheta*, 1.

VANTANCE, L'action de se vanter, vanterie. Gl. *Vantare*, 2.

VANTER SES PLESGE, p. e. Le dégager. Gl. *Vantare*, 2.

VANTIER, Garde forestier. Glos. *Vantarius*, 2.

*VANVOLE, Paroles oiseuses, évasives. R. R. Gl. t. 3.

VAQUE, Vache, prononciation picarde. Gl. *Vaqua*.

VAQUIERS, Nom de certains sectaires ou séditieux, vers l'année 1320. Gl. *Vaccarius*.

VARDE, Garde ; d'où *Varder*, Garder. Gl. *Vergaium*.

VARENCHE, Garance, graine pour la teinture. Gl. *Warenchia*

VARENNE, pour Garenne. Gloss. *Warenna*.

VARETON, Trait d'arbalète. Glos. *Veretonus*.

VARGAIGNE, pour Bargaigne, Convention, traité, marché. Gl. *Vargaigne*.

VARIER, Disputer, contredire. — VARIER QUELQU'UN, Le faire changer de sentiment. *Variare* 2

VARISON, Champ garni de ses fruits, les grains qui sont encore sur pied. Gl. *Garactum*.

VARLET, Apprenti, compagnon de métier. — Le manche d'une faux. Gl. *Valetus* sous *Valeti*.

VARXENNE, La saison du premier labour des terres. Gl. *Versana*, 2.

VAS, Église, chapelle. Gl. *Vasso*.

VASAUS, Brave, courageux, intrépide. *Vassaticum*, s. *Vassus* 2.

VASE, Cercueil, tombeau. — Sorte d'épée, grand couteau. *Vas*, 2.

VASLÉS, Nom qu'on donnait aux jeunes gens de la première qualité, avant qu'ils eussent été faits chevaliers ; Ecuyer ; jeune homme qui n'est pas marié. Gl. sous *Valeti*.

VASSAL, VASSAUS, Homme d'un courage distingué, brave, intrépide. *Vassaticum*, s. *Vassus*, 2.

VASSAUMENT, Fidèlement, avec attachement. Glos. *Vassaticum*, sous *Vassus*, 2. — [Bravement. F. Gl.]

VASSE, pour Vassal, feudataire, celui qui tient un fief d'un autre. Gl. *Vassus*, 2.

VASSELAGE, Courage, grandeur d'âme, belle action. — Le droit du seigneur féodal sur son vassal. Gl. *Vassaticum* s. *Vassus* 2.

VASSER, Régler, aligner. Gloss. sous *Vassare*.

VASSEUR, Vassal, celui qui tient un fief d'un autre. Gl. *Vassor* et sous *Vavassores*.

VASSURE, Espèce de grange, lieu couvert, où l'on sert le foin et le grain. Gl. *Vas*, 5.

VATARON, Monnaie de Flandre, de la valeur de douze deniers. Gl. *Vataron*.

VATE, p. e. pour Bate, Le bâton du fléau qui bat les gerbes. Gl. *Batator*.

VAVASOR, VAVASSOUR, VAVAS-

VAU

seur, Vassal, celui qui tient un fief d'un autre. Gl. *Vavassores*.

VAVASSERIE, Rente ou redevance due sur le fief appelé *Vavassourie*. Gl. s. *Vavassoria*.

VAVASSOIRE, Femme qui est sous la domination d'un prince souverain. Gl. sous *Vavassores*.

VAVASSOUR, Vassal, celui qui tient un fief d'un autre. Gl. sous *Vavassores*.

VAVASSOURIE, Arrière-fief. Gl. *Vavassoria*.

VAUCEL, Vaucelle, Vallon. Gl. sous *Vallo*, 1, et *Vauchellus*.

VAUCHIERE, Rame, ou Rameur. Gl. *Vogherii*.

VAUCRER, Errer çà et là, par vaux et par monts, aller de côté et d'autre. Gl. *Vacare*.

VAUDE, Guède, pastel. *Vailda*.

VAUDERIE, L'hérésie, la secte des Vaudois. Gl. s. *Valdenses*.

VAUDIR, Gauchir, se détourner. Gl. sous *Gaudiosus*.

VAUDOISIE, Assemblée nocturne des sorciers, sabbat. *Valdenses*.

VAUDOIX, Celui qui a commerce avec une bête. Gl. *Valdenses*.

VAUGUEUR, Rameur. *Vogherii*.

VAULARDIE, p. e. Halle; ou Jardin, verger. Gl. *Vaulardia*.

VAULDOYERIE, Sorcellerie. Gl. *Valdenses*.

VAULE, Sorte de bâton, pieu. Gl. *Vallo*, 2.

VAULTE, Voûte, souterrain; d'où

VÉE

Voutis, pour Voûté. Gl. *Volsura* et *Volta*, sous *Volutio*.

VAU-PUTE, Péché contre nature. Gl. *Puta*, 2.

VAUTRIER, Chasser le sanglier; d'où *Vautreur* et *Vautrieur*, Chasseur, braconnier Gl. *Vautrarius*.

VAYN, L'automne, la saison où l'on cueille les fruits appelés *vayns* ou *gains*. *Gagnagium* 1.

UCAGE, Ucaige, Ban, encan, proclamation; le revenu qui en provient. Gl. *Hucha*, 2.

UCHE, Huche, coffre, armoire. Gl. *Ucha*, 2.

VEAGE, Voyage. Gl. *Viagium*, 1.

VEAGE DE LA CROIX, Croisade, voyage en la Terre Sainte. Gl. *Viagium*, 1.

*VÉANT, Voyant, spectateur. F. Gl.

*VEAX, Donc. R. R. Gl. t. 3.

*VEDEIR, Voir (*videre*). Ch. R. v. 270.

VEDOIL, Espèce de faux ou serpe, sorte d'arme. Gl. *Vedule*.

VÉE, Défense, ban publié pour défendre quelque chose. Gloss. *Vetum*. — Voie, chemin. *Via*1.

VÉEL, Veau. Gl. *Vagula*.

*VEEMENT, Contradiction, opposition. L. J. P. p. 141.

VÉER, Défendre, prohiber, refuser. Gl. *Vetare*.

VÉEUR, Commissaire nommé pour voir les lieux qui sont en contestation. Gl. *Visores*, s. *Visus*.

VEI

VEFVÉ, Vefveté, Viduité, veuvage. Gl. V*iduitas*, 2.

VEGILLE, Vigille, veille d'une fête. Gl. V*igilia*.—[Garde.F.Gl.]

VEGOIGNOIS, Canton du comté de Blois. V*egoigniensis pagus*.

VEHE, Défense, ban publié pour défendre quelque chose. V*etum*.

VEHIER, Voyer, viguier, espèce de juge, dont la juridiction et l'office s'appelaient V*cherie*. Gl. V*cherius* et V*iara*, s. V*iarius*1.

*VEIAGE, Chemin. Ch. R. v. 660.

*VEIE, Voie, chemin (*viam*). Ch. R. v. 1595.

*VEILL, Vieux. Ch. R. v. 2189.

VEILLANCE, Veille, l'action de veiller. Gl. P*ernoctantia*.

VEILLE, Danse, réjouissance, fête. — Nerf de bœuf.—Vrille; d'où V*eillette*, petite vrille. Gl. sous V*igilia*.

VEILLOLE, Lanterne de verre pour veiller. Gl. V*igilis*.

*VEIN, Faible, sans force. R. R. Gl. t. 3, p. 145.

VEINE Originalle, Originelle, Qui est comme l'origine et le principe de la vie, la veine cave ou pulmonaire. Gl. O*rganalis*.

VEINES de la Mère, p. e. Celles qu'on appelle *Umbilicales*. Gl. sous V*ena*, 6.

*VEINTRE, Vaincre. Ch. R. 2211.

*VÉIR, Voir. R. R. Gl. t. 3.

VEIRRÈ, Émaillé. Gl. V*erreria*.

*VEIRS, Vraiment. Ch. R. v. 381.

VEN

*VEISDIE, Trahison. Ch. R. 675.

VEL, pour Je veux. Gl. *Octava* 2.

VELE, Voile de navire. Gl. V*ela*.

VELLE, Plumes d'oie. Gl. *Auces*.

VELLEVUESÉE, Vrille, outil de tonnelier. Gl. sous V*igilia*.

VELLIER, Vieil, vieux ; ou p. e. Celui qui *veille*, qui guette. Gl. V*elius*.

VELLUYAU, Velours. Gl. V*illosa*

*VELOURDE, Fagot. F. Gl.

*VELTRES, Chien de chasse. Ch. R. v. 730.

VELVET, Velours. Gl. V*illosa*.

VENAIGE, Le droit de pêcher ou de prendre du poisson à la *venne* d'un moulin. Gl. V*enna*, 1.

VENANGE, Vendange ; d'où V*enangier*, Vendanger. Gl. V*endeniœ*.

*VENCHIER, Venger. R. R. Gl. t. 3, p. 225.

VENÇON, Vente. Glos. V*entio*. — [Vengeance, représailles. L J. P. p. 72.]

VENDAGE, Vendagne, Vendaige, Vente. Gl. V*endagium*, 1.

VENDE, Vente, Droit seigneurial sur les biens fonds qui se vendent. Gl. V*enda*, 2.

VENDENGEOR, Celui qui doit vendanger pour son seigneur. Gl. V*indemiator*.

VENDENGERESSE, Vendangeuse Gl. V*endemiator*.

VENDIER, Celui qui perçoit les

VEN

droits du marché pour le seigneur. V*entarius*, s. V*enda* 1.

VENDUE, Vente. Gl. V*endicia*.

VENEINGIER, V*eneingier*, Vendanger. Gl. V*endeniœ*.

VENEL, Sorte d'étoffe. Gl. V*enelanus*. — Tombereau. V*enella* 2.

VENELLE, Ruelle, passage étroit, ruelle de lit. Gl. V*enella*, 1.

*VENENÇONS, V*encon*, Vente. L. J. P. p. 2 et 168.

VENENGE, Vendange ; d'où V*enengier*, Vendanger. Gl. V*endeniœ*.

VENET, Sorte de filet pour pêcher. Gl. V*enetum*.

VENGEMENT, Droit quelconque pour réclamer une chose aliénée. Gl. V*endicatio*.

VENIAUMENT, Bonnement, sans méchanceté. Gl. V*enialiter*.

VENICE, pour Véronique. Confrérie des marchands et marchandes de toiles, établie à Saint-Eustache sous le nom de sainte V*enice*. Gl. V*eronica*.

VENIR DE BAS, Se dit d'un enfant illégitime. Gl. V*enire*.

VENIR A TERRE, Naître, venir au monde. Gl. sous V*enire*.

VENNE, Haie, clôture. V*enna*, 1.

VENNEAU ou V*ennel*, Espèce de tuile. Gl. V*ennella*.

VENNELIER, Ce qui sert à hausser et à baisser la charrue. Gl. sous V*enna*, 1.

VENOAGE, p. e. Droit sur les denrées qui se vendent au marché. Gl. D*onum*, 2.

VEN

VENOINGE, Vendange, d'où V*enoingier*, Vendanger. Gl. V*endeniœ*.

VENOISON, Venaison, gibier. Gl. V*enatio*, 1.

VENOYGE, Vendange. V*endeniœ*.

VENTAILLE, Écluse, ce qui contient l'eau d'un canal ou d'un étang, ventail. Gl. V*entellum*.

VENTAILLE, Ce qui ferme l'ouverture d'un casque, par où l'on respire. Gl. sous V*entaculum*. —Porte d'une écluse, ordinaire. Ventail. Gl. V*entalium*.

VENTE, Droit sur les denrées qui se vendent au marché, ou le droit d'étalage. — Prix, valeur d'une chose qui est à vendre. Gl. V*enta*, 2.

*VENTELER, Voltiger, être agité par le vent. R. R. Gl. t. 3, 240.

VENTER, Jeter au vent. V*entare*.

VENTEROLLE, Droit seigneurial sur les fonds qu'on vend, distingué de celui des lots et ventes. Gl. sous V*enda*, 2.

VENTIER, Celui qui perçoit les droits du marché pour le seigneur. Gl. V*entarius*, sous V*enda*, 1. — Celui qui achète une coupe de bois. Gl. V*enda* 3.

VENTILLER, Répandre, faire courir un bruit. — V*entiller* une cause, L'examiner, la discuter pour la juger. V*entilare*.

VENTOISE, Ventouse. V*entosa* 1.

VENTOSER, Appliquer les ventouses. Gl. V*entosa*, 1.

VENTRAIL, Tablier, parce qu'il couvre le ventre. Gl. V*entrale*.

VENTRAILLER (SE), Se vautrer; ou p. e. Se coucher sur le ventre. Gl. *Ventricola*.

VENTRAILLES, Entrailles intestins. Gl. sous *Venter*.

VENTRE, Matrice. — FRANC VENTRE, Femme de condition libre. Gl. *Venter*.

VENTRÉE, Aliments, ce qui remplit le ventre. Gl. *Venter*.

VENTRIÈRE, Sage-femme. Glos. *Venter*.

VENTRILLON. JESIR A VENTRILLON, Etre couché sur le ventre. Gl. *Ventricola*.

VENUE, Revenu, profit. *Venuta*.

VENUGE, Instrument pour pêcher. Gl. *Bigo*.

VEOIR. SE FAIRE A VEOIR, Se faire voir, Se montrer. Gl. *Facere videri*, sous *Facere*, 16.

VEOUR, Celui qui est chargé d'examiner les dégradations des bois. Gl. *Visores*, 2.

VER, Vallée, prairie. Gl. *Verceillum*. — [Sanglier. Ch. R. 732.]

*****VERAI**. Vrai (*veracem*). Ch. R. v. 3368.

VERBAUMENT, Verbalement, de bouche. Gl. *Verbaliter*, 2.

VERBELER, Parler, prononcer trop vite et peu distinctement. Gl. *Balbuzare*.

VERBODE, Règlement qui n'est que pour un temps. *Verbum*.

VERCAUPE, Le sommet de la tête. Gl. *Vertex*.

VERCHIÈRE, Dot assignée sur un fonds de terre. — Verger, ou terre cultivée joignant la maison. Gl. *Vercheria*, 2.

VERCOLLE, Espèce de bricole. Gl. *Vercolenum*.

VERD, Drap de couleur verte. Gl. sous *Viride*, 2.

VERDAGE, L'office de gardien des bêtes qui paissent dans un bois, et l'émolument qui en provient. Gl. *Viride*, 1.

VERDERIE, Office et juridiction de *verdier* ou garde forestier. Gl. *Viridaria*.

VERDOIER, Tâter quelqu'un, le provoquer au combat, l'appeler sur le pré. Gl. *Viridare*.

VEREC, Tout ce que la mer jette sur le rivage. Gl. *Verecum*.

VERECONDER, Couvrir de honte, déshonorer. Gl. *Verecundia*, 2.

VERECQ, Tout ce que la mer jette sur le rivage. Gl. *Wreckum*.

VERECUNDENS, Honteux, qui manque de hardiesse. Gl. *Verecundiosus*.

VEREGLAZ, Verglas; d'où *Vereglacier*, Faire du verglas. Glos. *Gelicidium*.

VERGAGE, Le droit de jaugeage. Gl. *Vergaium*.

VERGAT, Sorte de filet pour la pêche. Gl. *Vergatum*.

VERGE, Certaine étendue autour du lieu qu'habite le roi. — Charge ou office de sergent. Gl. *Virga*, 5. — VERGE PELÉE, Bâton, dont on a ôté l'écorce, attribut des femmes débauchées. Gl. *Virga*, 3.

VER

VERGELÉ, Rayé de diverses couleurs. Gl. *Virgulatus*.

VERGERON, Petite verge, houssine. Gl. *Virgunculosus*.

*****VERGETTE**, Petite lance. F. Gl.

VERGEUR, Jaugeur ; du verbe *Vergier*, Jauger, mesurer avec une verge. Gl. *Vergaium*.

VERGIER, si ce n'est pas une faute pour Verserot, la saison du premier labour des terres. Gl. *Versana*, 2.

VERGINE, Verge, certaine mesure de terre. Gl. *Virga*, 6.

VERGISANT, Sorte de gros bois vieux. Gl. *Arbores jacentivas*, sous *Arbor*, 1.

VERGLACIE, Verglas. Gl. *Gelicidium*.

VERGNE, Aulne, arbre. *Vergna*.

VERGNER, Soutenir les bords d'une rivière ou d'un fossé avec des branches d'arbres ou avec des pieux. Gl. *Guerignagium*.

VERGOIGNER, Couvrir de honte et d'infamie. Gl. s. *Paragium*.

VERGOINGNOIS, Canton du comté de Blois. Gl. *Vegoigniensis pagus*.

VERGOLAY, Nom d'une fête, qui p. e. se faisait au printemps. Gl. *Vergolay*.

VERGONDER, Déshonorer, couvrir de honte et d'infamie. Gl. *Verecundia* 2 et *Verecundium*.

VERGONDEUX, Honteux, qui manque de hardiesse. Gl. *Verecundiosus*.

VERGONNER. Se Vergonner,

VER

Avoir honte, avoir de la pudeur. Gl. *Verecundiosus*.

VERGUE, Verge, certaine mesure de terre. — Aune, mesure de drap. Gl. *Virga*, 6.

VERGUHE, Verger, en Périgord. Gl. *Verguetum*.

VERIAL, Ouverture, fenêtre, soupirail fermé d'un châssis. Glos. *Veriale*, 2.

VERJAT, Instrument propre à la pêche. Gl. *Vergatum*.

VERIE, Certain office de cuisine ; p. e. celui de la nettoyer et de la laver : en ce cas, il faudrait lire *la Laverie*. Gl. *Veria*.

VERIÉ, Qui est de diverses couleurs, émaillé. Gl. *Varius* 3.

VERIEL, Pâturage, lieu abondant en herbes. Gl. *Veriale*, 1.

VERIERE, Vitre. Gl. *Verreriæ*.

VERISIER, Vitrer, garnir de verres. Gl. *Vitrare*.

VERITÉ, Déposition de témoins ; Enquête juridique ; Plaid, assise. Gl. *Veritas*, 1.

VERLENC, pour Breland, jeu de hasard. Gl. *Berlenghum*.

VERMAIL, Vermeil, rouge. Gl. sous *Vermiculus*.

VERMILLAGE, Vermullage, p. e. Le droit qu'on paye pour que les cochons puissent fouiller dans une forêt. Gl. *Vermiculus*.

VERMINE, Insecte, ver. *Vermen*

VERNÉ, Orné, garni. *Vernare* 3.

VERNEY, Vernois, Vernoy, Aul-

VER

naie, lieu planté d'aulnes, autrefois appelés V*ernes*. V*erniacum*

VERNIR, Se dit des femmes qui mettent du rouge. V*ernicium.*

- *VERNOI, Aunaie, lieu planté d'aunes, autrefois appelées *vernes*. R. R. Gl. t. 3.

VERNOT, Sorte de filet ; ou Instrument pour pêcher. V*ernale.*

VEROLAGE, Droit de Verolie, Le droit de moulin banal. Gl. V*erolagium.*

VERPIR, Déguerpir, abandonner. Gl. V*erpire.*

VERRERIE, Verriere, Vitre. Gl. V*erreriæ.*

VERROILII, Nom qu'on donnait aux offrandes dans quelques églises. Gl. V*errolus.*

VERROUL, Sorte d'arme ou épieu Gl. V*errolus.*

VERRUEIL, Sorte de filet, en Normandie. Gl. V*ertebolum.*

VERS, Verrat, le mâle d'une truie. Gl. *Homicidium*, 1.

VERSAINNE, Se dit d'une terre préparée pour la semence. Glos. V*ersana,* 2.

VERSANE, Certaine mesure. Gl. V*ersana,* 3.

VERSELLER, Chanter des psaumes alternativement, par versets. Gl. V*ersilare.*

VERSER, Employer, dépenser. Gl. V*ersare,* 2.

VERSERET, Verserot, La saison du premier labour des terres. Gl. V*ersana,* 2.

VER

VERSSANE, Certaine mesure Gl. V*ersana*, 3.

VERT, Feuille ou branche verte d'une forêt. Gl. V*iride,* 1.

VERTAIL, Terme de tonnelier. Gl. V*ertebrum.*

VERTAY, Verteil, Espèce de bouton qu'on met à un fuseau pour le faire tourner plus aisément. Gl. V*ertebrum.*

*VERTÉ, Vérité. R. R. Gl. t. 3, p. 306.

VERTEMOULA, Vertemoulte, Certain droit usité en Normandie. Gl. V*ertemoula.*

VERTEVELLE, Gond. V*ertevella*

VERTIR, Tourner, changer. Gl. V*ertere,* et V*ertitus* 1.

VERTON. Saint Martin de Verton, La saint Martin d'hiver. Gl. *Festum S. Martini.*

VERTOQUER, Mettre un tonneau en état de servir. V*ertebrum.*

*VERTU, Force, vigueur. — Garin le Loherain, II, 239 : « Li quens (comte) s'abaisse et sa *vertu* li chiet. »

*VERTUDABLE, Fort, vigoureux. Ch. R. v. 3425.

VERTUEUX, Fort, robuste, vigoureux. Gl. V*irtuosus.*

*VERTUUS, Fort, courageux. Ch. R. v. 1593.

VERVELLE, Anneau qu'on attachait au pied du faucon. Gloss. sous *Vervilium.*

VERUQUE, Aulne ou Saule. Gl. V*eruhia.*

VERZEUL, Verveux, espèce de filet pour prendre du poisson. Gl. *Vervilium*.

VESARDE, Peur, frayeur, épouvante. Gl. *Vesanior*.

VESINETÉ, Voisinage. *Vicinium*

VESKE, Évêque. Gl. *Episcopus*.

VESOCH, en Albigeois, ailleurs *Besog*, Serpe, houe, pioche. Gl. *Besogium*.

VESPIAIRE, Vespice, Celui qui arrache les épines et les broussailles, qui défriche une terre. Gl. *Vespa*.

VESPRE, Soir. Gl. s. *Vesperæ*.

VESPRÉE, Veillée, assemblée du soir. Gl. sous *Vesperæ*.

VESQUE, Evêque. Gl. *Episcopus*.

VESSELLEMENT, Vessellemente, Vaisselle, vaisseaux pour le service de la table. Gl. *Vessellamontum*, sous *Vessella*.

VEST, Ce qu'on paye au seigneur pour le droit d'investiture. — La cession que fait un propriétaire. Gl. *Vestitura*, sous *Vestire*, 1.

VESTEMENT, Ornement d'église. Gl. *Vestis*.

VESTES, Lots et ventes, droit seigneurial. Gl. *Vestitura*, sous *Vestire*, 1.

VESTEUR, Celui qui a soin de ce qui concerne le vêtement. Gl. *Vestiarius*.

VESTEURE, Habit, tout ce qui sert à vêtir. Gl. *Vestura*, 1.

VESTIAIRE, Vêtement, habit d'église. — Lieu où l'on conserve les habits, les bijoux et même l'argent. Gl. *Vestiarium*.

VESTIR, Donner l'investiture, mettre en possession — Orner, décorer. Gl. *Vestire*, 3.

VETISON, Investiture. *Faire Vestison*, Mettre en possession. Gl. *Vestitio*.

VESTUE, Saisine, possession. Gl. *Vestitio*, sous *Vestire*, 1.

VESTURE, Habit, tout ce qui sert à vêtir. — Ce qu'on paye au seigneur pour le droit d'investiture. —Les fruits dont une terre cultivée est garnie. — Mettre en Vesture, Donner l'investiture, mettre en possession. Gl. *Vestura*, sous *Vestire*.

VETUSVELUÉ, Qui est vêtu ou couvert de velours. Gl. *Velludellum*.

VESVAIGE, Le droit qu'a le mari en Normandie de jouir par usufruit des biens de sa femme morte, quand il en a eu un enfant né vif; d'où *Vesvé*, La jouissance de ce droit. *Viduitas*, 2.

VESVET, Viduité, veuvage. Glos. *Viduitas*, 2.

VETE, Celui qui fait le guet. Gl. *Wactæ*.—Sorte d'arme. Gl. sous *Vetum*.

VETER, Défendre, prohiber. Gl. *Vetatum*.

VETUEILLER, Vetuieller, Avitailler, fournir des vivres. Gl. *Receptare* et *Vitellatio*.

VEU, pour Vœu ou Vout, Figure de cire qui représentait celui qu'on désirait de blesser ou de tuer en la piquant. Gl. *Votum* 4

VEUDER, Vider, quitter, sortir d'un lieu. Gl. *Tallium*, 6.

VIA

VEUDIR, Gauchir, éviter en se détournant. Gl. sous *Gaudiosus*.

VEUE, Jugement, examen, enquête, descente sur les lieux qui font l'objet d'un procès. Gloss. *Veuta* et sous *Visus*.

VEVETÉ, VEUFVETÉ, Viduité, veuvage, les droits d'une veuve. Gl. *Viduitas*, 2.

VEUGLAIRE, Machine de guerre, arme à feu. Gl. *Veuglaria*.

VEUILLE, Ruelle de lit; p. e. pour *Venelle*. Gl. *Venella*, 1.

VEUVETÉ, Viduité, veuvage. Gl. *Viduitas*, 2.

*VEZCUNTE, Vicomte. Ch. R. v. 849.

*VEZ, Voyez, voilà. R. R. Gl. t. 3.

*VEZIÉ, Fin, rusé, dissimulé, *versutus*. R. R. Gl. t. 3, p 252.

UI, Aujourd'hui. Gl. *Inceptum*.

*VI, Vil, abject, *vilis*. R. R. Gl. 3

VIAGE, Rente ou pension viagère, revenu annuel d'une terre. Gl. *Viagium*, 2.

VIAGERESSE, Usufruitière, celle qui jouit d'une rente ou d'une pension viagère. Gl. *Viagerius*.

*VIAGIER, Usufruitier. Gl. *Viagerius*.

VIAIRE, Visage. Gl. *Viarium*.

VIANDE, S'est dit du pain et de toute espèce de nourriture. Gl. *Vianda*.

VIANOIE, Toison. Gl. *Vianenses*.

VIAUL, Chemin, sentier. Gl. *Viacuium*.

VIC

VIAUTRE, Chien de chasse; d'où *Viautrer*, Chasser avec des chiens. Gl. *Canis veltris*, sous *Canis* 2, et V*autrarius*. — Péager, celui qui fait payer le péage. Gl. sous V*ecticare*.

*VIAX, Au moins, aussitôt, sur-le-champ. R. R. Gl. t. 3.

*VIAZ, Sur-le-champ. R. R. Gl. t. 3, p. 225.

VIBAILLIF, Celui qui fait en second les fonctions de bailli. Gl. V*icebaillivus*.

VICAIRE, Celui que les gens de main-morte sont obligés de fournir au seigneur suzerain du fief. Gl. sous V*icarius*.

VICAIRIE, Chapelle, bénéfice ecclésiastique. Gl. V*icaria* sous V*icarius*.

VICARIAT, Procuration. Gl. V*icarius*.

VICE, Injure, calomnie. *Vitius*.

VICES, Fonction, emploi, charge qu'on exerce pour un autre. Gl. V*ices*, 2.

*VICINAGE, Voisinage. F. Gl.

*UICHE, Huche, coffre. L. J. P. 164

VICONTAGE, VICONTAIGE, Sorte de droit dû aux vicomtes. Gl. V*icecomitatus*, sous V*icecomes* et V*icontagium*.

VICONTÉ, Le même. Gl. V*icecomitatus*.

VICONTIER, Vicomte; d'où Justice V*icontière*, Moyenne justice. Gl. V*icecomes*.

VICTOIRE, Fête, réjouissance publique. Gl. V*ictoriosus*.

VIE

VICTORIEN, Victorieux, celui qui a vaincu. Gl. V*ictoriosus*.

VICTORIER, Remporter une victoire. Gl. V*ictoriare*.

VIDAILLE, La visière d'un casque. Gl. V*iseria*.

VIDAMÉ, L'hôtel d'un vidame. Gl. V*icedamus*.

VIDAMESSE, La femme d'un vidame. Gl. V*icedomina*.

VIDAMETÉ, Office et dignité de vidame. Gl. V*icedominium*.

*VIDANT (EN), En s'écartant. F. Gloss.

VIDECOQ, Grosse bécasse. Gloss. V*idecoqs*.

VIDOMNAT, Dignité de *vidomne*, pour Vidame. Gl. V*icedognatus*.

VIE, Voie, chemin. Gl. V*ia*, 1. — FILLE DE VIE, Qui mène une vie débauchée. Gl. V*ita*.

VIEILLE, Espèce de poisson. Gl. *Turdus*. — VIELLE, Meule de foin, de paille, etc. Gl. V*iellare*.

*VIELLEGNERE, Vieillesse. L. J. P. p. 98.

VIEILLEUR, Vétusté. V*etustitas*.

VIELOOR, Joueur de *vielle* ou de violon. Gl. V*iellator* s. V*itula*.

VIENAGE, Le droit qu'on payait pour la sûreté des grands chemins. W*ienagium*, s. *Guida*.

VIENTRAGE, pour Vieutrage. Gl. V*ecticare* et V*ineragium*.

VIER, Pêcherie, gord. Gl. sous V*ieria*, 2. — VIERG, Viguier, juge subalterne. Gl. V*igerius*.

VIG

VIERE, Visage, mine. V*iarium*.

VIERG, Le premier magistrat d'Autun. Gl. V*ergobretus*.

VIERSCHARE, Tribunal de justice en Flandre. Gl. V*ierscara*.

*VIÈS, Vieux. F. Gl.

VIESE, Se dit d'une chose défendue. Gl. V*ietatio*. — Chose passée, usée. Gl. V*iezeria*.

VIESIER, Fripier, celui qui raccommode et vend de vieux habits et autres meubles. V*iezeria*.

VIES-WARE, Friperie; d'où V*ieswarier*, Fripier. Gl. V*iezeria*.

VIEUSTRAGE, VIEUTRAIGE, Droit sur les marchandises qu'on fait *vieutrer* ou voiturer. V*ecticare*.

VIEUTANCHE, Mépris, dérision. Gl. V*ilipendium*.

VIEUTRER, Voiturer. V*ecticare*.

*VIEZ, Vieux, R. R. Gl. t. 3.

VIF. FAIRE FEU VIF, pour signifier Faire résidence, être domicilié. Gl. sous *Focus*.

VIFZ, Escalier tournant en façon d'une vis. Gl. V*is*, 2.

VIGNAU, Vigne. Gl. V*ignalis*.

VIGNERON, Cabaretier; d'où l'on appelle à Lille *vigneron* la cloche de la retraite des bourgeois, parce qu'après qu'on la sonnée les cabarets doivent être fermés. Gl. *Campana bibitorum*.

VIGNIER, Messier, garde des vignes. Gl. V*inearius*.

VIGNOU, VIGNOY, Vignoble. Glos. V*inoblium* et V*ignoblum*.

VIL

VIGUIER, Lieutenant. *Vigerius.*

VIILLE, Vrille. Gl. sous *Vigilia.*

VILAIN, Serf, homme de mainmorte, roturier. Gl. s. *Villani.*

VILAIN Lieu, Celui qui ne jouit d'aucune franchise. Gl. *Villani.*

VILANER, Injurier, outrager. Gl. sous *Villania.*

*__VILE__, Ferme, métairie, maison de plaisance, villa. R. R. Gl. 3

VILEIN, Serf, homme de mainmorte, roturier. Gl. s. *Villani.*

VILEINE. Donner a Vileine, Donner à cens et à rente. Gl. *Vilania,* sous *Villenagium.*

VILENAGE, Terre ou héritage tenu à cens, à rente et autres services. — Lieu où habitent des *vilains* ou serfs. Gl. *Villenagium.*

VILLAIN, Roturier, paysan, serf. — Espèce de poisson, meunier. — Sorte de chandelier de bois. Gl. sous *Villani.*

VILLANIE, Parole injurieuse et outrageante. Gl. *Villania.* — Blessure, plaie considérable. Gl. *Vileniare.*

VILLE d'Arrest, Dans laquelle les marchands forains peuvent arrêter et saisir les biens et les personnes de leurs débiteurs. Gl. *Arresti villa,* sous *Arrestum* 1. — **Ville Baptice ou Bateiche**, Celle qui n'a point de commune. — **Ville de Lay**, pour Ville de Loy, Celle qui a une commune et qui se gouverne par ses propres lois et coutumes. Gl. *Villa legis.* — **Perdre la Ville**, Être banni, *Rendre la ville.* Rappeler du bannissement. Gl. *Villa.*

VIN

VILLENAGE, Cens ou rente sur une terre ; d'où *Mettre en Villenage,* Soumettre à un cens ce qui en était exempt. Gl. sous *Villenagium.*

VILLENER, Blesser grièvement. Gl. *Vileniare.*

VILLETTE, Petite vrille. *Vigilia.*

VILLEUR, Celui qui veille, qui fait le guet. Gl. *Vigilator.*

VILLOIS, Vilois, Village, hameau Gl. *Villare.*

VILLUSE, Velours. Gl. *Villosa.*

VILONIE, Vilonnie, Parole injurieuse et outrageante. *Villania.*

VILTANCE, Mépris. *Vilipendium*

*__VILTET__, Humiliation, chose vile. (*vilitatem*). Ch. R. v. 437.

VIMAIRE, Orage, tempête, toute espèce d'accident qu'on ne peut prévenir, force majeure. Gloss. *Vimarium.*

VIMOI, Osier. Gl. *Vimus.*

VIN Bastart, Vin mêlé d'eau. Gl. *Vinum bastardum.* — **Vin Bouté** Qui est gâté, vin aigri. Gl. *Vinum betatum.* — **Vin de Buffet**, Vin mêlé d'eau. Gl. *Vinum buffeti.* — **Vin le Conte**, Droit seigneurial sur les vignes. Gloss. *Vinum Comitis.* — **Vin de Couchier**, Présent en viande et en vin, ou en argent, que les nouveaux mariés donnaient aux jeunes gens du lieu, pour avoir la liberté de coucher avec leurs femmes. Gl. *Vinum maritagii.* — **Vin de Couchier**, qu'on donnait à certains officiers de chez le roi. Gl. *Vinum cubitus.* — **Vin de Mariaige**, Ce qu'un artisan paye à ses compagnons quand

VIN

il se marie. Gl. V*inum maritagii*. — VIN DE MOITIÉ, Qui se partage entre le propriétaire de la vigne et le vigneron. Gloss. *Vinum medietarium*. — VIN D'OST, Certain impôt pour les frais de la guerre. Gl. *Vinum hostis*. — VIN POIREAU, Cidre. Gl. V*inum piraceum*. — VIN DE SAC, Fait de lie de vin et d'eau, coulés par un sac. Gl. *Saccatum* et *Vinum saquatum*. — VIN DE SAINT JEHAN, Vin fort, capiteux, ou venant d'un endroit de ce nom. Gl. V*inum S. Joannis*. — VIN DE TAINTE, Vin dont on se sert pour donner de la couleur à d'autre vin. V*inum tinctum*.

VINADE, Corvée que doit un sujet à son seigneur pour mener son vin. Gl. V*inada*, 1.

VINAGE, Droit seigneurial sur les vignes. — Droit sur le vin pressuré au pressoir banal. — VINAIGE, Droit de péage et toute autre espèce d'impôt. — Pot-de-vin, vin du marché. V*inagium* 6

VIN-DONNER, Présent en viande et en vin, ou en argent, qu'un nouveau marié donnait à ses compagnons le jour de ses noces. Gl. V*inum maritagii*.

VINER, Cultiver la vigne, provigner. — Vendre, débiter du vin. Gl. V*ineare*.

VINGNEUR, VINGNIER, Messier, garde des vignes. Gl. V*inearius*.

VINGTAIN, Les murs d'une ville, son enceinte. Gl. V*intenum*.

VINIER, Marchand de vin. Gloss. V*inarius*.

VINOTE, Droit seigneurial sur les vignes. Gl. V*inatum*.

VIR

VINOTIER, Marchand de vin. Gl. V*inatarius*.

VINTISME, Vingtaine. V*intenum*.

VINTRERIE, Office ou charge de V*intre* ou geôlier. V*inctura*, 2.

VIOLER, Jouer de la vielle ou du violon, et même de la lyre. Gl. V*itula*.

VIOLET, Petite voie, sentier. Gl. V*ioletum*, sous V*iolus*.

VIOLETÉ, Profanation. V*iolentia*.

VIOLEUR, Violateur, celui qui viole et rompt un traité. Gloss. *Frailerius*.

VIOLIER, Certain ouvrage de maçonnerie. Gl. V*iolarium*, 2.

VIPILLON, Goupillon pour asperger. Gl. V*ispilio*.

VIQUET, Guichet. Gl. *Guichetus*.

VIRAILLE, Courroie, lanière, fouet de cuir. Gl. V*ira*, 2.

VIRATON, Trait d'arbalète. Glos. *Veretonus*.

VIRE, Trait d'arbalète. Gl. V*ira* 2.

VIRELAN, Monnaie d'argent des ducs de Bourgogne pour la Flandre. Gl. V*irlanus*.

VIRELI, Sorte de jeu ou badinage peu décent. Gl. V*ireli*.

VIRER, Chasser, mener devant soi. Gl. V*irare*, 3.

VIRETON, Trait d'arbalète. Glos. *Veretonus* et V*ira*, 2.

VIREULLE, Virole. Gl. V*irola*.

VIRGINE, Verge, certaine mesure de terre. Gl. V*irga*, 6.

VIRGRAIN, Criblures, menues pailles. Gl. V*ogranum*.

VIRLAIN, V*irlan*, V*irlen* et V*irllan*, Monnaie d'argent des ducs de Bourgogne pour la Flandre. Gl. V*irlanus*.

VIROEULE, Virole. Gl. V*irola*.

VIROLET, Girouette. V*irare*, 1.

VIRONNER, Tourner autour. Gl. V*irare*, 1.

*****VIRRIER**, Vitrier. F. Gl.

VIRSCARE, Sorte de tribunal et de juridiction en Flandre. Gl. V*irscara*.

UIS, Porte, entrée. *Huisserium*.

*****VIS**, Vif, vivant ; *don antre lu nis, don entre vifs*. — Jubinal, Fabliaux, 1, 290 : « Pais est et as mors et as *vis*. »

*****VIS**, Visage (*visum*). Ch. R. 659.

*****VIS**, Vif, vivant, *vivus*. — Visage, figure, *vis*. R. R. Gl. t. 3.

VISADMIRAL, Celui qui exerce les fonctions de châtelain ou de garde d'un château. Gl. *Amir*.

VISAGE. F*aux* ou F*ol* V*isage*, Masque. — F*aire* V*isage*, Faire face. Gl. V*isagium*.

VISAIGE, La partie du chaperon qui enveloppait le visage. Glos. V*isagium*.

VISANCE, Apparence. V*isagium*.

VISER, Examiner, observer, reconnaître. Gl. V*isores*, 2.

VISITACION, Visite, inspection. Gl. V*isores*, 2.

VISLE, Vrille ou forest. V*igilia*.

VISMIERE, Oseraie. V*ismeria*.

VISNAGE, Voisinage. V*icinium*.

VISNÉ, Village, hameau. V*icinia*

VISQUEUX, Vicomte. Gl. V*icecomitatus*.

UISSE, L'ouverture d'un casque, par où l'on peut voir, visière. Gl. V*iseria*.

UISSERIE, Office et dignité dans la cour des comtes de Flandre. Gl. *Huisserius*, 2.

UISSIER, Sorte de vaisseau propre au transport des chevaux. Glos. *Bussa*.

VISTE, Espèce de vase, urne sépulcrale. Gl. V*ista*, 5.

VIT de B*euf*, Nerf de bœuf. Gl. sous V*igilia*.

VITAILLES, V*itaillours*, Vivres, toute espèce d'aliments. Gloss. V*italia*, 2, et V*itellatio*.

VITALIER, Vivre ou amasser des vivres. Gl. V*italia*, 2.

VITIGAL, Droit seigneurial, tribut, péage. Gl. V*ectigalia*.

VITUPERABLE, Injurieux, offensant. Gl. V*ituperosus*.

*****VITUPÉRATION**, Blâme. F. Gl.

*****VITUPÈRE**, Honte, blâme. F. Gl.

*****VITUPÉRER**, Faire honte. F. Gl.

VITUPERI, Lampe dans le pays de Mande. Gl. V*ituperosus*.

VIVE. E*stre* en V*ive*. Être inquiet, être en alerte. V*ivendus*.

VIVELOTTE ou V*ivenotte*, Ce qui appartient à une veuve pour son vivre, sur les biens de son mari. Gl. V*italitium*.

VIVEROU, Garenne ou vivier. Gl. *Viverius*.

VIVIER, Boutique où l'on conserve le poisson. Gl. V*ivierium*.

VIVRE, Vipère. Gl. V*iverita*.

VIVRE NATUREL, Pension viagère, le nécessaire pour vivre. Gloss. V*ictus*, 1.

VIVRET, Vivier, étang. V*ivarius*.

VIUTÉ, pour Vilté, Se dit de quelque chose qui est vil. Glos. *Vilipendium*.

VIZ, Escalier tournant en façon d'une vis. Gl. Vis, 2.

ULTER, Heurter; d'où *Ultement*, Heurtement, choc. Gl. *Ultare*.

*ULTRE, Au delà (*ultrà*), Ch. R. vers 67.

UMAGE, faute pour Vinage, Sorte de péage. *Winagium*, s. *Guida*

UMBRIER, Se mettre à l'ombre, se cacher. Gl. sous *Umbrale*.

UMDÉER, Ondoyer, jeter de l'eau sur la tête d'un enfant, en attendant les cérémonies du baptême. Gl. *Undeiare*.

UMEAU, UMELAGE, Houblonnière. Gl. *Humularium*.

*UNC, Jamais (*unquam*). Ch. R. v. 1040.

*UNCHES, Jamais (*unquam*). Ch. R. v. 629.

UNCTION. ESTRE MIS EN UNCTION, Recevoir l'extrême-onction. Gl. *Unctio*.

UNIFIER, Unir, ne faire qu'un. Gl. *Unificare*.

UNIGAMIE, Monogamie. Gl. *Unigamus*.

UNIVERSITÉ, Communauté de ville. Gl. *Universitas*.

*UNQUES, Jamais (*unquam*). Ch. R. v. 2888.

UNXION. FAIRE METTRE EN UNXION, Faire administrer l'extrême-onction. Gl. *Unctio*.

VOAILLOR, Celui qui veut du bien à quelqu'un, qui l'aide et le favorise, partisan. Gl. *Valitor*, sous V*alere*.

VOAIN, L'automne, la saison où l'on cueille les fruits appelés *vains* ou *gains*. *Gagnagium*, 1.

*VOCABLE, Proverbe. F. Gl.

VOCATION, Manière de faire entendre quelque chose par signes. Gl. *Vocatio*, 1.

VOCHE, ou p. e. NOCHE, Pétrin. Gl. sous V*ocamentum*.

VOCHER, Citer, appeler en justice. Gl. *Vocare*.

*VODE, Désastre. Ch. R. v. 745.

VOÉ, Voie, chemin. Gl. V*oa*, 2.

VOEIRE, Verre à boire. V*itrum*.

*VOEIZ, Voix. Ch. R. v. 3767.

*VOER, Promettre, faire un vœu, *vovere*. R. R. Gl. t. 3, p. 170.

VOER, Appeler, citer en justice. Gl. *Vocare*.

VOGE, Espèce de serpe. Gl. *Vougetus*.

VOGEMENT, Appel en justice,

assignation ; du verbe V*ogier*, Citer, appeler en justice. Gloss. V*ocamentum*.

VOGUE, Fête du patron d'un lieu où il y a concours de peuple. Gl. V*ogues*.

VOGUEUR, Rameur. V*ogherii*.

VOI, Vuide. Gl. V*acuamentum*.

VOIAGE, Bateau ou voiture qui passe. Gl. V*oiagium*.

VOIAGIER, Messager, commissionnaire. Gl. V*oiagium*.

VOICTURON, Voiturier, charretier. Gl. V*oictura*.

VOIDE, Guède, pastel. Gl. V*ailda*. — Nul, qui n'a aucun effet. Gl. *Evacuare*, sous V*acuus*. — [Vide. Ch. R. v. 1668.]

VOIDIE, Félonie, trahison, tromperie. Gl. *Bausia*.

VOIE, Voyage, pèlerinage. Gl. V*ia ultramarina*, sous V*ia*, 1.

*VOIER, Conduire, diriger ; se *Dex vos voie*, si Dieu vous conduit, est votre guide. R. R. Gl. tome 3.

VOIERE, Juridiction du seigneur voyer, voierie. Gl. V*oieria*.

VOIERÉ. Chemin Voieré, Frayé, par où l'on a coutume de passer. Gl. V*ia viaria*, sous V*ia*, 1.

VOIEUL, Qui a de la voix, qui sait chanter. Gl. V*ocalis*.

*VOIL, Volonté, vouloir. R. R. Gl. t. 3, p. 131.

VOILLE, Nom d'un quartier du château de Saumur. Gl. V*elum*.

VOILLER, pour Aculler ou Euller, Remplir un tonneau jusqu'à l'œil ou bondon. *Implagium*, 2.

VOIR, Vrai, certain. Gl. s. V*ideri*.

VOIRE, Vérité. Gl. V*eritas*, 1. — [Vraiment, même. R. R. Gloss. t. 3, p. 229.]

*VOIREMENT, Vraiment. F. Gl.

VOIRIE, Voiriere, Vitre. Gl. V*erreriæ*.

VOIR-JURÉ, Juge des causes civiles, échevin. Gl. V*eridici*.

VOIR-JURÉ d'Eauwe, Inspecteur juré pour les eaux. Gl. V*isores* 2.

VOIRRE, Verre. Gl. V*itrinus* et V*itrum*.

VOIRRIÈRE, Vitre. Gl. V*itræ*.

VOIRRINE, Pierre fausse, faite de verre. Gl. V*errinæ*.

VOISDIE, Félonie, trahison tromperie. Gl. *Bausia*. — Sorte d'étoffe. Gl. V*oisdius*.

VOISINAL. Chemin Voisinal, Chemin de traverse. Gl. V*ia convicinalis*, sous V*ia*, 1.

VOISINÉ, Voisinité, Voisinage. Gl. V*icinium*.

VOITURE, Billard. Gl. V*oictura*.

VOITURON, Voiturier, charretier. Gl. V*oictura*.

VOIVE, Veuve ; d'où V*oivée*, Viduité, veuvage. Gl. V*iduitas* 2.

VOIVRE, Vipère, couleuvre. Gl. V*iverita*.

VOIX. Il est Voix, Il est bruit, on dit. Gl. V*ox*, 1. — Prendre la Voix du Roy, Proclamer au nom du roi. Gl. sous V*ox* 6.

VOL

VOLAGE, Passant, qui n'est pas domicilié, étranger. — Idiot, imbécile. — Sang Volage, Blessure légère, d'où il sort peu de sang. Gl. V*olagius*, 2.

VOLAINE, Espèce de serpe. Gl. V*olana*.

VOLAIZ, Branches d'arbres abattues par le vent ou autrement. Gl. V*olatus*, 4.

VOLANT, Passant, qui n'est pas domicilié, étranger. Gl. V*olagius*, 2. — Sorte de poisson. Gl. *Rondela*. — Espèce de serpe. Gl. V*olana*.

VOLATURE, Volaille. V*olatile*.

VOLÉE, Le mouvement d'une balance qui hausse et qui baisse. Gl. V*olatus*, 1. — Aile, levier qui traverse le cabestan. — Volée d'Assée, Le soir, le temps du passage des bécasses. Gloss. V*olatus*, 1.

*VOLEILLE, Volaille. R. R. Gl. 3.

*VOLER, Chasser au vol. F. Gl.

VOLET, Trait d'arbalète, javelot. — Volete, Coiffure de femme, bavolet. Gl. V*oletus*.

VOLIN, Vollain, Vollant, Espèce de serpe. Gl. V*olana*.

VOLONTAIREMENT, A sa volonté, à sa fantaisie. Gl. V*oluntarium*.

VOLONTARIEUX, Qui a de la volonté, courageux, brave. Gloss. V*oluntarius*, 2.

*VOLUNTERIF, Volontaire. L. J. P. p. 155.

VOLTE, Voûte, souterrain, prison, cachot. Gloss. V*olta*, sous V*olutio*. — Soufflet. V*olta*, 4.

VOS

*VOLTICE, Voûtée. Ch. R. 2593.

VOLTURE, Volaille. Gl. V*olatile*.

VOLU, Voûté. Gl. V*olutio*.

VOLUME, Rouleau de parchemin écrit. — Faute pour Volaine, Espèce de serpe. Gl. V*olumen*.

VOLUNTAIRE, Sorte de vaisseau. Gl. sous V*oluntarius*, 2.

VOLUPTUOSITÉ, Volupté, plaisir. Gl. V*oluptuositas*.

VOMHERY, Vomhy, L'automne, la saison où l'on cueille les fruits de la terre. Gl. *Gagnagium*, 1.

VOMIR. Estre Vomie, Se dit de la tête qui a reçu une blessure ou une entaille. Gl. V*omere*.

VOOUGE, Sorte d'arme. V*anga*.

VORENON, Sorte de gaîne ou de fourreau. Gl. V*orenon*.

VORLETE, en Viennois. Pilon. Gl. V*orleta*.

*VOROI, Je voudrai ; *voroit*, il voudroit ; *vorroie*, je voudrois. R. R. Gl. t. 3.

VORREROT, pour Verserot, La saison du premier labour des terres. Gl. V*ersana*, 2.

*VOSIST, Vousist, Il voudroit, qu'il voulût ; *vost*, il veut ; *voult*, il voulut ; *vousist*, voulûtes. R. R. Gl. t. 3.

VOSOIER, Parler à quelqu'un par Vous. Gl. V*osare*.

VOSTE, Lieu voûté, prison, cachot, souterrain. Gl. V*osta*, 2.

VOSTER, Aller autour, tournoyer. Gl. V*osta*, 2.

VOTE, Cave, lieu voûté. V*ota*, 2.

VOTIST, Qui est consacré par un vœu, voué. Gl. V*otivus*.

VOVADE, Corvée ou service dû au seigneur avec deux bœufs. Gl. *Bohada*, sous *Bovagium*.

*****VOU**, Vœu. L. J. P. p. 193.

VOUAIR, Voir, examiner. Gloss. *Sustinentia*, 2.

VOUCHER, Appeler, citer en justice ; d'où *Vouchement*, Appel, assignation. Gl. V*ocamentum* et V*ocare*.

VOUDERON, Marchandise, négoce de toiles. Gl. sous V*oucla*.

VOUER. Se Vouer en Quelqu'un, S'en rapporter à lui. V*otum*, 2.

VOUGE, Vougesse, Espèce de serpe. Gl. V*ougetus*. — Sorte d'arme ; d'où *Vougier*, Le soldat qui s'en servait. Gl. V*anga*.

VOUL, Image de cire qui servait aux sortilèges. Gl. V*ultivoli*. — Vœu. Gl. V*otum* 4. — A la Voul, Cri pour invoquer le secours de la justice. Gl. V*ua*, 1.

VOULAIN, Voulant, Espèce de serpe. Gl. V*olana*.

VOULÉE, Volet, petit colombier. Gl. *Tria*.

VOULENTEULX, Volontaire, qui ne fait que ce qu'il veut. Gloss. sous V*oluntarius*, 2.

VOULENTEUX, Qui a de la bonne volonté pour quelqu'un, affectionné. Gl. sous V*oluntarius* 2.

VOULENTIZ, Volontaire, entêté, opiniâtre. Gl. s. V*oluntarius* 2.

VOULER. Faire Vouler le Dragon, Déployer le drapeau. Gl. V*olare*, 2.

VOULET, Coiffure de femme, bavolet. Gl. V*oletus*.

VOULGE, Espèce de serpe. Glos. V*ougetus*. — Sorte d'arme ; d'où *Voulgier*, Le soldat qui s'en servait. Gl. V*anga*.

VOULRIE, Droit d'un père sur ses enfants. Gl. V*iaria*, sous V*iarius*, 1. — Le cens dû à l'avoyer. V*ouuearia*, s. V*iarius* 1.

VOULST, Visage, image. V*ultus*.

VOULSURE, Voûte. Gl. V*ossura*.

VOULT, Visage, face. Gl. V*ultus*.

VOULTE, Cave, lieu voûté, souterrain. Gl. V*olta*, s. V*olutio*.

VOULTE d'Œfs, Omelette. Glos. sous V*olta*, 4.

VOURE, p. e. pour Voirre, Qui est de verre. Gl. V*errinæ*.

VOUST, Image de cire qui servait aux sortilèges. Gl. V*ultivoli*.

VOUSTER, Faire des voltes. Gl. sous V*osta*, 2.

VOUSTRE, Illégitime, bâtard, adultérin. Gl. sous *Adulterium*.

VOUT, Visage, mine. — Toute espèce d'effigie. Gl. V*ultus*.

VOUTET, Boutique où l'on conserve le poisson. Gl. s. V*ota* 2.

VOUTI, Ce qui est en forme de voûte. Gl. V*olutio*.

VOUTOIER, Traiter mal et avec mépris. Gl. V*ilipendium*.

VOY, comme Goy, Sorte de serpe. Gl. *Goia*, 1.

VOYART, en Bourbonnois, comme ailleurs Goyart, sorte de serpe. Gl. *Goyardus.*

VOYER, Celui qui fait valoir une terre. Gl. *Viarius* 2. — Traire. Gl. *Viare*, 1.

VOYETTE, Petite voie, sentier. Gl. *Viola*, 1.

VOYN, L'automne, la saison où l'on cueille les fruits appelés *vains* ou *gains*. *Gagnagium*, 1.

*****VOZ**, Votres. R. R. Gl. t. 3.

VREC, Tout ce que la mer jette sur le rivage. Gl. *Wreckum.*

VREVIEUX, Verveux, sorte de filet à prendre du poisson. Gl. *Vervilium.*

*****VROIEMENT**, Vraiment. R. R. Gl. t. 3.

*****URE**, Heure (*horam*). Ch. R. v. 2371.

URLÉE, Sorte de mesure, espèce de redevance ou de gâteau. Gl. *Urna*, 2.

*****URS**, Ours. Ch. R. v. 2582.

US, Porte, entrée. Gl. *Huisserium*

USAGE, Droit, tribut, impôt. Gl. *Usaticum.*

USAGER, User du droit d'*Usage* dans un bois ou dans des pâturages. Gl. *Usare.* — **Usagier**, Celui qui a droit d'Usage dans des bois ou dans des pâturages. Gl. *Usuagiarius* sous *Usagium.*

USAGIÉ, Ordinaire, accoutumé. Gl. *Usagiarius*, 1.

USAIGE. Se mettre a bon Usaige, Se corriger, suivre un meilleur parti. Gl. *Usagium.*

USAIRE, Usage, service, utilité. — Celui qui a droit d'*Usage* dans des bois ou dans des pâturages. Gl. *Usare.*

USÉ, Qui est en usage, usité. *Avoir Usé*, avoir coutume. Gl. *Usuatus* sous *Usuare*, 2.

USELEIR, Prêter à usure, donner à intérêts. Gl. *Usurare.*

USER, Usage, service, utilité. Gl. sous *Usare.*

USER le Corps Nostre Seigneur, Recevoir la Sainte Eucharistie. Gl. *Usuatus*, sous *Usuare*, 2.

USFRUIT, Usufruit, jouissance. Gl. *Usufructare.*

USINE, Ustensiles de ménage, meubles. Gl. *Usina.*

USLAGE, p. e. Qui est sans loi ; de Banni, proscrit. Gl. *Uslact.*

USSCHER, Vaisseau propre à transporter des chevaux. Gloss. *Ussarius.*

USSIR, pour Issir, Sortir. *Jasia.*

USTAGE, Droit qu'on paye au seigneur pour son domicile, droit de bourgeoisie ou de résidence. Gl. *Ustagium.*

USTAIGE, Pirate, corsaire. Glos. *Utlaga.*

USUAIRE, Droit d'usage dans les bois ou dans des pâturages. Gl. *Usuaria.*

USUGE, Usage, le droit d'user de quelque chose. Gl. *Usagium* et *Usugo.*

USURE, Droit ou redevance établie par la coutume. *Usaria*, 2.

USURER, Rendre avec usure,

WAI

donner plus qu'on a reçu. Gl. *Usurare.*

UTDICH, terme flamand francisé, Digue, terre formée par les jets de la mer. Gl. *Utdicus.*

UTILLEMENS, Meubles, ustensiles de ménage. Gl. *Ustensilia.*

UTLAGE, Banni, proscrit. Gloss. *Utlaga.*

VUGLAIRE, Machine de guerre, arme à feu. Gl. *Veuglaria.*

VUIDE, Délivrance, expulsion, l'action de chasser. *Vuidangia.*

VUIDECOC, Grosse bécasse. Gl. *Videcacus.*

VUIDE Terre, Qui n'est point cultivée, ou ensemencée. *Vacuus.*

VUIOT, Houe, instrument à remuer la terre. Gl. *Hoellus.*

*VUIS, Vide. F. Gl.

*VUISEUSE, Futilité, distraction, chose oiseuse et vicieuse. F. Gl.

VUISSIER, Navire propre à transporter des chevaux. *Huisserium*

VUITOIER, Traiter mal et avec mépris. Gl. *Vilipendium.*

VULGAIRE, pour Veuglaire, Machine de guerre, arme à feu. Gl. *Veuglaria.*

VULGAUMENT, Vulgairement. Gl. *Vulgaricus.*

VULGUESSIN, Vexin. Gl. *Soula.*

VUORGE, Espèce d'arme en forme de serpe. Gl. sous *Vougelus.*

VYNGUAE, Sorte de péage. Glos. *Winagium,* sous *Guida.*

UZ, Cri de plusieurs personnes Gl. *Huesium.*

W

WAAGNAIGE, Froment, toute espèce de blé. Gl. *Vaanagium.*

WAAGNERIE, Labour, culture de la terre. Gl. *Waanagium.*

WACARME, interjection, Hélas. Gl. *Wacharmen.*

WAGE, Gage, nantissement, ce qu'on donne pour sûreté. Glos. *Wagium,* sous *Vadium.*

WAGIERE, Engagement, hypothèque. *Wagium,* s. *Vadium.*

WAGUA, p. e. le gardien ou fermier du poids public, appelé *Waghe.* Gl. *Waga.*

WAIDE, Waidele, Guède, pastel.

Gl. *Waida* et *Waisda,* sous *Guaisdium.*

WAIGNON, Laboureur, fermier. Gl. sous *Vecticare.*

WAIN, Fantôme. Gl. *Vanitas,* 2.

WAINGNAIGE, Terre labourable; d'où *Waingnié,* Cultivé, labouré. Gl. *Vaanagium.*

WAISDE, Guède, pastel. Gloss. *Waisda,* sous *Guaisdium.*

WAITAGE, Impôt pour le guet d'une ville. Gl. *Guetagium* sous *Wactæ.*

WAITER, Waitier, Faire le guet. Gl. sous *Wactæ.*

WAR

WAITIER. Se Waitier, Se garder, se garantir. Gl. s. Wactæ.

WALER, Dépenser son bien en des amusements frivoles et des fêtes. Gl. Galare.

WALESCH, Le langage wallon. Gl. Wallus.

WALLES, Le pays des Wallons. Gl. Wallus.

WALRIN, Wallon. Gl. Wallus.

WANBAIS, Espèce de vêtement contrepointé. Gl. Wanbasium, sous Gambeso.

WANT, pour Gant. Gl. sous Wantus. — Droit seigneurial qu'un vassal doit à chaque mutation. Gl. Chirothecæ.

WAP, Terme injurieux ou impoli. Gl. Wap.

WAPES, Qui est sans force et sans vigueur. Gl. Wap.

WARANCE, Garance, plante pour la teinture. Gl. Waranchia.

WARANDISON, Warantie, Garantie. Gl. Warandia, et Warandisia, sous Warantus.

WARAS, Fourrages, mélange de différentes choses propres à la nourriture des animaux. Gloss. Warachia.

WARAT, Botte de fourrage. Gl. Waratus, sous Warachia.

WARCOLE, Vêtement et ornement du col. Gl. Vercolenum.

WARD, Juré, garde de métier. Gl. Guardatores, sous Warda.

WARDELLE, p. e. Botte ; s'il ne faut pas lire Waidelle, comme ci-dessus. Gl. Hardeia.

WAS

WARENNE, pour Garenne. Glos. Warenna.

WARESCHAIX, Commune, pâturage entouré de fossés. Gl. sous Waterscapum.

WARET, Jachère, friche. Gl. Warectum.

WARIS, Se dit de la monnaie qui est bonne et de poids. Denarius

WARISON, Les grains qui sont encore sur pied, champ garni de ses fruits. Gl. Garactum.

WARNESTURE, Fortification, tout ce qui sert de défense. Gl. Warnimentum.

WAROQUEAU, Waroquiau, Gros bâton, barre, levier. Gl. Warochium.

WAROUL, Espèce de loup. Glos. Varolus.

WARPOIS, Espèce de poids ou de vesce. Gl. Garrobis.

WARRAGE, Droit seigneurial que doivent les domiciliés dans une terre. Gl. sous Warachia.

WARTE, Sorte de droit seigneurial. Gl. Warta.

WASCHIE, Waskie, Wasquie, Commune, pâturage entouré de fossés. Gl. Waschium.

WASIER, p. e. Terre formée par la vase de la mer. Gl. Wasshum.

WASON, Wasson, Gazon. Wazo.

WAST, Destruction, dégât, ravage ; d'où Faire Wast, Ravager, détruire. Gl. Vastum, 1.

WASTELIER, Wastillier, Pâtissier, faiseur de Wastiaux ou gâteaux. Gl. Wastellus.

WASTIS, pâturages; ce qu'on paye pour le droit de pâturage. Glos. sous W*astum*, 1.

*WAUCREER, Aller çà et là. F. Gl.

WAUDE, Espèce de guède ou pastel. W*aida*, s. *Guaisdium*.

WAUDIR, Gauchir, éviter un coup en se détournant. *Gaudiosus*.

WAUDRÉE, Escouvillon, ce qui sert à balayer le four. W*auda*.

WAULE, WAULLE, Gaule, verge, houssine; d'où W*aulette*, petite gaule. Cl. W*aula*.

WAUPE, pour Taupe. Gl. *Tulpis*.

WAUSKRIE, Commune, pâturage entouré de fossés. W*aschium*.

WAUVE. FEMME WAUVE, Femme abandonnée, qui vit dans la débauche. Gl. W*ayf*.

WAYER DRAPS, p. e. Les suspendre à une perche, qu'ils appelaient *Gayard*. Gl. *Gajardus*.

WECTELOIX, Banni, proscrit. Gl. *Utlaga*.

WEDE, Guède, pastel; d'où W*edelle*, Graine, semence de guède. Gl. W*ede*.

WEKESIN, Vexin. Cl. *Acra*, 1.

WERBLE, Parole; d'où W*erbler*, Parler, discourir. Gl. V*erbosare*.

WERBLOIER, Parler haut, réciter. Gl. V*erbosare*.

WERIER, Faire la guerre. Glos. W*erriare*, sous *Guerra*.

WERISCAP, WERIXHAS, Commune, pâturage entouré de fossés. Gl. W*aterscapum*.

WERP, Cession, abandon. Gloss. *Guirpimentum* et W*irpitio* sous *Guerpire*.

WERRE, Guerre; d'où W*errier*, Faire la guerre. Gl. s. *Guerra*.

WERVELE, Vache nouvellement couverte. Gl. W*ervela*.

WETAIGE, Impôt pour le guet d'une ville. Gl. *Guetagium* sous W*actæ*.

WEZ, Gué, lieu où l'on peut pêcher. Gl. V*adum*, 1.

WIART, Voile dont on couvre le visage. Gl. V*iarium*.

WIDE, Délivrance, expulsion, l'action de chasser. Gl. V*uidangia*.

VIDECOC, Grosse bécasse. Gloss. V*idecacus*.

WIDISVE, Chose de néant, qui n'a rien de réel. Gl. V*acuus*.

WIENAIGE, Droit de péage sur les voitures qui passent sur les terres d'un seigneur. Gl. W*ienagium*, sous *Guida*.

WIERE, WIERRE, Guerre. Gloss. *Exoniari* sous *Sunnis* et W*erra* sous *Guerra*.

WIGNAIGE, Droit de péage; d'où W*ignageur*, Celui qui le perçoit. Pl. W*ienagium*, s. *Guida*.

WIGNORONS. ENTRE DEUX WIGNORONS, Entre chien et loup, sur le soir. Gl. *Hora tarda*.

*WIGRE, Dard, flèche, javelot. Ch. de R. v. 2074.

WIHOT, Le mari dont la femme est infidèle; d'où W*ihoterie*, son état. Gl. W*illot*.

WILHOMME, comme Prud'homme, Juré d'un métier. Gl. *Paciarius*, sous *Pax*.

WILLOT, Le mari dont la femme est infidèle. Gl. W*illot*

WILPS, Le même. Gl. W*illot*.

WINAGE, Le droit qu'on payait pour la sûreté des grands chemins. Gl. W*inagium* s. *Guida*. — Toute espèce de droit et d'impôt. Gl. W*inagium*, 5.

WINDAS, pour Guindas, Espèce de cabestan. Gl. W*indasium*.

WINGNRON, Cabaretier ; d'où à Lille on appelle W*ingnron* la cloche de la retraite des bourgeois, parce qu'après qu'on l'a sonnée les cabarets doivent être fermés. Gl. *Campana bibitorum*

WINIGEUR, Celui qui reçoit le W*inage* ou péage. V*inagium* 5.

WINLEKE, Publication de vin à vendre. Gl. W*inleke*.

WINNAGE, Toute espèce de droit et d'impôt. W*ienagium* s. *Guida*

WIQUET, Hameau ; il se dit par mépris d'une petite ville. Glos. *Viculus*.

WIREWITE, Juridiction, tribunal pour la taxe des amendes. Gl. W*illot*.

WISENX. CHEVAL WISENX, Cheval de service, soit pour le charroi, soit pour le labour. *Usina*.

WISEUS, Oisif, paresseux ; de W*iseuse*, Oisiveté, paresse. Gl. *Desidius*.

WISINE, Usine, comme moulin, forge, etc. — BESTE WISINE, Animal de service pour le charroi ou le labour. Gl. *Usina*.

WISLOT, WISLOTU, Le mari dont la femme est infidèle. W*illot*.

WISON, Témoin. Gl. W*issel*.

WIT, Vuide, qui ne porte rien. Gl. *Passiagiarius*. — Pour huit. Gl. *Octimber*.

WITAVE, Huitaine, octave. Glos. *Octava*, 2.

WITE, Voile dont on couvre le visage. Gl. V*iarium*.

WITEFALE, p. e. Mascarade, bal masqué. Gl. *Treparc*.

WITEL, Mesure de grain, moitié d'un quarteau ; d'où W*itelée*, Mesure de terre contenant un *witel* de semence ; et W*itelage*, Le droit sur cette mesure. Gl. W*itellus*.

WITEMBRE, Octobre, autrefois le huitième mois de l'année. Glos. *Octimber*.

WITIVE, Huitaine, octave. Gloss. *Octava*, 2.

WOUE, Abreuvoir, gué. W*edia*.

WUASON, Gazon. Gl. W*azo*.

WYDART, p. e. La décharge d'un moulin. Gl. *Huydardus*.

WYNAGE, Droit de péage. Gloss. W*ienagium* sous *Guida*. — Droit sur les voitures qui mènent du vin. Gl. W*inagium* s. *Guida*.

ZEW

YVRAING, Ivresse, l'état d'un homme ivre. Gl. *Ebriare*.

YVRAISSE, Yvresse, Se dit d'une femme ivre. Gl. *Ebriare*.

ZIR

YVROIN, Ivrogne, adonné au vin. Gl. *Ebriare*.

YVROIS. En Yvrois, Comme un homme ivre. Gl. *Ebriare*.

Z

ZARDRE, Maladie de cheval, courbe ou éparvin. *Zardu*, 1.

ZATOUIN, Satin. Gl. *Zatouy*.

ZEGRE, Nom d'un saint en Flandre. Gl. *Crassarius*.

ZEWERP, Terme flamand qui signifie une terre formée par ce qu'apporte la mer. Gl. *Zewerp*.

ZINDOR, L'oreille. Gl. *Zindor*.

ZIRAME, pour Gisarme, Sorte d'arme, lance, demi-pique. Gl. *Gisarma*.

FIN DU GLOSSAIRE FRANÇOIS.

Niort. — Typographie L. Favre.

www.ingramcontent.com/pod-product-compliance
Lightning Source LLC
Chambersburg PA
CBHW060455170426